高適岑參選集

劉署

百年河大國學舊著新刊

高適岑參選集

高文 王劉純 校注

河南大學出版社

圖書在版編目（CIP）數據

高適岑參選集 / 高文，王劉純編. —開封：河南大學出版社，2008. 4(2016. 5 重印)
（百年河大國學舊著新刊）
ISBN 978 - 7 - 81091 - 761 - 2

Ⅰ. 高…　Ⅱ. ①高…②王　Ⅲ. 唐詩—選集　Ⅳ. I222. 742

中國版本圖書館 CIP 數據核字（2008）第 026047 號

責任編輯　李經洲　　**封面題簽**　王劉純
封面設計　鳳文傳媒　　**封面篆刻**　劉廣祥

出版發行　河南大學出版社
地址：鄭州市鄭東新區商務外環中華大厦 2401 號
郵編：450046
電話：0371—86059701(營銷部)
網址：www. hupress. com
排　版　河南第一新華印刷廠
印　刷　河南新華印刷集團有限公司
版　次　2008 年 4 月第 1 版　　**印　次**　2016 年 5 月第 3 次印刷
開　本　890mm×1240mm　1/32　　**印　張**　12. 25
字　數　339 千字　　**印　數**　2501—3500 册
定　價　30. 00 圓

出版説明

河南大學是一所有近百年歷史的老校。自建校以來，一向重視國學研究，并形成了一支實力雄厚、傳承有序的研究隊伍，在國學研究領域可謂人才濟濟，成果豐碩。經初步調查梳理，近百年來在河大工作過的有高深國學造詣的學者包括大師級學者有數十人，出版有關著作近百種。爲弘揚我國優秀傳統文化，促進國學研究的進一步繁榮發展，我們從中遴選在學術史上有一定地位、至今仍有研究參考價值的作品分批整理出版，這便是「百年河大國學舊著新刊」的由來。現對本叢書編纂出版的有關問題説明如下：

一、建校以來在河南大學（包括其前身河南留學歐美預備學校、中州大學、河南中山大學以及後來的河南師範學院、開封師範學院、河南師範大學）曾經任教或求學的校友，都在叢書作者的入選範圍。

二、一生大部分時間服務於河南大學，以及離、退休或終老於河南大學的作者，其所有國學著作均在叢書入選範圍；曾經在河南大學求學或任教，後來離開河南大學的作者，入選作品則以在校時寫作或出版者爲限。

三、叢書所收作品，以曾經正式公開出版者爲主。少數確有較高學術價值而由於種種原因未曾正式公開出版過的作品，則據稿本或可靠的印本收入。

四、叢書所收作品都是特定歷史條件下的產物，代表的是當時的學術水平，難免帶有當時的種種局限。這次整理出版，在內容上悉以底本爲準，不依據後來的研究成果進行校訂。

五、叢書統一用繁體字排印。在編校過程中，對原底本中的异體、俗體、簡體字做了規範化處理，錯、漏、衍、倒等技術性差錯做了糾正。根據古籍整理慣例，對傳統典籍中約定俗成的通假字、古字和特殊人名、地名等用字不加改動。

六、由於河南大學在近百年間屢經分合，數易其名，加之抗戰時期輾轉遷播，人員進出頻繁，爲叢書作者作品的遴選增添了不少難度。此外，「舊著新刊」作爲一種特殊的出版形式，有許多問題還在探索之中。因此，叢書第一批的出版，無論書目的選定還是具體的技術性處理，都一定存在不少缺憾。誠望廣大讀者特別是河南大學知情校友和有關專家不吝賜教，以便使以後陸續推出的叢書逐步臻於完善。

「百年河大國學舊著新刊」編纂出版委員會

二〇〇八年三月

前言

一

邊塞詩至唐代出現空前繁榮的局面，其特點主要表現在以下五個方面：

（一）出現了一大批寫邊塞詩的作家，陳子昂、王之渙、崔顥、王翰、王昌齡、高適、岑參、李頎、柳中庸、盧綸、李益、常建、陳陶等，創作出大量有關邊塞的名篇，超過了以往時代。至於偉大的詩人李白、杜甫，還有山水詩人王維等，也寫過膾炙人口的邊塞名作，特別是在盛唐出現了邊塞詩派。

（二）邊塞詩不僅數量多，而且題材廣泛，全面反映邊塞戰爭、邊塞生活和征夫思婦的思想感情。大量作品達到了思想性和藝術性的完美統一。

（三）邊塞詩的形式多樣，體裁完備，有七言歌行，五、七言絶句，五古，五、七律等，這也是過去所未有的。

（四）出現了傑出的作家高適、岑參，其創作代表了唐代邊塞詩的最高成就。但他們的優秀作品又并不限於邊塞詩。

（五）邊塞詩以其輝煌燦爛的成就，高度的愛國主義精神，成爲唐代詩歌的一個重要組成部分，并起到了承前啓後的重大作用。

任何一個文學流派的産生，都有一定的社會、歷史原因和文學内部的承繼、發展等因素。邊塞詩派也是這樣，它的産生、發展和繁盛，與時代有着密切的關係，同時，也是它本身不斷發展的結果。

首先，盛唐經濟的高度繁榮、政治空前統一，國勢强盛，構成了邊塞詩派産生的基本條件。高適、岑參創作的主要階段是在盛唐時期，即唐玄宗開元、天寶年間。這時的唐王朝是一個非常强大的封建帝國。自有唐開國以後，就十分注重邊疆經濟的開發。以邊塞詩派所描寫的題材最集中的隴右、西域地區爲例，天寶十二載，「是時中國盛强，自安遠門西盡唐境萬二千里，閭閻相望，桑麻翳野，天下稱富庶者無如隴右」（資治通鑑卷二一六）。沿着漢代開辟的中西交通孔道「絲綢之路」，新形成許多繁華的城市和富庶之地，如涼州、張掖、酒泉、燉煌等。岑參詩中即有「涼州七里十萬家」（涼州館中與諸判官夜集）的描繪。又如北方，開元初於營州重築柳城，「開屯田八十餘所，追拔漁陽、淄青没户還舊田宅，又集商胡立邸肆。不數年，倉廥充，居人蕃輯」（新唐書宋慶禮傳）。因此，富有傳奇色彩的邊地生活，引起詩人們的興趣，邊塞新異的風土人情、山水風光，爲詩人提供了豐富的創作素材，吸引他們去開辟一個新的表現領域。

其次，唐王朝加强國内各民族之間以及歐、亞各國的經濟文化交流和友好往來，實行較進步的民族政策。例如貞觀二十一年五月，太宗嘗云：「自古皆貴中華，賤夷、狄，朕獨愛之如一」（資治通鑑卷一九八）。爲促進民族團結，貞觀十五年（六四一），太宗遣文成公主西嫁吐蕃贊普松贊干布；中宗景龍元年（七〇七），又以金城公主妻吐蕃贊普尺帶丹珠。唐蕃和親數十年。至玄宗朝，「依貞觀故事」，姚崇爲相，即以「不幸邊功」等十事進諫。盛唐各民族間的友好往來和經濟文化交流日益加深，許多少數民族商人、藝人、學者居留長安，以至入仕朝廷，漢族人民也在邊境與當地居民一起從事生産勞動，和睦相處。民族友好的和平氣氛，代表着廣大人民的共同意願，也成爲邊塞詩人歌咏的主題。

其三，由於民族矛盾引起的邊塞戰争，是邊塞詩産生的一個直接原因。任何一個多民族國家的形成，都必然經過各民族間的斗争和融合。因此，就不可避免地存在着民族矛盾，這也是我們多民族國家在形成過程中的歷史必然現象。一方面，由於唐代邊地許多異族還大都處於氏族奴隸制的社會形態，對唐朝「强則進兵抄掠，弱則竄伏山林」，其部族首領違背各族人民的意願，連年在西北、西南、東北等邊地劫掠侵擾，時降時叛。如武后聖曆元年（六九八），東突厥默啜可汗攻陷趙州，盡殺所掠趙、定州男女萬餘人（舊唐書則天皇后本紀）；開元二年，吐蕃將衆十萬寇臨洮，軍蘭州，至於渭源，掠取牧馬（資治通鑑卷二一一）；八年十一月，「突厥寇涼州，殺人掠羊馬數萬計而去」（舊唐書玄宗本紀）。諸如此類的戰爭還很多，這是一種掠奪性的戰争。另一方面，由於唐玄宗好大喜功，邊將中以邊功媚上邀寵者亦不乏其人。如天寶十載、十三載的兩次征南詔就是，這是唐對少數民族的侵擾，也是非正義的。

盛唐國勢的强盛，還大大提高了人們的民族自尊心和自豪感。這種時代的主要精神特征，激發了詩人對建樹功勛的憧憬。尤其是廣大出身於中小地主階級的士人，具有奮發向上的精神，報効國家的壯志，因而投筆從戎、慷慨從軍，形成了一種時代風尚。

同時，唐統治者重武功，文人入幕也是一個進身機會。明胡震亨唐音癸籤卷二十七云：「唐詞人自禁林外，節鎮幕府爲盛，如高適之依哥舒翰，岑參之依高仙芝，杜甫之依嚴武，比比而是。中葉後尤多。蓋唐制，新及第人，例就辟外幕。而布衣流落才士，更多因緣幕府，躡級進身。」這些文人深入邊塞，有着親身的體驗和深刻的感受，寫出了歌頌戰士愛國精神和描繪邊塞雄奇瑰麗浪漫色彩的詩篇。

唐代實行府兵制。戰士的長期戍邊和大量的犧牲，人民的負擔日益加重。這種現實也激起詩人們的憤慨和同情，因此，也出現了反映戰爭給人民帶來災難的主題。對於不同性質的戰爭，詩人自有不同的反映，只有認識了上述社會原因和邊塞戰爭性質的復雜性之後，才會對盛唐邊塞詩多樣性的主題，有比較合理的解釋。

最後，簡單談談盛唐邊塞詩産生的文學因素。

邊塞詩至唐代大盛，形成重要的詩派。但邊塞詩的産生并非始於唐代。隨着漢帝國的建立，「守四方」成爲日益重要的政治、軍事問題。武帝「外事四夷，内興功利」，抗匈奴，通西域，戰事較繁，這就必然在文學作品中得到反映。漢樂府如戰城南、十五從軍征、飲馬長城窟行等篇，可以看作邊塞詩的濫觴。其中反對黷武戰争、征人思婦相思之情等内容，成爲以後邊塞詩作的傳統題材。其蒼凉悲壯的風格，亦對後世有較大影響。

漢末天下大亂，戰争接連不斷，人民流離失所。曹操寫軍旅征戍生活的詩有苦寒行、却出東西門行等。陳琳的飲馬長城窟行用秦代築長城之事，深刻揭露了當時繁重的徭役給人民帶來的痛苦與灾難。曹植的白馬篇塑造了一個爲國立功，不惜流血犧牲的愛國壯士的形象，充滿豪壯樂觀的精神。後來高、岑詩中的戰士形象便是它的繼承。西晉末年的劉琨，在他後期保衛中原的戰鬥生活中寫的扶風歌，有深厚的愛國感情。晉宋之交的鮑照，寫有不少邊塞題材的名作，如代出自薊北門行，抒寫壯士從軍衛國的壯志和描繪北方邊地風物，氣勢豪壯昂揚，意境蒼凉，開盛唐邊塞詩的先路。特別是他對七言古詩體裁的發展，對「四傑」、李白、高適、岑參的創作影響較大。另外，北朝樂府民歌中也有關於邊塞的題材。如折楊柳歌辭表現北方民族的尚武精神，隴頭歌辭寫征人游子飄零的身世，敕勒歌描繪草原遼闊、牛羊繁盛的大西北景色，也爲唐代邊塞詩人的創作提供了借鑑。

至隋，隨着戰事的增多，一些由北朝入隋的詩人如盧思道、楊素、薛道衡等，大都有從軍邊塞的經歷，寫了一些較好的邊塞詩。其中盧思道的從軍行反映征人思婦思念之苦，諷刺將軍邀功求寵，具有早期七言歌行的特色。又如楊素的出塞和薛道衡的昔昔鹽，在藝術上都有獨創性。初唐「四傑」積極開拓詩歌的思想内容領域，邊塞詩在他們的創作中占有較重的地位。如駱賓王曾久戍邊城，邊塞詩數量較多，如從軍中行路難二首、夕次蒲類津詩，既有立功報國的豪壯胸懷，又有邊塞生活的親切見聞。陳子昂從軍東北，有現實性很强的邊塞詩。如感遇中「朝入雲中郡」、「丁亥歲云暮」、「蒼蒼丁零塞」、「朔風吹海樹」等篇，對戰争造成士兵的痛苦和人民災難表示同情，對邊帥無能、統治者黷武開邊表示憤慨，這些内容都初步突破了泛擬古題邊塞詩的傳統風氣。而「四傑」的七言歌行篇幅擴大，筆勢縱横奔放，對高岑邊塞詩體裁的影響很大。在這些基礎之上，出現了盛唐邊塞詩的全盛時期，於是有高岑等人的出現。

二

高適（七〇二？——七六五），字達夫，渤海蓨（今河北景縣南）人。他的生平主要分前後兩個階段，五十歲左右是這兩段的分界。

前段他很不得志。李頎説他「五十無産業，心輕百萬資。屠酤亦與羣，不問君是誰」。在這五十年中又大致可分爲北上薊門和浪游梁宋兩個時期。

在北上薊門之前，他二十歲曾赴長安求仕，失意而歸，他寫道：

> 二十解書劍，西游長安城。舉頭望君門，屈指取公卿。國風冲融邁三五，朝廷歡樂彌寰宇。白璧皆言賜近臣，布衣不得干明主。歸來洛陽無負郭，東過梁宋非吾土。兔苑爲農歲不登，鴈池垂釣心常苦……彈琴擊筑白日晚，縱酒高歌楊柳春。……
>
> ——别韋參軍

這裏一方面他揭發朝政的黑暗，貴族近臣壟斷政權，布衣之士遭受壓抑；另一方面寫自己客寓宋中，托身畎畝，生活處境非常艱窘，心情苦悶。但「彈琴擊筑，縱酒高歌」，意氣仍是豪邁的。

十年托身隴畝之後，他爲了尋求立功報國的機會，北上薊門。他説：

少時方浩蕩，遇物猶塵埃。脱略身外事，交游天下才。單車入燕趙，獨立心悠哉。

在北上途中，他游於魏郡（在今河北大名縣東），「睹物思懷」，寫下了借古抒懷的重要作品三君詠，歌頌了「濟代取高位，逢時敢直言」的魏徵、「縱横負才智，顧盼安社稷」的郭震和「昌言太后朝，潛運儲君策」的狄仁傑。舊唐書本傳説他「負氣敢言，爲權幸所憚」，這和三君的氣質相類似，可見此三君是詩人倣效的榜樣。

北上薊門，東出盧龍塞，這是高適第一次出塞。初到薊門，他「題詩碣石館，縱酒燕王臺」，意氣豪邁地唱道：

北上登薊門，茫茫見沙漠。倚劍對風塵，慨然思衛霍。

抒寫報國立功的雄圖壯志。可是這次他的希望又落空了。不過他雖然没有找到仕進的機會，對於邊塞戰士生活却有了親身體驗，這就爲他後來寫著名的燕歌行打下了生活基礎。

以後轉入浪游梁宋時期。這一時期直到天寶八載舉有道科爲止。這時他一面「漁樵孟諸野」，另一面做富貴人家的賓客，就是本傳説的「以求丐取給」。有時也到山東、江蘇等地漫游，廣交朋友，投詩於達官貴人，尋求仕進的機會。長期的困頓，使他苦悶悲憤，但用世之心未嘗減退。他在詠史中這樣説：

尚有綈袍贈，應憐范叔寒。不知天下士，猶作布衣看。

這也是借古抒懷，表示了自己對前途的自信。

在長期交游中，最值得大書特書的是天寶三載，李白賜金放還，至洛陽，遇到杜甫，二人同游汴州，又與高適相遇。三位詩人「酒酣登吹臺，慷慨懷古」，然後同至單父，登宓子餞琴臺，獵於孟諸。這件事成爲文學史上的佳話，至今開封市禹王臺（即古吹臺）内仍建有「三賢祠」以紀念他們的盛會。季秋，高適和他們分手，南游楚地，自商丘沿汴東下，經酇縣、銍城、符離、靈壁、徐縣、泗縣、盱眙、淮陰、淮安，而抵襄賁（今江蘇漣水縣），寫了一篇東征賦，記載了安史之亂前的汴河方位，可以糾正資治通鑑的錯誤，有很高的史料價值，可惜未被人們注意，故特表而出之。

北上薊門和浪游梁宋是高適創作的豐收時期。他現存詩共二百四十四首，有一百七十餘首是這兩個時期的作品。舊唐書本傳説他「年過五十，始留意詩什」，這是不符合事實的。

此後轉入詩人的後一階段。這階段包括兩次入仕，這是高適個人歷史變化的時期。第一次入仕是天寶八載（七四九），他的詩才受到宋州刺史張九皋的賞識，奏其所製詩集於朝，「薦舉有道科」，蹉跎半百的高適才獲得一個入仕的機會，心情非常興奮，在炎炎三伏天，十日趕到了長安，中第後，被專權妬才的右相李林甫所抑，祇授他一個小小的封丘縣尉，使他深感失望和不平。次年秋，他以縣尉身份送兵出塞，到達清夷（在今河北懷來縣）。他在使青夷軍入居庸詩中悲憤地寫道：

登頓驅征騎，棲遲愧寶刀。遠行今若此，微禄果徒勞。絶坂水連下，群峯雲共高。自堪成白首，何事一青袍！

回封丘後，他因深感「拜迎長官」的屈辱與「鞭撻黎庶」的痛心而棄官，寫下了名作封丘縣。不久，得到了河西節度使哥舒翰的賞識與推薦，充任翰幕府掌書記，高適仕途顯達實始於此。

安史之亂爆發，高適以監察御史佐哥舒翰守潼關。潼關失守後，他奔赴行在，見玄宗陳述軍事形勢，遷侍御史，擢諫議大夫。

玄宗在蜀，用諸王分鎮，高適切諫，以爲不可，爲肅宗所知。數月後，永王璘據金陵起兵，肅宗即召高適計議，適分析形勢，認爲永王必敗，深受肅宗嘉獎，就任他爲揚州大都督府長史（從三品），淮南節度使，使討永王璘。高適一躍而爲雄藩重鎮的封疆大吏，成爲開元、天寶時期詩人中最顯達的人物。胡震亨曾評論説：「高適，詩人之達者也。其人故不同。（杜）甫善房琯，適獨與琯左（謂反對房琯諸王分鎮事）；（李）白誤受永王璘辟，適獨察璘反萌，豫爲備。二子窮而適達，又何疑也。」（唐音癸籤卷二十五）這三位詩人的仕途顯塞，確與對這次重大政治變動的態度有關，胡氏之説是有道理的。

次年，永王敗死。大宦官李輔國惡適敢言，在肅宗前進讒，降官爲太子少詹事，出爲彭州（今四川彭縣）刺史，寫了自敘生平經歷的名作酬裴員外以詩代書。遷蜀州（今四川崇慶縣），代宗初遷成都尹、劍南西川節度使。未幾，召爲刑部侍郎，轉左散騎常侍，卒，謚忠。

高適的創作，以邊塞詩成就爲最高。

他第一次出塞，北上薊門，親身體驗了邊塞士兵的生活，寫下了薊門行五首。在詩中，他對「士卒厭糟糠，降胡飽衣食」的不平等待遇感到憤慨，并給予深切的同情。他說：「關亭試一望，吾欲涕沾臆。」對「胡騎雖憑陵，漢兵不顧身」的英勇愛國、不惜獻身精神則予熱情的歌頌。而對士卒長期戍邊，夫婦離别又表示了關心：「羌胡無盡日，征戰幾時回？」

開元二十六年，他創作了最傑出的代表作燕歌行。這首詩從序來看，與張守珪部將打敗仗有關，但其内容寫的却不全是這次戰役，而是把他在薊門的見聞，進行更高的藝術概括，從而表現了他對戰士們的體恤和對他們英勇的愛國精神的贊美，這些都超過了歷來的同題之作。詩中描寫了戰斗的激烈和艱苦，并以「戰士軍前半死生，美人帳下猶歌舞」這樣鮮明的對比，深刻揭露了將軍和士兵苦樂懸殊的生活和唐朝軍政的腐敗黑暗。

由於將帥無能，恃恩輕敵，以致陷入重圍，戰事不解，使士兵和家人遭受長期離别的痛苦。「相看白刃血紛紛，死節從來豈顧勳」兩句，熱情歌頌了戰士們爲國獻身的愛國精神。由於征戰辛苦，所以希望有李牧那樣的將軍來克敵制勝，保境安邊：「君不見沙場征戰苦，至今猶憶李將軍！」此詩用具體的描寫把塞外大漠的荒凉環境、劇烈悲壯的戰斗氣氛、戰士在戰争過程中的内心活動巧妙地交織在一起，形成了雄渾深厚、悲壯淋灕的藝術風格。全詩四句一轉韻，多用對偶句和律句，詩的音律隨着内容的轉變而轉變，使音節的抑揚頓挫與詩的意境獲得和諧的統一。

由於詩人自己具有强烈的愛國思想，所以他對保衛邊疆的愛國將領作了熱情的歌頌。如送渾將軍出塞中對渾將軍的刻畫是很出色的。在敵人入侵，「昨日邊庭羽書至」的時候，渾將軍即慷慨出征。「城頭畫角三四聲，匣裏寶刀晝夜鳴」二句不沾渾將軍本身，却正襯托出將軍忠勇爲國、心情異常激動的精神面貌。「黄雲白草」的塞外風光，與「擊劍酣歌」的昂揚精神，進一步突出了一個不畏艱苦、爲國忘身、心情樂觀的愛國將領形象。通篇嚴整而飛動，魄力雄毅，風骨遒勁，與燕歌行同樣表現了高適七古的藝術特征。

對於收復失地，高適同樣是興奮鼓舞的。天寶十二載五月，哥舒翰收復久已淪陷的九曲黄河，他寫了豪壯而充滿喜悦心情的九曲詞，其第一、第三首云：

萬騎争歌楊柳春，千場對舞綉騏驎。到處盡逢歡洽事，相看總是太平人。

鐵騎横行鐵嶺頭，西看邏逤取封侯。青海祇今將飲馬，黄河不用更防秋。

在這裏也表現了他希望鞏固邊疆，獲致太平的願望。

其次，是反映時事的詩歌。其内容主要是對唐玄宗晚年昏聵的諷刺和對安史之亂的痛恨。例如唐玄宗晚年寵信安禄山，而安禄山却是一個詭詐反側、屢次挑起邊釁、以所謂「邊功」來市寵的家伙。高適在送兵到清夷時，就體察到他以邊兵爲個人市寵的犧牲品，在答侯少府詩中就指出「邊兵若芻狗，戰骨成塵埃」的可悲事實。而玄宗却對他越來越寵信，連年加官進爵，高適在薊中作（亦作送兵還作）中用比較含蓄的語句説：「豈無安邊書，諸將已承恩」，對玄宗的昏聵濫賞進行了諷刺。

到天寶十載，安禄山居然「出入宫掖不禁」，「頗有醜聲聞於外」，而玄宗竟聽之任之。高適爲此作了借古諷今的辟陽城詩。詩中借審食其與吕后私通事來影射安禄山與楊貴妃的暧昧關係。這類直指最高統治者、揭發其宫闈醜事、寓意深刻的諷刺詩，在當時是罕見的。

對安史之亂，高適的態度是鮮明的。他在酬河南節度使賀蘭大夫見贈之作中寫道：「河華屯妖氣，伊瀍有戰聲。」他撫劍悲歌，心存戡難，還致書賀蘭進明使救梁宋，解睢陽之圍。及九節度使兵潰於鄴城（在今河南安陽），他目睹國家殘破，人民遭到殺害的慘狀，寫了酬裴員外以詩代書一詩，詩中有四句說：「縱横荆棘叢，但見瓦礫堆。行人無血色，戰骨多青苔。」反映了中原經過這一番殺戮洗劫之後，一片破瓦頽垣、白骨縱横、人民流離的悲慘景象。關於鄴城戰役所造成的浩劫，衹有在高適這首詩中得到具體的描述，這是它的可貴之處。

再次，他深入地反映了農民疾苦。由於高適長期貧困，有「兔苑爲農歲不登，鴈池垂釣心常苦」的親身感受，所以他能够關懷民生疾苦。屬於這類的詩作有東平路中遇大水、自淇涉黄河途中作等。前者用白描手法寫出了農村遭受水灾，因而「農夫無倚着，野老生殷憂」的情景；後者揭示了農民在旱灾和重税剥削下的貧困和農村凋敝的生活景象：「去秋雖薄熟，今夏猶未雨。耕耘日勤勞，租税兼鳥鹵。園蔬空寥落，産業不足數。」開元天寶詩人中，高適是第一個反映農民痛苦的詩人。

正因爲如此，高適對能够關懷民生的地方官是稱頌的，特别是對春秋時宓子賤爲單父宰「琴和人亦賢」的良政作了多次歌頌。後來他自己任州牧時即以子賤爲榜樣，舊唐書本傳説他「屢爲藩牧，政存寬簡，吏民便之」。

此外，高適還寫了較多的自傷不遇的詩歌，反映出儘管是盛唐時期，大批人才仍然遭受壓折的不合理的社會現實。詩作如別韋參軍、淇上酬薛三據兼寄郭少府微等。

總上所述，可以看出高適是一個拓落不羈、崇尚節義、有匡時之略和負氣敢言、氣質慷慨的人物。他的詩如其人，内容從多方面反映人民疾苦，揭露社會矛盾，抒寫愛國熱情和懷才不遇的感慨。其語言質樸爽朗，直抒胸臆，魄力雄毅，氣骨琅然，多慷慨悲壯之音，形成了自己的獨特風格。

三

岑參（七一五？——七七〇），南陽（今河南南陽）人。他的生平大略可以分爲三個時期。

第一個時期是他三十歲出塞之前。岑參出身於一個没落的封建官僚家庭，他的曾祖父文本相太宗，伯祖父長倩相高宗，伯父羲相睿宗。開元元年（七一三），岑羲坐太平公主謀逆遭誅，家道衰落。父親岑植曾兩任州刺史。參少年時，父逝，從兄受學，「能自砥礪，遍覽史籍」（杜確岑嘉州集序）。十五歲時，到嵩山少室讀書。在早期詩作中，可以看出他耽情山水，恬然自適的思想情緒。但積極用世，是他思想的主要方面。二十歲，他「獻書闕下」，赴長安求仕，結果是「金盡裘敝，蹇而無成」（感舊賦），失意而歸。雖然如此，他繼續爲求仕而奔波，曾多次往返於京洛之間，還到河朔、邯鄲、冀州、匡城等地漫游。他在感舊賦中寫道：「出入二郡，蹉跎十秋，多遭脱輻，累遷焚舟，雪凍穿屨，塵緇弊裘。嗟世路之其阻，恐歲月之不留。睠城闕以懷歸，將欲返雲林之舊游。」這個時期，交游多爲僧人、隱士，加之仕途失意，佛家的避世思想時而在他身上有所表現。

直到三十歲，岑參才應舉及第。中第後祇授右内率府兵曹參軍的小官。他感嘆地説：「三十始一命，宦情都欲闌。自憐無舊業，不敢耻微官」（初授官題高冠草堂）。此後到他三十五歲出塞前的四、五年間，一直身居微職，未得升遷。但詩人并不甘心久沉下僚，仍然尋求建功立業的機會。

以後轉入第二個時期。這個時期從天寶八載（七四九）到至德二載（七五七），包括詩人的兩次出塞。這是岑參一生中的重要時期。

和唐代其他從軍邊塞的文人一樣，岑參也選擇了在戎馬生涯中開拓自己前程的道路，做以軍功致位的人物。天寶八載冬，岑參第一次出塞，赴安西（今新疆庫車）節度使高僊芝幕府任掌書記。初次出塞，詩人的意氣是昂揚的，他在初過隴山途中呈宇文判官詩中滿懷信心地寫道：

萬里奉王事，一身無所求。也知塞垣苦，豈爲妻子謀！

但在兩年多的軍幕生活中，詩人并没有施展抱負的機會。天寶十載（七五一），他回到長安。次年秋，岑參和杜甫、高適、薛據、儲光羲相會於長安，同登慈恩寺塔，相互唱和，各自寫下了著名的詩作。他此時還僻居終南山，寫了一些送别、贈答的篇什。

天寶十三載（七五四），岑參被北庭節度使封常清辟爲節度判官，第二次出塞。這次出塞由於受知於主帥，所以胸襟開朗，心情振奮。他寫道：「何幸一書生，忽蒙國士知。側身佐戎幕，斂衽事邊陲。自逐定遠侯，亦著短後衣。近來能走馬，不弱并州兒」（北庭西郊候封大夫受降回軍獻上）。至德元載（七五六）又出任伊西、北庭支度副使。在北庭歷時約三年餘，足跡幾遍整個西北地區，生活閱歷大大豐富，視野更加開闊；加之有第一次出塞的生活基礎，因此，創作達到了全盛時期，寫下了許多氣勢磅礴、雄奇高亢、爛漫多采的邊塞詩。這些詩歌的表現領域空前闊大，題材多樣，洋溢着愛國熱情。他羨慕「功名祇向馬上取，真是英雄一丈夫」的壯士，歌贊「四邊伐鼓雪海湧，三軍大呼陰山動」的唐軍聲威，稱頌唐軍將士「誓將報主凈邊塵」的報國精神。這些作品代表了詩人邊塞詩的最高成就。在這一時期的詩作中，有很多是作者自己親聞親見的紀實，其中還保存了許多有關西北邊疆古地理、交通、民俗、民族交往以及少數民族歌舞、音樂等史料，這在岑詩中是彌足珍貴的部分。

岑參生平的第三個時期，是從至德二載（七五七）直至去世。這一時期岑參的仕履比較復雜。大約在至德二載的春夏之交，自邊地東歸，詣鳳翔肅宗行在所，經杜甫等人的推薦，授右補闕。在諫官任上，他正直敢言，「頻上封章，指述權佞」（岑嘉州集序），故爲權貴所嫉。三月，轉起居舍人，四月，出爲虢州長史。他寫詩慨嘆仕途的再次失意：「世事何反覆，一身難可料。頭白翻折腰，歸家還自笑」（衙郡守還）。雖然如此，但他憂國憂民的心情并没有減退。對安史之亂，詩人是痛恨的。在行軍二首（其一）詩中寫道：「胡兵奪長安，宮殿生野草，傷心五陵樹，不見二京道。」并對安史叛軍燒殺劫掠所造成的嚴重後果表示憤慨：「干戈礙鄉國，豺虎滿城堡。村落皆無人，蕭條空桑棗。」同時，詩人對「誤落胡塵裏，能持漢節歸」（送裴判官再歸河陽幕府）的愛國將士給予熱情肯定，高度評價他們抗敵平叛的英勇行爲，并對安史之亂的遲遲不能平定深表憂慮。尤其是對當時朝廷用人不當，武將討賊不力、荒淫作樂進行明白的諷刺。他寫道：「聖朝正用武，諸將皆承恩。不見征戰功，但聞歌吹喧」（潼關鎮國軍句覆使院早春寄王同州）。

唐代宗寶應元年（七六二）春，岑參改授太子中允、兼殿中侍御使、充關西節度判官。十月，任雍王李適（即唐德宗）掌書記，進討史朝義。又遷祠部、考功二員外郎，轉虞部郎中。永泰元年（七六五），出爲嘉州刺史。因蜀亂，行至梁州而還。大曆元年（七六六），蜀中崔旰叛亂，劍南西川節度使杜鴻漸入蜀平亂，表岑參爲職方郎中，兼侍御使，列於幕府。入蜀途中，詩人寫下了早上五盤嶺、入劍門作寄杜楊二郎中等詩作，反映了對消滅軍閥割據勢力的積極態度和渴望祖國統一、百姓安寧的良好願望。二年四月，赴嘉州刺史任，次年七月，秩滿罷任。此時，他仍以天下事爲念：「四海猶未安，一身無所適。自從兵戈動，遂覺天地窄」（西蜀旅舍春嘆寄朝中故人呈狄評事）。對國家不寧、兵戈不息的局勢表示憂慮。八月，東歸鄉里，因亂改道北行，寓居成都。五年正月，客死旅舍，終年約五十六歲。

岑參的詩歌，沈德潛唐詩别裁評云：「能作奇語，尤長於邊塞。」邊塞詩是岑參創作的精華所在。由於他「往來鞍馬烽塵間十餘載」，「城障塞堡無不經行」，對邊地生活有長時期的深刻體驗和認識，所以邊塞詩的内容極爲豐富多彩。

岑參邊塞詩的主題是多方面的。

首先，詩人熱情歌頌邊防將士豪邁的戰鬥生活、唐軍的雄威和高漲的士氣。在他描寫戰爭的詩裏，表現出充滿勝利信心的英雄樂觀主義精神，猶如一曲高亢激昂的戰歌，讀之使人鼓舞振奮。這可以用他第二次出塞時，在封常清率軍抗擊犯邊之敵前夕寫下的走馬川行奉送封大夫出師西征和輪臺歌奉送封大夫出師西征等著名的七言歌行作爲代表。在走馬川行中，詩人首先展示戰地的自然環境：狂風怒吼，飛沙走石，峭冷奇寒。在這樣嚴酷的氣候中，面對敵人的入侵，唐軍連夜開拔，「將軍金甲夜不脱，半夜行軍戈相撥，風頭如刀面如割」。通過將士頂風冒雪的夜行軍情景，烘托必勝之勢；同時突出了唐軍的軍容肅整，士氣高昂，勇猛無畏的精神。在輪臺歌中，極寫唐軍軍威之盛，其先寫戰斗之前兩軍對壘的緊張情況，接寫白晝出兵，極力渲染吹笛伐鼓三軍大呼，突出軍隊的聲威。「雪海湧」、「陰山動」，描寫唐軍英勇殺敵、所向披靡的氣概，又寫戰鬥艱苦，歌頌將士奮不顧身的精神，最後以預祝勝利作結。這首詩充滿浪漫主義激情，成功地表現了三軍將士建功報國的英勇氣概。

其次，詩人以輕快的詩筆，真實地記述了漢族和少數民族之間互相團結、和睦相處的動人情景。邊境戰亂平息之後，生活是和平安寧的，各族人民之間的關係十分融洽。詩人寫道：

西邊虜盡平，何處更專征。幕下人無事，軍中政已成。座參殊俗語，樂雜異方聲……。
——奉陪封大夫宴

琵琶長笛曲相和，羌兒胡雛齊唱歌。
——酒泉太守席上醉後作

其他如趙將軍歌寫漢蕃將領騎射縱博的愉快場面：

九月天山風似刀，城南獵馬縮寒毛。將軍縱博場場勝，賭得單于貂鼠袍。

與獨狐漸道別長句兼呈嚴八侍御還描寫各民族之間互相往來，共同娛樂的動人情景：

軍中置酒夜撾鼓，錦筵紅燭月未午。花門將軍善胡歌，葉河蕃王能漢語。

再次，是關於祖國西北邊地奇異景色的描繪。在這些詩中，詩人更多的是在寫景中傾注了自己熱愛祖國、熱愛邊疆的深厚感情。如白雪歌送武判官歸京：「北風卷地白草折，胡天八月即飛雪。忽如一夜春風來，千樹萬樹梨花開。」詩從塞外冰天雪地的奇麗風光着筆，出人意想地用千樹萬樹的梨花作譬喻，給人以無邊春意的感覺。又如熱海行送崔侍御還京：「側聞陰山胡兒語，西頭熱海水如煮。海上衆鳥不敢飛，中有鯉魚長且肥」。又如火山雲歌送別：「火雲滿山凝未開，飛鳥千里不敢來。平明乍逐胡風斷，薄暮渾隨塞雨回。」寫出了一個不可思議的新奇世界。總之，在岑參筆下，飛雪、熱海、火山等西域景物，不僅爲過去詩歌未曾描寫，也爲「古今傳記所不載」（宋許顗彦周詩話）。

另外，岑參的邊塞詩中還有一些是描寫邊疆少數民族音樂、舞蹈的，如田使君美人如蓮花舞北鋋歌等，描繪「北旋舞」的舞姿、服裝、配樂及「旋轉如風」的特點，對今天研究古代舞蹈有一定的參考價值。另有一些懷鄉思家之作，如赴北庭度隴思家、逢入京使等，也寫得感情真摯婉曲，十分動人。

岑參還有一部分寫景詩和贈答詩。這類詩主要作於出塞之前和由邊地歸來之後。其中描寫山水之作善於表現一種動態的、清新奇異的境界，形成了自己的特色。如：

雷聲傍太白，雨在八九峯。東望白閣雲，半入紫閣松。

——田假歸白閣西草堂

坐來一望無端倪，紅花綠柳鶯亂啼，千家萬井連回溪。

——西亭子送李司馬

殆知宇宙闊，下看三江流。天晴見峨眉，如向波上浮。

——登嘉州凌雲寺作

總之，岑參是一個刻苦自礪、仕途坎坷、有進取報國之心的詩人。他的邊塞詩意氣昂揚，熱情奔放，色彩瑰麗，富有浪漫主義特色，不愧爲盛唐邊塞詩派的一個傑出代表。

四

作爲邊塞詩派的代表作家，高岑二人有許多共同的地方，也有其各自的特點。在生活閲歷、政治理想等方面，他們的相似之處主要有以下幾點：

一、兩人就出身來説，雖家庭不同，但作爲個人都是早歲孤貧。前期在求仕的道路上有着類似的坎坷遭遇，都曾於二十歲赴長安求仕，失意而歸。其後選擇從軍幕府的進身途徑。雖屢遭挫折，却不甘沉淪，奮發向上，積極用世的心情始終没有消失。

二、兩人都有立功邊塞、慷慨報國的雄心壯志和愛國主義精神，并都從軍邊塞，有豪壯、艱辛的軍旅生活和深刻的體驗。

但也存在着一定的差别。就個人的生活基礎來説，高適長期困窘，曾躬耕隴畝，「求丐自給」，生活異常艱苦。因此，他對下層勞動人民的生活有切身的體驗并深寄同情。他曾於燕地從軍，往來於東北邊陲，繼又以縣尉身份送兵清夷，看到了士兵生活的痛苦。岑參雖早孤，但仍有讀書的機會，還能隱居少室，過較安適的士子生活。這對兩人的思想感情是有影響的。

就個人性格、氣質而論，兩人的差异也頗顯著。「五十無産業，心輕百萬資，屠酤亦與群，不問君是誰」（李頎語）的高適，有拓落不拘、傲岸自負、獨往獨來、無所牽挂、慷慨豪邁的特點。岑參身爲士大夫之族，相門之子，雖充滿愛國熱情，但仕途失意，即有些消沉，用世和退隱始終是他思想上的矛盾，且多思家懷土之情。而這些是高適所没有的。

在詩歌的思想内容方面，兩人的詩作都洋溢着慷慨報國的愛國主義熱情，這也是盛唐邊塞詩的一個突出特點。熱愛祖國，維護唐帝國的統一，對於異族的侵犯，表示出極大的憤慨，是其創作的共同主題。所以他們在作品中都對唐軍將士奮不顧身、英勇報國的愛國主義精神給以熱情的歌頌。如高適的九曲詞對唐軍收復失地感到興奮鼓舞；在送渾將軍出塞中塑造了一個忠勇爲國、心情樂觀的愛國將領形象；燕歌行則歌頌了士兵捐軀殉國的愛國精神。岑參在詩中也突出表現唐軍將士「小來思報國，不是愛封侯」（送人赴安西）的愛國精神，着力稱頌唐軍猛悍精鋭、勇敢無畏的英雄氣概（輪臺歌），在走馬川行中對唐軍將士不畏狂風酷寒、連夜出兵抗敵、保衛邊疆的壯舉極力頌贊。

在這個愛國主義的統一主題下，兩人的詩歌又各有不同的表現重點：

高適的邊塞詩主要表現了對士卒艱苦生活的同情，對「士卒厭糟糠，降胡飽衣食」（薊門五首）的不合理待遇表示憤慨；并揭露唐軍中「戰士軍前半死生，美人帳下猶歌舞」（燕歌行）苦樂懸殊的黑暗現實，同情征人長期分離的痛苦等等。岑參的邊塞詩則多是激昂高亢、熱情洋溢的戰歌，讀之令人激奮，如輪臺歌、走馬川行等都是這樣。他有不少描繪西北邊塞奇異景色的詩篇，如白雪歌送武判官歸京、熱海行送崔侍御還京、火山雲歌送別等。另外他還有一些邊塞民俗土風的描寫，這些都大大開拓了詩的境界。

在藝術方面，高岑也多有異同。

一、就其共同點來説，兩人的詩歌都具有豪邁悲壯的風格。杜甫寄彭州高三十五使君適岑二十七長史參三十韻云：「高岑殊緩步，沈鮑得同行。意愜關飛動，篇終接混茫。」嚴羽滄浪詩話詩評云：「高岑之詩悲壯，讀之使人感慨。」胡應麟詩藪内編卷二云：「高岑以悲壯爲宗。」即指二人的共同風格而言。

二、就二人詩歌的不同點來説，主要有以下幾個方面：

首先，在創作風格上，高適詩以現實主義爲主，風格雄厚渾樸，悲壯慷慨，骨氣琅然。殷璠河嶽英靈集説他的詩「多胸臆語，兼有氣骨，故朝野通賞其文。」劉熙載藝概詩概説：「高適詩，兩唐書本傳并稱其以氣質自高。今即以七古論之，體或近似唐初，而魄力雄毅，自不可及。」岑參的詩則以浪漫主義爲特色，氣勢雄偉，想像豐富，色彩瑰麗，熱情奔放。殷璠河嶽英靈集謂其「語奇體峻，意亦造奇。」他的詩具有奇情異彩，出語造句亦奇峭絶人。劉熙載藝概詩概説：「高常侍、岑嘉州兩家詩，皆可亞匹杜陵，至岑超高實，則趣尚各有近焉。」這個評議，正切合他們的詩風。

其次，在創作手法上，高詩多直抒胸臆，筆勢豪健，河嶽英靈集説他「多胸臆語」，即指其詩直接抒寫自己的感情，語從心出。如他不能忍受縣尉的羈束和屈辱的小吏生活而心情痛苦，説：「乍可狂歌草澤中，寧堪作吏風塵下。……拜迎長官心欲碎，鞭撻黎庶令人悲！」（封丘縣）安慰朋友的貶謫，説：「丈夫窮達未可知，看君不合長數奇。」（送田少府貶蒼梧）寫自己懷才不遇的憤慨，説：「未知肝膽向誰是？令人却憶平原君。」（邯鄲少年行）勃鬱之情躍然紙上。「莫愁前路無知己，天下誰人不識君」？（别董大），直抒所懷，聲情慷慨，高適爲人尚節義，於此類詩可見。

岑參詩則擅長描寫，善於用夸張、比喻等手法描繪景物，并在寫景中寄寓感情，渲染氣氛。如寫狂風：「輪臺九月風夜吼，一川碎石大如斗，隨風滿地石亂走」（走馬川行），寫炎熱：「火雲滿山凝未開，飛鳥千里不敢來」（火山雲歌送别），寫大雪：「忽如一夜春風來，千樹萬樹梨花開」（白雪歌）等等。在岑詩中，幾乎没有不與景物描寫相聯繫的，或以景抒情，或寓情於景，元人陳繹曾云：「岑詩尚巧主景」（詩譜），誠然。

復次，就詩歌的形式來説，二人均以七言歌行見長。高適的五古直追漢魏，寫得渾成古質；岑詩形式豐富多樣，五律、絶句亦饒有佳作，其五古清新奇逸，善於吸取六朝民歌和新體詩的成就。所以胡應麟詩藪内編卷二云：「高黯淡之内，古意尤存；岑英發之中，唐體大著。」

總之，高岑二人的創作雖各有其不同的特點，但都取得了傑出的成就。王世貞藝苑卮言卷四云：「高、岑一時不易上下，岑氣骨不如達夫遒上，而婉縟過之。」王士禛亦云：

「高悲壯而厚，岑奇逸而峭」（師友詩傳敍録）。他們的詩歌代表了邊塞詩的高峯，并各以自己的創作豐富了唐代詩壇。

五

最後，對本書的編選體例説明如下：

一、今存高詩約二百四十首，岑詩約四百首。本書選注高詩一二九首，岑詩一三二首。選詩標準多據思想性和藝術性完美統一的原則，兼顧不同的内容、體裁和風格，力圖反映詩人的整個創作面貌，而以邊塞詩爲重點。編排以寫作時間爲序，無從繫年的詩，則附列於後。

二、以全唐詩爲底本，并以四部叢刊本參校。對於有出入的文字，擇善而從，并作校記。對於明顯的誤字，則一徑改正，不再出校。

三、注釋力求簡明扼要，避免繁瑣考證。對難解的字詞、名物、典故、地名、本事等均作簡要注釋，并適當注明出處。對於一些迄今尚有争論的詩作，依我們的看法處理，盡可能做到言必有據。對難懂的句子，作必要的串解；重出的詞語、典故則注明見某篇某注。

本書高適詩由高文選注，岑參詩由王劉純選注，并由高文審定全稿。在本書的編選出版過程中，上海古籍出版社的編輯同志付出了大量的勞動，并提出許多寶貴意見，謹在此表示衷心的感謝。

限於我們的學識水平，書中難免有舛訛遺漏，敬希專家讀者不吝指正。

高　文　王劉純

一九八六年三月

目録

高適詩選

岑參詩選

高適詩選

秋胡行〔一〕

妾本邯鄲未嫁時，容華倚翠人未知〔二〕。一朝結髮從君子〔三〕，將妾迢迢東魯陲〔四〕。時逢大道無艱阻〔五〕，君方游宦從陳汝〔六〕。蕙樓獨臥頻度春〔七〕，彩閣辭君幾徂暑〔八〕。三月垂楊蠶未眠〔九〕，攜籠結侶南陌邊〔一〇〕。道逢行子不相識〔一一〕，贈妾黄金買少年〔一二〕。妾家夫婿經離久〔一三〕，寸心誓與長相守〔一四〕。願言行路莫多情〔一五〕，道妾貞心在人口〔一六〕。日暮蠶饑相命歸〔一七〕，攜籠端飾來庭闈〔一八〕。勞心苦力終無恨，所冀君恩即可依〔一九〕。聞説行人已歸止〔二〇〕，乃是向來贈金子〔二一〕。相看顔色不復言，相顧懷慙有何已〔二二〕。從來自隱無疑背〔二三〕，直爲君情也相會〔二四〕。如何咫尺仍有情〔二五〕，况復迢迢千里外〔二六〕。誓將顧恩不顧身〔二七〕，念君此日赴河津〔二八〕。莫道向來不得意〔二九〕，故欲留規誡後人〔三〇〕。

【注釋】

〔一〕秋胡行：樂府詩集相和歌辭、清調曲：「西京雜記曰：魯人秋胡，娶妻三月，而游宦三年，休還家。其婦採桑於郊，胡至郊而不識其妻也，見而悦之，乃遺黄金一鎰。妻曰：『妾有夫，游宦不返，幽閨獨處，三年於兹，未有被辱於今日也。』採桑不顧，胡慚而退。至家，問：『妻何在？』曰：『行採桑於郊，未返。』既歸還，乃向所挑之婦也。夫妻并慚，妻赴沂水而死。列女傳曰：魯秋潔婦者，魯秋胡之妻也。既納之，五日，去而宦於陳，五年乃歸，未至其家，見路傍有美婦人，方採桑，而説之，下車謂曰：『力田不如逢豐年，力桑不如見國卿，今吾有金，願以與夫人。』婦曰：『採桑力作，紡績織紝，以供衣食，奉二親養，夫子已矣，不願人之金。』秋胡遂去，婦至家，奉金遺母，使人呼其婦，婦至，乃嚮採桑者也。婦汙其行，去而東走，自投於河而死。樂府解題曰：『後人哀而賦之，爲秋胡行。』」高適以前賦本事者有傅玄、顔延之及王融，俱見樂府詩集，顔作最佳，亦見文選。這些作品有一首是四言，餘皆五言，高適首先變五言爲七言，改用第一人稱的自述體。内容雖亦寫自未嫁至投河全過程，但重點放在秋胡回家贈金相挑以後的事件上，以突出表現其妻忠貞不二的愛情，并對秋胡的負心無耻進行無情的鞭撻。思想更集中，主題更明確。〔二〕妾本二句：二句當一氣讀，謂己本是邯鄲女，未嫁時的容貌「奇節」（見下文解釋）鮮爲人知。邯鄲：戰國時趙都。古詩十九首之一：「燕趙多佳人，美者顔如玉。」容華：美麗的容貌。曹植美女篇：「容華耀朝日。」陸機日出東南隅行作「淑貌耀皎日」，故知容華即淑貌。「容華倚翠」四字連文，不成文理。劉開揚云：「曹植美女篇：『容華耀朝日。』李善注：『言美如東方之日出也。』雜詩六首之四：『南國有佳人，容華若桃李。』西京雜記卷二：『文君姣好，眉色如望遠山。』倚翠即言眉色也。」（見高適詩集編年箋注第一四四頁中華書局出版）又云：「倚翠説貌美，眉色如憑蒼翠的遠山。」（見高適詩選第五七頁四川人民出版社版）涂元渠云：「容華：年輕美好的容貌。倚翠：指住在翠閣深閨裏。翠，形容光彩鮮麗。」(見高適岑參詩選注第七頁上海古籍出版社版)按:二説皆不妥。劉説就容貌講,涂説就居處講,均須外加數字,方能勉强説通。我以爲「倚翠」二字當是「奇節」之訛。理由如下:(一)「倚」爲「奇」字誤加人旁,「翠」因與「節」字形近而訛。(二)高適是在顔延之秋胡行的基礎上所寫(高適詩學文選是大家公認的),顔作第一章即云:「婉彼幽閑女,作嬪君子室。峻節貫秋霜,明艷侔朝日。」以節與貌并提,貫穿全篇。高適即取法於此。(三)高適此作勝過前人諸作之處至少有兩點:一爲形式上變五言爲七言;二爲全詩主要突出秋胡妻的奇節。既然如此,在詩的開始即點明這一點,爲下文張本,那是很自然的。(四)就「容華奇節人未知」而言,古代女子未出嫁前足不出户,故容貌不爲人知;至其奇節,只是在拒絶行子調戲時才表現出來,故在未嫁時人亦不能知之。這在句意上是順理成章的。

〔三〕結髮:文選蘇武詩四首其三云:「結髮爲夫妻。」注:「結髮,始成人也,謂男年二十,女年十五時,取笄冠爲義也。」從君子:謂女子出嫁。君子,古代婦女對丈夫的敬稱。〔四〕將:帶。迢迢:遠。東魯:指春秋時魯國,在今曲阜、兖州一帶。陲:邊界。〔五〕時逢句:謂路途平安,没有戰争。即杜甫憶昔詩「九州道路無豺虎」之意。〔六〕游宦:出外做官。從:廣雅釋詁三:「從,就也。」陳汝:陳,周陳國,唐陳州淮陽郡與蔡州汝南郡相鄰。漢置汝南郡,包括河南舊汝寧、陳州二府及安徽舊潁州府,故稱陳汝。〔七〕蕙樓:古代對女子住室的美稱。頻度春:屢經春秋,意謂獨居數年。〔八〕采閣:即上句的蕙樓。蕙言其芳香,彩言其華美。幾徂暑:幾經暑天。徂:往。以上八句敍秋胡妻新婚,夫即至陳國做官,一别五年。〔九〕蠶未眠:蠶蜕皮時,不食不動,其狀如眠,謂之蠶眠。蠶自幼蟲至作繭,須蜕皮三四次。三月蠶幼尚未蜕皮,須桑葉飼養,故下句言采桑路邊。〔一〇〕攜籠:提筐。結侣:結伴。南陌:南面的田間道路。〔一一〕道逢句:謂路過一位不相識的行人。〔一二〕買少年:猶言取其容貌青春,即挑逗調笑之意。〔一三〕以下四句皆秋胡妻答辭。〔一四〕寸心句:謂心中發誓要和他永不分離。〔一五〕願言句:謂希望行人不要因離别而多情。〔一六〕道妾句:意爲己心堅貞，人口皆碑。以上八句言秋胡妻嚴詞拒絶行人的調戲。〔一七〕相命歸：互相招呼歸家。〔一八〕端飾：整頓衣裳。庭闈：指雙親的住所。〔一九〕所冀句：言希望自己的丈夫恩愛可靠。〔二〇〕行人：指其夫。歸止：歸來。止，與只同，語已辭。詩齊風南山：「既曰歸止，曷又懷止。」〔二一〕向來：適才。贈金子：送黄金的人。〔二二〕相顧：相看。懷慙：抱愧。有何已：猶無限。以上八句敍歸家與夫相見。〔二三〕從來：自來，由來。自隱：自度。管子禁藏：「以自隱也。」注：「隱，度也。」度，揣度，考慮。無疑背：没有懷疑和背離，即無二心。〔二四〕直爲句：正是因爲你的心也與我相合。〔二五〕如何句：哪想到近家咫尺還别有他意（指向女子調情）。咫：八寸，喻相距甚近。〔二六〕况復句：何况又是遠隔千里之外呢！〔二七〕誓將句：意謂發誓要珍惜愛情而不顧生命，即表示不願再與負心人同居。〔二八〕念君句：謂想到你今日的行爲，我决心投河。河津：渡口。〔二九〕不得意：不稱心，指剛纔發生的事。〔三〇〕故：故意，存心。留規：留下一個規範。誡後人：警告後人。以上八句寫秋胡妻毅然投河，表現出她的奇節貞操，并鞭撻了秋胡的負心忘義。按：封建時代只是片面地要求婦女堅持貞操，而男子則可以爲所欲爲。高適此詩對這種不合理的封建禮教進行的譴責是有進步意義的。

古歌行〔一〕

君不見漢家三葉從代至〔二〕，高皇舊臣多富貴〔三〕。天子垂衣方晏如〔四〕，廟堂拱手無餘議〔五〕。蒼生偃臥休征戰〔六〕，露臺百金以爲費〔七〕。田舍老翁不出門〔八〕。洛陽少年莫論事〔九〕！

【注釋】

〔一〕此詩系借咏漢文帝以暗喻唐玄宗，咏史即咏懷，末句是全詩的主題。　〔二〕漢家三葉：漢朝自高祖開國，經惠帝至文帝凡三世。葉，世。從代至：謂文帝由代王即帝位。漢書文紀：「孝文皇帝，高祖中子也。母曰薄姬。高祖十一年，誅陳豨，定代地，立爲代王，都中都。十七年秋，高后崩，諸呂謀爲亂，欲危劉氏，丞相陳平、太尉周勃、朱虚侯劉章等共誅之，謀立代王。……大臣遂使人迎代王。……（代王）遂即天子位。」唐玄宗爲臨淄郡王平韋后之亂，其父睿宗即位，後睿宗禪位於王，情况與漢文帝以代王爲帝相似，故以爲喻。　〔三〕高皇舊臣：指漢高祖的開國功臣，如絳、灌之屬。多富貴：謂多據要職。　〔四〕天子句：謂皇帝無爲而治。易系辭下：「黄帝、堯、舜垂衣裳而天下治。」晏如：安然，安樂貌。　〔五〕廟堂拱手：謂天子拱手無事。書武成：「垂拱而天下治。」正義：「垂拱而天下治，謂所任得人，人皆稱職，手無所營，下垂其拱，故美其垂拱而天下治也。」無餘議：謂天下太平，没有餘留可議的政事。　〔六〕蒼生句：謂百姓可以高枕安眠而無戰争。蒼生：百姓。偃臥：安眠。休：停止。〔七〕露臺句：漢書文帝紀贊：「嘗欲作露臺，召匠計之，直百金。上曰：『百金，中人十家之産也。吾奉先帝宫室，常恐羞之，何以臺爲？』」以爲費：認爲是浪費。　〔八〕田舍句：謂百姓安居樂業。史記律書：「文帝時，會天下新去湯火，人民樂業，因其欲然，能不擾亂，故百姓遂安。自年六七十翁，亦未嘗至市井，游敖嬉戲，如小兒狀。」以上七句，以漢文帝之治喻開元之治。　〔九〕洛陽句：謂雖才如賈誼，也無須論議政治。漢書賈誼傳：「賈誼，雒陽人也。……文帝召以爲博士，是時誼年二十餘，最爲少。每詔令議下，諸老先生未能言，誼盡爲之對，人人各如其意所出，諸生於是以爲能。文帝説之，超遷，歲中至太中大夫。……諸法令所更定，及列侯就國，其説皆誼發之。於是天子議以誼任公卿之位，絳、灌、東陽侯、馮敬之屬盡害之。迺毁誼曰：『雒陽之人，年少初學，專欲擅權，紛亂諸事。』於是天子後亦疎之，不用其議，以誼爲長沙王太傅。」班固贊曰：「劉向稱賈誼言三代與秦治亂之意，其論甚美，通達國體，雖古之伊管，未能遠過也。使時見用，功化必盛，爲庸臣所害，甚可悼痛！」詩人在這裏以賈誼自比，慨嘆其年少有才而不見用。末句猛然兜轉，結出主題，感慨無窮。

行路難二首〔一〕

其一

長安少年不少錢，能騎駿馬鳴金鞭〔二〕。五侯相逢大道邊〔三〕，美人弦管争留連〔四〕。黄金如斗不敢惜〔五〕，片言如山莫棄捐〔六〕。安知顦顇讀書者〔七〕，暮宿靈臺私自憐〔八〕。

【注釋】

〔一〕行路難：樂府詩集卷七十雜曲歌辭：「樂府解題曰：『行路難，備言世路艱難及離别悲傷之意，多以君不見爲首。』」卷七十一收此二首，其次序與此相反。　〔二〕鳴金鞭：謂揮動金飾的馬鞭。鳴，揮鞭之聲。庾信馬射賦：「鳴鞭則汗赭，入埒則塵紅。」　〔三〕五侯句：謂與五侯相逢於路，一見如故。五侯：漢書元后傳：「明年，河平二年，上悉封舅譚爲平阿侯，商成都侯，立紅陽侯，根曲陽侯，逢時高平侯，五人同日封，故世謂之五侯。」後用以稱顯赫的貴族。〔四〕美人句：謂美人以歌舞來争相挽留。弦管：絲竹樂器，此指歌舞。〔五〕黄金句：意謂欲求交於少年，不敢惜費。黄金如斗：謂黄金堆積，高比北斗，極言其多。如：史記孝武紀：「陛下可爲觀，如緱氏城。」集解：「如猶比也。」舊唐書尉遲敬德傳：「隱太子、巢剌王元吉將謀害太宗，密致書以招敬德，……仍贈以金銀器物一車。……敬德尋以啓聞，太宗曰：『公之素心，鬱如山岳，積金至斗，知公情不可移。』」〔六〕片言句：謂少年的片言只語，其重如山。莫棄捐：不能置之不理。以上六句極言長安貴游少年爲人尊重。〔七〕顦顇：同憔悴，枯槁貌。讀書者：書生，高適自謂。〔八〕靈臺：臺名。所在地有三説：一説在長安縣西，接鄠縣界。爲周文王所作。如詩靈臺：「經始靈臺，經之營之」。一説在洛陽南。如文選潘岳閑居賦：「靈臺傑其高峙。」注：「陸機洛陽記曰：『靈臺在洛陽南，去城三里。』」一説泛指帝京之臺。如劉峻自江州還入石頭詩：「忽寄靈臺宿，空軫及關嘆。」此詩用第三説，泛指帝京之臺，并暗用後漢第五頡客居靈臺十日不炊事，以寫其窮困，故有「私自憐」之語，與上文「長安少年」對照。後漢書第五倫傳注：「三輔決録曰：頡字子陵，爲郡功曹，州從事，公府辟舉高第，爲侍御史，南頓令，桂陽、南陽、廬江三郡太守，諫議大夫，洛陽無主人，鄉裏無田宅，客止靈臺中，或十日不炊。」此與留别鄭三韋九兼洛下諸公詩中的「羈旅雖同白社游」意思一致。以上二句自寫窮困生活。

其二

君不見富家翁，舊時貧賤誰比數〔一〕。一朝金多結豪貴〔二〕，萬事勝人健如虎〔三〕。

子孫成行滿眼前〔四〕，妻能管弦妾能舞。自矜一身忽如此〔五〕，却笑傍人獨愁苦。東鄰少年安所如〔六〕？席門窮巷出無車〔七〕。有才不肯學干謁〔八〕，何用年年空讀書〔九〕！

【注釋】

〔一〕舊時：往日，昔日。誰比數（shǔ暑）：誰也比不上，即被人輕視。〔二〕結豪貴：結交豪門貴族。〔三〕勝人：勝過別人。〔四〕成行：成排，言其多。〔五〕自矜：自誇。忽如此：忽然這樣暴發。以上八句寫富家翁的豪奢生活。〔六〕東鄰少年：作者自謂。安所如：何所似？何等樣子的生活。〔七〕席門句：以席爲門，住在陋巷，出行無車。史記陳丞相世家：「家乃負郭窮巷，以弊席爲門。」〔八〕干謁：干求拜訪，鑽營奔走。〔九〕空：徒，白白地。以上四句寫東鄰少年的懷才不遇。

宋中十首（選五）〔一〕

其一

梁王昔全盛〔二〕，賓客復多才〔三〕。悠悠一千年，陳迹唯高臺〔四〕。寂寞向秋草，悲風千里來。〔五〕。

【注釋】

〔一〕宋中：指宋州。舊唐書地理志：「武德四年，平王世充，置宋州。……天寶元年，改宋州爲睢陽郡。……天寶領縣十。」按：十縣爲宋城、襄邑、寧陵、虞城、碭山、下邑、穀熟、單父、楚丘、柘城。州治宋城，爲古睢陽城。漢睢陽縣，今河南商邱市。

〔二〕梁王：梁孝王。史記梁孝王世家：「梁孝王武者，孝文皇帝子也，而與孝景帝同母，母，竇太后也。……孝文帝即位二年，以武爲代王。……二歲，徙代王爲淮陽王。……徙淮陽王武爲梁王，梁王之初王梁，孝文帝之十二年也。……孝王，竇太后少子也，愛之，賞賜不可勝道。於是孝王築東苑，方三百餘里，廣睢陽城七十里。大治宮室，爲複道，自宮連屬於平臺五十餘里。得賜天子旌旗，出從千乘萬騎，東西馳獵，擬於天子，出言趕，入言警。」

〔三〕賓客句：史記司馬相如列傳：「是時梁孝王來朝，從游説之士，齊人鄒陽、淮陰枚乘、吴莊忌夫子之徒。相如見而悦之，因病免，客游梁，梁孝王令與諸生同舍。」〔四〕悠悠二句：謂時遠隔千年，遺迹唯有平臺。平臺：水經注睢水：「晋灼曰：『或説平臺在城中東北角，亦或言兔園在平臺側。』如淳曰：『平臺，離宮所在。今城東二十里有臺，寬廣而不甚極高，俗謂之平臺。』余按漢書梁孝王傳，稱王以功親爲大國，築東苑方三百里，廣睢陽城七十里，大治宮室，爲複道，自宮連屬於平臺三十餘里。複道自宮東出揚州之門（按：「出」下疑脱「左」字），左陽門，即睢陽東門也，連屬於平臺側近矣，屬之城隅則不能，是知平臺不在城中也。梁王與鄒、枚、司馬相如之徒，極游於其上。」

〔五〕寂寞二句：意謂這一切皆如烟雲散盡，今但見寂寞荒原、秋草悲風而已。

其二

梁苑白日暮〔一〕，梁山秋草時〔二〕。君王不可見，脩竹令人悲〔三〕。九月桑葉盡，寒風鳴樹枝。

【注釋】

〔一〕梁苑：即漢梁孝王所築之東苑。史記梁孝王世家正義：「括地志云：苑園在宋州宋城縣東南十里。葛洪西京雜記云：梁孝王苑中有落猨岩、栖龍岫、鴈池、鶴洲、鳧島，諸宮觀相連，奇果佳樹，瑰禽异獸，靡不畢備，俗人言梁孝王竹園也。」〔二〕梁山，原名良山。梁孝王世家云：「北獵良山。」索隱：「漢書作梁山。述征記云：良山際清水，今壽張縣有良山。服虔云：是此山也。」正義：「括地志云：梁山，在鄆州壽張縣南三十五里，即獵處也。」按：梁苑爲梁王與鄒、枚、司馬相如等文學家極游之處，梁山乃梁王與衆賓馳獵之地。〔三〕君王二句：言梁孝王已逝，只有梁王竹園的脩竹仍在，使人望之興悲。君王：指梁孝王。脩：小爾雅廣言：「脩，長也。」

其　三

出門望終古〔一〕，獨立悲且歌。憶昔魯仲尼，悽悽此經過〔二〕。衆人不可向〔三〕，伐樹將如何〔四〕？

【注釋】

〔一〕終古：古昔。晉書阮籍傳：「商略終古。」　〔二〕悽悽：當作栖栖。論語憲問：「丘何爲是栖栖者與？」疏：「栖栖，猶皇皇也。」亦作悽悽，文選班固答賓戲：「是以聖哲之治，悽悽遑遑。」注：「悽遑，不安居之意也。」此經過（guō 鍋）：史記孔子世家：「孔子去曹適宋。」集解：「徐廣曰：哀公三年，孔子過宋。」按：哀公三年，孔子年六十。　〔三〕衆人句：意謂衆人不可能理解孔子。向：趨向。　〔四〕伐樹：史記孔子世家云：「孔子去曹適宋，與弟子習禮大樹下。宋司馬桓魋欲殺孔子，拔其樹。孔子去。弟子曰：『可以速矣。』孔子曰：『天生德於予，桓魋其如予何？』」將如何：猶言不能傷害。

其四

五霸遞征伐〔一〕，宋人無戰功〔二〕。解圍幸奇説〔三〕，易子傷吾衷〔四〕。唯見盧門外〔五〕，蕭條多轉蓬〔六〕。

【注釋】

〔一〕五霸：春秋時齊桓公、晉文公、秦穆公、宋襄公、楚莊王相繼稱霸，史稱春秋五霸。孟子公孫丑：「以力假仁者霸，霸必有大國。」注：「言霸者，以大國之力，假仁義之道，然後能霸，若齊桓、晉文等是也。」遞征伐：連續不斷地進行征討攻伐。　〔二〕宋人句：謂五霸之中，宋襄公最弱。史記宋微子世家謂宋襄公八年，（周襄王九年、公元前六四三年）齊桓公卒，宋欲爲盟會。十三年春，宋襄公爲鹿上之盟，以求諸侯於楚，楚人許之。秋，諸侯會宋公盟於盂，於是楚執宋襄公以伐宋。冬，會於亳，以釋宋公。十二年夏（公元前六三八年），宋伐鄭。秋，楚伐宋以救鄭。冬十一月，襄公與楚成王戰於泓，宋師敗績，襄公傷股。〔三〕解圍句：史記宋微子世家又云：「（宋文公十六年）九月，楚莊王圍宋。十七年，楚以圍宋，五月不解，宋城中急，無食。華元乃夜私見楚將子反，子反告莊王。王問城中何如？曰：『析骨而炊，易子而食。』莊王曰：『誠哉言，我軍亦有二日糧。』以信故，遂罷兵去。」事亦見左傳宣公十五年。奇說：即指華元之言。〔四〕易子句：謂「易子而食」的慘狀使己傷心。衷：內心。〔五〕盧門：左傳昭公二十一年：「華氏居盧門，以南里叛。」注：「盧門，宋東城南門。」水經注睢水：「杜預曰：盧門，宋城南門也。」〔六〕轉蓬：蓬草秋枯，根須離地，因風而轉。

其五

常愛宓子賤〔一〕，鳴琴能自親〔二〕。邑中靜無事，豈不由其身〔三〕？何意千年後，寂寞無此人〔四〕。

【注釋】

〔一〕宓子賤：史記仲尼弟子列傳：「宓不齊，字子賤，少孔子四十九歲。子謂子賤：『君子哉！魯無君子，斯焉取斯？』子賤爲單父宰，反命於孔子曰：此國有賢不齊者五人，教不齊所以治者。孔子曰：惜哉！不齊所治者小，所治者大，則庶幾矣。」按：單父縣屬宋州，故咏宋中兼及單父。〔二〕鳴琴：説苑政理：「宓子賤治單父，彈鳴琴，身不下堂而單父治。」〔三〕邑中二句：謂豈不是由於子賤存心仁愛，以德化民，所以一邑之内，安静無事。高適欽仰子賤，屢次形諸歌咏，史稱其「累爲藩牧，政存寬簡，吏民便之」，即效法子賤。〔四〕何意二句：感嘆千年以來，再也見不到這樣的賢人。

别韋參軍

二十解書劍〔一〕，西游長安城〔二〕。舉頭望君門，屈指取公卿〔三〕。國風冲融邁三五〔四〕，朝廷歡樂彌寰宇〔五〕。白璧皆言賜近臣〔六〕，布衣不得干明主〔七〕。歸來洛陽無負郭〔八〕，東過梁宋非吾土〔九〕。兔苑爲農歲不登〔一〇〕，雁池垂釣心長苦〔一一〕。世人遇我同衆人〔一二〕，唯君於我最相親〔一三〕。且喜百年有交態〔一四〕，未嘗一日辭家貧。彈棊擊筑白日晚〔一五〕，縱酒高歌楊柳春〔一六〕。歡娱未盡分散去，使我惆悵驚心神〔一七〕。丈夫不作兒女别，臨岐涕泪沾衣巾〔一八〕。

【注釋】

〔一〕解書劍：知書能劍，文武兩全。聲類：「悟心曰解。」史記司馬相如列傳：「少時好讀書，學擊劍。」

〔二〕西游：指西至長安求仕。　〔三〕屈指：彎曲手指以計數，言指日可待。漢書陳湯傳：「詘指計其日。」詘通屈。取公卿：言取得公卿之位。　〔四〕國風：國家的政教風化。沖融：深廣貌。邁三五：超過三皇五帝。文選班固東都賦：「事勤乎三五。」注：「春秋元命苞曰：『伏羲、女媧、神農爲三皇。』史記五帝本紀曰：『黄帝、顓頊、帝嚳、帝堯、帝舜也。』」　〔五〕彌寰宇：偏天下。　〔六〕白璧句：謂君王只是寵賜近臣。白璧：玉器名。此泛指珍貴物品。　〔七〕布衣：庶民。鹽鐵論散不足：「古者庶人耋老而後衣絲，其餘則麻枲而已，故命曰布衣。」干明主：求見皇帝。以上八句寫赴京求仕無成。　〔八〕歸來：謂失意東歸。無負郭：没有近城的良田。用戰國蘇秦之典。史記蘇秦列傳言其少貧，發憤攻讀，至説六國合縱抗秦歸，嘆曰：「且使我雒陽有負郭田二頃，吾豈能佩六國相印乎？」索隱：「負，背也，枕也。近城之地，沃潤流澤，最爲膏腴，故曰負郭。」蘇秦是東周雒陽人，此即以洛陽代指故鄉。　〔九〕東過句：謂梁宋亦非故鄉。舊唐書高適傳：「適少濩落，不事生業，家貧，客於梁宋，以求丐取給。」王粲登樓賦：「雖信美而非吾土兮，曾何足以少留。」　〔一〇〕兔苑：即兔園，梁孝王所建，在河南商丘市東。爲農：指農作。歲不登：年成不好，歉收。登：成。　〔一一〕雁池：西京雜記言兔園中有雁池。高適嘗於雁池垂釣。以上四句寫失意東歸後的耕釣生活。　〔一二〕遇我：待我。同衆人：與一般人一樣，謂被人輕視。

〔一三〕君：指韋參軍。於我：與我，對我。　〔一四〕且喜句：謂以能與君保持長久的交情而感到欣喜。百年：一生。交態：交誼。漢書鄭當時傳：「一死一生，迺知交情；一貧一富，迺知交態；一貴一賤，交情迺見。」　〔一五〕彈棊：漢魏以來流行的一種游戲。後漢書梁冀傳：「冀能挽滿、彈棊、格五。」注：「藝經曰：彈棊，兩人對局，白黑棊各六枚，先列棊相當，更先彈也，其局以石爲之。」世説新語巧藝：「彈棊始自魏宫内，用粉奩戲。文帝以此戲特妙，用手巾角拂之，無不中。」至唐代，其制不同。柳宗元序棊云：「得木局，隆其中而規焉，其下方以直。置棊二十有四，貴者半，賤者半，貴曰上，賤曰下，咸自第一至十二，下者二乃敵一，用朱墨以别焉。」沈括夢溪筆談卷十八技藝：「彈棊今人罕爲之，有譜一卷，蓋唐人所爲。其局方二尺，中心高，如覆盂，其巔爲小壺，四角微隆起。今大名開元寺佛殿上有一石局，亦唐時物也。」擊筑：史記刺客列傳：荆軻「愛燕之狗屠及善擊筑者高漸離。」索隱：「筑似琴，有弦，用竹擊之，取以爲名。」〔一六〕縱酒：恣意暢飲。楊柳春：曲名。殆即楊柳枝。詩人九曲詞中亦云「萬騎争歌楊柳春。」以上六句寫韋參軍於己最相親。〔一七〕惆悵：楚辭九辯：「惆悵兮而私自憐。」注：「五臣云：惆悵，悲哀也。」驚心神：南朝梁江淹别賦云：「使人意奪神駭，心折骨驚。」〔一八〕丈夫二句：謂不應像兒女們那樣在離别時哭哭啼啼。世説新語方正：「周叔治作晉陵太守，周侯仲智往别。叔治以將别，涕泗不止。仲智恚之曰：『斯人乃婦女，與人别，唯啼泣。』便舍去。」臨歧：臨别。沾：濕。以上四句送别。

三君咏〔一〕并序

開元中，適游於魏郡〔二〕，郡北有故太師鄭公舊館〔三〕，里中有故尚書郭公遺業〔四〕，邑外又有故太守狄公生祠焉〔五〕。睹物增懷，遂爲三君咏。

魏鄭公徵

鄭公經綸日，隋氏風塵昏〔六〕。濟代取高位〔七〕，逢時敢直言〔八〕。道光先帝業〔九〕，

義激舊君恩〔一〇〕。寂寞臥龍處〔一一〕，英靈千載魂。〔一二〕

【注釋】

〔一〕南朝宋顔延之曾作五君咏以述竹林七賢，借以抒其怨憤。高適倣之，作三君咏以述魏徵、郭元振和狄仁傑三賢，用以自勵和抒寫自己的經略之才。　〔二〕魏郡：舊唐書地理志：「河北道，魏州，治貴鄉。」在今河北省大名縣東。　〔三〕太師鄭公：舊唐書魏徵傳：「魏徵，字玄成，鉅鹿曲城人也。……加左光禄大夫，進封鄭國公。……（貞觀）十六年，拜太子太師。」資治通鑒：「義寧元年九月，武陽郡丞元寶藏以郡降李密。甲寅，密以寶藏爲上柱國武陽公，寶藏使其客鉅鹿魏徵爲啓謝密。」注：「煬帝改魏州爲武陽郡。」據此，知魏徵於隋末客居魏州。　〔四〕尚書郭公：舊唐書郭元振傳：「郭元振，魏州貴鄉人。……（睿宗）景雲二年（七一一）同中書門下三品，代宋璟爲吏部尚書。無幾，轉兵部尚書，封館陶縣男。」遺業：遺宅。　〔五〕太守狄公：舊唐書狄仁傑傳：「狄仁傑，字懷英，并州太原人也。……萬歲通天年，契丹寇陷冀州，河北震動，徵仁傑爲魏州刺史。前刺史獨孤思莊懼賊至，盡驅百姓入城，繕修守具。仁傑繼至，悉放歸農畝，謂曰：『賊猶在遠，何必如是？萬一賊來，吾自當之，必不關百姓也。』賊聞之自退，百姓咸歌頌之，相與立碑以紀恩惠。」生祠：爲活人而立的祠廟。本傳又云：「仁傑嘗爲魏州刺史，人吏爲立生祠。」　〔六〕鄭公二句：謂魏徵從政正值隋末天下大亂之際。經綸：本爲治絲，比喻治理天下。治絲之事，引其緒而分之爲經，比其類而合之爲綸，凡規畫政治亦曰經綸。易純：「君子以經綸。」疏：「言君子法此屯象，有爲之時，以經綸天下，約束於物。」風塵：風起塵揚，天地昏暗，喻政治混亂。舊唐書魏徵傳：「徵少孤貧，落拓有大志，不事生業，出家爲道士，好讀書，多所通涉，見天下漸亂，尤屬意縱横之説。」　〔七〕濟代：濟世。唐人避太宗諱，改世爲代。〔八〕敢直言：舊書本傳云：「徵狀貌不逾中人，而素有膽智，每犯顔進諫，雖逢王赫斯怒，神色不移。」

〔九〕道光句： 謂魏徵以正道輔太宗，使太宗的業績更加光輝。本傳云：（太宗）嘗謂長孫無忌曰：「或欲耀兵振武，慴服四夷。唯有魏徵勸朕『偃革興文，布德施惠，中國既安，遠人自服。』朕從其語，天下大寧。絕域君長，皆來朝貢，九夷重譯，相望於道。此皆魏徵之力也。」先帝： 指太宗。 〔一〇〕義激句： 謂不忘太子建成的舊恩。本傳云：「隱太子（建成）聞其名，引直洗馬，甚禮之。徵見太宗勳業日隆，每勸建成早爲之所。及敗，太宗使人召之，謂曰：『汝離間我兄弟，何也？』徵曰：『皇太子若從徵言，必無今日之禍。』」舊君： 指太子建成。 〔一一〕臥龍： 漢末徐庶稱諸葛亮爲臥龍，此指魏徵。新唐書魏徵傳云：「帝嘗問群臣，徵與諸葛亮孰賢？岑文本曰：『亮才兼將相，非徵可比。』帝曰：『徵蹈履仁義，以弼朕躬，欲致之堯舜，雖亮無以抗。』」故高適稱魏徵舊宅爲「臥龍處」。

〔一二〕英靈句： 謂其英靈永垂千載。

郭代公元振

代公實英邁〔一〕，津涯浩難識〔二〕。擁兵抗矯徵〔三〕，仗節歸有德〔四〕。縱橫負才智，顧眄安社稷〔五〕。流落勿重陳〔六〕，懷哉爲悽惻〔七〕。

【注釋】

〔一〕代公： 舊唐書郭元振傳： 玄宗發羽林兵誅太平公主，元振以功進封代國公，食實封四百户，賜物一千段。英邁： 英武豪邁。 〔二〕津涯句： 言郭元振胸藏智勇，浩渺無邊，不可測知。津涯： 邊際。書微子：「若涉大水，其無津涯。」〔三〕擁兵句：指元振爲金山道行軍大總管，宰相宗楚客矯徵之，欲加陷害，元振抗徵不歸事。資治通鑑景龍二年（七〇八）十一月：「娑葛（西突厥酋長）遺元振書稱：『我與唐初無惡，但讎闕啜（西突厥之將）。宗尚書（楚客）受闕啜金，欲枉破奴部落，馮中丞（嘉賓）牛都護（師獎）相繼而來，奴豈得坐而待死？又聞史獻欲來，徒擾軍州，恐未有寧日，乞大使商量處置。』元振奏娑葛書。楚客怒，奏言元振有異圖，召將罪之。元振使其子鴻間道具奏其狀，乞留定西土，不敢歸。」抗，抵抗。矯徵：假托朝命召之。〔四〕仗節句：謂元振握節還朝。舊唐書本傳云：「會楚客等被誅，睿宗即位，徵拜太僕卿，加銀青光祿大夫。」有德：指睿宗。〔五〕縱横二句：指從玄宗誅太平公主事。本傳云：「及蕭至忠、竇懷貞等附太平公主，潛謀不順，玄宗發羽林兵誅之。睿宗登承天門，元振躬率兵侍衛之。事定論功，進封代國公。」顧眄：文苑英華作「顧眄」，是。顧眄：回視。此謂指顧之間。後漢書馬援傳：「援據鞍顧眄，以示可用。」安社稷：指安定唐朝。〔六〕流落：指貶徙。本傳云：開元元年十月癸卯（十三日），「玄宗於驪山講武，坐軍容不整，坐於纛下，將斬以徇，劉幽求、張説於馬前諫曰：『元振有翊贊大功，雖有罪，當從原宥。』乃赦之，流於新州。尋又思其舊功，起爲饒州司馬。元振自恃功勳，怏怏不得志，道病卒。」勿重陳：不忍再説。〔七〕懷哉句：懷想起來使人爲之悲傷。悽惻：悲傷。

狄梁公仁傑

梁公乃貞固〔一〕，勳烈垂竹帛〔二〕。昌言太后朝，潛運儲君策〔三〕。待賢開相府〔四〕，共理登方伯〔五〕。至今青雲人，猶是門下客〔六〕。

【注釋】

〔一〕梁公：舊唐書狄仁傑傳：「睿宗追封（狄仁傑）爲梁國公。」貞固：易乾：「貞固足以幹事。」傳：「貞固者，知正之所在而固守之。所謂知而弗去者也。」按：貞，正。固：堅。〔二〕勳烈句：言其功垂史册。竹帛：古代用竹簡、木簡或帛記事，此指史册。〔三〕昌言二句：本傳云：「初，中宗在房陵，而吉頊、李昭德皆有匡復讜言，則天無復辟意。唯仁傑每從容奏對，無不以子母恩情爲言，則天亦漸省悟，竟召還中宗，復爲儲貳。」資治通鑑：聖歷元年二月，「武承嗣、三思營求爲太子，數使人説太后曰：『自古天子未有以異姓爲嗣者。』太后意未決。狄仁傑每從容言於太后曰：『文皇帝櫛風沐雨，親冒鋒鏑，以定天下，傳之子孫。大帝以二子托陛下，陛下今乃欲移之他族，無乃非天意乎！且姑姪之與母子孰親？陛下立子，則千秋萬歲後配食太廟，承繼無窮；立姪，則未聞姪爲天子而祔姑於廟者也。』太后曰：『此朕家事，卿勿預知。』仁傑曰：『王者以四海爲家，四海之内，孰非臣妾，何者不爲陛下家事？君爲元首，臣爲股肱，義同一體，况臣備位宰相，豈得不預知乎！』又勸太后召還廬陵王。王方慶、王及善亦勸之，太后意稍寤。它日，又謂仁傑曰：『朕夢大鸚鵡兩翼皆折，何也？』對曰：『武者，陛下之姓；兩翼，二子也。陛下起二子，則兩翼振矣。』太后由是無立承嗣、三思之意。」昌言：美言。儲君：太子之稱，指中宗。〔四〕待賢句：謂舉張柬之爲宰相。本傳云：「則天嘗問仁傑曰：『朕要一好漢任使，有乎？』仁傑曰：『陛下作何任使？』則天曰：『朕欲待以將相。』對曰：『臣料陛下若求文章資歷，則今之宰臣李嶠、蘇味道亦足爲文吏矣。豈非文士齷齪，思得奇才用之，以成天下之務者乎？』則天悦，曰：『此朕心也。』仁傑曰：『荆州長史張柬之，其人雖老，真宰相才也。且久不遇，若用之，必盡節於國家矣。』則天乃召拜洛州司馬。他日，又求賢，仁傑曰：『臣前言張柬之，猶未用也。』則天曰：『已遷之矣。』對曰：『臣薦之爲相，今爲洛州司馬，非用之也。』又遷爲秋官侍郎，後竟召爲相。柬之果能興復中宗，蓋仁傑之推薦也。」〔五〕共理句：謂舉薦刺史之賢者於朝。如其所薦太州刺史敬暉等人，率爲名臣。共理：共治。唐人避高宗諱，以理代治。登：進用。方伯：禮記王制：「千里之外設方伯。」東漢以來稱刺史爲方伯。〔六〕至今二句：説狄仁傑所薦門客至今仍居顯位要職。資治通鑑久視元年：「仁傑又嘗薦夏官侍郎姚元崇、監察御史曲阿桓彦范、太州刺史敬暉等數十人，率爲名臣。或謂仁傑曰：『天下桃李，悉在公門矣。』仁傑曰：『薦賢爲國，非爲私也。』」青雲人：喻在高位者。

送李少府時在客舍作〔一〕

相逢旅館意多違〔二〕，暮雪初晴候雁飛〔三〕。主人酒盡君未醉〔四〕，薄暮途遥歸不歸〔五〕？

【注釋】

〔一〕少府：縣尉。宋洪邁容齋隨筆卷一：「唐人呼縣令爲明府，丞爲贊府，尉爲少府。」〔二〕旅館：客舍。意多違：内心有無限離情。〔三〕候雁：雁冬季南來，夏季北歸，隨節候變化而往來，故謂之候雁。〔四〕主人：詩人自謂。君：指李少府。〔五〕薄暮：傍晚。途遥：謂歸路遥遠。蕭統陶淵明傳：「貴賤造之者，有酒輒設。淵明若先醉，便語客：『我醉欲眠，卿可去！』其真率如此。」此詩末二句蓋自淵明語化出，略無痕迹，愈見真樸爽朗。李白山中與幽人對酌詩云：「我醉欲眠卿且去，明朝有意抱琴來。」則直用陶語，可參閲。

塞上〔一〕

東出盧龍塞〔二〕，浩然客思孤〔三〕。亭堠列萬里〔四〕，漢兵猶備胡〔五〕。邊塵漲北溟，虜騎正南驅〔六〕。轉鬭豈長策〔七〕，和親非遠圖〔八〕。惟昔李將軍〔九〕，按節出皇都〔一〇〕。總戎掃大漠〔一一〕，一戰擒單于〔一二〕。常懷感激心〔一三〕，願効縱横謨〔一四〕。倚劍欲誰語〔一五〕，關河空鬱紆〔一六〕。

【注釋】

〔一〕塞上：樂府曲名。樂府詩集卷二十一：「晉書樂志曰：『出塞、入塞曲，李延年造。』曹嘉之晉書曰：『劉疇嘗避亂塢壁，賈胡百數欲害之，疇無懼色，援笳而吹之，爲出塞、入塞之聲，以動其游客之思，於是群胡皆垂泣而去。』按：西京雜記曰：『戚夫人善歌出塞、入塞、望歸之曲。』則高帝時已有之，疑不起於延年也。唐又有塞上、塞下曲，蓋出於此。」高適此作收入樂府詩集卷九十二「新樂府辭」中，乃用樂府古題咏時事，表現作者對東北奚、契丹南侵的憂慮和報國無門的鬱悶心情。〔二〕盧龍塞：在今河北遷安縣西北。水經注濡水：「濡水東南逕盧龍塞。塞道自無終縣（今薊縣）東出，渡濡水，向林蘭陘東至清陘。盧龍之險，峻坂縈折，故有九縍之名矣。」〔三〕浩然句：意謂自己既有深遠的憂思又有孤寂之感。浩然：孟子公孫醜：「予然後浩然有歸志。」注：「浩然，心浩浩有遠志也。」

〔四〕亭堠（hòu 後）：古代瞭望敵人的土堡。堠亦作候。後漢書光武帝紀：建武十二年，「築亭候」。注：「亭候，伺候望敵之所。前書曰：秦法，十里一亭，亭有長，漢因之不改。」〔五〕漢兵：唐兵。胡：指奚、契丹。

〔六〕邊塵二句：謂敵軍正向南發動進攻，渤海一帶烽烟瀰漫。北溟：北海。晉陸雲登臺賦：「北溟浩以揚波」。

〔七〕轉鬬：連續不斷地作戰。史記淮陰侯列傳：「楚人起彭城，轉鬬逐北。」豈長策：非善策。〔八〕和親：與少數民族結親議和。漢書匈奴列傳：「冒頓常往來侵盜代地，於是高祖患之，迺使劉敬奉宗室女翁主爲單于閼氏，歲奉匈奴絮繒酒食物各有數，約爲兄弟以和親。」舊唐書契丹傳：「開元四年，失活入朝，封宗室外甥女楊氏爲永樂公主以妻之。」「十年，鬱於入朝，請婚，上又封從妹夫率更令慕容嘉賓女爲燕郡公主以妻之。」十三年冬，邵固「改封廣化郡王，又封皇從外甥女陳氏爲東華公主以妻之。」奚國傳：「開元三年，大輔入朝，詔封從外甥女辛氏爲固安公主以妻之。」十年，魯蘇入朝，「復以成安公主之女韋氏爲東光公主以妻之。」唐朝與奚、契丹雖不斷和親，而邊警始終未息，作者因有「和親非遠圖」之嘆。以上八句寫胡騎南侵的憂慮。〔九〕李將軍：或云李廣。按：當指李牧。下文言「一戰擒單于」，李廣無此事。史言李牧爲趙將，備匈奴，謹烽火，多間諜，不與匈奴戰。數歲，匈奴以李牧爲怯，大率衆來侵，李牧張左右翼擊之，大破殺匈奴十餘萬騎，滅襜襤，單于奔走，十餘歲不敢近趙邊城。故作者在睢陽酬別暢大判官詩中有「李牧制儋藍，遺風豈寂寥」之語。在高適前，狄仁傑曾上疏武后論邊防云：「但當敕邊兵謹守備，蓄鋭以待敵，待其自至，然後擊之，此李牧所以制匈奴也。」與高適詩所言正同。〔一〇〕按節：持節。出皇都：離京都。皇都，疑作王都。〔一一〕總戎：率領軍隊。大漠：北方大沙漠。〔一二〕單于（chán yú 蟬余）：古代匈奴稱其君主曰單于。史記匈奴列傳：「匈奴單于。」集解：「駰案：漢書音義曰：單于者，廣大之貌，言其象天單于然。」〔一三〕感激：心有所感而激揚奮發。〔一四〕効：致，盡。縱横謨：指王霸之略。謨，計謀。

〔一五〕倚劍：撫劍，按劍。欲誰語：欲語誰。〔一六〕關河句：謂對着邊塞的山川，空有苦悶悲愁。文選曹植贈白馬王彪詩云：「我思鬱以紆。」注：「紆，屈也。鬱，愁也。」以上八句寫欲爲國効命而請纓無路的感慨。

別馮判官〔一〕

碣石遼西地〔二〕，漁陽薊北天〔三〕。關山唯一道〔四〕，雨雪盡三邊〔五〕。才子方爲客〔六〕，將軍正渴賢〔七〕。遥知幕府下〔八〕，書記日翩翩〔九〕。

【注釋】

〔一〕此詩在碣石送馮至漁陽任判官時作。判官：舊唐書職官志：節度使設判官二人。〔二〕碣石句：謂碣石屬於遼西郡。碣石：山名。漢書武帝紀：元封元年，「復東巡海上，至碣石。」注：「文穎曰：在遼西絫縣。絫縣今罷，屬臨榆，此石著海旁。」按：漢絫縣故城在今河北昌黎縣東南。遼西：郡名，治且慮，故城在今河北盧龍縣東。〔三〕漁陽句：謂漁陽是薊州的屬縣。舊唐書地理志：薊州治漁陽縣（今天津市薊縣）。〔四〕關山句：謂關山險阻，只有一路可通。〔五〕雨雪句：謂三邊之地盡是雨雪。盡：極。三邊：古稱幽、并、凉三州之地爲三邊。此泛指邊塞。〔六〕才子：指馮判官。〔七〕渴賢：謂思賢之甚如渴而思飲。渴：急。〔八〕幕府：將軍府。史記李牧列傳：「市租皆輸入莫府。」索隱：「崔浩云：古者出征爲將帥，軍還則罷，理無常處，以幕帟爲府署，故曰幕府。則『莫』當作『幕』，字之訛耳。」〔九〕書記句：意謂將軍府中將從今增添一位文采風流的書記官。曹丕與吴質書：「元瑜書記翩翩，致足樂也。」三國志魏志：「阮瑀，字元瑜，宏才卓逸，太祖（曹操）爲司空；

召爲軍謀祭酒，又管記室，書檄多瑀所作。」書記：書牘奏記之類，從事撰寫此種文字的人也稱掌書記、管記室或書記。翩翩：文采風流貌。此以馮判官比作阮瑀。

營州歌〔一〕

營州少年厭原野〔二〕，狐裘蒙茸獵城下〔三〕。虜酒千鍾不醉人，胡兒十歲能騎馬。

【注釋】

〔一〕營州：舊唐書地理志：「營州上都督府，隋柳城郡，治柳城。柳城，漢縣，屬遼西郡。室韋、靺鞨諸部，并在東北。……西北與奚接界，北與契丹接界。」按：柳城在今遼寧省朝陽縣。當時爲少數民族雜居之地。此詩鮮明而生動地展現了邊塞風光和少數民族豪邁勇健的風貌。〔二〕厭原野：安於原野生活。厭借爲懕，説文：「懕，安也。」一説：厭借爲饜。饜，説文作　，飽也。猶言滿足、習慣於。原野：指野外生活。〔三〕狐裘句：寫其出獵時的衣着。詩旄丘：「狐裘蒙戎。」傳：「蒙戎，以言亂也。」蒙戎即蒙茸，亦作尨茸。左傳僖公五年：「狐裘尨茸。」注：「尨茸，亂貌。」釋文：「尨，莫江反，又音蒙。」按：蒙茸、蒙戎、尨茸皆一聲之轉，皆形容狐裘的毛長而亂。〔四〕虜酒句：形容少數民族皆能豪飲。虜酒：胡人所製之酒。千鍾：極言其多。鍾，一作杯。〔五〕胡兒句：謂邊民從小矯健勇武，善於馬上生活。

信安王幕府詩并序

開元二十年，國家有事林胡，詔禮部尚書信安王總戎大舉〔一〕。時考功郎中王公、司勳郎中劉公、主客郎中魏公、侍御史李公、監察御史崔公，咸在幕府，詩以頌美數公，見於詞，凡三十韻。

雲紀軒皇代〔二〕，星高太白年〔三〕。廟堂咨上策〔四〕，幕府制中權〔五〕。盤石藩維固〔六〕，昇壇禮樂先〔七〕。國章榮印綬，公服貴貂蟬〔八〕。樂善旌深德〔九〕，輸忠格上玄〔一〇〕。剪桐光寵錫〔一一〕，題劍美貞堅〔一二〕。聖祚雄圖廣〔一三〕，師貞武德虔〔一四〕。雷霆七校發〔一五〕，旌旆五營連〔一六〕。華省徵群乂〔一七〕，霜臺舉二賢〔一八〕。豈伊公望遠，曾是茂才遷〔一九〕。并秉韜鈐術，兼該翰墨筵〔二〇〕。帝思麟閣像〔二一〕，臣獻柏梁篇〔二二〕。振玉登遼甸，摐金歷薊壖〔二三〕。度河飛羽檄，横海泛樓船〔二四〕。北伐聲逾邁，東征務以專〔二五〕。講戎喧涿野〔二六〕，料敵静居延〔二七〕。軍勢持三略〔二八〕，兵戎自九天〔二九〕。朝瞻授鉞去，時聽偃戈旋〔三〇〕。大漠風沙裏，長城雨雪邊〔三一〕。雲端臨碣石，波際隱朝鮮〔三二〕。夜壁冲高斗〔三三〕，寒空駐彩旃〔三四〕。倚弓玄兔月〔三五〕，飲馬白狼川〔三六〕。庶物隨交泰〔三七〕，蒼生解倒懸〔三八〕。四郊增氣象，萬里絶風煙〔三九〕。關塞鴻動著〔四〇〕，京華甲第全〔四一〕。落梅橫吹後，春色凱歌前〔四二〕。直道常兼濟〔四三〕，微才獨棄捐〔四四〕。曳裾誠已矣〔四五〕，投筆尚悽然〔四六〕。作賦同元淑〔四七〕，能詩匪仲宣〔四八〕，雲霄不可望〔四九〕，空欲仰神仙〔五〇〕。

【注釋】

〔一〕開元以下三句：資治通鑑：（開元）二十年春正月乙卯（十一日），以朔方節度副大使信安王禕爲河東、河北行軍副大總管，將兵擊奚、契丹。壬申（二十八日）以户部侍郎裴耀卿爲副總管。」「三月……己巳（二十五日），禕等大破奚、契丹，俘斬甚衆，可突干帥麾下遠遁，餘黨潛竄山谷。奚酋李詩瑣高帥五千餘帳來降。禕引兵還。」信安王：李禕，太宗第三子吳王恪之孫。舊唐書吳王恪傳：吳王恪第三子琨，琨子禕。禕，開元十二年改封信安郡王。十五年，拜左金吾衛大將軍、朔方節度副大使、知節度事，兼攝御史大夫。尋遷禮部尚書，仍充朔方軍節度使。奉敕攻克石堡城，自是河、隴諸軍游弈拓地千餘里。十九年，契丹衙官可突干殺其王邵固，率部落降於突厥。玄宗遣忠王爲河北道行軍元帥以討奚及契丹兩蕃，以禕爲副。王既不行，禕率户部侍郎裴耀卿等諸副將分道統兵出於范陽之北，大破兩蕃之衆，擒其酋長，餘黨竄入山谷。軍還，禕以功加開府儀同三司，兼關內支度、營田等使，兼採訪處置使，天寶二年卒，年八十餘。林胡：史記蘇秦列傳：「北有林胡、樓煩。」正義：「二胡國名，朔嵐已北。」資治通鑑：「（開元）二十二年六月壬辰（初三日），幽州節度使張守珪大破契丹。」注：「考异曰：實録：守珪大破林胡。按會要契丹事，二十二年，守珪大破之。蓋實録以契丹即戰國時林胡地，故云然。」

〔二〕雲紀句：謂黃帝以雲作百官的標記。左傳昭公十七年：「昔者黃帝氏以雲紀，故爲雲師而雲名。」軒皇：即黃帝。此以黃帝比玄宗，歌頌唐朝盛世。〔三〕星高句：謂今年出征，上應天象，必然大吉。史記天官書：太白「出高，用兵深吉、淺凶。」太白：即金星，古以爲司兵象。

〔四〕廟堂句：謂朝廷咨詢最佳的戰略。〔五〕幕府句：謂大將握運籌致勝的權柄。左傳宣公十二年：「中權後勁。」注：「中軍制謀，後以精兵爲殿。」〔六〕盤石句：謂信安王是宗室爲國家的屏藩。史記孝文本紀：「高帝封王子弟地，犬牙相制，此所謂盤石之宗也。」索隱：「言其固如盤石。盤、磐通。盤石：大石。藩維：猶言藩國。封建諸侯，所以屏藩王室，故云。〔七〕昇壇句：謂具禮拜信安王爲大將。史記淮陰侯列傳：「王必欲拜之，擇良日，齋戒，設壇場，具禮。」〔八〕國章二句：謂既有佩印綬之榮，又有加貂蟬之貴。舊唐書輿服志：「侍中、中書令，加貂蟬，佩紫綬。」〔九〕樂善句：謂有樂善之德。旌：表識。〔一〇〕輸忠句：謂有感天之忠。輸忠：盡忠。格上玄：感通上天。書說命：「格於皇天。」〔一一〕剪桐句：謂寵封郡王。史記晉世家：「周公誅滅唐，成王與叔虞戲，削桐葉爲珪，以與叔虞曰：『以此封若。』史佚因請擇日立叔虞。成王曰：『吾與之戲耳。』史佚曰：『天子無戲言。言則史書之，禮成之，樂歌之。』於是遂封叔虞於唐。」禕爲玄宗之從兄，玄宗封禕爲信安郡王，故以爲喻。寵錫：恩賜。〔一二〕題劍句：謂題劍表德。後漢書韓棱傳：「（韓棱）爲尚書令，與僕射郅壽，尚書陳寵，同時俱以才能稱。肅宗嘗賜諸尚書劍，唯此三人特以寶劍，自手署其名曰：『韓棱楚龍淵，郅壽蜀漢文，陳寵濟南椎成。』時論者爲之說：以棱淵深有謀，故得龍淵；壽明達有文章，故得漢文；寵敦樸，善不見外，故得椎成。」李禕時爲禮部尚書，故以爲喻。〔一三〕聖祚句：謂今皇帝有恢闊的雄圖。聖：唐代稱皇帝爲聖人。祚：福。

〔一四〕師貞句：謂義兵有除暴的武德。師貞：易師：「師貞，丈人吉，無咎。」注：『爲師之正，丈人乃吉也。」貞，正。虔：爾雅釋詁：「虔，固也。」〔一五〕雷霆句：謂七校之兵如雷霆之發。漢書刑法志：「至武帝平百粵，而增七校。」注：「晉灼曰：百官表：中壘、屯騎、步兵、越騎、長水、胡騎、射聲、虎賁，凡八校尉，胡騎不常置，故此言七也。」　〔一六〕旌旆：謂五營旌旆前後相連。五營：後漢書安帝紀：永初三年，「得爲關内侯、虎賁、羽林郎，五大夫官府緹騎、營士各有差。」注：「營士，謂五校營士也。漢官儀曰：屯騎、越騎、步兵、射聲各領士七百人，長水領士千三百六十七人也。」以上十六句頌美信安王總戎出征，威儀有加。　〔一七〕華省句：謂尚書省徵用英俊之士。華省：即畫省，指尚書省。漢官儀：尚書省中，皆以胡粉涂壁，紫青界之，畫古列士。後世因稱尚書省爲畫省。岑參送顏平原：「仙郎授剖符，華省輟分憂。」亦以華代畫。考功郎中、司勳郎中皆屬吏部，主客郎中屬禮部。吏、禮二部皆屬尚書省。群乂：群俊。指序中王公、劉公、魏公。　〔一八〕霜臺：御史臺。專持邦國刑憲，彈劾百官，嚴威如秋霜，故稱霜臺。二賢：指侍御史李公、監察御史崔公，皆屬御史臺。　〔一九〕豈伊二句：謂以上五人不僅有公望，而且有俊才。伊：語詞。公望：世説新語品藻：「王丞相（導）嘗謂（虞）駿曰：孔愉有公才而無公望，丁潭有公望而無公才，兼之者其在卿乎？」　〔二〇〕并秉二句：謂皆具文武韜略。秉：操持。韜鈐：古兵書中有六韜和玉鈐篇，此指軍事。該：備，完備。翰墨：筆墨，指文學。翰墨筵：猶言文席。　〔二一〕帝思句：謂帝思臣功。漢書蘇武傳：「上（宣帝）思股肱之美，迺圖畫其人於麒麟閣，法其形貌，署其官爵姓名。……凡十一人。」　〔二二〕臣獻句：謂臣頌帝德。古文苑卷四：「漢武帝元封三年作柏梁臺，詔群臣二千石有能爲七言詩者乃得上座。帝曰：『日月星辰和四時。』」自梁孝王以下二十五人，各作一句。按：今傳柏梁詩系後人僞作。以上八句頌美幕府數公。　〔二三〕振玉二句：謂出征遼薊。振玉：鳴佩。遼甸：遼西平原，指與奚、契丹作戰之地。摐（chuāng 窗）金：鳴金。薊壖（ruán 軟）：薊北城下。壖，説文作㬉：「城下田也」。此指行軍所經之地。　〔二四〕度河二句：謂水陸并進，羽檄渡河，樓船泛海。羽檄：即羽書。漢書高帝紀：「吾以羽檄徵天下兵。」注：「師古曰：檄者，以木簡爲書，長尺二寸，用徵召也。其有急事，則加以鳥羽插之，示速疾也。」　〔二五〕北伐二句：謂專征東北，軍威甚盛，任務甚明。　〔二六〕講戎句：謂論兵於涿鹿之野。史記五帝本紀：「蚩尤作亂，不用帝命，於是黄帝乃徵師諸侯，與蚩尤戰於涿鹿之野。」此活用典故，謂其師之出如黃帝之滅蚩尤。〔二七〕料敵句：謂制勝於居延之塞。漢書武帝紀：「元狩二年，將軍去病、公孫敖出北地二千餘里，過居延。」注：「師古曰：居延，匈奴中地名也。」此亦活用典故，謂掃清東北烽烟，如霍去病之逐匈奴。〔二八〕軍勢句：謂持三略以運軍勢。三略：古兵書。文選李康運命論：「張良受黃石之符，誦三略之說。」注：「黃石公記序曰：黃石者，神人也，有上略、中略、下略。」書系後人僞托。〔二九〕兵戎句：言自九天而奮兵威。孫子形篇：「善攻者動於九天之上。」漢書周亞夫傳：「諸侯聞之，以爲將軍從天而下也。」「戎」當據敦煌唐寫本唐人選唐詩作「威」，與上句「軍勢」對。〔三〇〕朝瞻二句：謂勝利之速。早晨看受鉞出征，不久就聽到息兵而歸的喜訊。授鉞：淮南子兵略訓：「凡國有難，君自宮召將，詔之曰：『社稷之命在將軍，即今國有難，願請子將而應之。』將軍受命，乃令祝史太卜，齋宿三日，之太廟，鑽靈龜，卜吉日，以受鼓旗。君入廟門，西面而立。將入廟門，趨至堂下，北面而立，主親操鉞持頭，授將軍其柄，曰：『從此上至天者，將軍制之。』復操斧持頭，授將軍其柄曰：『從此下至淵者，將軍制之。』」鉞：書顧命：「一人冕執鉞。」鄭注：「鉞，大斧。」授鉞：謂命將出征。偃戈旋：謂凱旋。〔三一〕大漠二句：謂行經大漠，北出長城，在風沙雨雪中行軍。〔三二〕雲端二句：謂上越雲端之碣石，遠指波際之朝鮮。舊唐書契丹傳：「契丹東與高麗鄰。」〔三三〕夜壁句：謂壁壘高聳，上接北斗。〔三四〕寒空句：寒空中飄蕩着彩旗。旃：曲柄旗，旗幟。〔三五〕倚弓句：謂倚弓於玄兔。玄兔：即玄菟，郡名，在今吉林南境及朝鮮咸鏡道。倚弓於玄菟月下，意謂敵人已被消滅，弓可倚而不用。〔三六〕飲馬句：謂白狼川上可以飲馬。白狼川：水經注大遼水：「遼水右會白狼水，水出右北平白狼縣東南。」即大凌河。舊唐書奚國傳：奚國，南拒白狼河。上句謂平契丹，此句謂勝奚國。以上二十句寫兵威之盛，并預祝出征全勝。〔三七〕庶物句：謂平寇之後，萬物得遂其生。易泰：「天地交泰。」注：「泰者，物大通之時也。」〔三八〕蒼生句：言百姓因得以解除倒懸之苦。孟子公孫丑：「民之悦之，猶解倒懸也。」注：「倒懸，喻困苦也。」　〔三九〕四郊二句：　謂四郊景物增輝，萬里戰火偃息。絶風煙：　無戰争。　〔四〇〕關塞句：　謂邊功顯著。　〔四一〕京華句：　謂賞賜優渥。京華：　帝都，指長安。甲第：　文選張衡西京賦：「北闕甲第。」注：「第，館也；　甲，言第一也。善曰：　漢書曰：　贈霍光甲第一區。音義曰：　有甲乙次第，故曰第也。」

〔四二〕落梅二句：　預祝凱旋之日當在春季，極言凱旋疾速。落梅：　落梅花，笛曲名。横吹：　指笛。此句以曲名暗契時令。以上八句預想勝利後的太平景象及凱旋受賞。　〔四三〕直道句：　意謂幕府諸公心存直道，以兼濟爲心。

〔四四〕微才句：　言己獨被棄捐不用。微才：　高適自謂。　〔四五〕曳裾句：　意謂入幕已無望。曳裾：　漢書鄒陽傳：「飾固陋之心，則何王之門不可曳長裾乎？」謂寄身王侯之門。　〔四六〕投筆句：　意謂因不得從戎而悲傷擱筆。投筆：　後漢書班超傳：「（班超）家貧，常爲官傭書以供養。久勞苦，嘗輟業投筆歎曰：『大丈夫無他志略，猶當效傅介子、張騫立功異域，以取封侯，安能久事筆研間乎？』」悽然：　悲貌。　〔四七〕作賦句：　意謂自己只能像趙壹那樣作賦來抒寫窮困。後漢書趙壹傳：「趙壹，字元叔，漢陽西縣人也。……竊爲窮鳥賦一篇，……又作刺世疾邪賦，以舒其怨憤。」元淑當作元叔。　〔四八〕能詩句：　謂不能如漢末王粲作從軍詩那樣來歌頌這次出征。三國志王粲傳：「王粲，字仲宣，山陽高平人也。……魏國既建，拜侍中。……善屬文，舉筆便成，無所改定。」文選載其從軍詩五首，注：「魏志曰：　建安二十年三月，公（曹操）西征張魯，魯及五子降，十二月，至自南鄭。是行也，侍中王粲作五言詩以美其事。」　〔四九〕雲霄句：　謂仕途無望。雲霄：　喻高位。晋書熊遠傳：「攀龍附鳳，翱翔雲霄。」　〔五〇〕空欲句：　謂只是徒羨諸公而已。神仙：　喻高官得意者。後漢書郭太傳：「後歸鄉里，衣冠諸儒，送至河上，車數千兩。林宗唯與李膺同舟而濟，衆賓望之，以爲神仙焉。」以上八句自傷見棄，并有暗示求援之意。

薊門不遇王之渙郭密之因以留贈〔一〕

適遠登薊丘，兹晨獨搔屑〔二〕。賢交不可見〔三〕，吾願終難説〔四〕。迢遞千里游〔五〕，羇離十年别〔六〕。才華仰清興〔七〕，功業嗟芳節〔八〕。曠蕩阻雲海，蕭條帶風雪〔九〕。逢時事多謬〔一〇〕，失路心彌折〔一一〕。行矣勿重陳〔一二〕，懷君但愁絶〔一三〕。

【注釋】

〔一〕薊門：即薊丘。水經注瀔水：「昔周武王封堯後於薊，今城内西北隅有薊丘，因丘以名邑也。猶魯之曲阜，齊之營丘矣。」按：薊丘在今北京市。王之渙：盛唐詩人。靳能唐故文安郡文安縣尉太原王府君墓志銘并序云：「公名之渙，字季陵，本家晉陽，宦徙絳郡。……以門子調補冀州衡水主簿。……會有誣人交構，公因拂衣去官，遂優游青山，滅裂黄綬。……在家十五年，食其舊德。……復補文安郡文安縣尉。……以天寶元年二月十四日遘疾，終於官舍，春秋五十有五。」據此，知其生卒年爲六八八——七四二。郭密之：錢大昕十駕齋養新録卷十五「諸暨令郭密之詩」條：「郭密之五言詩二篇，一題□使永嘉經謝公石門山作，天寶八載冬仲月勒。一題永嘉懷古，不見年月，皆刻於青田之石門洞崖壁。前人録金石者皆未之及，今芸臺中丞兩浙金石記始著之。詩古淡近選體。」邑志云：「郭密之於天寶中令諸暨，建義津橋（在縣南二里），築放生湖（在安俗鄉，縣東北二里），溉田二千餘頃，民便之。」按：高適此詩是同時詩人中提到王之渙的唯一的一首詩，寫得極其誠摯。

〔二〕兹晨句：謂今晨是一個寒風凛冽的天氣。搔屑：

即騷屑。楚辭：劉向九嘆：「風騷屑以搖木兮。」注：「騷屑，風聲貌。」〔三〕賢交：賢友。指王之渙和郭密之。〔四〕吾願句：謂無人可共語心事。以上四句點題。〔五〕迢遞：遥遠。高適自梁宋至燕薊，客游千里。〔六〕羈離：旅寓异地。十年別：相別十年。高適此次來薊門是在開元二十年左右，他們的定交當在開元十年前後，高適二十幾歲時。〔七〕才華句：言敬仰他們富有清興的詩歌才華。清興：清新的内容和風格。

〔八〕功業句：贊嘆他們有建功立業的高節。嗟：贊嘆。以上四句寫相別十年并致其傾慕之情。〔九〕曠蕩二句：寫相訪不遇時的景物。曠蕩：空曠無邊。〔一〇〕逢時句：謂遭逢明時而事與願違。謬：失誤。〔一一〕失路：不遇，失志。心彌折：心情更感沮傷，言創深痛巨。高適於開元二十年信安王北征時曾謀入其幕府，但受到冷遇，故在信安王幕府詩中有「直道常兼濟，微才獨棄捐」的感慨，與此所咏内容一致。「失路」即指此事而言。彌：更加。〔一二〕勿重陳：不要再説。〔一三〕懷君：思君。愁絶：愁極。以上六句自述失意，并寫思友之情。附郭密之詩二首：□使永嘉經謝公石門山作：「絶境經耳目，未曾曠躋登。一窺石門險，再滌心神懵。洞壑閟金澗，欹崖盤石楞。陰潭下冪冪，秀嶺上層層。千丈瀑流蹇，半溪風雨恒。興餘志每愜，心遠道自弘。乘軺廣儲峙，祇命愧才能。輟棹周氣象，捫條歷騫崩。忽如生羽翼，怳若將起騰。謝客今已矣，我來誰與朋？時天寶八載冬仲月勒。」（見全唐詩卷八八七）永嘉懷古：「永嘉東南盡，倚棹皆可究。帆引滄海風，舟沿縉雲溜。群山何隱磷，萬物更森秀。地氣冬轉暄，暝氛陰改晝。緬懷謝康樂，伊昔兹爲守。逸興滿雲林，清詞冠宇宙。嘗游石門裏，勝踐宛如舊。峭壁苔蘚濃，懸崖風雨驟。巖限餘灌莽，壁畔空泉甃。物是人已非，瑶潭凄獨漱。」（見兩浙金石志及青田縣志）

和王七玉門關聽吹笛〔一〕

胡人吹笛戍樓間，樓上蕭條海月閒。借問落梅凡幾曲〔二〕？從風一夜滿關山。

【注釋】

〔一〕此詩河嶽英靈集題爲塞上聞笛。詩作「胡人羌笛戍樓間，樓上蕭條明月閑。借問梅花何處落？風吹一夜滿關山。」國秀集題爲和王七度玉門關上吹笛，詩與全唐詩同。明活字本高常侍集題作塞上聽吹笛，詩作「雪凈胡天牧馬還，月明羌笛戍樓間。借問梅花何處落？風吹一夜滿關山。」岑仲勉唐人行第録「王七之涣」下云：高適和王七玉門關聽吹笛詩，押間、山二韻，同之涣詩，即是和王之涣涼州詞。按：從高適詩的押韻及詩題看，岑説甚是。玉門關：在甘肅敦煌縣西一百五十里。〔二〕落梅：即笛曲落梅花。樂府詩集卷二十四漢橫吹曲有梅花落。「梅花落，本笛中曲也。按唐大角曲亦有大單于、小單于、大梅花、小梅花等曲，今其聲猶有存者。」詩人以梅花代笛聲，二句猶言笛聲隨風吹滿關山。

薊門行五首〔一〕

其一

薊門逢古老〔二〕，獨立思氛氲〔三〕。一身既零丁〔四〕，頭鬢白紛紛〔五〕。勳庸今已矣〔六〕，不識霍將軍〔七〕。

【注釋】

〔一〕這五首詩皆作於首次至幽燕時。薊門：即薊丘，在今北京城近郊。〔二〕古老：老翁，此指老兵。〔三〕獨立句：獨自站在那裏感慨萬千。氛氳：文選謝惠連雪賦：「氛氳蕭索。」注：王逸楚辭注曰：「氛氳，盛貌。」〔四〕一身句：謂只有孑然一身。零丁：孤單。〔五〕頭鬢句：謂鬢髮皆白。紛紛：雜亂。〔六〕勳庸句：謂功名已無望了。勳庸：周禮夏官司勳：「王功曰勳，國功曰功，民功曰庸，事功曰勞，治功曰力，戰功曰多。」此猶言功勞，功名。〔七〕不識句：謂没有見過主帥。借漢代名將霍去病指其主帥。史記驃騎列傳：霍去病從大將軍衛青爲剽姚校尉出塞，有大功，封爲冠軍侯。去病既侯三歲，元狩二年春，以冠軍侯去病爲驃騎將軍。唐人常以霍去病指其主帥，如杜甫後出塞云：「借問大將誰，恐是霍嫖姚。」

其　二

漢家能用武，開拓窮異域〔一〕。戍卒厭糠覈〔二〕，降胡飽衣食〔三〕。關亭試一望〔四〕，吾欲泪沾臆〔五〕。

【注釋】

〔一〕漢家二句：謂唐朝窮兵黷武，進行開邊戰爭。漢家：即指唐朝，以漢喻唐，爲唐朝詩人所習用。開拓：開闢，擴充。窮：盡。異域：此指東北少數民族地區。詩人對當時開邊戰爭不滿，與杜甫前出塞中「君已富土境，開邊一何多」同意。〔二〕戍卒：防守邊疆的士兵。厭：飽。糠覈（hé 核）：食之粗惡者，猶俗言糠糟。覈：麥糠中礦不破的粒子。此寫將軍不恤士卒。資治通鑒開元二十年六月，幽州節度使趙含章坐贓巨萬，杖於朝堂，流瀼州，道死。〔三〕降胡句：對投降的奚人賞賜甚厚。飽衣食：謂豐衣足食。舊唐書奚國傳：開元二十年，「奚酋長李詩瑣高等以其部落五千帳來降。詔封李詩爲歸義王兼特進、左羽林軍大將軍同正，仍充歸義州都督，賜物十萬段，移其部落於幽州界安置。」以上二句所言之事，乃開元二十年的實況，邊兵橫遭壓榨，降胡賞賜豐厚。〔四〕關亭：關，指薊門。亭，戍亭。〔五〕臆：胸。臆與域、食押韻，皆入聲字。

其三

邊城十一月，雨雪亂霏霏〔一〕。元戎號令嚴〔二〕，人馬亦輕肥〔三〕。羌胡無盡日，征戰幾時歸〔四〕？

【注釋】

〔一〕霏霏：雪甚貌。詩采薇：「雨雪霏霏。」傳：「霏霏，甚也。」〔二〕元戎：元帥。〔三〕人馬句：謂將軍們衣輕裘、乘肥馬。〔四〕羌胡二句：謂契丹、奚時降時叛，征戰不已，戰士歸期無時。唐代徵兵爲府兵制，士兵皆有家室，高適對常年累月離家戍邊的士兵深表同情。羌、胡：此指奚、契丹。

其四

幽州多騎射〔一〕，結髮重橫行〔二〕。一朝事將軍〔三〕，出入有聲名〔四〕。紛紛獵秋草，相向角弓鳴〔五〕。

【注釋】

〔一〕幽州：舊唐書地理志：幽州，舊領縣十，治薊。多騎射：謂善於騎馬射箭的健兒衆多。〔二〕結髮：見上秋胡詩注〔三〕。漢書李廣傳：「廣結髮與匈奴大小七十餘戰。」重橫行：重視橫行。橫行，無所顧忌地恣意而行。漢書季布傳：「上將軍樊噲曰：臣願得十萬衆橫行匈奴中。」〔三〕事：侍奉，這裏是作爲將軍部屬的意思。〔四〕出入：出塞入塞。聲名：名譽。〔五〕角弓鳴：弓弦發射時的鳴響。角弓，用角裝飾的弓。此詩咏北方健兒的游獵生活。

其五

黯黯長城外〔一〕，日没更煙塵〔二〕。胡騎雖憑陵〔三〕，漢兵不顧身〔四〕。古樹滿空塞〔五〕，黄雲愁殺人〔六〕。

【注釋】

〔一〕黯黯：陰暗貌。〔二〕煙塵：一片烽煙塵土，指戰場景色。〔三〕胡騎：指奚、契丹的騎兵。憑陵：有所依恃而侵略。左傳襄公八年：「馮陵我城郭。」注：「馮，迫也。」蒼頡篇：「陵，侵也。」〔四〕漢兵：即唐兵。不顧身：奮不顧身，不惜犧牲，以保衛國家。此詩寫唐兵的忠勇報國精神。〔五〕塞：邊塞、邊界地區。〔六〕殺：言愁至極。

自薊北歸〔一〕

驅馬薊門北，北風邊馬哀〔二〕。蒼茫遠山口〔三〕，豁達胡天開〔四〕。五將已深入，前軍止半迴〔五〕。誰憐不得意，長劍獨歸來〔六〕。

【注釋】

〔一〕此詩當作於開元二十一年冬。〔二〕首二句寫自薊北歸的時令。〔三〕蒼茫：無涯貌。〔四〕豁達：開闊貌。胡天：此指胡人所居之地。〔五〕五將二句：舊唐書契丹傳：「（開元）二十年，詔禮部尚書信安王禕爲行軍副大總管，領衆與幽州長史趙含章出塞擊破之，俘獲甚衆。可突于（通鑑作「可突干」）率其麾下遠遁，奚衆盡降，禕乃班師。明年，可突干又來抄掠。幽州長史薛楚玉遣副將郭英傑、吴克勤、鄔知義、羅守忠率精騎萬人，并領降奚之衆追擊之。軍至渝關都山之下，可突于領突厥兵以拒官軍。奚衆遂持兩端，散走保險。官軍大敗，知義、守忠率麾下遁歸，英傑、克勤没於陣，其下六千餘人，盡爲賊所殺。」又新唐書契丹傳記此役云：「明年，可突于盗邊，幽州長史薛楚玉、副總管郭英傑、吴克勤、鄔知義、羅守忠率萬騎及奚擊之，戰都山下。」據此，知薛楚玉亦參與此次戰役，則「五將已深入，前軍只半迴」，即記此役無疑。資治通鑑系此役於開元二十一年閏三月。〔六〕開元二十一年閏三月，高適仍在薊北，目睹邊患嚴重，而請纓無路，不得不南歸，故發出「誰憐不得意，長劍獨歸來」的浩嘆。

邯鄲少年行〔一〕

邯鄲城南游俠子〔二〕，自矜生長邯鄲裏〔三〕。千場縱博家仍當〔四〕，幾度報讐身不死〔五〕。宅中歌笑日紛紛〔六〕，門外車馬常如雲〔七〕。未知肝膽向誰是？令人却憶平原君〔八〕。君不見今人交態薄，黄金用盡還疎索〔九〕。以兹感嘆辭舊游〔一〇〕，更於時事無所求〔一一〕。且與少年飲美酒，往來射獵西山頭〔一二〕。

【注釋】

〔一〕此詩首見於殷璠河岳英靈集，有云：「余所最深愛者，『未知肝膽向誰是？令人却憶平原君。』」可見此詩之見重於時。郭茂倩樂府詩集卷六十六收此詩於雜曲歌辭。〔二〕邯鄲：舊唐書地理志河北道磁州有邯鄲縣，即今河北邯鄲市。游俠：史記游俠列傳集解「荀悦曰：立氣齊，作威福，結私交，以立彊於世者，謂之游俠。」按：司馬遷游俠列傳序言：「今游俠，其行雖不軌於正義，然其言必信，其行必果，已諾必誠，不愛其軀，赴士之阸困，既已存亡死生矣，而不矜其能，羞伐其德，蓋亦有足多者焉。」〔三〕自矜：自誇。邯鄲系趙國故都，人多任俠，輕生尚義，故少年以此自誇。〔四〕千場句：謂雖經千次豪賭，家資仍富。縱博：大賭。博，説文作簙，「局戲也，六箸十二棊也。」史記游俠列傳：「劇孟行大類朱家，而好博。」索隱：「六博戲也。」〔五〕幾度句：謂幾次從事報仇殺人而身不死。游俠列傳云：「（郭解）以軀借交報仇……適有天幸，窘急常得脱。」〔六〕宅中句：言賓客滿堂，歌舞歡笑。〔七〕門外句：言亘馬盈門。常如雲：樂府詩集作「如雲屯」，謂車馬衆多，如雲之驟。〔八〕未知二句：謂時無愛賢好士的平原君，邯鄲游俠又向誰去披肝瀝膽！史記平原君列傳：「平原君趙勝者，趙之諸公子也。……喜賓客，賓客蓋至者數千人。……是時，齊有孟嘗，魏有信陵，楚有春申，故爭相傾以待士。」沈德潛云：「不憶信陵，而憶平原，以邯鄲爲趙地之故。」（見唐詩別裁）按：此二句作者借以抒其不遇之慨。以上八句寫邯鄲游俠生不逢時的感慨。〔九〕君不見二句：謂今人交友全以金錢爲轉移。疎索：疎遠。史記廉頗列傳：「廉頗之免長平歸也，失勢之時，故客盡去；及復用爲將，客又復至。廉頗曰：『客退矣！』客曰：『吁！君何見之晚也？夫天下以市道交。君有勢，我則從君；君無勢，則去。此固其理也，有何怨乎？』」詩即用其意。〔一〇〕以兹：因此。辭：辭去。舊游：舊交，舊日的賓客。〔一一〕更於句：謂再無求於世，猶言不再求人知遇援引。

〔一二〕少年：即邯鄲游俠子。作者在此表示願與其訂交，飲酒射獵，忘懷得失，亦憤激之詞。史記李將軍列傳：「家居數歲，」廣家與故潁陰侯孫屏野，居藍田南山中，射獵。」詩暗用其意。後杜甫曲江三章章五句有「故將移住南山邊，短衣匹馬隨李廣，看射猛虎終殘年」之語，意同，可參看。西山：史記趙奢列傳：「趙奢已死。」集解：「張華曰：趙奢冢，在邯鄲界西山上，謂之馬服山。」以上六句爲作者對世道交態的感慨。

别韋五

徒然酌杯酒〔一〕，不覺散人愁〔二〕。相識仍遠别，欲歸翻旅游〔三〕。夏雲滿郊甸，明月照河洲〔四〕。莫恨征途遠，東看漳水流〔五〕。

【注釋】

〔一〕徒然：白白地。酌杯酒：指飲酒。〔二〕不覺：不知，不懂得。散：驅散。以上二句反用曹操短歌行「何以解憂，惟有杜康」之意，謂欲以酒解愁；而愁仍不散。〔三〕相識二句：謂與君相知而君還遠去，我欲歸去而反作旅游，以示人事變化常不如人意。〔四〕夏雲二句：寫天氣變化，白天郊野濃雲密布，夜間河洲上明月皎潔，正是夏季出行的好天氣。〔五〕莫恨二句：謂征途雖遠，而漳水正好遣送行舟。漳水：即今漳河，流經河南河北兩省。水經注濁漳水：「濁漳水出上黨長子縣西發鳩山，……過鄴縣西。」

效古贈崔二〔一〕

十月河洲時〔二〕，一看有歸思〔三〕。風飇生慘烈〔四〕，雨雪暗天地。我輩今胡爲〔五〕？浩哉迷所至〔六〕。緬懷當塗者〔七〕，濟濟居聲位〔八〕。邈然在雲霄〔九〕，寧肯更淪躓〔一〇〕！周旋多燕樂〔一一〕，門館列車騎〔一二〕。美人芙蓉姿〔一三〕，狹室蘭麝氣〔一四〕。金鑪陳獸炭〔一五〕，談笑正得意。豈論草澤中〔一六〕，有此枯槁士〔一七〕。我慙經濟策〔一八〕，久欲甘棄置〔一九〕。君負縱横才〔二〇〕，如何尚顑頷〔二一〕？長歌增鬱怏〔二二〕，對酒不能醉〔二三〕。窮達自有時〔二四〕，夫子莫下泪〔二五〕。

【注釋】

〔一〕效古：文選雜擬類有擬古、效古諸題。效古，即效古體。〔二〕河洲：爾雅釋水：「水中可居者曰洲。」詩關雎：「關關雎鳩，在河之洲。」〔三〕歸思：歸鄉之念。思，讀去聲。〔四〕飇（biāo 彪）：説文：「飇，扶摇風也。」按：回風暴起，從下而上。慘烈：文選張衡西京賦：「冰雪慘烈。」薛注：「慘烈，寒也。」〔五〕胡爲：何爲。胡，何。〔六〕浩哉：廣大，遼闊無邊貌。迷所至：不知所往。以上六句寫雨雪中雖動歸思而不知所往。〔七〕緬懷：遥想。當塗者：當路者，即執政者。漢揚雄解嘲：「當塗者升青雲，失路者委溝渠。」〔八〕濟濟：皆讀上聲。詩旱麓：「榛楛濟濟。」傳：「濟濟，衆多也。」居聲位：占據榮顯的名位。〔九〕邈然：遠貌。在雲霄：喻在高位。〔一〇〕寧肯：豈肯。更：周禮考工記函人：「則材更也。」注：鄭司農云：「更，善也。」渝躓：沉淪困頓。〔一一〕周旋：應酬。燕樂：飲讌作樂。詩南有嘉魚：「嘉賓式燕以樂。」燕通宴，易需：「君子以飲食宴樂。」鄭注：「宴，享宴也。」字亦作讌。〔一二〕列車騎：排列許多車馬，言賓客盈門。騎，讀去聲。〔一三〕芙蓉姿：言貌美如荷花。芙蓉，蓮花。西京雜記卷二：「文君姣好，眉色如望遠山，臉際常若芙蓉。」〔一四〕蘭麝氣：言香氣如蘭花與麝香。〔一五〕金爐：銅火爐。陳：列，安排。獸炭：制形如獸之炭。晉朝「(羊)琇性豪侈，費用無復齊限，而屑炭和作獸形以温酒，洛下豪貴咸競效之」(見晉書羊琇傳)。〔一六〕草澤中：指在野。文選左思詠史：「何世無奇才，遺之在草澤。」〔一七〕枯槁：喻貧賤顑頷。晉陶淵明飲酒：「雖留身後名，一生亦枯槁」。以上十二句揭露權貴們的豪侈生活。〔一八〕經濟策：經世濟民的謀略。此句謂己自愧無經世濟民之策。〔一九〕甘：甘心，自願。棄置：被棄不用。〔二〇〕君：指崔二。負：具有。縱横才：指政治才能，與上文「經濟策」意同。〔二一〕顑頷：即憔悴，面容黄瘦，比喻困頓落魄，與上文「枯槁」意同。〔二二〕鬱怏(yàng 様)：鬱悒，鬱悶愁苦。〔二三〕不能醉：謂因愁苦而不能暢飲。〔二四〕窮達句：謂窮困發達自有時運。〔二五〕夫子：指崔二，尊稱。以上八句對崔二的失意雖以窮達有時相慰，而語意悲憤。

淇上酬薛三據兼寄郭少府微〔一〕

自從別京華〔二〕，我心乃蕭索〔三〕。十年守章句〔四〕，萬事空寥落〔五〕。北上登薊門，茫茫見沙漠〔六〕。倚劍對風塵，慨然思衛霍〔七〕。拂衣去燕趙，驅馬悵不樂〔八〕。天長滄洲路，日暮邯鄲郭〔九〕。酒肆或淹留，漁潭屢棲泊〔一〇〕。獨行備艱險〔一一〕，所見窮善惡〔一二〕。永願拯芻蕘〔一三〕，孰云干鼎鑊〔一四〕。皇情念淳古，時俗何浮薄。理道資任賢〔一五〕，安人在求瘼〔一六〕。故交負靈奇〔一七〕，逸氣抱謇諤〔一八〕。隱軫經濟具〔一九〕，縱橫建安作〔二〇〕。才望忽先鳴〔二一〕，風期無宿諾〔二二〕。飄飄勞州縣〔二三〕，迢遞限言謔〔二四〕。東馳眇貝丘〔二五〕，西顧彌虢略〔二六〕。淇水徒自流，浮雲不堪託〔二七〕。吾謀適可用〔二八〕，天路豈寥廓〔二九〕。不然買山田，一身與耕鑿〔三〇〕。且欲同鷦鷯〔三一〕，焉能志鴻鶴〔三二〕。

【注釋】

〔一〕此詩作於自薊北南歸途次淇上時。淇上：即今河南省淇縣。舊唐書地理志：「河北道，衛州有衛縣，漢朝歌縣，紂所都朝歌城，在今縣西。隋大業二年，改爲衛縣。」衛縣即今淇縣。薛據：唐才子傳卷二：「據，荆南人，開元十九年，王維榜進士。天寶六年，又中風雅古調科第一人，於吏部參選，據自恃才名，請受萬年録事，流外官訴宰執，以爲赤縣是某等清要，據無媒，改涉縣令。後仕歷司議郎，終水部郎中。據爲人骨鯁，有氣魄，文章亦然。」杜甫解悶十二首論薛據云：「沈范早知何水部，曹劉不待薛郎中。獨當省署開文苑，兼泛滄浪學釣翁。」原注：「水部郎中薛據。」酬：答；答詩，和詩。薛據有懷哉行，結句云：「夫君何不遇，爲位黄金臺。」高適所和，殆即此詩。郭微，無考。祖詠有家園夜坐寄郭微，劉昚虛有送韓平兼寄郭微等詩。〔二〕別京華：指詩人二十歲游長安時與薛據相別事，時在開元九年（七二一）左右。〔三〕蕭索：蕭條寂寞。〔四〕十年句：謂歸來之後，又讀了十年書。守章句：爲章句之學。章句：章節句讀（逗）。後漢書馬援傳：「嘗受齊詩，意不能守章句。」〔五〕萬事句：謂一事無成，一切皆無着落。寥落：空虛貌。〔六〕北上二句：指開元十九年（七三一）第一次出塞，至薊北，面對廣闊無際的沙漠。〔七〕倚劍二句：謂目睹邊境遭受侵陵，不禁倚劍慨然，想起了抗擊匈奴的漢代大將衛青、霍去病。風塵：戎馬馳騁，風起塵飛，故用以狀兵亂之象。詩人在此表現了渴盼御敵報國的意願。〔八〕拂衣二句：謂報國無路，帶着惆悵的心情驅馬離開燕、趙。拂衣：振衣。〔九〕天長二句：滄洲，疑當作滄州，與下句邯鄲爲地名對。滄州：唐治清池，今河北滄縣東南。此二句謂經歷了漫長的征途，過滄州，經邯鄲，而至淇上。〔一〇〕酒肆二句：言途中或久留酒店，或屢泊漁潭。〔一一〕獨行句：言途中艱險備嘗。〔一二〕所見句：言盡覽人間善惡。窮：盡。〔一三〕永願句：長想拯救百姓。芻蕘：採薪者，即草莽之人。〔一四〕孰云：一作孰辭，是。孰，何。辭，避。干鼎鑊：承受鼎鑊之誅。鼎鑊，古代烹人的刑具。〔一五〕理道句：謂爲治之道在於任賢。〔一六〕安人句：謂安民之道在於知民疾苦。唐人避太宗諱，以人爲民。以上二十二句自述與薛據別後十年的經歷，并陳拯民之志。〔一七〕故交句：謂舊友有神奇的姿質。〔一八〕逸氣句：謂抱有剛直敢言的豪氣。謇諤（qiān è 牽鄂）：正直。後漢書陳忠傳：「忠臣盡謇諤之節，不畏逆耳之害。」〔一九〕隱軫（zhěn 枕）句：謂富有經世濟民之才。隱軫：淮南子兵略：「士卒隱軫。」注：「殷，衆；軫，乘輪多盛貌。」殷、隱通。亦作隱賑。左思蜀都賦：「邑居隱賑。」劉淵林注：「隱，盛也；賑，富也。」經濟：經世濟民。具：才能。〔二〇〕縱橫句：謂文章豪縱不羈的風格可比建安諸子。建安：漢獻帝年號。建安作：指曹操父子及建安七子的創作。〔二一〕才望句：謂薛據以才能名望而先入仕。先鳴：左傳襄公二十一年：「齊莊公朝，指殖綽、郭最曰：『是寡人之雄也。』州綽曰：『君以爲雄，誰敢不雄。然臣不敏，平陰之役，先二子鳴。』」注：「十八年，晉伐齊，及平陰，州綽獲殖綽、郭最，故自比於雞，鬬勝而先鳴。」〔二二〕風期句：謂以風義相期，必急於實踐諸言。風期：猶言心期，謂兩相期許。無宿諾：言踐諾不過夜。論語顔淵：「子路無宿諾。」以上六句贊美薛據的德才。〔二三〕飄颻：動蕩不定貌。勞州縣：爲州縣之職而辛勞。〔二四〕迢遞：謂相隔遥遠。限言謔：謂不能聚首談笑。限：阻。謔（xuè 血）：戲謔，開玩笑。〔二五〕東馳句：謂東望遠至貝丘。眇：遠。貝丘：在今山東博興縣南。此指郭微所在地。劉昚虚送韓平兼寄郭微詩云：「余憶東州人，經年别來久。」東州人即是郭微。〔二六〕西顧句：謂西顧極目虢略。彌：極。虢略：在今河南嵩縣西北，此謂薛據行役於此。〔二七〕淇水二句：謂俯看洪水無情，空自南流。仰觀浮雲自去，相思難託。淇水是詩人所在地。以上六句言道途遠隔，相思難寄。〔二八〕吾謀句：謂自己已有可施用的經濟之策。左傳文公十三年：「吾謀適不用也。」此反用其語。〔二九〕天路句：意謂登上仕途不是不可能的。天路：仕路。寥廓：廣闊，渺茫。漢司馬相如難蜀父老云：「猶焦朋已翔乎寥廓。」注：「師古曰：寥廓，天上寬廣之處。」〔三〇〕不然二句：謂如不能入仕，則買田躬耕。高適淇上别業云：「依依西山下，别業桑林邊。」蓋即所買之山田。與，讀去聲，參與。耕鑿：擊壤歌云：「鑿井而飲，耕田而食。」（見王充論衡藝增）。〔三一〕同鷦鷯：莊子逍遥游：「鷦鷯巢於深林，不過一枝。」謂與鷦鷯相同，只求一枝之棲。〔三二〕焉能句：謂何能以大鳥的高舉爲志。鴻鶴高飛，一舉冲天，喻入仕登高位。這是高適的憤慨之詞。鶴：全唐詩作「鵠」，下注云：「一作鶴。」按：此詩通篇皆用藥韻，當以鶴爲是。以上六句言仕進無成，則退而躬耕。

淇上別業

依依西山下〔一〕，別業桑林邊〔二〕。庭鴨喜多雨〔三〕，鄰鷄知暮天〔四〕。野人種秋菜，古老開原田〔五〕。且向世情遠〔六〕，吾今聊自然〔七〕。

【注釋】

〔一〕依依：戀戀不舍貌。〔二〕別業：別墅。〔三〕鴨爲水禽，性愛水，故喜多雨。〔四〕知暮天：詩君子于役：「鷄棲于塒，日之夕矣，牛羊下來。」日暮鷄棲于窠，故云知暮天。以上二句體物細緻入微。〔五〕古老：古朴老人，猶言野老。開原田：謂耕種原上之田。〔六〕向：對。世情：世俗的功名利祿。〔七〕聊：且。自然：返乎自然，回到純朴無機心的境界。

送魏八

更沽淇上酒〔一〕，還泛驛前舟〔二〕。爲惜故人去，復憐嘶馬愁〔三〕。雲山行處合〔四〕，風雨興中秋〔五〕。此路無知己，明珠莫暗投〔六〕。

【注釋】

〔一〕沽（gū 姑）：買。　〔二〕驛：驛館，舊日官辦以便行人休息的房舍。二句言沽酒泛舟，一再留連惜別。

〔三〕復憐句：謂聞馬嘶亦帶離愁。憐：惜。　〔四〕雲山句：此就送者説而言，謂雲山遮隔，不見行人。

〔五〕風雨句：此就行者而言，謂風雨中行人感到蕭瑟的秋意。興，讀去聲。「興中」與上句「行處」相對，情之感物而發者謂之興。

〔六〕明珠暗投：漢書鄒陽傳：「臣聞明月之珠，夜光之璧，以闇投人於道，衆莫不按劍相眄者，何則？無因而至前也。」今用爲懷才而不遇知己之喻。二句謂既然此路没有知己之遇，那麽明珠豈可暗投，還當自重其身，不宜輕舉妄動。後韓愈赴江陵途中寄翰林三學士云：「殷勤謝吾友，明月非暗投」，則反用其意。明月：即明月之珠。

淇上送韋司倉往滑臺〔一〕

飲酒莫辭醉，醉多適不愁〔二〕。孰知非遠别〔三〕，終念對窮秋〔四〕。滑臺門外見〔五〕，淇水眼前流〔六〕。君去應回首，風波滿渡頭〔七〕。

【注釋】

〔一〕司倉：古代主管倉庫的州縣屬官。唐代在州者稱司倉參軍，在縣者稱司倉。滑臺：河南滑縣治。

〔二〕醉多句：謂酒醉正可解離愁。適：正。〔三〕孰知：熟知，深知。非遠別：淇上與滑臺相鄰，故云。此句謂既非遠別，可以無愁。〔四〕終念句：謂但終究是窮秋之時爲別，又不能無愁。宋玉九辯：「悲哉秋之爲氣也，蕭瑟兮草木摇落而變衰，憭慄兮若在遠行，登山臨水兮送將歸。」詩即用其意。〔五〕滑臺句：應上「非遠别」。滑臺：元和郡縣志：滑州，治白馬城，即古滑臺城，皆滑氏爲壘，後人增以爲城。此句點明韋司倉所往處。滑臺可見，而人不可見。〔六〕淇水句：謂見淇水即思君，韋君乃由淇水舟行至滑臺。淇水：源出河南林縣東南臨淇鎮，東南流經淇縣，至濬縣入黄河，渡河至滑臺。〔七〕風波句：謂渡口風浪驚險，舟行宜慎，即「行矣慎風波」之意。

賦得還山吟贈沈四山人〔一〕

還山吟，天高日暮寒山深，送君還山識君心〔二〕。人生老大須恣意〔三〕，看君解作一生事〔四〕。山間偃仰無不至〔五〕，石泉淙淙若風雨，桂花松子常滿地〔六〕。賣藥囊中應有錢〔七〕，還山服藥又長年〔八〕。白雲勸盡杯中物，明月相隨何處眠〔九〕？眠時憶同醒時意，夢中可以相周旋〔一〇〕。

【注釋】

〔一〕沈四山人：沈千運。唐才子傳卷二：「千運，吳興人，工舊體詩，氣格高古，當時士流，皆敬慕之，號爲『沈四山人』。天寶中，數應舉不第。時年齒已邁，遨游襄、鄧間，干謁名公。來濮上，感懷賦詩曰：『聖朝優賢良，草澤無遺族。人生各有命，在余胡不淑。一生但區區，五十無寸祿。衰落當棄捐，貧賤招謗讟。』其時多艱，自知屯蹇，遂浩然有歸歟之志，賦詩曰：『棲隱無別事，所願離風塵。不來城邑游，禮樂拘束人。』又曰：『如何巢與由，天子不得臣。』遂釋志，還山中別業。嘗曰：『衡門之下，可以棲遲。有薄田園，兒嫁女織，偃仰今古，自足此生。誰能作小吏走風塵下乎？』高適賦還山吟贈行云云。肅宗議備禮征致，會卒而罷。有集傳世。」元結篋中集序云：「近世作者，更將沿襲，拘限聲病，喜尚形似，且以流易爲詞，不知喪於雅正。……吴興沈千運，獨挺於流俗之中，强攘於已溺之後，窮老不惑，五十餘年，凡所爲文，皆與時异。故朋友後生，稍見師效。能似類者，有五六人。」　〔二〕還山三句：點題。以下即就還山之事以明其心。　〔三〕老大：年老。恣意：任意，適意。　〔四〕解作一生事：謂懂得自處平生之道。

〔五〕山間句：謂隱居山中俯仰往來，無處不至。亦其所云「衡門之下，可以棲遲，……偃仰今古，自足此生」之意。詩北山：「或棲遲偃仰」。偃仰，俯仰。　〔六〕石泉二句：寫山中所聞所見之清幽絶俗的自然環境。石泉：石上流泉。淙淙（cóng 叢）：水聲。若風雨：如風雨之聲。　〔七〕賣藥句：謂如韓康隱居以賣藥爲生。後漢書逸民傳：「韓康，字伯休，一名恬休，京兆霸陵人，家世著姓。常採藥名山，賣於長安市，口不二價。」　〔八〕還山句：言回山後服藥又可長生。　〔九〕白雲二句：寫隱士生活。上句言對白雲而飲酒，下句云伴明月而閑眠。晉陶淵明責子：「且進杯中物。」杯中物指酒。　〔一〇〕眠時二句：謂眠時思緒與醒時意念相同，即可與夢魂同歡。文選沈約别范安成詩云：「夢中不識路，何以慰相思？」注云：「韓非子：六國時，張敏與高惠二人爲友，每相思，不能得見，敏便於夢中往尋，但行至半道，即迷不知路，遂回，如此者三。」詩即用其意，寫得真摯。眠時句全唐詩作「眠時憶問醒時事」，明活字本高常侍集作「眠時憶問醒時意」，今據唐才子傳引文作「眠時憶同醒時意」。

酬衛八雪中見寄

季冬憶淇上〔一〕，落日歸山樊〔二〕。舊宅帶流水，平田臨古村。雪中望來信〔三〕，醉裏開衡門〔四〕。果得希代寶〔五〕，緘之那可論〔六〕。

【注釋】

〔一〕季冬：冬末，農歷十二月。〔二〕山樊：莊子則陽：「夏則休乎山樊。」釋文：「音煩。李云：傍也。司馬云：陰也。廣雅云：邊也。」〔三〕信：通訊。古人稱使者曰信。〔四〕衡門：詩衡門：「衡門之下。」傳：「衡門，横木爲門，言淺陋也。」以上二句連讀，形象鮮明生動。〔五〕希代寶：希世之寶。希借爲稀。此指衛八贈詩。〔六〕緘（jiān 堅）：封，藏。那可論：不可評議，極言詩之美。論讀平聲。

同衛八題陸少府書齋

知君薄州縣〔一〕，好静無冬春〔二〕。散帙至棲鳥〔三〕，明燈留故人〔四〕。深房臘酒熟〔五〕，高院梅花新〔六〕。若是周旋地〔七〕，當令風義親〔八〕。

【注釋】

〔一〕薄州縣：輕視州縣之職。少府爲縣尉，乃州縣小官。〔二〕好静句：謂長年好静。以上二句言陸爲退隱之士。〔三〕散帙（zhì質）：猶言開卷。帙，包書的套子。至棲鳥：至日暮鳥棲之時。此句寫陸好學。切題「書齋」。〔四〕明燈句：謂雖已上燈，仍留賓客。此句寫陸好客。〔五〕臘酒：臘月所釀之酒。臘，祭名，即蜡。夏代稱嘉平，殷代稱清祀，周代稱大蜡，皆於冬日行之。漢代稱臘，行於歲終之月，後世因稱農歷十二月爲臘月。〔六〕高院句：謂題詩的時節爲季冬。梅花新：梅花初開。〔七〕周旋地：酬接之處。〔八〕當令句：應當使彼此以風概信義相親。令音零。

自淇涉黄河途中作十三首〔一〕

其一

川上常極目〔二〕，世情今已閑〔三〕。去帆帶落日，征路隨長山〔四〕。親友若雲霄〔五〕，可望不可攀。於茲任所愜〔六〕，浩蕩風波間〔七〕。

【注釋】

〔一〕淇：水名。漢書地理志曰：「河内郡，……共」。注：「北山，淇水所出，東至黎陽（今濬縣）入河。」黃河：唐代黃河自滎陽郡東北行，經武陟、延津、滑縣、濬縣、濮陽、鄄城縣、范縣、東阿、茌平、高唐、利縣（在今山東博興縣東四十里。）入海。　〔二〕川上：指淇水。極目：放眼遠眺。　〔三〕世情：世俗之情。陶弘景尋山誌：「倦世情之易擾，乃杖策而尋山。」今已閑：猶言今已疏。　〔四〕征路：遠行之路。　〔五〕若雲霄：言其高遠如在天上。　〔六〕於兹：於此，謂在川上。任所愜：隨所樂。愜（qiè 怯），滿意，暢快。　〔七〕浩蕩：後漢書張衡傳：「志浩蕩而不嘉。」注：「浩蕩，廣大也。」

其二

清晨泛中流，羽族滿汀渚〔一〕。黃鵠何處來〔二〕？昂藏寡儔侶〔三〕。飛鳴無人見〔四〕，飲啄豈得所〔五〕。雲漢爾固知〔六〕，胡爲不輕舉〔七〕？

【注釋】

〔一〕羽族：鳥類。汀渚：汀，水邊平地。渚：水中小塊土地。爾雅釋水：「水中可居曰洲，小洲曰陼。」

〔二〕黃鵠：大鳥名。文選蘇武詩云：「黃鵠一遠别。」注：「韓詩外傳曰：田饒謂魯哀公曰：夫黃鵠一舉千里。」

〔三〕昂藏：謂氣宇軒昂。寡儔侶：少伴侶。　〔四〕飛鳴句：謂才能不爲人所知。　〔五〕飲啄句：謂

〔六〕雲漢：天河，此指天上。固：本來。〔七〕胡爲：何爲。輕舉：高飛。舉，起，飛起。飲食不得其地。

此詩系高適自況。

其三

野人頭盡白，與我忽相訪〔一〕。手持青竹竿，日暮淇水上。雖老美容色〔二〕，雖貧亦閑放〔三〕。釣魚三十年，中心無所向〔四〕。

【注釋】

〔一〕野人：野居之人，指隱者。與我：對我。〔二〕美容色：謂顔色不衰。〔三〕閑放：安閑自在。

〔四〕無所向：無所追求。

其四

朝景入平川〔一〕，川長復垂柳。遥看魏公墓〔二〕，突兀前山後〔三〕。憶昔大業時〔四〕，群雄角奔走〔五〕。伊人何電邁〔六〕，獨立風塵首〔七〕。傳檄舉敖倉〔八〕，擁兵屯洛口〔九〕。

連營一百萬，六合如可有〔一〇〕。方項終比肩〔一一〕，亂隋將假手〔一二〕。力争固難恃〔一三〕，驕戰曷能久〔一四〕。若使學蕭曹，功名當不朽〔一五〕。

【注釋】

〔一〕朝景：朝日。景：説文：「日光也。」平川：指淇水。　〔二〕魏公墓：李密之墓。舊唐書李密傳：「大業十三年（六一七）春，（翟）讓於是推密爲主，號爲魏公。」密葬於黎陽山南五里。黎陽山，即河南濬縣東南二十里之大伾山。　〔三〕突兀：高貌。前山：指黎陽山。　〔四〕大業：隋煬帝年號（六〇五——六一八）。

〔五〕群雄：指隋末起義的領袖人物，如杜伏威、竇建德等。角奔走：謂競起角逐，争奪天下。　〔六〕伊人：指李密。何電邁：言其迅疾如電駛。　〔七〕風塵首：戰亂的前列。言其在群雄中勢力最大、聲望最高的。

〔八〕傳檄句：謂發出檄文，即占領敖倉，極言其易。舉：戰國策齊策：「三十日而舉燕國。」注：「舉，拔也。」敖倉：史記項羽本紀：「漢軍滎陽，築甬道屬之河，以取敖倉粟。」集解：「敖，地名，在滎陽西北，山臨河，有太倉。」正義：「括地志云：敖倉，在鄭州滎陽縣西十五里。」按：敖倉是秦倉名，此指興洛、迴洛二倉。李密於大業十三年春領兵千餘人自羅口襲興洛倉，破之。二月，密於鞏縣南設壇場即位爲魏公。復親率兵三萬逼東都，又下迴洛倉而據之。

〔九〕屯洛口：舊唐書本傳：大業十三年二月，李密城洛口周迴四十里以居之。按：洛口倉城，在鞏縣東南。隋煬帝所築，周回二十餘里，穿三千窖，窖容糧八千石，亦名興洛倉。及李密襲取後，乃擴築洛口城以爲魏都。

〔一〇〕連營二句：謂李密盛時有兵百萬，似乎可以取得天下。六合：天地四方。　〔一一〕方項句：比方項羽可與之相并。舊唐書本傳：李密「嘗欲尋包愷，乘一黄牛，被以蒲韉，仍將漢書一帙掛於角上，一手捉牛靷，一手翻卷書讀之。尚書令、越國公楊素見於道，從後按轡躡之，既及，問曰：『何處書生，耽學若此？』密識越公，乃下牛再拜，自言姓名。又問所讀書，答曰：『項羽傳。』越公奇之。」又本傳論曰：「或以項羽擬之，文武器度即有餘，壯勇斷果則不及。」比肩：并肩。〔一二〕亂隋句：謂借其手以推翻隋朝。〔一三〕力爭句：謂以武力爭奪天下本不可恃。難恃：難於依賴。〔一四〕驕戰句：謂强戰何能持久。〔一五〕若使二句：謂如果李密兵敗歸唐後，能効蕭何曹參那樣忠誠不二，其功業當永垂不朽。詩人於此對李密降唐後叛變，被唐軍所殺深表惋惜。

其五

茲川方悠邈〔一〕，雲沙無前後。古堰對河壖，長林出淇口〔二〕。獨行非吾意，東向日已久〔三〕。憂來誰得知，且酌尊中酒〔四〕。

【注釋】

〔一〕茲川：指淇水。悠邈：長遠。〔二〕古堰二句：謂舟行經枋頭古堰的淇水口。水經注淇水：「淇水又南歷枋堰舊淇水口，東流逕黎陽縣界南，入河。地理志曰：『淇水出共，東至黎陽入河。』溝洫志曰：『遮客亭西十八里，至淇水口』是也。漢建安九年，魏武王於水口下大枋木以成堰，遏淇水東入白溝，以通漕運，故時人號其處爲枋頭。」按：古堰指枋頭，在河南浚縣西南八十里，即今之淇門渡，古淇水口也。壖（ruán 軟）：河邊地。〔三〕東向：東行。〔四〕尊：古代的盛酒器具，今別作樽。

其六

東入黄河水〔一〕，茫茫汎紆直〔二〕。北望太行山〔三〕，峨峨半天色〔四〕。山河相映帶，深淺未可測〔五〕。自昔有賢才，相逢不相識〔六〕。

【注釋】

〔一〕東入句：說明此爲自淇涉黄河之始。〔二〕茫茫：寥廓無邊。紆直：指黄河。爾雅釋水：「(河)百里一小曲，千里一曲一直。」紆，曲。〔三〕太行山：山名，起河南濟源縣，連亘山西、河北，凡數千里。〔四〕峨峨：山高貌。半天色：謂太行山色高及天半。〔五〕山河二句：謂高山大河互相照映縈繞，極爲深邃，不可測度。〔六〕自昔二句：謂自古山東出相，賢才輩出。今古不殊，雖相遇而不相識。

其七

亂流自茲遠〔一〕，倚檝時一望〔二〕。遥見楚漢城〔三〕，崔嵬高山上〔四〕。天道昔未測，人心無所向〔五〕。屠釣稱侯王〔六〕，龍蛇争霸王〔七〕。緬懷多殺戮〔八〕，顧此生慘愴〔九〕。

聖代休甲兵〔一〇〕，吾其得閑放〔一一〕。

【注釋】

〔一〕亂流：爾雅釋水：「正絶流曰亂。」注：「直横渡也。書曰：亂於河。」文選謝靈運登江中孤嶼：「亂流趨正絶。」注：「爾雅曰：水正絶流曰亂。」〔二〕倚檝：停槳。檝，同楫。〔三〕楚漢城：即廣武城。史記項羽本紀：「項王已定東海，來西，與漢俱臨廣武而軍。」集解：「孟康曰：於滎陽築兩城相對爲廣武，在敖倉西三皇山上。」正義：「括地志云：東廣武、西廣武，在鄭州滎陽縣西二十里。戴延之西征記云：三皇山上有二城，東曰東廣武，西曰西廣武，各在一山頭，相去百步，汴水從廣澗中東南流，今涸無水，城各有三面，在敖倉西。」〔四〕崔嵬：即崔巍，高峻貌。〔五〕天道二句：謂當天下大亂之時，人心未定，不知政權的歸屬。〔六〕屠釣句：謂屠狗釣魚之徒也稱侯王。史記樊噲列傳：樊噲，沛人，以屠狗爲事。食舞陽，號爲舞陽侯。又淮陰侯列傳：韓信，淮陰人，釣於城下。漢四年，平齊，立爲齊王。〔七〕龍蛇句：史記高祖本紀：「母曰劉媪。其先劉媪嘗息大澤之陂，夢與神遇，是時雷電晦冥，太公往視，則見蛟龍於其上，已而有身，遂産高祖，隆準而龍顔。」又云：高祖以亭長爲縣送徒酈山，到豐西澤中，解縱所送徒。高祖被酒，夜徑澤中，行前者還報曰：前有大蛇當徑。高祖曰：壯士行，何畏，乃前拔劍擊斬蛇。後人來至蛇所，有一老嫗夜哭，嫗曰：吾子，白帝子也，化爲蛇當道，今爲赤帝子斬之，故哭。此以龍爲劉邦，蛇爲項羽。王音旺，取得天下爲天子曰王。〔八〕緬懷：遠懷。多殺戮，謂争天下時進行戰争，人民多所死傷。〔九〕顧此：念此。慘愴：悽惻，悲傷。以上二句寫對備受戰争殺戮之苦的人民的同情。〔一〇〕聖代：指唐代。休甲兵：無戰争。〔一一〕其：語助詞。閑放：逍遥閑散。

其八

茫茫濁河注〔一〕，懷古臨河濱。禹功本豁達〔二〕，漢跡方因循〔三〕。坎德昔滂沱〔四〕，馮夷胡不仁〔五〕。激潏陵隄防〔六〕，東郡多悲辛〔七〕。天子忽驚悼，從官皆負薪。畚築豈無謀，祈禱如有神〔八〕。宣房今安在？高岸空嶙峋〔九〕。我行倦風湍〔一〇〕，輟棹將問津〔一一〕。空傳歌瓠子〔一二〕，感慨獨愁人。

【注釋】

〔一〕濁河：黄河水濁，故名濁河。注：説文：「灌也。」　〔二〕禹功句：謂夏禹治水，導河入海功績卓著。豁達：寬閎，偉大。　〔三〕漢跡句：謂漢代治河正因循禹的故道。因循：沿襲守舊。　〔四〕坎德：指水。易坎：「坎爲水」。滂沱：水勢盛大貌。　〔五〕馮（píng）夷：河伯，河神。胡不仁：何以如此不仁。指河決於瓠子。漢武帝瓠子歌：「爲我謂河伯兮何不仁。」　〔六〕激潏：水洶涌激蕩貌。陵隄防：超越堤壩。　〔七〕東郡：史記魏世家：「景湣王元年，秦拔我二十城，以爲秦東郡。」漢書地理志：東郡，治濮陽。資治通鑒：元嘉八年注：「東郡，自漢魏以來治白馬。白馬，滑臺之地也。」此句謂瓠子河決，東郡人民深受其害，痛苦異常。漢書武帝紀：元封二年，夏四月，至瓠子，臨決河。注：「服虔曰：瓠子，隄名也。在東郡白馬」。史記河渠書：「今天子（漢武帝）元光之中，而河決於瓠子，東南注鉅野，通於淮泗，於是天子使汲黯、鄭當時興人徒塞之，輒復壞。……自河決瓠子後二十餘歲，歲因以數不登。而梁楚之地尤甚。」〔八〕天子四句：史記河渠書：「（元封二年）天子既封禪巡祭山川，其明年旱，乾封少雨，天子乃使汲仁、郭昌發卒數萬人，塞瓠子決。於是天子已用事萬裏沙，則還，自臨決河，沈白馬玉璧於河，令群臣徒官自將軍已下，皆負薪窴決河。是時東流郡燒草，以故薪柴少，而下淇園之竹以爲楗，……於是卒塞瓠子，築宮其上，名曰宣房宮，而道河北行，二渠復禹耆迹，而梁楚之地復寧，無水灾。」畚築：謂用畚箕盛土以築隄。祈禱：指沈白馬玉璧以禮水神。〔九〕宣房二句：謂宣房宮今已不見，只有高峻的河岸而已。嶙峋：説文新附：「深崖貌。」〔一〇〕我行以下四句：原在「孟夏桑葉肥」（其十）一首之前，茲依文苑英華移來。〔一一〕輟棹：猶言停舟。問津：問渡口，指瓠子決處。〔一二〕空傳句：謂風湍：風濤。湍，急流的水。瓠子：歌名，漢武帝作。河渠書云：「上既臨河決，悼功之不成，乃作歌曰：『瓠子決兮將奈何？皓皓旰旰兮閭殫爲河。殫爲河兮地不得寧，功無已時兮吾山平。吾山平兮鉅野溢，魚沸鬱兮柏冬日。延道弛兮離常流，蛟龍騁兮方遠游。歸舊川兮神哉沛，不封禪兮安知外。爲我謂河伯兮何不仁，泛濫不止兮愁吾人。齧桑浮兮淮泗滿，久不反兮水維緩。』一曰：『河湯湯兮激潺湲，北渡回兮迅流難。搴長茭兮湛美玉，河公許兮薪不屬。薪不屬兮衛人罪，燒蕭條兮噫乎何以禦水？隤林竹兮揵石菑，宣房塞兮萬福來。』」（見漢書溝洫志）

其九

朝從北岸來，泊船南河滸〔一〕。試共野人言〔二〕，深覺農夫苦。去秋雖薄熟〔三〕，今夏猶未雨。耕耘日勤勞〔四〕，租税兼舄鹵〔五〕。園蔬空寥落〔六〕，産業不足數〔七〕。尚有獻芹心〔八〕，無因見明主〔九〕。

【注釋】

〔一〕南河滸：指黄河南岸。滸，水邊。〔二〕野人：田野之人，即下句中的農夫。〔三〕薄熟：謂莊稼稍有收獲。〔四〕耕耘：耕田除草。此泛指田間農作。〔五〕租税句：謂征租納税遍及鹽碱地。兼：盡。荀子解蔽：「聖人縱其欲，兼其情而制焉者。」注：「兼，猶盡也。」舄鹵（xì lǔ 隙魯）：漢書溝洫志：「終古舄鹵兮生稻粱。」注：「爾雅曰：鹵，鹹苦也。師古曰：舄即斥鹵也，謂咸鹵之地也。」〔六〕寥落：稀疏。〔七〕産業句：謂田地甚少。不足數：猶微不足道。以上六句系農民訴苦之言。〔八〕獻芹心：列子楊朱：「昔人有美戎菽、甘枲莖、芹萍子者，對鄉豪稱之。鄉豪取而嘗之，蜇於口，慘於腹，衆哂而怨之，其人大慙。」文選嵇康與山巨源絶交書：「野人有快炙背而美芹子者，欲獻之至尊，雖有區區之意，亦已疏矣。」亦用楊朱篇，而兼獻曝、獻芹二事言之。高適則直接用嵇康語爲詩。此句言己有心向朝廷提出經世濟民之策。〔九〕無因：無由。明主：英明之主，對皇帝的美稱。此詩同情人民疾苦，實爲杜甫同類作品的先驅。

其十

孟夏桑葉肥〔一〕，穠陰夾長津〔二〕。蠶農有時節，田野無閑人〔三〕。臨水狎漁樵〔四〕，望山懷隱淪〔五〕。誰能去京洛〔六〕，顦顇對風塵〔七〕。

【注釋】

〔一〕文苑英華卷二九二載高適自淇涉黄河五首，第四首即自「孟夏」句開始作一首。此首季節是孟夏，與「秋日登滑臺，臺高秋已暮」的暮秋季節不合，可知此十三首非一時之作。此詩或作於離淇上之前。〔二〕長津：長川，指淇水。〔三〕蠶農二句：謂時值農忙，少有閑人。即後來翁卷鄉村四月詩中「鄉村四月閑人少，才了蠶桑又插田」之意。〔四〕狎漁樵：與漁翁樵子相親近。〔五〕懷隱淪：懷念隱士。〔六〕京洛：指長安洛陽。

〔七〕風塵：風沙塵埃。京洛爲唐代大都會，車水馬龍，往來雜沓，塵埃紛揚。

其十一

南登滑臺上〔一〕，却望河淇間〔二〕。竹樹夾流水〔三〕，孤城對遠山。念茲川路闊〔四〕，羨爾沙鷗閑〔五〕。長想别離處，猶無音信還。

【注釋】

〔一〕滑臺：水經注河水：「河水又東，右逕滑臺城北，城有三重，中小城謂之滑臺城，舊傳滑臺人自修築此城，因以名焉。」唐代滑臺在黄河之南，故云「南登」。〔二〕却望：還望，回望。河淇間：指淇縣城。水經注淇水：淇水逕朝歌城南。朝歌本沬邑，殷王武丁始遷居之，爲殷都也。地居河淇之間。按：周武王滅殷，封康叔於此，爲衛國，故城在今淇縣東北。〔三〕竹樹：明活字本高常侍集作「行樹」。按：此詩通首對，「行」爲「行列」之「行」，以「行樹」對「孤城」更工，似以作「行」爲是。〔四〕川路：水路，指黄河。〔五〕沙鷗：水鳥名，羽毛多爲白色，故又稱白鷗。羡鷗閑，則人忙碌可知。

其十二

秋日登滑臺，臺高秋已暮。獨行既未愜〔一〕，懷土悵無趣〔二〕。晉宋何蕭條〔三〕，羌胡散馳鶩〔四〕。當時無戰略，此地即邊戍〔五〕。兵革徒自勤，山河孰云固〔六〕？乘閑喜臨眺〔七〕，感物傷游寓〔八〕。惆悵落日前，飄飄遠帆處。北風吹萬里，南雁不知數〔九〕。歸意方浩然〔一〇〕，雲沙更迴互〔一一〕。

【注釋】

〔一〕獨行句：即上第五首「獨行非吾意」之意。愜：滿足，暢快。〔二〕懷土：懷念鄉土。悵：惆悵：失意。無趣：無歡。〔三〕晉宋句：謂西晉、東晉及劉宋時中原戰亂，萬里蕭條。〔四〕羌胡句：謂當時匈奴、羯、鮮卑、氐、羌等少數民族在這一帶進行長期的戰争。馳騖：奔走，角逐，戰鬥。此即指歷史上所謂五胡十六國時代，始於晉惠帝永興元年（三〇四），訖於宋文帝元嘉十六年（四三九），歷時一百三十年，北中國始統一於魏，與南朝宋形成南北對峙局面。〔五〕當時二句：謂劉宋朝廷没有制勝的戰略，即以滑臺爲國防邊界，其北其西的國土長期淪陷。〔六〕兵革二句：謂雖勤於出兵北伐，但仍不能保持國防的鞏固。宋文帝即位，經常出兵擊魏，想收復黄河以南的土地。魏太武帝統一黄河流域後，也有吞并江南的野心。元嘉七年，魏軍攻陷滑臺。至元嘉二十七年，宋文帝又發大軍，分水陸數路北伐，宋將王玄謨率主力軍攻滑臺，被魏軍擊敗。魏軍乘勝進攻，魏太武帝率軍南下，直至瓜步（江蘇六合縣東南江邊），宋沿江戒嚴，後魏軍以糧盡退走。「晉宋」以下六句係登滑臺懷古。〔七〕臨眺：登臨眺望。〔八〕感物：爲所見的景物所感。傷游寓：有客游之悲。〔九〕惆悵四句：寫所見之景物：落日、遠帆、北風、南雁，一片蕭瑟，使客子觸景傷情。特别是見雁南飛而動歸思。〔一〇〕歸意句：謂歸心甚切。孟子公孫丑：「予然後浩然有歸志。」〔一一〕雲沙句：謂挑望歸途，唯見雲沙茫茫，煙波無際。

其十三

皤皤河濱叟〔一〕，相遇似有恥〔二〕。輟榜聊問之〔三〕，答言盡終始〔四〕：一生雖貧賤，九十年未死〔五〕。且喜對兒孫，彌慚遠城市〔六〕。結廬黄河曲〔七〕，垂釣長河里。漫漫望雲沙〔八〕，蕭條聽風水〔九〕。所思强飯食〔一〇〕，永願在鄉里〔一一〕。萬事吾不知〔一二〕，其心只如此〔一三〕。

【注釋】

〔一〕皤皤（pó 婆）：說文：「皤，老人白也。」後漢書樊準傳：「故朝多皤皤之良。」注：「皤皤，白首貌也。」

〔二〕相遇句：謂面對此叟自感慚愧。恥：羞慚。孟子盡心：「人不可以無恥。」　〔三〕輟榜：停船。廣雅釋水：「榜，船也。」聊：姑且。　〔四〕答言句：言回答的話從頭至尾説得詳盡。以下十二句即其答言。

〔五〕一生二句：列子天瑞：孔子與榮啓期問答，榮啓期曰：「人生有不見日月、不免襁褓者，吾既已行年九十矣，是三樂也。貧者士之常也，死者人之終也，處常得終，當何憂哉？」二句蓋從此化出。　〔六〕彌慚句：更加慚愧。按：慚字與詩意不協，疑是訢之誤。訢通欣，樂也。「訢」、「慚」形近。　〔七〕結廬：築室。　〔八〕漫漫：文苑英華作「溟漫」，與下句「蕭條」對仗，是。溟漫：無涯際貌。　〔九〕蕭條：風水聲。　〔一〇〕所思句：言所想的就是努力加餐。　〔一一〕永願：長久的願望。　〔一二〕萬事句：謂萬事不關心，世俗名利榮辱皆無所知，忘懷得失。　〔一三〕其心句：謂己心祇如此而已。此詩寫隱士的淳樸生活，作者雖言「相遇似有恥」，細按之，蓋即杜甫所謂「非無江海志，瀟灑送日月」、「終愧巢與由，未能易其節」之意。

夜別韋司士得城字〔一〕

高館張燈酒復清，夜鐘殘月雁歸聲〔二〕。只言啼鳥堪求侶〔三〕，無那春風欲送行〔四〕。

黃河曲裏沙爲岸〔五〕，白馬津邊柳向城〔六〕。莫怨他鄉暫離別，知君到處有逢迎〔七〕。

【注釋】

〔一〕司士：官名。唐制：在府曰士曹參軍，在州曰司士參軍，在縣曰司士，凡河津、營造、橋梁、廨宇之屬皆管之。得城字：古人分韻作詩，先規定若干字爲韻，各人拈取，拈得某字，即用某字所屬之韻作詩。如此詩，高適拈得「城」字，「城」字在八庚韻中，則全詩當押八庚韻，但其中必須有一個韻脚是「城」字。〔二〕高館二句：寫夜間設宴餞別。夜鐘殘月，將曉時復聞歸雁鳴聲，爲惜別渲染氣氛。〔三〕只言句：謂鳥尚求侶。詩伐木：「伐木丁丁，鳥鳴嚶嚶。出自幽谷，遷於喬木。嚶其鳴矣，求其友聲。相彼鳥矣，猶求友聲。矧伊人矣，不求友生。」朱注：「言鳥之求友，遂以鳥之求友喻人之不可無友也。」〔四〕無那句：接上句而言，謂人反而遠別。二句一正一反，一頓一宕，風致翩翩。無那：無奈。春風送行：謂風送征帆，舟載人去。〔五〕黄河曲：即河曲。左傳文公十二年：「晉人、秦人戰於河曲。」注：「河曲，在河東蒲坂縣南。」蒲坂故城在今山西永濟縣。黄河自永濟折而東，入芮城縣，謂之河曲。此指韋司士所往之處。〔六〕白馬津：在河南滑縣北。舊爲河水分流處，一曰白馬水，今堙。此指高適送別之地。柳向城：爲送別處所見。唐人有折柳送行的習俗，故又表現惜別之情。〔七〕莫怨二句：謂身居異鄉也可以到處得到友人的熱情款待。逢迎：接待。王勃：滕王閣餞別序云：「千里逢迎，高朋滿座。」

哭單父梁九少府〔一〕

開篋泪沾臆〔二〕，見君前日書〔三〕。夜臺今寂寞〔四〕，猶是子雲居〔五〕。疇昔探靈奇〔六〕，登臨賦山水〔七〕。同舟南浦下，望月西江裏〔八〕。契闊多別離〔九〕，綢繆到生死〔一〇〕。九原即何處〔一一〕？萬事皆如此〔一二〕。晉山徒峨峨〔一三〕，斯人已冥冥〔一四〕。常時祿且薄〔一五〕，殁後家復貧。妻子在遠道，弟兄無一人。十上多苦辛〔一六〕，一官恆自哂〔一七〕。青雲將可致〔一八〕，白日忽先盡〔一九〕。唯有身後名，空留無遠近〔二〇〕。

【注釋】

〔一〕全唐詩梁九下云：「一作洽」。則梁九名洽。徐松登科記考卷八開元二十二年進士二十九人中有梁洽。

〔二〕篋(qiè 切)：箱子。沾臆：浸濕胸襟。〔三〕前日書：昔日的書信。〔四〕夜臺：陰間。文選陸機挽歌詩：「按轡遵長薄，送子長夜臺。」注：「阮瑀七哀詩曰：『冥冥九泉室，漫漫長夜臺。』」寂寞：無聲。

〔五〕子雲：揚雄。漢書揚雄傳：揚雄，字子雲，蜀郡成都人。少好學，不爲章句訓詁。博覽無所不見，好深湛之思。家產不過十金，乏無儋石之儲，晏如也。成帝時，召對承明庭，奏甘泉河東長楊等賦，多仿司馬相如。所著有太玄法言等書。此以揚雄比梁洽，謂其居室猶存。以上四句寫展覽梁洽的遺書，不由潸然泪下。〔六〕疇昔：前日，從前。探：尋求。靈奇：神奇，此指奇麗的山水。〔七〕登臨句：登山臨水而賦詩。〔八〕同舟二句：謂曾同舟南浦，望月西江。「下」與「裏」對文，故「下」當作「邊」解。南浦、西江之名南方多有，難以確指。〔九〕契闊：勤苦。詩擊鼓：「死生契闊」。〔一〇〕綢繆(chóu móu 酬謀)：纏綿。詩綢繆：「綢繆東薪。」到生死：自生至死，始終如一。〔一一〕九原：禮檀弓下：「趙文子與叔譽觀乎九原。」又「是全要領以從先大夫於九京也」。注：「晉卿大夫之墓地在九原。京蓋字之誤，當爲原。」後世因稱封墓爲九原。九原在山西新絳縣北二十里，接汾城縣界。即：爾雅釋詁：「即，尼也。」注：「即猶今也。」玉篇：「即，今也。」此句謂梁洽墓今在何處。〔一二〕萬事句：謂一切皆如此，終歸於空無。以上八句回憶昔日同游和友誼。〔一三〕晉山句：謂晉山空自高峻。梁洽爲山西人，故言晉山之高，想見其人德。峨峨：山勢高峻貌。〔一四〕斯人：此人，指梁洽。已冥冥：已死。〔一五〕常時：平時。禄且薄：謂俸禄微薄，只是一縣尉。舊唐書職官志：諸州上縣，尉，從九品上。中下縣，從九品下。以上六句哀其生前死後貧窮孤寂。〔一六〕十上：十次上書。戰國策秦策：「（蘇秦）説秦王，書十上而説不行。」〔一七〕一官：一個小官。自哂（shěn 審）：自嘲，自我嘲笑。〔一八〕青雲句：謂將顯達居高位。史記范雎列傳：「須賈頓首言死罪。曰：賈不意君能自致於青雲之上。」〔一九〕白日句：謂壽算先盡。白日，猶言時光，年華。〔二〇〕唯有二句：謂只有身後之名流播遠近。以上六句哀其不遇早逝。

送別

昨夜離心正鬱陶〔一〕，三更白露西風高。螢飛木落何淅瀝〔二〕，此時夢見西歸客。曙鐘寥亮三四聲〔三〕，東鄰嘶馬使人驚〔四〕。攬衣出户一相送，唯見歸雲縱復横〔五〕。

【注釋】

〔一〕離心：離别的心情。鬱陶：鬱悶積結，憂思不樂之意。〔二〕淅瀝：木葉落聲。〔三〕曙鐘：曉鐘。寥亮：文選向秀思舊賦：「鄰人有吹笛者，發聲寥亮。」潘岳笙賦：「勃慷慨以憀亮。」注：「憀亮，聲清也。」

寥、憀音義并同。〔四〕嘶馬：馬叫聲。〔五〕攬衣：披衣。廣雅釋詁三：「攬，持也。」歸雲：自行人所去方向飛來的雲。此詩通篇依時間順序抒寫不忍分別之情。

送李少府貶峽中王少府貶長沙

嗟君此別意何如〔一〕？駐馬銜杯問謫居〔二〕。巫峽啼猿數行淚〔三〕，衡陽歸雁幾封書〔四〕？青楓江上秋天遠〔五〕，白帝城邊古木疎〔六〕。聖代即今多雨露〔七〕，暫時分手莫躊躇〔八〕。

【注釋】

〔一〕嗟：嘆詞。君：指李少府和王少府。意何如：心情如何？〔二〕駐馬銜杯：謂停馬飲酒餞別。問謫居：詢問貶謫情況。以上二句系倒裝句法，點題送二君貶謫。〔三〕巫峽句：寫李貶峽中，聞猿啼而墮淚。水經注江水：「故漁者歌曰：『巴東三峽巫峽長，猿鳴三聲淚沾裳。』」〔四〕衡陽句：寫王貶長沙，盼雁歸而寄書。歸雁：衡陽縣有回雁峯，爲衡山七十二峯之首。相傳雁飛至此不過，遇春而回。唐宋以來詩人皆以爲故實。幾封書：古傳雁能傳書。漢書蘇武傳：「（常惠）教使者謂單于，言天子射上林中，得雁，足有系帛書，言（蘇）武等在某澤中。」〔五〕青楓句：寫長沙之景。清一統志卷二七六：「瀏水逕瀏陽縣西南三十五里，曰清楓浦，折而西入長沙縣。」又云：「楓浦在瀏陽縣南三十里瀏水中，一名青楓浦。」秋天遠：秋空曠遠。〔六〕白帝句：寫峽中之景。

水經注江水：「江水又東，逕魚復縣故城南，故魚國也。……公孫述名之爲白帝，取其王邑。」元和郡縣志：「白帝山，即州城所據，與赤甲山相接。公孫述時，殿前井有白龍出，因號此山爲白帝山，城爲白帝城。在四川奉節縣東十三里。」古木疎：秋深葉落。據此句所言「白帝城」，則峽中當指夔州。按：中四句以二人遷謫地分説，正切長沙、峽中事，極工確。且能寓情於景，就中便含别思，五六句則直言佇立瞻望，不忍遽别。〔七〕聖代：指唐朝。多雨露：多恩澤。以雨露喻皇恩。〔八〕暫時分手：暫時離别，意謂不久當復職歸來。躊躇：猶豫，停留。二句係寬慰之辭。

睢陽酬别暢大判官〔一〕

吾友遇知己〔二〕，策名逢聖朝〔三〕。高才擅白雪〔四〕，逸翰懷青霄〔五〕。承詔選嘉賓〔六〕，慨然即馳軺〔七〕。清晝下公館，尺書忽相邀〔八〕。留歡惜别離，畢景駐行鑣〔九〕。言及沙漠事，益令胡馬驕〔一〇〕。大夫拔東蕃〔一一〕，聲冠霍嫖姚〔一二〕。兜鍪衝矢石〔一三〕，鐵甲生風飈〔一四〕。諸將出冷陘〔一五〕，連營濟石橋〔一六〕。酋豪盡俘馘〔一七〕，子弟輸征徭〔一八〕。邊庭絶刁斗〔一九〕，戰地成漁樵〔二〇〕。榆關夜不扃〔二一〕，塞口長蕭蕭。降胡滿薊門〔二二〕，一一能射鵰〔二三〕。軍中多宴樂〔二四〕，馬上何輕趫〔二五〕。戎狄本無厭〔二六〕，羈縻非一朝〔二七〕。饑附誠足用，飽飛安可招〔二八〕？李牧制儋藍，遺風豈寂寥〔二九〕。君還謝幕府〔三〇〕，慎勿輕芻蕘〔三一〕。

【注釋】

〔一〕睢陽：舊唐書地理志一：宋州，「宋城，治古睢陽城。漢睢陽縣，隋改爲宋城。」按即今河南商丘市。

〔二〕吾友：指暢大。遇知己：謂受到知己者的推薦。〔三〕策名：言出仕爲臣。左傳僖公二十三年：「策名委質。」注：「名書於所臣之策。」疏：「策，簡冊也。……古之仕者，於所臣之人，書己名於策，以明系屬之也。」文選李陵答蘇武書：「策名清時。」注：「策名，謂君簡書臣之名。」聖朝：唐朝。〔四〕高才句：贊暢大高才出衆。白雪：宋玉對楚王問：「客有歌於郢中者，其始曰下里巴人，國中屬而和者數千人，……其爲陽春白雪，國中屬而和者不過數十人。……是其曲彌高，其和彌寡。」擅：說文：「專也。」〔五〕逸翰句：稱暢大壯志凌雲。翰：朱駿聲說文通訓定聲云：「此字本義當訓翼也。」此以高飛之鳥喻人壯志凌霄。此句唐人選唐詩作「逸翮凌青霄」。

〔六〕承詔句：詔書命選良臣爲僚佐。詩鹿鳴序云：「鹿鳴，燕群臣嘉賓也」。疏：「序之嘉賓亦爲群臣明矣。」

〔七〕慨然：情緒激動貌。馳軺（yáo 摇）：乘車馳往。軺，說文：「小車也。」漢書平帝紀：「立軺并馬。」注：「立乘小車也。」〔八〕清晝二句：說暢大白晝下公館，即以尺牘相約。公館：謂公家所建之館舍。禮記曾子問：「自卿大夫之家曰私館，公館與公所爲曰公館。」注：「公館，若今縣官舍也。」疏：「公館，謂公家所造之館。」尺書：古代書信寫在竹木的簡牘上，簡牘長一尺，故稱尺書或尺牘。〔九〕留歡二句：請因惜別而挽留歡聚直至日暮也不讓走。畢景：落日。行鑣（biāo 標）：馬嚼子。此指馬。駐行鑣，即止馬留客。〔一〇〕言及二句：謂談到塞外戰事，更使人慷慨激昂。胡馬驕：唐人選唐詩作「人馬驕」。以上十二句敍暢大選召爲節度幕府判官，惜別留醉。〔一一〕大夫句：通鑑：開元二十二年，冬十二月，「乙巳，幽州節度使張守珪斬契丹王屈烈及可突干，傳首。」二十三年「二月，守珪詣東都獻捷，拜右羽林大將軍兼御史大夫。」大夫，指張守珪，東蕃：指契丹。拔：攻取。

〔一二〕聲冠句：謂名聲超出霍去病。冠（guàn 灌）：超出。霍嫖姚：史記霍將軍驃騎列傳：「大將軍姊子霍去病年十八，幸爲天子侍中，善騎射，再從大將軍，大將軍受詔，與壯士爲剽姚校尉。」索隱：「服虔曰：音飄搖。大顔案：荀悦漢紀作票鷂。票鷂，勁疾之貌也。」〔一三〕兜鍪（móu 謀）：古代作戰時所戴的帽盔。〔一四〕鐵甲：古代軍士所穿之金屬護身服。生風飈（biāo 標）：謂戰鬭行動如風。飈，暴風。〔一五〕冷陘（xíng 形）：冷山，一名冷陘山，亦作冷陘。舊唐書契丹傳：冷陘山在其國南。「方輿紀要云：山在黄龍府北。清一統志謂黄龍府在遼寧開原縣。〔一六〕石橋：即石橋子，在本溪市西北。〔一七〕酋豪：首領。俘馘（guó 國）：俘虜。馘，古代計戰功割取死者左耳之謂。〔一八〕輸征徭：輸送賦税和供給徭役。〔一九〕邊庭：邊地。絶刁斗：無刁斗之聲。刁斗：古時行軍用具，以銅制成，晝炊飯食，夜間持擊，以爲警戒。〔二〇〕戰地句：謂過去的戰場如今成了漁樵往來之地。〔二一〕榆關：即今山海關。扃（jiōng 窘平聲）：關閉。〔二二〕降胡：投降的胡人。薊門：今北京一帶。〔二三〕能射鵰：謂善射。史記李將軍列傳：「是必射雕者也。」集解：「文潁曰：雕，鳥也。故使善射者射也。」〔二四〕宴樂：宴飲娱樂。〔二五〕輕趫（qiáo 喬）：輕快趫捷。張衡西京賦：「非都盧之輕趫，孰能超而究升。」注：善曰，都盧國，其人善緣高。説文曰：「趫，善緣木之士也。」以上十六句寫擊敗契丹後邊境的太平景象。〔二六〕戎狄：古代對西方北方少數民族的稱呼。無厭：不能滿足。厭，飽，足。〔二七〕羈縻：牽制之喻。羈，馬絡頭。縻，牽牛鼻繩。史記司馬相如傳：難蜀父老：「蓋聞天子之於夷狄也，其義羈縻勿絶而已。」索隱：「漢官儀云：馬云羈，牛雲縻，言制四夷如牛馬之受羈縻也。」非一朝：不是一朝之事，意謂很久以來便如此。〔二八〕饑附二句：三國志吕布傳：「登見曹公言：『待將軍譬如養虎，當飽其肉，不飽則將噬人。』公曰：『不如卿言也。譬如養鷹，饑則爲用，飽則揚去。』」此即用此典故，説明戎狄反復無常，不可輕信。〔二九〕李牧二句：謂李牧滅儋藍之法仍是上策。史記李牧列傳：「常居代鴈門，備匈奴。……邊士日得賞賜而不用，皆願一戰，於是乃具選車得千三百乘，選騎得萬三千匹，百金之士五萬人，彀者十萬人，悉勒習戰，大縱畜牧，人民滿野。匈奴小入，佯北不勝，以數千人委之。單于聞之，大率衆來入。李牧多爲奇陣，張左右翼擊之，大破殺匈奴十餘萬騎，滅襜襤，破東胡，降林胡，單于奔走。其後十餘歲，匈奴不敢近趙邊城。」集解：「襜襤，如淳曰：胡名也，在代北。」〔三〇〕謝幕府：謝，告。幕府：謂主師，指張守珪。〔三一〕輕芻蕘：輕視賤者之言。詩板：「先民有言，詢於芻蕘。」傳：「芻蕘，薪採者也。」鄭箋：「有疑事當與薪採者謀之。」漢書藝文志：「小説家者流，……如或一言可採，此亦芻蕘狂夫之議也。」以上八句陳述制止外族入侵的策略。

燕歌行〔一〕并序

開元二十六年，客有從御史大夫張公出塞而還者，作燕歌行以示，適感征戍之事，因而和焉〔二〕。

漢家煙塵在東北，漢將辭家破殘賊〔三〕。男兒本自重橫行〔四〕，天子非常賜顔色〔五〕。摐金伐鼓下榆關〔六〕，旌旆逶迤碣石間〔七〕。校尉羽書飛瀚海〔八〕，單于獵火照狼山〔九〕。山川蕭條極邊土〔一〇〕，胡騎憑陵雜風雨〔一一〕。戰士軍前半死生，美人帳下猶歌舞〔一二〕。大漠窮秋塞草腓〔一三〕，孤城落日鬬兵稀〔一四〕。身當恩遇恒輕敵〔一五〕，力盡關山未解圍〔一六〕。鐵衣遠戍辛勤久〔一七〕，玉筯應啼别離後〔一八〕。少婦城南欲斷腸〔一九〕，征人薊北空回首〔二〇〕。邊庭飄颻那可度〔二一〕，絶域蒼茫更何有〔二二〕？殺氣三時作陣雲〔二三〕，寒聲一夜傳刁斗〔二四〕。相看白刃血紛紛〔二五〕，死節從來豈顧勳〔二六〕？君不見沙場征戰苦，至今猶憶李將軍〔二七〕。

【注釋】

〔一〕燕歌行：樂府詩集卷三十二相和歌辭平調曲云：「樂府解題曰：『晉樂奏魏文帝秋風、別日二曲，言時序遷换，行役不歸，婦人怨曠無所訴也。』廣題曰：『燕，地名也。言良人從役於燕，而爲此曲。』」按：以前曹丕、蕭繹、王褒、庾信等作多寫思婦對征人的懷念，高適此作，擴大了這一曲調的表現範圍，使之成了邊塞詩中的名篇。

〔二〕御史大夫張公：即營州都督、河北節度副大使張守珪。資治通鑑：開元二十三年（七三五）二月，「守珪詣東都獻捷，拜右羽林大將軍兼御史大夫。」又云：「開元二十六年，幽州將趙堪、白真陁羅矯節度使張守珪之命，使平盧軍使烏知義擊叛奚餘黨於橫（潢）水之北，……與虜遇，先勝後敗。守珪隱其敗狀，以克獲聞，事頗泄。」高適從客處知其實情，因寫此以寓其感。從詩序看，此詩之作與張守珪有關，但詩中所寫的并不全是這次戰役，也不是對張守珪的諷刺，而是融合他在薊門的見聞，以更高的藝術概括，描寫了征戰生活的各個方面，歌頌戰士們的英勇愛國精神，表現對戰士們長期苦戰的深切同情。「戰士軍前半死生，美人帳下猶歌舞」，深刻揭示出將士間苦樂懸殊的軍中陰暗面，爲歷代傳誦的名句。

〔三〕漢家二句：資治通鑑：開元十八年（七三〇）五月，契丹大臣可突干弑其王李邵固，帥其國人并協奚衆降於突厥。從此以後，契丹、奚連年侵邊。二十年春，正月，以信安王禕爲河東、河北行軍副大總管將兵擊之。三月禕等大破奚、契丹，俘斬甚衆。可突干率麾下遠遁，餘黨潛竄山谷。明年，閏三月，可突干又來抄掠，幽州道副總管郭英傑與契丹戰於都山，敗死。二十二年六月，張守珪大破契丹。十月，斬契丹王屈烈及可突干，但其餘黨仍未平定，故有開元二十六年之役。漢家：漢朝。以漢指唐，借指唐朝，爲唐代詩人習用。煙塵：指戰爭。煙，烽煙。塵，沙場揚起的塵土。東北：指奚、契丹入侵之地。漢將：借指唐將。〔四〕重：重視。横行：荀子修身篇：「横行天下。」注：「横行，不順理而行也。」王先謙荀子集解云：「盧文弨曰：『横行天下，猶書所云方行天下，言周流之廣。注謬甚。』王引之曰：『横讀爲廣。』」按：横行猶言恣意馳騁。史記季布列傳：「上將軍樊噲曰：『臣願得十萬衆横行匈奴中』。」後漢書張宗傳：「愚聞一卒畢力，百人不當；萬夫致死，可以横行。」〔五〕賜顔色：給與榮寵優禮，猶俗言賞臉。以上四句寫將軍出征東北，受到天子的非常嘉奬。〔六〕摐（chuāng 窗）金伐鼓：鳴金擊鼓。文選司馬相如子虚賦：「摐金鼓。」注：「韋昭曰：摐，擊也。」金，指鉦鐃一類響器。伐，詩采芑：「鉦人伐鼓。」傳：「伐，擊也。鉦以静之，鼓以動之。」疏：「凡軍進退，皆鼓動鉦止。」下榆關：出山海關。〔七〕旌旆逶迤（wēi yí 威移）：旗幟連綿不斷。旌，古代用羽毛裝飾的旗子。旆，雜色鑲邊的旗子。碣石：山名。漢代在東北海邊，六朝時没入渤海中。此泛指東北海邊地帶。以上二句言行軍時軍威壯盛。〔八〕校尉：武官名，位次於將軍。羽書：插有鳥羽的緊急軍事文書。瀚海：沙漠。此句謂邊地軍書飛速而至。〔九〕單（chán 蟬）于：漢書文帝紀注：「單于，匈奴天子之號也。」此用指北方民族的君長。獵火：打獵時燃起的火光。古代游牧民族於戰前，往往舉行大獵，作爲軍事演習。狼山：山名。許多地方皆有此山名，此與瀚海同，泛指與敵軍交戰之處。以上二句言敵人進攻。以上四句寫雙方的軍事形勢。〔一〇〕山川句：謂戰場在荒凉的邊境。蕭條：冷落荒凉。極邊土：邊塞極遠之地。〔一一〕胡騎（jì 寄）：胡人的騎兵。胡，此指契丹。憑陵：猶言逼迫過來。左傳襄公八年：「馮陵我城郭。」注：「馮，迫也。」馮亦變作憑。廣雅釋詁四：「陵，乘也。」蒼頡篇：「陵，侵也。」雜風雨：如狂風暴雨般地猛烈進攻。新序善謀：「且匈奴者，輕疾悍亟之兵也。……來若風雨，解若收電。」〔一二〕軍前：兩軍陣前。半死生：謂戰士已戰死一半，傷亡慘重。帳下：謂主將的營帳之中。此句意謂主將還在帳幕中欣賞美人的歌舞。以上四句寫激戰中將軍與戰士苦樂懸殊。〔一三〕大漠：大沙漠。窮秋：深秋。腓（féi肥）：衰萎。詩四月：「百卉具腓。」傳：「腓，病也。」腓一作衰。〔一四〕鬭兵稀：謂唐軍因傷亡慘重而戰士稀少。〔一五〕身當句：謂將軍們受皇帝的寵遇而輕敵冒進。恩遇：與上文「非常賜顔色」相應。〔一六〕力盡句：謂戰士們英勇奮戰仍未能解除敵軍的包圍。以上寫主將無能，致陷重圍。〔一七〕鐵衣：鐵甲。指穿鐵甲的戰士。木蘭辭：「寒光照鐵衣。」遠戍：遠在邊界上駐防。〔一八〕玉箸：淚。指思婦的淚。六帖：「魏甄后面白，雙淚垂如玉箸。」箸同筯。〔一九〕少婦城南：唐代長安城北爲宫廷區，城南是住宅區，少婦城南即指戰士的妻子。欲斷腸：言哀痛欲絶，形容離别之苦。〔二〇〕薊北：薊州以北，泛指東北邊地。空回首：白白地回望家鄉，意謂回歸無日。以上四句寫戰事延長，造成戰士與家人兩地相思之苦。〔二一〕邊庭：邊境。飄颻：風疾貌。那可度：那能過。庭一作風，度一作越。〔二二〕絶域：猶言絶塞，塞外極遠之處。蒼茫：荒遠無際貌。更何有：還有什麽？此句引出下文「殺氣」「寒聲」二句。〔二三〕殺氣句：寫所見。三時：指早、午、晚一整天。陣雲：戰雲。〔二四〕寒聲句：寫所聞。一夜：徹夜。刁斗：見上睢陽别暢大判官注〔一九〕。意謂通宵寒風傳來刁斗之聲。以上四句寫邊塞荒凉和戰争的緊張氣氛。〔二五〕相看句：寫戰場上短兵相接，刀光血影。〔二六〕死節：指爲國捐軀。豈顧勳：那裏是爲了個人的功名。〔二七〕李將軍：李牧。見上睢陽酬别暢大判官注〔二九〕。一説指李廣。史記李將軍列傳：「廣居右北平，匈奴聞之，號曰『漢之飛將軍』，避之，數歲不敢入右北平。」又云：「廣之將兵，乏絶之處，見水，士卒不盡飲，廣不近水；士卒不盡食，廣不嘗食。寬緩不苛，士以此愛樂爲用。」義亦通。以上四句突出廣大士兵保衛邊疆，奮不顧身的英雄氣概，譏刺邊地將領不得其人。

宋中送族姪式顔時張大夫貶括州，使人召式顔，遂有此作。〔一〕

大夫擊東胡，胡塵不敢起。胡人山下哭，胡馬海邊死〔二〕。部曲盡公侯〔三〕，輿臺亦朱紫〔四〕。當時有勳業〔五〕，末路遭讒毁〔六〕。轉旆燕趙間，剖符括蒼裏〔七〕。弟兄莫相見〔八〕，親族遠枌梓〔九〕。不改青雲心〔一〇〕，仍招布衣士〔一一〕。平生懷感激〔一二〕，本欲候知己〔一三〕。去矣難重陳〔一四〕，飄然自兹始〔一五〕。游梁且未遇〔一六〕，適越今可以〔一七〕。鄉山西北愁〔一八〕，竹箭東南美〔一九〕。峥嶸縉雲外〔二〇〕，蒼莽幾千里〔二一〕？旅雁悲啾啾〔二二〕，朝昏孰云已〔二三〕？登臨多瘴癘，動息在風水〔二四〕。雖有賢主人〔二五〕，終爲客行子〔二六〕。我携一尊酒，滿酌聊勸爾〔二七〕。勸爾惟一言，家聲勿淪滓〔二八〕。

【注釋】

〔一〕舊唐書張守珪傳載：開元二十六年，守珪裨將趙堪、白真陀羅等邀擊叛奚，先勝後敗，守珪以克獲上報。玄宗命謁者牛仙童往查，守珪厚賂仙童，歸罪於白真陀羅，逼令自縊。明年，仙童被宦官揭發，杖殺，守珪以舊功減罪，貶括州刺史，到官不久，疽發背而卒。　〔二〕大夫：張守珪。見上燕歌行注〔二〕。擊東胡：謂擊契丹及奚。本傳云：「契丹及奚連年爲邊患，契丹衙官可突干驍勇有謀，頗爲吏人所伏，趙含章、薛楚玉等前後爲幽州長史，竟不能拒。及守珪到官（爲幽州長史、河北節度副大使），頻出擊之，每戰皆捷。契丹首領屈剌與可突干恐懼，遣使詐降。守珪察知其僞，遣管記右衛曹王悔詣其部落就謀之。悔至屈剌帳，賊徒初無降意，乃移其營帳漸向西北，密遣使引突厥，將殺悔以叛。會契丹別帥李過折與可突干争權不葉，悔潛誘之，夜斬屈剌及可突干，盡誅其黨，率餘燼以降。守珪因出師次於紫蒙川，大閲軍實，讌賞將士，傳屈剌、可突干首於東都，梟於天津橋之南。」〔三〕部曲句：謂其部下偏裨之屬隨張守珪作戰有功者盡封公侯。部曲：漢書李廣傳：「而廣行無部曲行陳。」注：「師古曰：續漢書百官志云：將軍領軍，皆有部曲。大將軍營五部，部校尉一人，部下有曲，曲有軍候一人。」〔四〕輿臺句：謂執賤役者亦升高官。左傳昭公七年：「天有十日，人有十等。……故王臣公，公臣大夫，大夫臣士，士臣皁，皁臣輿，輿臣隸，隸臣僚，僚臣僕，僕臣臺。」朱紫：穿朱色紫色衣服，謂得高官。舊唐書輿服志：上元元年八月，又制：「……文武三品已上服紫，金玉帶。四品服深緋，五品服淺緋，并金帶。六品服深緑，七品服淺緑，并銀帶。八品服深青，九品服淺青，并鍮石帶。庶人并銅鐵帶。」〔五〕當時句：謂開元二十一年至二十五年間守珪功勳卓著。尤其是開元二十三年春，「守珪詣東都獻捷，會籍田禮畢酺宴，便爲守珪飲至之禮，上賦詩以褒美之。廷拜守珪爲輔國大將軍、右羽林大將軍、兼御史大夫，餘官并如故。仍賜雜綵一千匹及金銀器物等，與二子官，仍詔於幽州立碑以紀功賞」（見舊唐書本傳）。

〔六〕末路句：謂晚年遭到宦官的毀謗。〔七〕轉旆二句：謂調離燕趙，左遷括州。剖符：指任刺史。漢書高帝紀：「始剖符封功臣。」注：「師古曰：剖，破也。與其合符而分授之也。」括蒼：舊唐書地理志：「處州，隋永嘉郡，武德四年，平李子通，置括州。」括州治麗水。麗水故城在今浙江麗水縣東南七里括蒼山麓。〔八〕弟兄句：謂弟兄不得相見。本傳云：「弟守琦，左驍衛將軍；守瑜，金吾將軍。」〔九〕親族句：謂遠離故鄉親族。枌梓：指鄉裏。枌（fén 焚）：漢書郊祀志：「及高祖禱豐枌榆社。」注：「鄭氏曰：枌榆，鄉名也。社在枌榆。」按：

此爲漢高祖之裏社，今亦稱鄉裏曰枌榆。梓，詩小弁：「維桑與梓，必恭敬止。」故亦以桑梓爲鄉裏之稱。守珪系陜州河北人。河北縣一名魏城，在今山西芮城縣東北。今遠往括州，故云。〔一〇〕不改句：謂不改變高尚遠大的心志。王勃秋日登洪府滕王閣餞别序：「窮且益堅，不墜青雲之志。」〔一一〕仍招句：指召高式顔。招：聘請。布衣：謂庶人，平民。古代平民到老年始能穿絲織品，年輕時只能穿枲麻，故稱平民爲布衣。以上十四句盛贊張守珪抵御契丹、奚的勳業，并美其左遷後仍能招賢。〔一二〕感激：謂心有所感而激發。諸葛亮前出師表：「由是感激，遂許先帝以馳驅。」〔一三〕候：説文：「伺望也。」此句意謂本應爲知己者所用。〔一四〕去矣：指離去。難重陳：不須再言。〔一五〕飄然：輕快貌。此指飄然而往，自兹始：從此開始。〔一六〕游梁句：謂在宋中不得意。未遇：没有施展抱負的機會。〔一七〕適越句：謂今往括州可以見用。以：説文：「用也。」可，全唐詩作何，據明活字本高常侍集改。〔一八〕鄉山句：謂愁遠離家鄉。人往東南，則鄉山在西北。〔一九〕竹箭句：謂喜往賢士薈萃之地。爾雅釋地：「東南之美者，有會稽之竹箭焉。」注：「會稽，山名，今在山陰縣南。竹箭，篠也。」此以竹箭喻賢才。以上八句寫高式顔應張守珪之招，即往括州。〔二〇〕峥嶸句：謂括州在縉雲山之南。峥嶸：山勢高峻貌。縉雲：縉雲山，一名仙都山，在浙江縉雲縣東二十三里。隋書地理志：「括蒼有縉雲山」，即此。〔二一〕蒼莽：猶言蒼茫，無涯貌。〔二二〕旅雁：即候雁，秋南來，春北去。啾啾：鳴聲。〔二三〕朝昏句：謂朝暮悲鳴不已。二句以旅雁暗喻旅人。〔二四〕登臨二句：寫括州的氣候和環境。登臨：登山臨水。瘴癘：山川溼熱鬱蒸之氣，南方暑溼之地有之，人中之輒病。動息：行動休息，指生活。在風水，在水鄉潮濕之區。〔二五〕賢主人：指張守珪。〔二六〕客行子，客子，指高式顔。〔二七〕滿酌：滿杯。聊勸爾：聊以此語寬慰。〔二八〕家聲：家門的聲譽。淪滓：失墜玷辱。以上十二句寫餞别勸勉。

苦雪四首

其一

二月猶北風，天陰雪冥冥〔一〕。寥落一室中〔二〕，悵然慚百齡〔三〕。苦愁正如此，門柳復青青〔四〕。

【注釋】

〔一〕冥冥：昏暗貌，形容天陰。〔二〕寥落：空虛。〔三〕悵然：失意貌。百齡：百年，借指一生。慚百齡，謂有愧此生。〔四〕苦愁二句：范晞文對床夜語卷四云：「高適詩云云。皇甫冉云：『岸有經霜草，林有故年枝。俱應待春色，獨使客心悲。』不如適氣長而有生意。淵明歸去辭云：『木欣欣以向榮，泉涓涓而始流，善萬物之得時，感吾生之行休。』冉述之也。」

其二

惠連發清興〔一〕，袁安念高臥〔二〕。余故非斯人〔三〕，爲性兼懶惰。賴兹尊中酒，終日聊自過。

【注釋】

〔一〕惠連：謝惠連，南朝宋詩人，謝靈運族弟。曾爲雪賦，辭藻清麗，爲世所稱。發清興：引發作詩的興致。

〔二〕袁安：後漢書袁安傳注引汝南先賢傳曰：「時大雪積地丈餘，洛陽令自出案行，見人家皆除雪出，有乞食者。至袁安門，無有行路。謂安已死，令人除雪入户，見安僵臥，問何以不出，安曰：『大雪人皆餓，不宜干人』。令以爲賢，舉爲孝廉也。」

〔三〕故：本。斯人：此人，指謝惠連及袁安。

其三

濛濛灑平陸〔一〕，淅瀝至幽居〔二〕。且喜潤群物，焉能悲斗儲〔三〕。故交久不見〔四〕，鳥雀投吾廬〔五〕。

【注釋】

〔一〕濛濛：密雪貌。平陸：平原。〔二〕淅瀝：雪落聲。謝惠連雪賦：「霰淅瀝而先集。」幽居：猶言陋室。〔三〕斗儲：文選左思咏史：「内顧無斗儲。」謂無斗米之蓄。〔四〕故交：舊友。〔五〕吾廬：我家。二句謂冷落寂寞，門可羅雀。謝靈運齋中讀書：「空庭來鳥雀。」

其　四

孰云久閑曠〔一〕，本自保知寡〔二〕。窮巷獨無成，春條秖盈把〔三〕。安能羨鵬舉〔四〕，且欲歌牛下〔五〕。乃知古時人，亦有如我者。

【注釋】

〔一〕閑曠：閑居。〔二〕保：守。知寡：知我者寡，意謂不求人知。三國志蜀志秦宓傳：「知我者希，則我貴矣。」〔三〕盈把：滿握。〔四〕鵬舉：喻仕進。莊子逍遥游：「鵬之徙於南冥也，水擊三千里，摶扶摇而上者九萬里。」舉，振起高飛。〔五〕歌牛下：吕氏春秋舉難：「寧戚飯牛居車下，望桓公而悲，擊牛角疾歌。桓公聞之，撫其僕之手曰：『異哉！之歌者非常人也。』命後車載之。」

送田少府貶蒼梧〔一〕

沈吟對遷客〔二〕，惆悵西南天〔三〕。昔爲一官未得意，今向萬里令人憐。念兹斗酒成暌間〔四〕，停舟嘆君日將晏〔五〕。遠樹應憐北地春〔六〕，行人却羡南歸雁〔七〕。丈夫窮達未可知〔八〕，看君不合長數奇〔九〕。江山到處堪乘興〔一〇〕，楊柳青青那足悲〔一一〕。

【注釋】

〔一〕少府：官名，縣尉之别稱。縣令稱明府，尉小於令，故稱少府。蒼梧：舊唐書地理志：桂管十五州在廣西：梧州治蒼梧縣。在今廣西壯族自治區蒼梧縣。〔二〕遷客：以罪外貶者。此指田少府。〔三〕西南天：指蒼梧。送田之地蓋在梁宋一帶，梧州在梁宋西南。〔四〕斗酒：杯酒。斗，酒器。暌間（jiàn 建）：隔離，離别。〔五〕日將晏：日將晚。二句意謂想到飲此酒後即相離别，故日晚仍勸君停舟少留。〔六〕遠樹句：謂看到遠樹時應該懷戀北方的春光。〔七〕行人句：行人南去，當羡慕自南歸北的大雁。行人：指田少府。以上八句寫餞别。〔八〕窮達：窮困顯達，失意和得志。〔九〕看君句：言料你不該長久不遇。看：料。不合：不應。數奇（jī 基）：運數不偶，謂不走運。漢書李廣傳：「以爲李廣數奇。」注：「孟康曰：『奇，只不耦也。』如淳曰：『數爲匈奴所敗，爲奇不耦。』師古曰：『言廣命只不耦合也，孟説是矣。』」數：運數，命定。〔一〇〕江山句：謂自然景物之美到處都可以盡興。〔一一〕楊柳句：謂離别不是悲傷。三輔黄圖言灞橋在長安東，跨水作橋，漢人送客至此，多折柳贈別。故於送別時言及楊柳，均含離情別意。以上四句爲慰藉之語。

寄孟五少府〔一〕

秋氣落窮巷〔二〕，離憂兼暮蟬〔三〕。後時已如此〔四〕，高興亦徒然〔五〕。知君念淹泊〔六〕，憶我屢周旋〔七〕。征路見來雁，歸人悲遠天〔八〕。平生感千里，相望在貞堅〔九〕。

【注釋】

〔一〕明活字本高常侍集作寄孟五。此詩體屬排律，却寫得自然，復筆單意，無排比堆垛之迹。末四句因景生情，情意深厚。〔二〕秋氣句：謂陋巷已感秋意。秋氣：明活字本作「秋風」。〔三〕離憂句：謂離愁與暮蟬交匯，倍感煩悶。〔四〕後時句：謂當初不及時有爲，以至今日處於如此境地。文選陸機演連珠第十二首：「俊乂之臣，屢抱後時之悲。」後時，失時，不及時。〔五〕高興句：謂清秋的高雅興致亦不復存在。興：興趣，興致。徒然：白白地，空空地。〔六〕知君句：謂知道你會有沉淪下位之感。淹泊：淹滯，謂賢才沉淪下位。〔七〕憶我句：因爲想念我而屢與我往來酬應。周旋：交際、應酬。〔八〕征路二句：謂在途中見雁來而令人思歸，有天涯流落之悲。遠天：遠路。〔九〕平生二句：謂堪慰平生者，唯有友情貞堅，雖相去千里而不失。貞堅：貞，正。堅，固。明活字本作「貞賢」。

贈别晉三處士〔一〕

有人家住清河源〔二〕，渡河問我游梁園〔三〕。手持道經注已畢〔四〕，心知内篇口不言〔五〕。盧門十年見秋草〔六〕，此心惆悵誰能道？知己從來不易知，慕君爲人與君好。别時九月桑葉疎，出門千里無行車。愛君且欲君先達，今上求賢早上書〔七〕。

【注釋】

〔一〕處士：孟子滕文公下：「處士横議。」注：「布衣處士，游説以干諸侯。」按：謂不仕之士。〔二〕清河源：清水發源之地。水經注清水：「清水出河内修武縣之北黑山。」修武縣，今河南獲嘉縣。〔三〕問：戰國策齊策：「或以問孟嘗。」注：「問，告也。」梁園：指梁孝王園，在宋州。〔四〕道經：指道德經。資治通鑒開元二十五年：「春正月，初置玄學博士。」注：「崇玄學，習老子、莊子、文子、列子，亦曰道舉。」舊唐書玄宗紀：「（開元）二十九年，春正月丁丑，制兩京、諸州各置玄元皇帝廟并崇玄學，置生徒，令習老子、莊子、列子、文子，每年準明經例考試。」蓋玄宗重道教，尊老子，崇玄學，故晉三處士爲之作注。〔五〕内篇：晉書葛洪傳：「所著子，言黄白之事，名曰内篇。」按：黄庭内景經亦曰内篇，世人遂專以内篇爲神仙家説。口不言：謂不言神仙之事。首四句介紹晉三處士的爲人。〔六〕盧門：左傳昭公二十一年：「華氏居盧門，以南里叛。」杜注：「盧門，宋東城南門。」水經注睢水：「春秋華氏居盧門里叛。杜預曰：盧門，宋城南門也。司馬彪郡國志曰：睢陽縣有盧門亭。」此以盧門指睢陽，高適寄居於此。十年：指自薊北南歸後又過了十年。中四句寫二人交往。〔七〕愛君二句：意謂愛重你，并希望你先騰達，因現在皇帝正求賢才，你可及早上書。據此可知詩當作於開元末玄宗以玄學取士以後。末四句言贈別。

酬鴻臚裴主簿雨後睢陽北樓見贈之作〔一〕

暮霞照新晴，歸雲猶相逐〔二〕。有懷晨昏暇〔三〕，想見登眺目〔四〕。問禮侍彤襜〔五〕，題詩訪茅屋〔六〕。高樓多古今，陳事滿陵谷〔七〕。地久微子封〔八〕，臺餘孝王築〔九〕。徘徊顧霄漢，豁達俯川陸。遠水對秋城，長天向喬木〔一〇〕。公門何清净〔一一〕，列戟森已肅〔一二〕。不嘆攜手稀，恒思著鞭速〔一三〕。終當拂羽翰〔一四〕，輕舉隨鴻鵠〔一五〕。

【注釋】

〔一〕鴻臚主簿：舊唐書職官志：「鴻臚寺，主簿一人，從七品上。」睢陽：舊書地理志：「宋州望。天寶元年，改宋州爲睢陽郡。乾元元年，復爲宋州。」〔二〕歸雲：歸山之雲。此句寫雨後雲散，隨風相逐。東漢張衡思玄賦：「憑歸雲而遐逝兮，夕余宿乎扶桑。」〔三〕晨昏暇：謂定省父母之暇。指裴主簿。禮記曲禮：「凡爲人子之禮，冬温而夏清，昏定而晨省。」〔四〕想見句：謂於想象中見到你登臨遠眺的目光。〔五〕問禮句：謂侍睢陽太守而問禮。襜（zhān 沾）：說文：「衣蔽前也。」爾雅釋器：「衣蔽前謂之襜。」注：「今蔽膝也。」彤襜，赤色蔽膝，貴者所服。此指睢陽太守。獨孤及唐故睢陽郡太守贈秘書李公神道碑云：「赤舄彤襜，牧彼四州。」

〔六〕題詩句：謂造訪時以詩見贈。茅屋：指詩人居處。以上六句寫裴主簿雨後登眺贈詩。〔七〕高樓二句：言登睢陽北樓所見之感。多古今：多古今之感。陳事：往事。滿陵谷：謂山川上下到處都有。〔八〕地：指睢陽。久：長久，往昔。微子封：史記宋微子世家：「周公既承成王命，誅武庚，殺管叔，放蔡叔，乃命微子開代殷後，……國於宋。」按宋即睢陽。〔九〕臺：指平臺。見上宋中十首其一注〔一二〕〔四〕。〔一〇〕徘徊四句：寫登睢陽北樓所見之景。顧：回視。霄漢：天空。此句爲仰望。豁達：開朗。川陸：河流原野。此句爲俯視。遠水句承上川陸，長天句承上霄漢。喬木：高樹。以上八句寫登眺情景。〔一一〕公門句：謂睢陽太守刑寬訟簡，衙門清净。〔一二〕列戟句：謂太守衙前列戟，兵衛嚴肅。其奉酬睢陽李太守：「列戟霜侵户。」後韋應物郡齋雨中與諸文士燕集：「兵衛森畫戟」，均與此同意。〔一三〕恒思句：謂常望你很快得志。著鞭：晉書劉琨傳：「（琨）與范陽祖逖爲友，聞逖被用，與親故書曰：『吾枕戈待旦，志梟逆虜，常恐祖生先吾著鞭。』」〔一四〕拂羽翰：拂拭羽翮。此指高飛。〔一五〕輕舉：猶翱翔，鴻鵠：大鳥名。此喻裴氏。史記陳涉世家：「燕雀安知鴻鵠之志哉！」索隱：「鴻鵠是一鳥，若鳳凰然，非鴻鴈與黄鵠也。」以上六句冀其速成功業，已當相隨。

酬岑二十主簿秋夜見贈之作

舍下蛩亂鳴〔一〕，居然自蕭索〔二〕。緬懷高秋興〔三〕，忽枉清夜作〔四〕。感物我心勞〔五〕，凉風驚二毛〔六〕。池空菡萏死〔七〕，月出梧桐高。如何異鄉縣，復得交才彦〔八〕。汩没嗟後時〔九〕，蹉跎恥相見〔一〇〕。箕山别來久〔一一〕，魏闕誰不戀〔一二〕。獨有江海心〔一三〕，悠悠未嘗倦〔一四〕。

【注釋】

〔一〕蛩（qióng 窮）：蟋蟀。〔二〕蕭索：蕭條寂寞。〔三〕緬（miǎn 免）懷：遠懷，遠想。高秋興：清秋的吟興。高秋，高爽的秋天。興讀去聲，興致。此句意謂想來你於清秋定有吟咏的雅興。〔四〕忽枉句：謂忽然接到你見贈的清夜詩篇。枉，屈辱，謙詞，謂有屈於你之意。作：詩作。以上四句寫岑二十贈詩。〔五〕感物句：謂因感秋而憂傷。勞：淮南子精神訓：「好憎者使人心勞」。注：「勞，病也。」〔六〕凉風句：謂秋風吹動白髮。二毛：年老髮斑白而有二色，故稱二毛。文選潘岳秋興賦：「晉十有四年，余春秋三十有二，始見二毛。」注：「左氏傳：宋襄公曰：『不禽二毛。』杜預曰：『二毛，頭白有二色也。』」〔七〕菡萏（hàn dàn 漢淡）：荷花的别稱。以上四句寫己悲秋。〔八〕才彦：有才學者，指岑二十主簿。〔九〕汩没（gǔ mò 骨莫）：滅没，埋没。後時：失時，不及時。〔一〇〕蹉跎：虚度時光。恥相見：謂不好意思相見。〔一一〕箕山句：謂久離隱居之所。文選曹丕與吴質書：「有箕山之志。」注：「吕氏春秋曰：昔堯朝許由於沛澤之中，曰：『請屬天下於夫子。』許由遂之箕山之下。」箕山，在河南登封縣東南。〔一二〕魏闕句：謂心存朝廷。吕氏春秋審爲：「中山公子牟謂詹子曰：『身在江海之上，心居乎魏闕之下，奈何？』高誘注：『子牟，魏公子也。……一説：魏闕，象魏也。懸教象之法，浹日而收之，魏魏高大，故曰魏闕。言身雖在江海之上，心存王室，故在天子門闕之下也。』」

〔一三〕江海心：隱逸之心，詳見上注。〔一四〕悠悠：閑適自得之貌。倦：厭。以上八句以抒懷酬答。

平臺夜遇李景參有别〔一〕

離心忽悵然〔二〕，策馬對秋天〔三〕。孟諸薄暮凉風起，歸客相逢渡睢水〔四〕。昨時攜手已十年，今日分途各千里〔五〕。歲物蕭條滿路岐〔六〕，此行浩蕩令人悲〔七〕。家貧羡爾有微禄，欲往從之何所之〔八〕。

【注釋】

〔一〕平臺：臺名。水經注睢水：「如淳曰：平臺，離宫所在，今（睢陽）城東二十里有臺，寬廣而不甚極高，俗謂之平臺。」按：此以平臺指宋城，即今河南商邱。李景參：宋趙明誠金石録卷七：「第一千二百二十二唐宓子賤碑：李少康撰，李景參正書，天寶三載七月。」〔二〕離心句：點離别。〔三〕策馬句：點時令。〔四〕孟諸二句：寫「平臺夜遇」。孟諸：澤名。在河南商邱東北，亦名望諸，又作孟豬。薄暮：傍晚。歸客：指李景參。睢水：出陳留縣西浪蕩渠，東過睢陽縣南。此「渡睢水」，即指至商邱。〔五〕昨時二句：言昨日分離十年後重逢，今日又要離别了。〔六〕歲物句：上承次句，言秋天景物蕭條。岐：借爲歧。〔七〕此行句：上承首句，寫離心悵然生悲。〔八〕欲往句：言欲往就李景參而不能。從：就。何所之：何能前往。

苦雨寄房四昆季〔一〕

獨坐見多雨，況兹兼索居〔二〕。茫茫十月交〔三〕，窮陰千里餘〔四〕。彌望無端倪〔五〕，北風擊林箊〔六〕。白日渺難覩，黄雲争卷舒〔七〕。安得造化功，曠然一掃除〔八〕。滴瀝簷宇愁〔九〕，寥寥談笑疎。泥塗擁城郭〔一〇〕，水潦盤丘墟〔一一〕。惆悵憫田農〔一二〕，徘徊傷里閭〔一三〕。曾是力井税〔一四〕，曷爲無斗儲〔一五〕？萬事切中懷〔一六〕，十年思上書〔一七〕。君門嗟緬邈〔一八〕，身計念居諸〔一九〕。沉吟顧草茅〔二〇〕，鬱快任盈虚〔二一〕。黄鵠不可羨〔二二〕，鷄鳴時起予〔二三〕。故人平臺側〔二四〕，高館臨通衢〔二五〕。兄弟方荀陳〔二六〕，才華冠應徐〔二七〕。彈棊自多暇，飲酒更何如。知人想林宗〔二八〕，直道慙史魚〔二九〕。攜手風流在〔三〇〕，開襟鄙吝祛〔三一〕。寧能訪窮巷，相與對園蔬〔三二〕？

【注釋】

〔一〕苦雨：久雨。房四：文苑英華卷一五三作房休。全唐詩「四」下注「一作休」。〔二〕索居：散處。禮記檀弓：「吾離群而索居。」言與朋友離散獨處。〔三〕茫茫：廣大貌。十月交：十月初。〔四〕窮陰：沈陰。〔五〕彌望：猶滿眼。彌：滿，遍。端倪：邊際。〔六〕林箊（yū 淤）：竹名。左思吴都賦：「其竹則篔簹箖箊。」劉淵林注：「箖箊，是袁公所與越女試劍竹者也。」此句謂北風在竹林中呼嘯。〔七〕白日二句：謂濃雲蔽天，不見太陽。渺：幽遠貌。卷舒：開合，飄動。〔八〕安得二句：謂如何能得天之力，將滿天陰霾一掃而盡。〔九〕滴瀝：雨水下滴聲。簷宇：屋簷。〔一〇〕泥塗句：謂城内全是泥濘。擁：障。〔一一〕水潦句：謂郊區滿是積水。潦：雨後積水。盤：迴旋。丘墟：村落。以上十四句描寫苦雨。〔一二〕惆悵：悲哀。憫：哀憐。〔一三〕徘徊：來回走動，表示心緒煩躁。里閭：古代五家爲鄰，五鄰爲里。里門曰閭。又周禮天官小宰：「三曰聽閭里以版圖。」疏：「在六鄉，則二十五家爲閭。在六遂，則二十五家爲里。」遂，遠郊之地。此里閭指郊區村落的農户。〔一四〕曾是句：謂（農民）從來都致力於耕種并繳納田租。井謂井田。周制：授田之法，以地方一里畫爲九區，每區百畝，中爲公田，其外八家各受一區爲私田。形如井字，故稱井田。此泛指農田。〔一五〕曷爲句：謂爲何（他們）連一斗糧食的儲蓄都没有？〔一六〕萬事：指民生疾苦。切中懷：内心關切。〔一七〕十年句：謂己十年來時時想向皇帝上書，爲民請命。〔一八〕君門句：嗟嘆君門深阻，無由上達。緬邈：遠。〔一九〕身計句：謂念個人身世不偶，歲月蹉跎。居諸：本語助詞，後人亦指光陰。詩日月：「日居月諸。」〔二〇〕沉吟句：謂在野而反覆思慮。沉吟：此有深思之意。草茅：儀禮士相見禮：「在野，則曰草茅之臣。」〔二一〕鬱怏句：謂只有懷着鬱悶的心情聽其自然。鬱怏：抑鬱苦悶。任：聽任。盈虚：月亮的滿與缺，借指成功與失敗。〔二二〕黄鵠句：謂不能想望如黄鵠之一舉冲天，喻致身高位，施展抱負。〔二三〕鷄鳴句：謂雖如此仍不甘自棄，還願及時奮發自强。晉書祖逖傳：「（祖逖）與司空劉琨俱爲司州主簿，情好綢繆，共被同寢，中夜聞荒鷄鳴，蹴琨覺曰：『此非惡聲也。』同起舞。」起予：謂起發己意。論語八佾：「起予者商也。」以上十二句自傷農民貧困，進言無路，有懷才不遇之嘆。〔二四〕故人：指房四兄弟。平臺：梁孝王所建在宋州。見前宋中十首其一注〔二〕〔四〕。側，旁。〔二五〕通衢：四達之路。〔二六〕兄弟句：　謂房四兄弟可與荀儉和陳紀兄弟相比。後漢書荀淑傳：「（淑）有子八人：儉、緄、靖、燾、汪、爽、肅、專，并有名稱，時人謂之八龍。」又陳寔傳：「（寔）有六子，紀、諶最賢。」　〔二七〕才華句：　謂其文才超過應瑒、徐幹。三國志王粲傳：　汝南應瑒，字德璉。被太祖辟爲丞相掾屬，轉爲平原侯庶子，後爲五官將文學。徐幹，字偉長，北海人。爲司空軍謀祭酒掾屬，五官將文學。二人皆卒於建安二十二年。曹丕與吳質書中云：「偉長獨懷文抱質，恬淡寡欲，有箕山之志，可謂彬彬君子者矣。著中論二十餘篇，辭義典雅，足傳於後，此子爲不朽矣。德璉常斐然有述作之意，其才學足以著書，美志不遂，良可痛惜。」冠：　超出。　〔二八〕知人句：　謂如郭太之善於知人。後漢書郭太傳：「郭太，字林宗，太原界休人也。……性明知人，好奬訓士類。……其奬拔士人，皆如所鑒。」　〔二九〕直道句：　謂其直道使史魚慚愧。論語衛靈公：「直哉史魚，邦有道如矢，邦無道如矢。」注：「孔曰：衛大夫史鰌。」按：史鰌，字子魚，亦稱史魚。韓詩外傳卷七：「昔者衛大夫史魚，病且死，謂其子曰：我數言蘧伯玉之賢而不能進，彌子瑕不肖而不能退。爲人臣，生不能進賢而退不肖，死不當治喪正堂，殯我於室足矣。衛君問其故，子以父言聞。君造然召蘧伯玉而貴之，而退彌子瑕，從殯於正堂，成禮而後去。生以身諫，死以尸諫，可謂直矣。」　〔三〇〕攜手句：　謂握手之時，如見古人的流風遺韻。風流：　明活字本作流風。　〔三一〕開襟句：　謂開懷相對，使人鄙吝之心盡去。後漢書黄憲傳：　同郡陳蕃、周舉，常相謂曰：「時月之間，不見黄生，則鄙吝之萌，復存乎心。」注：「吝，貪也。」祛（qū區）：除去，驅逐。　〔三二〕寧能二句：　謂望房四兄弟能來訪，共對園蔬。寧：　願詞。窮巷：　陋巷，高適自言所居。以上十二句贊美房四昆季德才兼優，并邀其相見。

畫馬篇

同諸公宴睢陽李太守，各賦一物。〔一〕

君侯櫪上驄〔二〕，貌在丹青中〔三〕。馬毛連錢蹄鐵色〔四〕，圖畫光輝驕玉勒〔五〕。馬行不動勢若來，權奇蹴踏無塵埃〔六〕。感兹絶代稱妙手〔七〕，遂令談者不容口〔八〕。麒麟獨步自可珍〔九〕，駑駘萬匹知何有〔一〇〕。終未如他櫪上驄〔一一〕，載華轂〔一二〕，騁飛鴻〔一三〕。荷君剪拂與君用〔一四〕，一日千里如旋風〔一五〕。

【注釋】

〔一〕睢陽李太守：李少康。獨孤及唐故睢陽太守贈秘書監李公神道碑云：「公諱少康，字某，……玄宗後元年（天寶元年）改宋州爲睢陽郡，命公爲太守。……三年春，賜告歸洛陽，是年十二月丙午（十七）薨。」（見全唐文卷三九〇）〔二〕君侯：指李少康。櫪上驄：槽上的驄馬。驄（cōng 匆），青白色的馬。〔三〕貌在句：謂繪於畫中，貌：作動詞用，繪狀。丹青：圖畫。畫以丹青着色，故以稱畫。〔四〕連錢：爾雅釋畜：「青驪驎驒。」郭注：「色有深淺，斑駁隱粼，今之連錢驄。」謂毛色青白相間、深淺斑駁。鐵色：黑色。〔五〕光輝：光彩。驕玉勒：謂不受控制。玉勒，玉制馬銜。〔六〕權奇：謂矯變奇異。漢書禮樂志天馬：「志俶儻，精權奇。」蹴踏：奔騰踐踏。以上六句寫畫中馬的神駿飛揚。〔七〕絶代：絶世，并世無比。妙手：指精美絶倫的畫技。〔八〕談者：議論的人。不容口：謂滿口稱贊。漢書爰盎傳：「刺者至關中，問盎，稱之皆不容口。」注：「師古曰：稱美其德，口不能容也。」〔九〕麒麟：即騏驎，駿馬，一日而馳千里。獨步：謂一時無二。珍：貴重。〔一〇〕駑駘（nú tái 奴臺）：劣馬。知何有：知何可取。廣雅釋詁一：「有：取也。」以上四句贊畫技高妙，兼論馬品高下。〔一一〕終未句：謂必竟不如那匹櫪上真馬。〔一二〕載華轂：拉着華美的車子。史記陳餘傳：「令范陽令乘朱輪華轂，使馳驅燕趙郊。」〔一三〕騁飛鴻：馳駿馬。東方朔荅驃騎難：「騏驥緑耳，蜚鴻驊騮，天下良馬也。」蜚通飛，蜚鴻即飛鴻。〔一四〕荷（hè 賀）：承蒙。剪拂：劉峻廣絶交論：「剪拂使其長鳴。」注：「湔祓、剪拂，音義同也。」按湔祓，謂去其舊惡。盧思道孤鴻賦序：「倒屣相接，剪拂吹噓，長其光價。」與君用：爲君所用。〔一五〕如旋風：形容馬疾行如驟風。以上五句言畫上馬不如真馬可爲人効力。

同羣公秋登琴臺〔一〕

古跡使人感，琴臺空寂寥〔二〕。靜然顧遺塵〔三〕，千載如昨朝〔四〕。臨眺自兹始〔五〕，群賢久相邀〔六〕。德與形神高，孰知天地遥〔七〕。四時何倏忽〔八〕，六月鳴秋蜩〔九〕。萬象歸白帝〔一〇〕，平川横赤霄〔一一〕。猶是對夏伏〔一二〕，幾時有涼飇〔一三〕？燕雀滿簷楹〔一四〕，鴻鵠摶扶摇〔一五〕。物性各自得〔一六〕，我心在漁樵〔一七〕。兀然還復醉〔一八〕，尚握尊中瓢〔一九〕。

【注釋】

〔一〕這首詩是天寶三載初秋與李白、杜甫同游單父縣登琴臺時所作。杜甫昔游詩云：「昔者與高李，同登單父臺。」清一統志卷一四四：「琴臺，在單縣東南一里舊城北。」即宓子賤彈琴之所。〔二〕寂寥：寂寞空虛，謂其人已逝。〔三〕遺塵：餘風。〔四〕千載句：謂與子賤雖隔千年，猶如昨日。〔五〕臨眺：登臨琴臺而眺望。自兹始：從此日開始。〔六〕群賢：指李白、杜甫等。邀：約。〔七〕德與二句：謂宓公之德及其形像與天同高，與地同遠。形神：形體精神。孰知：誰知，何知。以上八句寫同群公登琴臺，兼贊宓公之德。

〔八〕四時句：謂季節變化很快。倏忽：瞬間，忽然。〔九〕六月句：謂六月已聽到秋蟬的鳴聲。蜩（tiáo條）：蟬。農歷六月下旬已立秋，即屬秋季，故稱秋蜩。〔一〇〕萬象句：謂一切物象皆歸白帝統屬。白帝：周禮大宗伯疏：「太微宫有五帝座星。即春秋緯文耀鈎云：……秋起白受制，其名白招拒。」又「以白琥禮西方」注云：「禮西方以立秋，謂白精之帝，而少昊蓐收食焉。」禮記月令：「孟秋之月，……其帝少皞，其神蓐收。」注：「此白精之君，金官之臣。」仇注杜詩望岳引洞天記云：「華山名太極總仙之天，即少昊爲白帝，治西岳。」〔一一〕平川句：言川平横列於飛雲之下。赤霄：淮南子人間訓：「背負青天，膺摩赤霄。」注：「赤霄，飛雲也。」〔一二〕猶是句：意謂仍然是炎夏伏天。伏：伏日，三伏之日。漢書東方朔傳：「久之伏日。」注：「師古曰：三伏之日也。」案夏至後第三庚日爲初伏，第四庚日爲中伏，立秋後第一庚日爲末伏。立秋仍在伏中，氣候仍酷熱，故云。

〔一三〕涼飇：涼風。以上六句寫初秋登眺之景。〔一四〕燕雀：小鳥。滿簷楹：集聚屋檐之下。此喻凡人居卑位。〔一五〕鴻鵠：大鳥。摶扶摇：莊子逍遥游：「摶扶摇而上者九萬里。」摶，憑借。扶摇，旋風。此喻大才居高位。以上兩起下文「物性」二句。〔一六〕物性句：謂燕雀與鴻鵠一居簷楹，一摶扶摇，各得其所。

〔一七〕我心句：謂己志在隱淪。〔一八〕兀然：無知貌。文選孫綽游天臺山賦：「兀同體於自然。」注：「兀，無知之貌也。」〔一九〕尊：同樽。酒樽，古盛酒器。瓢：舀酒之器。二句謂以醉飲自適，語似閑逸，心實憤慨。以上六句抒懷。

宓公琴臺詩三首

甲申歲，適登子賤琴臺，賦詩三首。首章懷宓公之德，千祀不朽，次章美太守李公，能嗣子賤之政，再造琴臺，末章多邑宰崔公，能繼子賤之理〔一〕。

其一

宓子昔爲政，鳴琴登此臺。琴和人亦閑，千載稱其才〔二〕。臨眺忽悽愴，人琴安在哉？悠悠此天壤〔三〕，唯有頌聲來。

【注釋】

〔一〕甲申歲：天寶三載（公元七四四年）。子賤：宓子賤。見上宋中十首第五首注〔一〕。琴臺：見上同群公秋登琴臺注〔一〕。太守李公：睢陽太守李少康。見上畫馬篇注〔一〕。多邑宰崔公：贊美單父縣令崔公。崔公名不詳。多：稱美。理：治。〔二〕宓子四句：韓詩外傳卷二：「子賤治單父，彈鳴琴，身不下堂而單父治。巫馬期以星出，以星入，日夜不處，以身親之，而單父亦治。巫馬期問於子賤，子賤曰：我任人，子任力，任人者佚，任力者勞。人謂子賤則君子矣，佚四肢，全耳目，平心氣，而百官理，任其數而已。」　〔三〕悠悠：　廣闊無邊貌。天壤：天地。

其　二

邦伯感遺事〔一〕，慨然建琴堂。乃知静者心〔二〕，千載猶相望〔三〕。入室想其人，出門何茫茫〔四〕。唯見白雲合，東臨鄒魯鄉〔五〕。

【注釋】

〔一〕邦伯：　州牧，即唐朝的太守，指李少康。感遺事：　謂爲宓子賤治單父的政績所感。　〔二〕静者心：　論語雍也：　「仁者静。」静者，即仁者。　〔三〕相望（wàng 汪）：　相比。禮記表記：　「以人望人。」疏：　「望，比也。」此句即序所謂「能嗣子賤之政。」　〔四〕入室二句：　謂入琴堂想像李太守的爲人，而出門則感茫然，蓋是時李已離任告歸洛陽。　〔五〕唯見二句：　只見白雲東臨鄒、魯之鄉。意謂所思念的李太守，其精神上托白雲，仍回到孔子、孟子的故鄉——鄒魯。單父春秋時爲魯邑，此鄒魯鄉即指單父。二句活用莊子天地「乘彼白雲，至於帝鄉。」（謂精神上升，乘白雲而至上帝住所。）及江淹擬休上人詩「日暮碧雲合，佳人殊未來」語意，以表達對李太守的思慕。

其　三

皤皤邑中老〔一〕，自誇邑中理〔二〕。何必升君堂，然後知君美〔三〕。開門無犬吠〔四〕，早臥常晏起〔五〕。昔人不忍欺〔六〕，今我還復爾〔七〕。

【注釋】

〔一〕皤皤：見前自淇涉黄河途中作十三首（其十三）注〔一〕。邑中老：縣裏的老人。〔二〕自誇句：謂老人都誇獎縣政好。〔三〕君堂、君美：君皆指邑宰崔公。二句意謂口碑在道，不用到你的衙門，便知你的美政。〔四〕開門句：言邑中無盗，夜不閉户。後漢書岑熙傳：「熙遷魏郡太守。招聘隱逸，與參政事，無爲而化。視事二年，輿人歌之曰：『我有枳棘，岑君伐之；我有蟊賊，岑君遏之；狗吠不驚，足下生氂。』」又劉寵傳：「它守時，吏發求民間，至夜不絶，或狗吠竟夕，民不得安。自明府下車以來，狗不夜吠，民不見吏。」〔五〕早臥句：言吏不苛擾，百姓安寧，故能早睡晚起。〔六〕昔人句：孔子家語卷九：「宓不齊，……仕爲單父宰，有才智，仁愛百姓，（百姓）不忍欺，孔子大之。」此句謂宓子賤有善政，百姓不忍欺騙他。〔七〕今我句：謂己至今對崔公仍如此。此處贊美崔公能繼子賤之治，因而也收到與子賤同樣的效果。

古大梁行〔一〕

古城莽蒼饒荆榛〔二〕，驅馬荒城愁殺人。魏王宫觀盡禾黍〔三〕，信陵賓客隨灰塵〔四〕。憶昨雄都舊朝市〔五〕，軒車照耀歌鐘起〔六〕。軍容帶甲三十萬，國步連營一千里〔七〕。全盛須臾那可論〔八〕，高臺曲池無復存〔九〕。遺墟但見狐狸迹〔一〇〕，古地空餘草木根〔一一〕。暮天摇落傷懷抱〔一二〕，倚劍悲歌對秋草。俠客猶傳朱亥名〔一三〕，行人尚識夷門道〔一四〕。白璧黄金萬户侯，寶刀駿馬填山丘〔一五〕。年代凄凉不可問，往來唯有水東流〔一六〕。

【注釋】

〔一〕大梁：史記魏世家：（魏惠王三十一年）「徙治大梁。」正義：「陳留風俗傳云：魏之都也。畢萬十葉徙大梁。按：今汴州浚儀也。」在今河南省開封市。　〔二〕古城：指大梁城。以其爲梁惠王故都，故稱古城。莽蒼：莊子逍遥游：「適莽蒼者，三年而返。」注：「崔云：草野之色。」饒：多。荆榛（zhēn針）：泛指叢生的荆棘。　〔三〕魏王句：謂戰國時魏王的宫殿樓臺都成了莊稼地。觀（guàn灌）：臺觀。　〔四〕信陵句：謂信陵君的門客都化爲灰土。史記信陵君列傳：「魏公子無忌者，魏昭王少子，而魏安釐王异母弟也。昭王薨，安釐王即位，封公子爲信陵君。……公子爲人，仁而下士，士無賢不肖，皆謙而禮交之，不敢以其富貴驕士，士以此方數千里争往歸之，致食客三千人。」以上四句寫行經大梁古城所見。〔五〕雄都：指大梁爲當時的大都會。舊朝市：指魏國的朝廷街市。周禮冬官匠人：「匠人營國，……面朝後市。」〔六〕軒車照耀：指達官貴族華麗的車馬。歌鐘：指官宦之家的音樂歌舞。此句言大梁城的繁華富麗。〔七〕軍容二句：謂魏國的强大，有甲士三十萬，地方一千里。史記蘇秦列傳：「地方千里，……魏，天下之强國也。……今竊聞大王之卒，武士二十萬，蒼頭二十萬，奮擊二十萬，廝徒十萬，車六百乘，騎五千匹。」軍容：文選左思吴都賦：「軍容蓄用。」注：「軍容，軍之容表，言矛劍等也。」此指軍隊的規模裝備。帶甲：披鎧甲的戰士。國步：詩桑柔：「國步斯頻。」朱注：「步猶運也。」按此指國境。以上四句回憶魏國的全盛之日。〔八〕全盛句：承上起下，由盛而衰。須臾：頃刻。那可論（lún 輪）：不堪言。〔九〕高臺句：謂魏王時期的樓臺苑囿都已不復存在。〔一〇〕遺墟：荒廢的都市建築。狐狸迹：謂已成了狐狸出没的場所。〔一一〕古地句：謂故地空寂，只剩下荒草殘根。以上四句寫大梁城的衰落荒蕪。

〔一二〕摇落：凋零。楚辭宋玉九辯：「蕭瑟兮草木摇落而變衰。」王逸注：「摇落，華葉隕零，肥潤去也。」

〔一三〕俠客：任俠之士。朱亥：史記信陵君列傳：「（侯生曰：）『臣客屠者朱亥，可與俱。此人力士，晉鄙聽，大善；不聽，可使擊之。』……於是公子請朱亥，朱亥笑曰：『臣乃市井鼓刀屠者，而公子親數存之，所以不報謝者，以爲小禮無所用。今公子有急，此乃臣效命之秋也。』遂與公子俱。……朱亥袖四十斤鐵椎，椎殺晉鄙。公子遂將晉鄙軍。」

〔一四〕夷門：信陵君列傳：「太史公曰：吾過大梁之墟，求問其所謂夷門。夷門者，城之東門也。」夷門之所以著名，以有侯生之故。侯生名嬴，戰國魏之隱士，年七十，家貧，爲夷門監者。信陵君聞其賢，置酒大會，賓客盡至，駕車自迎侯生，引之上坐，賓客皆驚。秦圍趙，求援，嬴爲設計竊兵符，并薦朱亥與俱，擊殺晉鄙，奪其軍，却秦救趙。（見史記信陵君列傳）〔一五〕白璧二句：謂當時達官貴人與寶刀駿馬皆同歸於盡。史記虞卿列傳：「（虞卿説趙孝成王，一見，賜黄金百鎰，白璧一雙。再見，爲趙上卿，故號爲虞卿。……虞卿既以魏齊之故，不重萬户侯卿相之印，與魏齊間行，卒去趙，困於梁。」　〔一六〕年代二句：　謂時世變遷，景物凄凉，不堪回首。唯有汴水依舊。汴水出莨蕩渠，經中牟、開封東流入淮。以上八句吊古傷懷。

漣上題樊氏水亭〔一〕

漣上非所趣〔二〕，偶爲世務牽。經時駐歸棹〔三〕，日夕對平川〔四〕。莫論行子愁，且得主人賢〔五〕。亭上酒初熟，廚中魚每鮮〔六〕。自説宦游來〔七〕，因之居住偏〔八〕。煑鹽滄海曲，種稻長淮邊〔九〕。四時常晏如〔一〇〕，百口無饑年。菱芋藩籬下〔一一〕，漁樵耳目前〔一二〕。異縣少朋從〔一三〕，我行復迍邅〔一四〕。向不逢此君〔一五〕，孤舟已言旋〔一六〕。明日又分首〔一七〕，風濤還眇然〔一八〕。

【注釋】

〔一〕漣上：　漣水縣。舊唐書地理志：　泗州有漣水縣。在今江蘇省漣水縣北。高適東征賦云：「歲在甲申，（天寶三載）秋窮季月，高子游梁既久，方適楚以超忽。」乃自商丘乘舟沿通濟渠東下，渡淮而至漣水縣，次年秋將歸時作此詩。　〔二〕趣：　趨。　〔三〕經時：　歷時，過了相當長的時間。高適於天寶三年秋末冬初至漣水縣，至次年秋方歸。駐歸棹：　止歸舟。意謂就此住下。　〔四〕日夕句：　謂朝暮面對淮水。唐代淮水下游由漣水縣入海。

〔五〕主人：指樊君。〔六〕亭上二句：點題「水亭」。并寫主人之賢，以魚酒相待。以上八句寫舟至漣上，寄居樊氏水亭。〔七〕宦游來：做官來此。〔八〕因之句：謂因此居此偏僻之地。〔九〕煑鹽二句：謂近海從事煮鹽，引淮溉田種稻。〔一〇〕晏如：安然。〔一一〕菱芋句：謂籬旁池中有菱有芋。〔一二〕漁樵句：眼前常見漁夫樵子。以上八句言主人樊君自述去官歸隱後的安樂生活。〔一三〕少朋從：少朋友。〔一四〕迍邅：難行不進貌。〔一五〕向：昔，從前。此君：指樊君。〔一六〕言旋：言歸。言，語助詞。〔一七〕分首：謂別離。〔一八〕風濤：風波。謂歸途仍走水路。眇然：長遠貌。此次歸時在秋天，見漣上別王秀才詩。以上六句告別。

寄宿田家

田家老翁住東陂〔一〕，説道平生隱在兹。鬢白未曾記日月〔二〕，山青每到識春時〔三〕。門前種柳深成巷，野谷流泉添入池。牛壯日耕十畝地，人閑常掃一茅茨〔四〕。客來滿酌清尊酒〔五〕，感興平吟才子詩〔六〕。巖際窟中藏鼹鼠〔七〕，潭邊竹裏隱鸕鷀〔八〕。村墟日落行人少〔九〕，醉後無心怯路岐〔一〇〕。今夜只應還寄宿〔一一〕，明朝拂曙與君辭〔一二〕。

【注釋】

〔一〕陂(bēi 碑):説文:「阪也。」釋名:「山旁曰陂,言陂陁也。」　〔二〕鬢白句:言老了還不知度過幾許日月。　〔三〕山青句:謂每到山色變青才知春天又至。　〔四〕人閑句:謂閑居無事常打掃茅屋。茨(cí 慈):用茅草或葦子蓋房。此作茅屋解。　〔五〕清尊酒:指自釀甜酒。　〔六〕感興(xìng 幸):興來之時。平吟:閑吟。　〔七〕鼹(yǎn 掩)鼠:俗叫「地排子」,一種哺乳類的食蟲動物,長五寸許,毛黑褐色,眼極小,趾有鈎爪,善掘土,住在土中。　〔八〕鸕鷀(lú cí 盧慈):水鳥名,俗名「魚鷹」、「水老鴉」,羽毛黑色,有緑光,善潛水取魚,漁人常用以捕魚。以上十二句寫田家老翁的生活和農村景物。　〔九〕村墟:村落。　〔一〇〕醉後句:謂醉後頭腦不清,怕走錯路。怯路岐:怕走上岔道。岐,借爲歧。　〔一一〕寄宿:暫時留宿。　〔一二〕拂曙:天初明之時。辭:告別。以上四句寫寄宿。

題李別駕壁〔一〕

去鄉不遠逢知己,握手相歡得如此。禮樂遥傳魯伯禽〔二〕,賓客争過魏公子〔三〕。酒筵暮散明月上〔四〕,櫪馬長鳴春風起〔五〕。一生稱意能幾人〔六〕? 今日從君問終始〔七〕。

【注釋】

〔一〕別駕：官名。漢置，爲州刺史佐史，亦稱別駕從事史。從刺史行部，別乘傳車，故謂之別駕。新唐書百官志：「武德元年，改太守曰刺史，加使持節，丞曰別駕。十年，改雍州別駕曰長史。高宗即位，改別駕皆爲長史。上元二年，諸州復置別駕，以諸王子爲之。永隆元年省，永淳元年復置。景雲二年，始參用庶姓。天寶元年，改刺史曰太守。八載，諸郡廢別駕；下郡置長史一員。上元二年，諸州復置別駕。」按：此詩第三四句以魯伯禽、魏公子比李別駕，則李別駕當是諸王子。〔二〕禮樂句：意謂能如魯伯禽之得傳禮樂。史記魯周公世家：「（周公）於是卒相成王，而使其子伯禽代就封於魯。……（周公卒後），於是成王乃命魯得郊，祭文王。魯有天子禮樂者，以褒周公之德也。」

〔三〕賓客句：意謂能如信陵君之仁而下士。史記信陵君列傳：「魏公子無忌者，魏昭王少子，而魏安釐王異母弟也。……公子爲人，仁而下士，士無賢不肖，皆謙而禮交之，不敢以其富貴驕士，士以此方數千里爭往歸之。」以上二句寫李別駕的身份和品德。〔四〕酒筵句：謂堂設華筵。〔五〕𩣡馬句：謂𩣡有名馬。〔六〕稱意：適合心意。稱，讀去聲。〔七〕問終始：問首尾，問其究竟。

送楊山人歸嵩陽

不到嵩陽動十年〔一〕，舊時心事已徒然〔二〕。一二故人不復見，三十六峯猶眼前〔三〕。夷門二月柳條色〔四〕，流鶯數聲淚沾臆。鑿井耕田不我招，知君以此忘帝力〔五〕。山人好去嵩陽路〔六〕，惟余眷眷長相憶〔七〕。

【注釋】

〔一〕嵩陽：舊唐書地理志河南府：登封，隋嵩陽縣。登封元年十二月改爲登封縣。神龍元年二月，改爲嵩陽。二年十一月，復爲登封。動：動輒。　〔二〕舊時句：意謂舊有隱居嵩陽之志，今已成空。徒然：白白地。〔三〕三十六峯：清一統志：「嵩山三十六峯，東曰太室，西曰少室。」以上四句寫久別嵩陽。　〔四〕夷門：見上古大梁行：注〔一四〕。據説古人大梁夷門在今開封北門處。　〔五〕鑿井二句：意謂山人躬耕而食，不知皇帝的恩澤。帝王世紀：「帝堯登帝位，天下大和，百姓無事，有八十老人擊壤於道。觀者嘆曰：『大哉，帝之德也！』老人歌曰：『吾日出而作，日入而息；鑿井而飲，耕田而食，帝何力於我哉！』」不我招：謂不招我去一同耕鑿。忘帝力：即「帝何力於我」之意。　〔六〕好：猶善也。珍重囑咐之辭。好去，猶言平安歸去。　〔七〕眷眷：通睠，心存向往眷戀之意。憶：想念，讀入聲。以上六句送別。

東平路作三首〔一〕

其一

南圖適不就〔二〕，東走豈吾心〔三〕。索索凉風動〔四〕，行行秋水深。蟬鳴木葉落，茲夕更愁霖〔五〕。

【注釋】

〔一〕東平：見後東平別前衛縣李寀少府注〔一〕。〔二〕南圖句：謀南行而未果。莊子逍遥游：「而後乃今將圖南。」圖，謀。適：方才。就：成。〔三〕東走：謂東行至汶陽。豈吾心：謂非己所願。〔四〕索索：猶瑟瑟，風聲。〔五〕愁霖：不停的秋雨。霖，説文：「雨三日以往。」第一首寫新秋東行，舟中遇雨。

其　二

明時好畫策〔一〕，動欲干王公〔二〕。今日無成事〔三〕，依依親老農〔四〕。扁舟向何處？吾愛汶陽中〔五〕。

【注釋】

〔一〕明時：清明太平時代。好畫策：喜爲時事出謀獻策，即好談王霸之略。史記魯仲連傳：「魯仲連者，齊人也。好奇偉俶儻之畫策。」〔二〕動：動輒，往往。干王公：謂欲以奇策求王公大臣的重用。〔三〕無成事：無所成就，指入仕不成。〔四〕依依：眷戀，依戀。親老農：親近農夫。〔五〕汶陽：本春秋時魯地，在今山東省寧陽縣東北五十四里。左傳僖公元年：「公賜季友汶陽之田。」又成公二年：「齊人歸我汶陽之田。」第二首寫所往之地與懷才不遇之感。

其　三

清曠涼夜月，徘徊孤客舟。渺然風波上〔一〕，猶夢前山秋。秋至復搖落〔二〕，空令行者愁。

【注釋】

〔一〕渺然：水長遠貌。漢書王褒傳：「渺然絶俗離世哉。」注：「師古曰：渺然，高遠之意。」〔二〕夢：底本作「愛」，下注：「一作夢」，是。搖落：草木凋零貌。第三首寫月夜孤舟客子的悲涼心情。

東平路中遇大水〔一〕

天災自古有，昏墊彌今秋〔二〕。霖霪溢川原〔三〕，澒洞涵田疇〔四〕。指途適汶陽〔五〕，挂席經蘆洲〔六〕。永望齊魯郊〔七〕，白雲何悠悠〔八〕。傍沿鉅野澤〔九〕，大水縱横流。蟲蛇擁獨樹〔一〇〕，麋鹿奔行舟〔一一〕。稼穡隨波瀾〔一二〕，西成不可求〔一三〕。室居相枕藉〔一四〕，蛙黽聲啾啾〔一五〕。仍憐穴蟻漂，益羨雲禽游〔一六〕。農夫無倚着〔一七〕，野老生殷憂〔一八〕。聖主當深仁〔一九〕，廟堂運良籌〔二〇〕。倉廩終爾給〔二一〕，田租應罷收〔二二〕。我心胡鬱陶〔二三〕，征旅亦悲愁〔二四〕。縱懷濟時策〔二五〕，誰肯論吾謀〔二六〕。

【注釋】

〔一〕東平：見上東平路作三首注〔一〕。　〔二〕昏墊（diàn 店）：書益稷謨：「洪水滔天，浩浩懷山襄陵，下民昏墊。」僞孔傳：「言天下民昏瞀墊溺皆困水災。」疏：「瞀者，眩惑之意，故言昏瞀。墊是下濕之名，故爲溺也。言天下之人，遭此大水。精神昏瞀迷惑，無有所知；又苦沉溺，皆困此水灾也。」彌今秋：謂今秋更甚。彌，益、更加。

〔三〕霖霪（yín 淫），久雨。霖，説文：「雨三日已往。」霪，玉篇：「久雨也。」溢：充滿而流出。　〔四〕澒（hǒng 洪）洞：相連貌。杜甫自京赴奉先縣咏懷：「澒洞不可掇。」仇注：「淮南子：『夫有天地，鴻濛澒洞。』許慎注：『澒，讀作項。』周伯温曰：『氣澒洞未分之貌。』」涵：説文：「水澤多也。」玉篇：「没也。」田疇：田地。

〔五〕指途句：謂途程指向汶陽。適，往。　〔六〕挂席：挂帆。木華海賦：「挂帆席。」注：「劉熙釋名曰：隨風張幔曰帆，或以席爲之，故曰帆席也。」　〔七〕永望：長望，遠望。齊魯郊：齊魯鄉。汶陽爲齊魯交界處。左傳成公二年：「齊人歸我汶陽之田。」　〔八〕悠悠：長遠貌。以上八句點題東平路中遇大水。　〔九〕傍沿：傍：説文：「近也。」沿：順着。説文：「緣水而下也。」鉅野澤：澤名。即禹貢之大野，濟水故瀆所入。爾雅釋地：「魯有大野。」在山東鉅野縣北五里。此澤面積甚廣，元末爲黄河所決，遂涸。　〔一〇〕擁：抱。

〔一一〕麋（mí 迷）：獸名，似鹿而大，牡者青黑色，牝者褐色，目下有兩孔，能夜視。奔行舟：跑上船來。

〔一二〕稼穡（jià sè 架瑟）：莊稼。種谷曰稼，收谷曰穡，故稼穡爲農事之總稱。波瀾：猶波浪。爾雅釋水：「大波爲濫。」〔一三〕西成：尚書堯典：「平秩西成。」秋季的方位在西，其時農作物成熟，故秋收曰西成。不可求：没有指望。〔一四〕室居：指居民。相枕藉：謂民溺死甚多，縱横相枕。〔一五〕黽：蛙類。爾雅釋魚：「在水者黽。」注：「耿黽也，似青蛙，大腹，一名士鴨。黽音猛。」此即指青蛙。啾啾：蛙鳴聲。〔一六〕雲禽：空中之鳥。此句謂羡慕飛鳥游於空際而免受水災。〔一七〕農夫句：謂農民無家可歸。倚着：依附。〔一八〕野老：老農。殷憂：深憂。以上十二句描寫農村驚心駭目的水災景象和農民的苦難生活。〔一九〕聖主：聖明天子。深仁：大仁。〔二〇〕廟堂：朝廷。運：使用。良籌：善策。〔二一〕倉廩（lǐn 檁）：糧倉。爾給：給爾，指開倉賑濟。〔二二〕田租句：謂應免收田租。罷：停。〔二三〕胡鬱陶：何以如此哀傷？尚書五子之歌：「鬱陶乎予心。」僞孔傳：「鬱陶，言哀思也。」〔二四〕征旅：行客，指同舟的旅客。〔二五〕濟時策：救世的辦法。〔二六〕論吾謀：重視我的謀略。以上八句表示對農民疾苦的深切同情。

東平别前衛縣李寀少府〔一〕

黄鳥翩翩楊柳垂〔二〕，春風送客使人悲。怨别自驚千里外〔三〕，論交却憶十年時〔四〕。雲開汶水孤帆遠〔五〕，路繞梁山匹馬遲〔六〕。此地從來可乘興〔七〕，留君不住益凄其〔八〕。

【注釋】

〔一〕東平：舊唐書地理志：「鄆州，天寶元年改鄆州爲東平郡。」在今山東東平縣。衛縣：在今河南省濬縣西南五十里。〔二〕黄鳥：詩葛覃：「黄鳥於飛。」傳：「黄鳥，摶黍也。」疏：「郭璞曰：『俗呼黄離留，亦名摶黍。』陸璣疏云：『黄鳥，黄鸝留，或謂之黄栗留，幽州人謂之黄鸎。』」翩翩：文選張華鷦鷯賦：「翩翩然有以自樂也。」注：「翩翩，自得之貌。」毛詩：『翩翩者鵻。』」首二句寫送別情景。〔三〕怨別句：謂遠在離家千里之外送別，情尤難堪。〔四〕論交句：謂回憶初交距今已是十年。〔五〕雲開句：謂李少府由汶水乘舟前去，目送孤帆，惟覺其遠。汶水：即大汶河。〔六〕路繞句：謂已繞梁山陸路匹馬獨行，緩緩而歸。此二句既狀景物，又寫別情。梁山：在山東東平縣西南五十里。〔七〕此地：指東平。乘興：世説新語任誕：「王子猷（徽之）居山陰，夜大雪，眠覺，開室命酌酒，四望皎然，因起彷徨，咏左思招隱詩，忽憶戴安道，時戴在剡，即便夜乘小船就之。經宿方至，造門不前而返，人問其故。王曰：『吾本乘興而行，興盡而返，何必見戴。』」此爲縱情游賞之意。〔八〕凄其：詩緑衣：「凄其以風。」傳：「凄，寒風也。」按：凄其猶言凄然，謂心情悲凉。

魯郡途中遇徐十八録事〔一〕時此公學王書嗟别

誰謂嵩潁客〔二〕，遂經鄒魯鄉〔三〕。前臨少昊墟〔四〕，始覺東蒙長〔五〕。獨行豈吾心，懷古激中腸〔六〕。聖人久已矣〔七〕，游夏遥相望〔八〕。徘徊野澤間，左右多悲傷。日出見闕里〔九〕，川平知汶陽〔一〇〕。弱冠負高節，十年思自强〔一一〕。終然不得意〔一二〕，去去任行藏〔一三〕。

【注釋】

〔一〕魯郡：舊唐書地理志：「天寶元年，改兖州爲魯郡。」録事：舊唐書職官志：州縣官員有司録參軍二人，録事四人。〔二〕嵩：嵩山，在河南登封縣北，古曰外方，亦曰太室，又名嵩高。潁：潁水，出河南登封縣西境潁谷。嵩潁客：高適自謂。〔三〕鄒：山東鄒縣。孟子鄒人。魯：周國名，周公旦所封，都於曲阜。今山東曲阜縣。孔子魯人。〔四〕少昊墟：皇甫謐帝王世紀曰：「少昊帝，是爲玄囂，降居江水，有聖德，邑於窮桑，以登帝位，都曲阜。」墟：故城。〔五〕東蒙：即蒙山。論語季氏：「昔者先王以爲東蒙主。」疏：「蒙山在東，故曰東蒙。」在今山東蒙陰縣南，接費縣界。以上四句言經鄒魯鄉。〔六〕激中腸：内心激動。〔七〕聖人：指孔子。久已矣：謂去世已久。〔八〕游夏：子游、子夏，皆孔子弟子，長於文學。論語先進：「文學：子游、子夏。」此以游夏喻己和徐録事。遥相望：遠相對。望，讀平聲。〔九〕闕里：漢書梅福傳：「仲尼之廟，不出闕里。」注：「師古曰：闕里，孔子舊里也。」在山東曲阜縣城中。〔一〇〕川：指泗水。汶陽：漢魯縣。隋改爲汶陽，又改爲曲阜。以上八句懷古。〔一一〕十年句：蓋指開元二十三年應制科試失利，至此時又十年。詩當作於天寶四載（公元七四五年）。〔一二〕終然：既然。〔一三〕行藏：論語述而：「用之則行，舍之則藏。」注：「孔曰：『言可行則行，可止則止。』」聽其自然之意。以上四句抒憤。

途中寄徐録事比以王書見贈

落日風雨至，秋天鴻雁初〔一〕。離憂不堪比〔二〕，旅館復何如〔三〕？君又幾時去〔四〕？我知音信疎〔五〕。空多篋中贈，長見右軍書〔六〕。

【注釋】

〔一〕秋天句：謂秋季鴻雁初來之時。禮記月令：「孟秋之月，……盲風至，鴻雁來。」以上二句點出時間季節，以落日、風雨、秋天、鴻雁渲染氣氛。〔二〕離憂：別離之愁。不堪比：不可比擬，極言其甚。〔三〕旅館句：進一層説，又何況是在旅舍。復何如：又如何？以上二句寫自己在旅途中。〔四〕君又句：轉到對方，點題「寄」字。〔五〕我知句：謂料想此後通信不易，難以互慰相思之苦。〔六〕空多二句：謂對所贈之王書，當時時展玩。點題「以王書見贈」並有見物如見人之意。多：作動詞用。漢書灌夫傳：「士以此多之。」注：「師古曰：多猶重之。」篋：箱。右軍書：晉王羲之，爲右軍將軍，會稽内史，世稱王右軍，草隸爲古今之冠。論者稱其筆勢飄若游雲，矯若驚蛇。每自謂「我書比鍾繇當抗行（衡），比張芝草猶當雁行也。」

奉酬北海李太守丈人夏日平陰亭〔一〕

天子股肱守〔二〕，丈人山嶽靈〔三〕。出身侍丹墀〔四〕，舉翮凌青冥〔五〕。當昔皇運否〔六〕，人神俱未寧。諫官莫敢議，酷吏方專刑〔七〕。谷永獨言事〔八〕，匡衡多引經〔九〕。兩朝納深衷〔一〇〕，萬乘無不聽〔一一〕。盛烈播南史〔一二〕，雄詞豁東溟〔一三〕。誰謂整隼旗〔一四〕，翻然憶柴扃〔一五〕。寄書汶陽客〔一六〕，回首平陰亭。開封見千里〔一七〕，結念存百齡〔一八〕。隱軫江山麗〔一九〕，氛氲蘭茝馨〔二〇〕。自憐遇時休〔二一〕，漂泊隨流萍。春野變木德〔二二〕，夏天臨火星〔二三〕。一生徒羨魚〔二四〕，四十猶聚螢〔二五〕。從此日閑放，焉能懷拾青〔二六〕。

【注釋】

〔一〕北海：舊唐書地理志：「天寶元年，改青州爲北海郡。」治益都，即今山東益都縣。李太守：李邕。舊唐書李邕傳：邕，廣陵江都人。李善子，善注文選，邕補益之，附事見義，兩書並行。玄宗時，官北海太守，世稱李北海。善書，文名滿天下，尤長碑頌。天寶六年正月，爲李林甫所害，時年七十餘。（按：七十三。見千唐誌齋藏石）丈人：對長者的尊稱。論語微子：「遇丈人。」平陰亭：亭名，不詳。平陰唐屬東平郡，故治在今山東平陰縣東北。

〔二〕股肱守：尚書益稷：「帝曰：臣作朕股肱耳目。」以人體爲喻，君爲元首，臣爲股肱耳目。李太守，指李邕。

〔三〕丈人句：謂李邕乃秉山嶽之靈氣。詩崧高：「維嶽降神，生甫及申。」朱熹集傳：「言嶽山高大，而降其神靈和氣，以生甫侯、申伯。」〔四〕出身句：謂出仕曾任左拾遺。舊書本傳云：「長安初，内史李嶠及監察御史張廷珪，并薦邕詞高行直，堪爲諫諍之官，由是召拜左拾遺。」侍丹墀：爲朝廷侍臣。宫殿階上地以丹漆塗之，故以丹墀，指朝廷。〔五〕舉翮句：謂李邕顯達，如鳥之一舉冲天。翮（hé 核）：翅。凌：升。青冥：天。〔六〕皇運否：指武則天時代。皇運：唐朝的國運。否（pǐ 痞）：壞。封建時代認爲武則天篡唐，故云。〔七〕酷吏句：謂武則天重用酷吏來俊臣、周興、索元禮等，前後羅織各種罪名，誅人不可勝計。〔八〕谷永句：漢書谷永傳，永，字子雲，長安人。漢成帝時，前後上書四十餘件，專攻皇帝及其後宮。熟於經書，善言災異。〔九〕匡衡句：漢書匡衡傳：匡衡，字稚圭，東海承人。父世農夫，至衡，好學，家貧，庸作以供資用。善説詩，諸儒爲之語曰：「無説詩，匡鼎來。匡説詩，解人頤。」累官至太子少傅，朝廷有政議，輒引經以對。以上二句以谷永、匡衡喻李邕。〔一〇〕兩朝句：指武則天及中宗朝。舊唐書李邕傳（武后長安四年十一月）：「御史中丞宋璟奏侍臣張昌宗兄弟有不順之言，請付法推斷。則天初不應，邕在階下進曰：『臣觀宋璟之言，事關社稷，望陛下可其奏。』則天色稍解，始允宋璟所請。」又載孔璋上書云：「往者張易之用權，人畏其口，而邕折其角；韋氏恃勢，言出禍應，而邕挫其鋒。」〔一一〕萬乘：周制天子地方千里，出兵車萬乘。後世因稱天子爲萬乘。聽：聽從，接納。〔一二〕盛烈句：謂李邕的壯烈行爲已傳之史册。播：傳揚。南史：左傳襄公二十五年：齊國大夫崔杼弒齊莊公，「太史書曰：『崔杼弒其君。』崔子殺之。其弟嗣書，而死者二人，其弟又書，乃舍之。南史氏聞太史盡死，執簡以往，聞既書矣，乃還。」〔一三〕雄詞句：謂李邕的雄文深如東海。李邕傳：「邕早擅才名，尤長碑頌，雖貶職在外，中朝衣冠及天下寺觀，多齎持金帛，往求其文，前後所製，凡數百首，受納饋遺，亦至鉅萬。」豁：文選左思蜀都賦：「豁險吞若巨防。」劉注：「豁，深貌。」東溟：東海。以上十四句敍李邕的立朝大節。〔一四〕誰謂句：猶言誰云堂堂太守。整：禮記月令：「整設於屏外。」注：整，正列也。」隼旟（sǔn yú 損余）：畫隼於正幅之上的旗幟。隼：即鶚，凶猛善飛。唐詩多以隼旟代指太守。如權德輿送商州杜中丞赴任：「深山古驛分驄騎，芳草閑雲逐隼旟。」白居易贈沙鷗：「沙鷗不知我，猶避隼旟飛。」（時白居易爲杭州刺史）。劉禹錫泰娘歌：「風流太守韋尚書，路旁忽見停隼旟」等皆是。

〔一五〕翻然句：意謂反而想念柴門中的布衣。柴扃（jiōng 窘）：柴門，貧者之屋以柴爲門。此係高適自謂。

〔一六〕寄書句：高適時客汶陽，故自稱汶陽客。李邕寄書并詩相邀。〔一七〕開封句：謂開啓書函如見故人於千里之外。〔一八〕結念句：謂相念之意畢生長存。百齡：百年，猶言一輩子。〔一九〕隱軫：文選左思蜀都賦：「爾乃邑居隱賑。」注：「隱，盛也。賑，富也。」賑（zhěn 枕）：通軫。此句謂李邕所在地江山富饒秀麗。

〔二〇〕氛氳句：謂李邕之德如蘭茝之香。以上八句，敍李邕寄書及詩。〔二一〕時休：明時盛世。休：美。

〔二二〕春野句：謂春季已去。木德：禮記月令：「某日立春，盛德在木。」按：以五行配四季，春季屬木，故云木德。

〔二三〕夏天句：謂夏季已至。火星：禮記月令：「某日立夏，盛德在火。」按：夏季屬火，故稱火星。

〔二四〕徒羨魚：空想入仕。淮南子說林訓：「臨河而羨魚，不如歸家織網。」〔二五〕聚螢：晉書車胤傳：「（胤）恭勤不倦，博學多通，家貧，不常得油，夏月則練囊盛數十螢火以照書，以夜繼日焉。」按：此詩蓋作於天寶五載夏，時高適年已四十五，詩言四十，取其整數耳。〔二六〕拾青：漢書夏侯勝傳：「始勝每講授，常謂諸生曰：士病不明經術，經術苟明，其取青紫如俛拾地芥耳。」注：「師古曰：地芥，謂草芥之横在地上者，俛而拾之，言其易而必得也。青紫，卿大夫之服也。」按：後漢書輿服志：「公侯將軍紫綬。」又云：「九卿中二千石、二千石青綬。」此句意謂已不作拾青紫之想。懷：思念，想望。以上八句自敍長期漂泊。

贈別王十七管記〔一〕

故交吾未測〔二〕，薄宦空年歲〔三〕。晚節蹤曩賢〔四〕，雄詞冠當世。堂中皆食客〔五〕，門外多酒債〔六〕。產業曾未言〔七〕，衣裘與人敝〔八〕。飄飄戎幕下〔九〕，出入關山際〔一〇〕。轉戰經壯心〔一一〕，立談有邊計〔一二〕。雲沙自迴合，天海空迢遞〔一三〕。星高漢將驕〔一四〕，月盛胡兵鋭〔一五〕。沙深泠陘斷〔一六〕，雪暗遼陽閉〔一七〕。亦謂掃欃槍〔一八〕，旋驚陷蜂蠆〔一九〕。歸旌告東捷，鬬騎傳西敗〔二〇〕。遥飛絶漠書〔二一〕，已築長安第〔二二〕。畫龍俱在葉〔二三〕，寵鶴先居衛〔二四〕。勿辭部曲勳〔二五〕，不藉將軍勢〔二六〕。相逢季冬月，悵望窮海裔〔二七〕。折劍留贈人，嚴裝遂云邁〔二八〕。我行將悠紆〔二九〕，及此還羈滯〔三〇〕。曾非濟代謀〔三一〕，且有臨深誡〔三二〕。隨波混清濁，與物同醜麗〔三三〕。眇憶青巖棲〔三四〕，寧忘褐衣拜〔三五〕。自言愛水石〔三六〕，本欲親蘭蕙〔三七〕。何意薄松筠〔三八〕。翻然重菅蒯〔三九〕。恒深取與分〔四〇〕，孰慢平生契〔四一〕。款曲雞黍期〔四二〕，酸辛别離袂〔四三〕。逢時愧名節〔四四〕，遇坎悲淪替〔四五〕。適趙非解紛，游燕往無説〔四六〕。浩歌方振蕩〔四七〕，逸翮思凌勵〔四八〕。倏若异鵬摶〔四九〕，吾當學蟬蜕〔五〇〕。

【注釋】

〔一〕管記：管理文牘的官名。南史陸玠傳：「弘雅有識度，好學能屬文，後主在東宫，征爲管記。」此詩就其内容看，當作於天寶十載冬。〔二〕故交：老友，指王十七。未測：未能測度。〔三〕薄宦：猶言冷官。空年歲：白白地多歷年所。〔四〕晚節：老年。蹤：作動詞用，追蹤。曩賢：昔賢。〔五〕堂中：家中。食客：寄食的賓客。〔六〕酒債：買酒所欠之債。〔七〕産業句：謂從來不談治理家産。〔八〕衣裘句：論語公冶長：「子路曰：願車馬衣輕裘，與朋友共，敝之而無憾。」詩即取此意。以上八句寫王十七的爲人和慷慨好客。〔九〕戎幕下：軍中。〔一〇〕關山際：邊塞間。〔一一〕轉戰句：意謂作戰有勇。〔一二〕立談句：意謂論戰有計。〔一三〕雲沙二句：形容邊塞雲沙迴合、天海寥闊。以上六句寫王十七從軍邊塞。〔一四〕星高：言太白星高。史記天官書：「（太白）出高，用兵深吉。」〔一五〕月盛：漢書匈奴傳：「舉事常隨月，盛壯以攻戰，月虧則退兵。」以上二句寫漢將驕，胡兵鋭。一驕一鋭，其勝敗可知。〔一六〕冷陘（xíng 刑）：山名，一作冷硎，在遼寧。舊唐書契丹傳：「契丹居潢水之南，黄龍之北，……東與高麗鄰，西與奚國接，南至營州，北至室韋。冷陘山在其國南，與奚西山相崎。」又奚國傳：「孫儉率兵十二萬以襲其部落，師次冷硎。」〔一七〕遼陽：漢書地理志：遼東郡有遼陽縣。故址在今遼陽縣西北。以上二句寫作戰雙方及時地。〔一八〕亦謂句：謂本云消滅敵人。欃（chán 讒）槍：爾雅釋天：「彗星爲欃槍。」〔一九〕旋驚句：謂反爲敵所敗。蜂蠆：左傳僖公二十二年：「公卑邾人，不設備而禦之。臧文仲曰：……君其毋謂邾小，蠭蠆有毒，而況國乎？」蠭即蜂。蠆：蝎子。〔二〇〕歸旌二句：謂虚傳捷報，實隱敗狀。資治通鑒：天寶十載八月，「安禄山將三道兵六萬以討契丹，以奚騎二千爲向導。過平盧千餘里，至土護真水（按：即今内蒙自治區的西拉木倫河。一説老哈河）遇雨。禄山引兵晝夜兼行三百餘里，至契丹牙帳。……奚復叛，與契丹合，夾擊唐兵，殺傷殆盡。射禄山中鞍，折冠簪失履，獨與麾下二十騎走。」此即詩「星高漢將驕」，以下八句所寫之事。〔二一〕遥飛句：謂纔發出遠度沙漠東征的文書。漠，底本作漢，形近而誤，據明活字本高常侍集改。後漢書西域傳：「命遣虎臣，浮河絶漠，窮破虜庭。」注：「沙土曰漠，直度曰絶也。」〔二二〕已築句：謂玄宗已下令在長安爲之建宅。資治通鑒：天寶九載冬十月，「（安禄山）請入朝，上命有司先爲起第於昭應。」又十載正月：「上命有司爲安禄山治第於親仁坊，敕令但窮壯麗，不限財力。」〔二三〕畫龍句：劉向新序雜事第五：「葉公子高好龍，鈎以寫龍，鑿以寫龍，屋宇雕文以寫龍，於是天龍聞而下之，窺頭於牖，施（一本作拖）尾於堂。葉公見之，棄而遠走，失其魂魄，五色無主。是葉公非好龍也，好夫似龍而非龍者也。」〔二四〕寵鶴句：左傳閔公二年：「衛懿公好鶴，鶴有乘軒者。」以上二句作者比唐玄宗爲只好假龍的葉公及愛鶴不愛人的衛懿公，對他的昏聵行爲進行諷刺。以上十二句寫安禄山征契丹的失敗和諷刺唐玄宗的昏聵。〔二五〕勿辭句：謂不争部屬的功勳。辭，説文：「訟也。」按：分争辯訟謂之辭。〔二六〕藉：借，依托。將軍：指安禄山。以上二句贊美王十七的耿介品質。〔二七〕相逢二句：言與王相遇時在季冬十二月，地在海邊。裔：邊。〔二八〕折劍二句：謂王以折劍贈人，治裝遠行。以上六句寫王十七不得志而歸隱。〔二九〕悠𥿋（miǎn免）：遥遠。𥿋同緬。穀梁傳莊公三年：「舉下，緬也。」釋文：「緬，遠也。」〔三〇〕羈滯：羈留。〔三一〕濟代謀：濟世的謀略。〔三二〕臨深誡：謂有失墜之戒。詩小旻：「如臨深淵。」傳：「恐隊（墜）也。」〔三三〕隨波二句：謂隨波逐流，混同醜美。〔三四〕眇憶：遠憶。楚辭哀郢：「眇不知其所蹠。」注：「眇，遠也。」青巖棲：棲於青山，謂歸隱。〔三五〕褐衣拜：穿褐衣而拜謁長官。以上八句作者自述其不得志的心情。〔三六〕自言：王十七自謂。愛水石：愛高潔。〔三七〕親蘭蕙：親君子。〔三八〕薄松筠：輕視松竹，此指有權勢者。〔三九〕翻然：反而。重菅蒯：重視茅草。菅，説文：「茅。」左傳成公九年：「雖有絲麻，毋棄菅蒯。」疏：「郭璞曰：菅，茅屬。……蒯與菅連，亦菅之類。」菅蒯，此爲高適自謙之詞。〔四〇〕恒深句：意謂王十七在取與的分際上是很慎重的。孟子萬章：「非其義也，非其道也，一介不以與人，一介不以取諸人。」漢書司馬遷傳：「臨財廉，取與義。」〔四一〕孰慢句：謂從來不輕忽平生之友。契：意志相合者。〔四二〕款曲：委曲盡情，熱情洋溢。鷄黍期：鷄黍之約，謂設饌相待。期，約。范雲贈張徐州謖詩：「恨不具鷄黍，得與故人揮。」〔四三〕酸辛句：謂又有離別的酸辛。別離袂：即分袂，指別離。以上八句寫王十七和作者的深厚友誼。〔四四〕逢時句：言遭遇明時而愧不能以名節自樹。〔四五〕遇坎句：言遇到挫折而自悲沉淪。坎：易坎「習坎」注：「坎，險陷之名也。」遇坎，謂失意，遭挫折。〔四六〕適趙二句：意謂此行無關國家大計和建功成名。適趙解紛用魯仲連解趙圍事。史記魯仲連列傳：「魯仲連者，齊人也。……秦兵遂東圍邯鄲。……魏王使客將軍新垣衍間入邯鄲，因平原君謂趙王曰……趙誠發使尊秦昭王爲帝，秦必喜，罷兵去。……魯仲連見新垣衍……彼即肆然而爲帝，過而爲政於天下，則連有蹈東海而死耳，吾不忍爲之民也。……新垣衍起，再拜謝曰，始以先生爲庸人，吾乃今日知先生爲天下之士也。吾請出，不敢復言帝秦。秦將聞之，爲却軍五十里。……平原君欲封魯連，魯連辭讓。……平原君乃置酒，酒酣起前，以千金爲魯連壽，魯連笑曰：所謂貴於天下之士者，爲人排患釋難解紛亂而無取也。」游燕無説（shuì税）用蘇秦故事。史記蘇秦列傳：「（秦）去游燕，歲餘而後得見説燕文侯。……於是六國從合而并力焉，蘇秦爲從約長，并相六國。」往：明活字本高常侍集作「獨」，較佳。〔四七〕浩歌：長歌。振蕩：振奮憤慨貌。〔四八〕逸翮：勁羽。凌勵：凌厲，奮迅無前貌。〔四九〕倏若：倘若。鵬搏：莊子逍遥游：「鵬之徙於南冥也，水擊三千里，摶扶摇而上者九萬里。」意謂高舉，顯達。〔五〇〕蟬蜕（tuì退）：史記屈原列傳：「蟬蜕於濁穢，以浮游塵埃之外。」指遠引避世。以上八句自抒失意的悲憤。

詠史〔一〕

尚有綈袍贈，應憐范叔寒〔二〕。不知天下士〔三〕，猶作布衣看〔四〕。

【注釋】

〔一〕詩借戰國時范雎故事以自抒其憤。〔二〕尚有二句：史記范雎列傳：范雎，戰國時魏人，字叔。事魏中大夫須賈，隨須賈使於齊，齊襄王聞雎辯口，使人賜雎金十斤及牛酒。既歸，以范雎通齊事告魏相，魏相使人笞擊雎，打折其脅，拉折其齒。雎佯死，逃入秦，更名張禄，爲秦相。後魏聞秦將伐韓魏，魏使須賈至秦，范雎敝衣赴客館相見，須賈驚曰：「范叔固無恙乎？」范雎曰：「然。」問：「今叔何事？」范雎曰：「爲人庸賃。」須賈哀之，留與飲食，曰：「范叔一寒如此哉！」乃取一綈袍賜之。後賈知范雎已爲秦相，乃往謝罪。范雎曰：「公之所以得無死者，以綈袍戀戀有故人之意。故釋公。」綈袍：以厚繒作的袍子。綈（tí 啼）：厚繒。〔三〕天下士：天下傑出的人才。史記魯仲連列傳：於是新垣衍起，再拜謝曰：「『始以先生爲庸人，吾乃今日知先生爲天下之士也。』」〔四〕布衣看：作爲平民看待。布衣，庶民。看，讀平聲，音堪。

田家春望

出門何所見？春色滿平蕪〔一〕。可嘆無知己，高陽一酒徒〔二〕！

【注釋】

〔一〕春色句：寫郊原一片春色。平蕪：雜草叢生的原野。〔二〕高陽句：史記酈生陸賈列傳：「酈生食其者，陳留高陽人也。好讀書，家貧落魄，無以爲衣食業，爲里監門吏，然縣中賢豪不敢役，縣中皆謂之狂生。」又朱建列傳中云：「初沛公引兵過陳留，酈生踵軍門上謁，曰：『高陽賤民酈食其，竊聞沛公暴露，將兵助楚討不義，願得望見，口畫天下便事。』……使者出謝曰：『沛公，方以天下爲事，未暇見儒人也。』酈生瞋目按劍叱使者曰：『走，復入言沛公，吾高陽酒徒也，非儒人也。』」高適以酈食其自喻，感嘆有酈生之才而無人見用。

別董大二首〔一〕

其一

十里黄雲白日曛〔二〕，北風吹雁雪紛紛〔三〕。莫愁前路無知己，天下誰人不識君。

【注釋】

〔一〕董大：李頎有聽董大彈胡笳聲兼寄語弄房給事詩。全唐詩云：「一本題作聽董庭蘭彈琴兼寄房給事」。則董大即董庭蘭。此詩「伯二五五二敦煌唐詩選殘卷」作別董令望。令望事迹不可考。從此詩的内容看，疑董大即董庭蘭，庭蘭在唐玄宗時代以琴藝蜚聲海内，受知於給事中房琯。舊唐書房琯傳：（天寶）五年正月，擢試給事中，賜爵漳南縣男。時玄宗企慕古道，數游幸近甸，乃分新豐縣置會昌縣於驪山下，尋改會昌爲昭應縣。又改温泉宫爲華清宫，於宫所立百司廨舍，以琯雅有巧思，令充使繕理。事未畢，坐與李適之、韋堅等善，貶宜春太守。」通鑒載其被貶事於天寶六載春正月。朱長文琴史卷四云：「當房公爲給事中也，庭蘭已出其門。」房琯既遭貶，庭蘭或因此去長安而至宋中，與高適相見。　〔二〕曛（xūn 熏）：日没時的餘光。　〔三〕紛紛：衆多、雜亂貌。沈祖棻唐人七絶詩淺釋：「高適此作，却以開朗的胸襟，豪邁的語調，來對付離别，激勵朋友。……在這荒寒而又壯闊的環境中，送别一位身懷絶藝却無人賞識的音樂家，在一般詩人的筆下，是難以發出什麽豪言壯語來相勸慰的。但這位氣質慷慨的詩壇老將，出人意外地寫出了『莫愁』兩句，頓覺天清地闊，前路光明。這也就是前人所說的『筆補造化天無功。』」所論頗中肯。

其　二

六翮飄颻私自憐〔一〕，一離京洛十餘年〔二〕。丈夫貧賤應未足〔三〕，今日相逢無酒錢〔四〕。

【注釋】

〔一〕六翮（hé 核）：韓詩外傳：「夫鴻鵠一舉千里，所恃者六翮耳。」翮：説文：「羽莖也。」此指翅膀。飄颻：隨風動蕩。此以鴻鵠自喻，謂己懷才不遇，猶如鴻鵠雖有六翮，而不能奮飛千里。〔二〕京洛：長安洛陽。此主要指長安。〔三〕應未足：應當不止於此，謂仍有用世之時。足：止。〔四〕今日句：言雖然今日相逢連沽酒餞别的錢也没有。三四兩句倒裝。

留别鄭三韋九兼洛下諸公〔一〕

憶昨相逢論久要〔二〕，顧君哂我輕常調〔三〕。羈旅雖同白社游〔四〕，詩書已作青雲料〔五〕。蹇質蹉跎竟不成〔六〕，年過四十尚躬耕〔七〕。長歌達者杯中物〔八〕，大笑前人身後名〔九〕。幸逢明盛多招隱〔一〇〕，高山大澤征求盡〔一一〕。此時亦得辭漁樵。青袍里身荷聖朝〔一二〕。犁牛釣竿不復見〔一三〕，縣人邑吏來相邀〔一四〕。遠路鳴蟬秋興發〔一五〕，華堂美酒離憂銷〔一六〕。不知何日更攜手〔一七〕，應念茲晨去折腰〔一八〕。

【注釋】

〔一〕此詩作於天寶八載授封丘尉在洛陽別友赴任時。鄭三：名不詳。韋九：劉長卿有客舍贈別韋九建赴任河南韋十七造赴任鄭縣就便覲省，其中韋建與此韋九未知是否一人。〔二〕憶昨句：回憶過去初遇結交之時。久要：論語憲問：「久要不忘平生之言。」注：「久要，舊約也。」疏：「言與人少時有舊約，雖年長貴達，不忘其言。」此指結交。要，讀去聲，與下調、料葉。〔三〕顧君句：念你曾笑我輕視以應常科入仕。顧，漢書霍去病傳：「顧方略何如耳，不至學古兵法。」注：「師古曰：顧，念也。」哂（shěn 審）：微笑。常調：殷璠河嶽英靈集論高適云：「性拓落，不拘小節，恥預常科。」常調，即常科，謂唐代例行的明經、進士科。〔四〕羈旅句：謂己客游猶如董京流落白社。羈旅：寄居作客。晉書董京傳：「初與隴西計吏俱至洛陽，被髮而行，逍遥吟咏，常宿白社中，時乞於市。」白社：地名，在今洛陽市東。水經注穀水：「穀水又東屈南逕建春門石橋下，即上東門也……又自樂里道屈而東出陽渠……水南即馬市，……北則白社故里。」〔五〕詩書句：意謂己文章能取得高位已在意料之中。青雲：喻高官。料：猜想，預料。以上四句憶昔自負。〔六〕蹇（jiǎn 剪）質：鈍質，拙笨之才。蹉跎：虚度時光。竟不成：毫無成就，指未能入仕。〔七〕躬耕：操勞農事。〔八〕達者：達觀的人。杯中物：指酒。

〔九〕前人：古人。身後名：死後留名。晋書張翰傳：「或謂之曰：『卿乃可縱適一時，獨不爲身後名邪？』答曰：『使我有身後名，不如即時一杯酒。』時人貴其曠達。」以上二句即暗用此典以抒其慨。以上四句言長期不遇。

〔一〇〕明盛：明時盛世。漢揚雄解嘲：「今吾子幸得遭明盛之世。」招隱：征求隱士。〔一一〕高山句：謂山巔水涯的隱士盡被征招。舊唐書高適傳：「宋州刺史張九皋深奇之，薦舉有道科。」有道科，是制舉。唐制天子自詔曰制舉，所以待非常之才。在常科明經、進士考試之外的特科考試。〔一二〕此時二句：謂由於道科中第，任封邱縣尉，時在天寶八載。辭漁樵：離去打魚採樵生活。青袍裹身，身穿青袍。唐制八品九品官服青袍，縣尉爲從九品，故云。〔一三〕犂牛（lí離）：黄黑雜色的耕牛。不復見：謂舍棄不用。〔一四〕相邀：相迎。以上六句言應制科中第，出任縣尉。〔一五〕遠路句：謂一路行來，蟬聲助人秋興。高適應舉時在三伏，授官則至初秋。見下答侯少府詩。〔一六〕華堂句：謂與鄭三、韋九及洛下諸公宴别，飲酒解離别之憂。〔一七〕攜手：握手，相見。〔一八〕折腰：謂拜。蕭統陶淵明傳：淵明爲彭澤令，「歲終，會郡遣督郵至，縣吏請曰：『應束帶見之。』淵明嘆曰：『我豈能爲五斗米，折腰向鄉里小兒！』即日解綬去職。」此以任小吏爲慚。以上四句留别。

送兵到薊北〔一〕

積雪與天迥〔二〕，屯軍連塞愁〔三〕。誰知此行邁，不爲覓封侯〔四〕。

【注釋】

〔一〕高適任封丘尉，於天寶九載冬送兵到薊北清夷軍。〔二〕積雪句：謂薊北積雪遠與天接。迥：遠。〔三〕屯軍句：謂屯戍處連接邊塞，一片愁慘。屯軍：駐防邊塞的軍隊。〔四〕誰知二句：意謂此次遠行祇是送兵，不是從軍出征建立封侯的功勳。邁：説文：「遠行也。」

使青夷軍入居庸三首〔一〕

其一

匹馬行將久〔二〕，征途去轉難〔三〕。不知邊地別〔四〕，祇訝客衣單〔五〕。溪冷泉聲苦〔六〕，山空木葉乾〔七〕。莫言關塞極，雲雪尚漫漫〔八〕。

【注釋】

〔一〕青夷軍，當作清夷軍。通典卷一七二州郡二：「范陽節度使：制臨奚、契丹，統經略軍、威武軍、清夷軍、恒陽軍、北平軍、高陽軍、唐興軍、横海軍。」清夷軍在嬀川郡城内。嬀川郡在今河北懷來縣東。居庸：關名，在河北昌平縣西北，關門南北相距四十里，兩山夾峙，巨澗中流，懸崖峭壁，稱爲險絶，即吕氏春秋九塞之一。〔二〕匹馬：謂單人獨騎。將：且。〔三〕征途句：謂入居庸關回去的路愈走愈艱難。〔四〕不知句：謂不知邊地的氣候與内地不同。〔五〕衹訝（yà 亞）：只是驚怪。客衣單：行客（作客自謂）衣服單薄。〔六〕溪冷句：寫泉聲悽咽，爲耳聞。〔七〕山空句：寫木葉乾枯，爲眼見。二句承上「邊地別」而言。〔八〕莫言二句：意謂此處雖非關塞終極之地，但猶有漫漫無際的雲雪，爲下一首「冰雪馬堪遲」張本。此詩寫使青夷軍回入居庸關時情景。

其二

古鎮青山口〔一〕，寒風落日時〔二〕。巖巒鳥不過〔三〕，冰雪馬堪遲〔四〕。出塞應無策〔五〕，還家賴有期〔六〕。東山足松桂〔七〕，歸去結茅茨〔八〕。

【注釋】

〔一〕古鎮：指居庸關。〔二〕寒風句：寫入關時的時間氣候。〔三〕巖巒句：謂山峯高峻，鳥飛不過。〔四〕冰雪句：謂冰雪封路，馬行甚緩。朱駿聲説文通訓定聲云：「堪借爲甚。」〔五〕出塞句：謂此行雖出塞而無立功機會，暗點只爲送兵而來。〔六〕還家句：謂即將還家。賴：恃。〔七〕東山句：謂東山多有松樹和桂樹。可以歸隱。東山：用謝安高臥東山故事。孫盛晋陽秋云：安家於會稽上虞縣東山，優游山林六七年，聞徵召不至。松桂：孔稚圭北山移文云：「誘我松桂，欺我雲壑。」楚辭招隱士云：「攀援桂枝兮聊淹留」。皆以松桂表示隱士盤桓之處。〔八〕結：蓋，建築。茅茨：茅屋。此詩寫入關征途艱難，欲棄官歸隱。

其　三

登頓驅征騎〔一〕。棲遲愧寶刀〔二〕。遠行今若此〔三〕，微禄果徒勞〔四〕。絶坂水連下〔五〕，群峯雲共高〔六〕。自堪成白首〔七〕，何事一青袍〔八〕？

【注釋】

〔一〕登頓：謝靈運過始寧墅：「山行窮登頓。」李周翰注：「登頓謂上下也。」征騎（jì計）：遠行的馬。

〔二〕棲遲：游息。愧寶刀：謂無用武之地。〔三〕遠行句：承上「登頓」句。〔四〕微禄句：承上「棲遲」句。〔五〕絶坂：極高的山坡。水連下：水不斷地下流。〔六〕群峯句：謂衆山峯高入雲霄。〔七〕自堪句：謂跋涉之勞與苦悶的心情能使人衰老。堪：能。〔八〕何事句：謂作一名從九品的縣尉小官有什麽作爲和出路。此詩寫入關後的感慨。

薊中作〔一〕

策馬自沙漠〔二〕，長驅登塞垣〔三〕。邊城何蕭條〔四〕，白日黄雲昏〔五〕。一到征戰處，每愁胡虜翻〔六〕。豈無安邊書〔七〕，諸將已承恩〔八〕。惆悵孫吳事，歸來獨閉門〔九〕。

【注釋】

〔一〕薊中作：文苑英華作送兵還作。薊中：指薊城：水經注灅水：「灅水又東北逕薊縣故城南。……昔周武王封堯後於薊，今城内西北隅有薊丘，因丘以名邑也。猶魯之曲阜，齊之營丘矣。武王封召公之故國也。」按：薊縣故城在今河北盧溝橋北。〔二〕策馬句：謂自塞外騎馬而歸。〔三〕塞垣：指薊城。〔四〕蕭條：荒涼冷落。〔五〕白日句：寫風沙飛揚，雲日暗淡。〔六〕胡虜翻：胡人叛亂。胡虜，指東北少數民族奚、契丹。翻，反覆，叛亂。〔七〕安邊書：安定邊境的書疏。〔八〕諸將句：謂天子寵信諸將，不能採納其言。詩人於此對唐玄宗寵信安禄山表示不滿。沈德潛云：「言諸將不知邊防，雖有策無可陳也。乃不云天子譖賞，而云主將承恩，令人言外思之，可悟立言之體。」（唐詩别裁集）〔九〕惆悵二句：謂徒有孫、吳的軍事策略，而不得一試，惟有閉門自傷。惆悵：哀傷。孫：孫武，春秋時吳國傑出的軍事家，著有孫子兵法。吳：吳起，戰國時魏國傑出的軍事家，著有吳子（即吳起兵法）。

除夜作〔一〕

旅館寒燈獨不眠〔二〕，客心何事轉悽然〔三〕？故鄉今夜思千里〔四〕，霜鬢明朝又一年〔五〕。

【注釋】

〔一〕除夜：一年最後一天的夜間，亦稱除夕。〔二〕旅館句：寫處境和心情。〔三〕悽然：悲傷貌。接上句追問原因。〔四〕故鄉句：有二解，一爲游客思念千里外的故鄉；二爲家人思念千里外的游客。沈德潛唐詩別裁云：「作故鄉親友思千里外人，愈有意味。」〔五〕霜鬢句：點除夜。感嘆衰老無成。王夫之薑齋詩話卷下：「七言絶句，有對偶如『故鄉今夜思千里，霜鬢明朝又一年』，亦流動不羈。」霜鬢：白髮。全唐詩作「愁鬢」，兹據明活字本高常侍集改。

答侯少府〔一〕

常日好讀書〔二〕，晚年學垂綸〔三〕。漆園多喬木〔四〕，睢水清粼粼〔五〕。詔書下柴門〔六〕，天命敢逡巡〔七〕。赫赫三伏時〔八〕，十日到咸秦〔九〕。褐衣不得見〔一〇〕，黄綬翻在身〔一一〕。吏道頓羈束〔一二〕，生涯難重陳〔一三〕。北使經大寒〔一四〕，關山饒苦辛〔一五〕。邊兵若芻狗〔一六〕，戰骨成埃塵〔一七〕。行矣勿復言，歸歟傷我神〔一八〕。如何燕趙陲〔一九〕，忽遇平生親〔二〇〕。開館納征騎，彈絃娱遠賓〔二一〕。飄飖天地間，一別方兹晨〔二二〕。東道有佳作〔二三〕，南朝無此人〔二四〕。性靈出萬象〔二五〕，風骨超常倫〔二六〕。吾黨謝王粲〔二七〕，群賢推郄詵〔二八〕。明時取秀才〔二九〕，落日過蒲津〔三〇〕。節苦名已富，禄微家轉貧〔三一〕。相逢愧薄遊〔三二〕，撫己荷陶鈞〔三三〕。心事正堪盡，離居寧太頻〔三四〕。兩河歸路遥〔三五〕，二月芳草新〔三六〕。柳接滹沱暗〔三七〕，鶯連渤海春〔三八〕。誰謂行路難〔三九〕，猥當希代珍〔四〇〕。提握每終日〔四一〕，相思猶比鄰〔四二〕。江海有扁舟，丘園有角巾〔四三〕。君意定何適？我懷知所遵〔四四〕。浮沉各異宜〔四五〕，老大貴全真〔四六〕。莫作雲霄計〔四七〕，遑遑隨搢紳〔四八〕。

【注釋】

〔一〕從内容看，此詩當作於天寶十載春，詩人送兵至薊北歸來，行經河間縣燕趙交界時。侯少府，不詳。

〔二〕常日：平日，素日，昔日。　〔三〕晚年：老年。垂綸：漁釣。綸，釣絲。　〔四〕漆園：地名。史記莊周列傳：「莊子者，蒙人也。名周，周嘗爲蒙漆園吏。」正義：「括地志云：漆園故城，在曹州冤句縣北十七里，此云莊周爲漆園吏，即此。按其城古屬蒙縣。」按：此與詩不合。河南通志卷五一云：「漆園在（歸德）府城南二十五里小蒙城内，莊周嘗爲漆園吏，即此地也。」歸德即今商丘市，與詩合。喬木：高樹。　〔五〕睢水：水名。水經注：「睢水出陳留縣（今開封市）西蒗蕩渠。……東逕睢陽縣（今商丘市）故城南。」粼粼（lín 鄰）：詩揚之水：「白石粼粼。」傳：「粼粼，清澈也。」　〔六〕詔書：天子布告臣民的文書。柴門：用樹條編扎的門，謂陋屋，此指詩人的家。　〔七〕天命：天子之命。逡巡：集韻：「行不進也。」史記秦始皇本紀：太史公引賈誼之言：「秦人開關延敵，九國之師逡巡遁逃而不敢進。」此句謂已奉到聖旨，豈敢不去。　〔八〕赫赫：形容炎熱。詩雲漢：「赫赫炎炎。」傳：「赫赫，旱氣也。」三伏：夏至後第三個庚日爲初伏，第四個庚日爲中伏，立秋後第一個庚日爲末伏。這是一年中最熱的時候。〔九〕十日句：謂十天趕到長安。舊唐書地理志：宋州，去京師一千五百四十里。咸秦：咸陽，在秦中之地，故稱。此指長安。〔一〇〕褐衣句：謂貧賤之士不得見天子。褐衣：詩七月：「無衣無褐。」傳：「褐，毛布也。」褐衣，粗布衣，此指身爲貧賤。〔一一〕黄綬句：謂反而得了一個縣尉的卑位。黄綬：繫印紐的黄色絲帶。後漢書輿服志：四百石、三百石、二百石黄綬。」漢書百官公卿表：縣「皆有丞尉，秩四百石至二百石。」又云：「比二百石以上，皆銅印黄綬。」〔一二〕吏道句：謂立時受吏規約束。頓：立刻。羈束：束縛，約束。〔一三〕生涯句：謂生活痛苦難於訴説。重（chóng 蟲）：復。〔一四〕北使：指送兵去薊北。經大寒：經歷嚴寒的冬季。〔一五〕饒：多。〔一六〕若芻狗：老子道德經：「天地不仁，以萬物爲芻狗；聖人不仁，以百姓爲芻狗。」莊子天運：「夫芻狗之未陳也，盛以篋衍，巾以文綉，尸祝齊戒以將之；及其已陳也，行者踐其首脊，蘇者取而爨之而已。」釋文：「李云：結芻爲狗，巫祝用之。」此言戍邊士兵如同祭神用罷的草狗那樣被輕視，被任意踐踏和蹂躪。〔一七〕戰骨句：言戰死者無人收斂。此爲作者於安禄山所轄境内軍政實况的親眼所見。〔一八〕歸歟句：謂帶着傷感的情緒歸來。論語公冶長：「子在陳曰：歸與歸與！吾黨之小子狂簡。」與，同歟，語詞。以上十八句自述生平經歷。〔一九〕燕趙陲（chuí 垂）：燕趙的邊界。陲，邊地。戰國策燕策：「蘇秦曰：燕南有滹沱、易水。」此詩下文有：「柳接滹沱暗」之句，可見作者此時正在燕趙邊界近滹沱河之地。〔二〇〕平生親：指好朋舊友。〔二一〕開館二句：謂開館留客，設宴娛賓。征騎、遠賓，皆作者自謂。彈絃：指筵席上有美人彈絃侑酒。〔二二〕飄飄二句：謂人生在天地間行踪飄飄不定，一别之後，復有此次相見。方：有。詩鵲巢：「維鵲有巢，維鳩方之。」傳：「方，有之也。」〔二三〕東道：東道主，主人，指侯少府。左傳僖公三十年：「若舍鄭以爲東道主。」有佳作：好作品，指侯的詩文。〔二四〕南朝句：謂其佳作可比温子昇。魏書温子昇傳：「蕭衍使張臯寫子昇文筆，傳於江外。衍稱之曰：『曹植、陸機復生於北土。恨我辭人，數窮百六。（古稱百六陽九爲厄運。）』」　〔二五〕性靈句：謂其思路敏捷，不爲萬物所拘。　〔二六〕風骨句：謂其作品風骨超出常人。　〔二七〕吾黨句：意謂我輩文才不如侯少府。謝：文選顔延之贈王太常：「屬美謝繁翰。」注：「謝猶慚也。」王粲：三國志王粲傳：「左中郎將蔡邕見而奇之。時邕才學顯著，貴重朝廷，常車騎填巷，賓客盈坐。聞粲在門，倒屣迎之。粲至，年既幼弱，容狀短小，一坐盡驚。邕曰：『此王公（暢）孫也，有异才，吾不如也。』」此以王粲比侯。　〔二八〕郄詵：即郗詵。晋書郗詵傳：郄詵（xì shēn 隙申），字廣基，濟陰單父人，博學多才，州郡禮命，并不應。泰始中，詔舉賢良直言之士，太守文立舉詵應詔，對策上第，拜議郎。累遷雍州刺史，武帝於東堂會送。問詵曰：「卿自以爲何如？」詵對曰：「臣舉賢良對策，爲天下第一，猶桂林之一枝，崑山之片玉。」此以郄詵比侯的被推舉應試，清貴拔俗。　〔二九〕明時：清平盛世。取：拔。秀才：秀异之才。此指進士。李肇唐國史補卷下：「進士爲時所尚久矣。……通稱謂之秀才。」　〔三〇〕落日句：意謂不避艱險，日暮趕渡蒲津關。蒲津關在山西永濟縣西，陝西朝邑縣東，黄河西岸，亦曰蒲關，自古爲山河要隘。即唐玄宗早渡蒲津關詩所謂「地險關逾壯」者。侯蓋山西人。　〔三一〕節苦二句：意謂你雖以守節持操取得盛名；但只有微禄，却使家貧益甚。　〔三二〕相逢句：意謂相比之下爲自己卑微的遊宦感到慚愧。謝靈運初去郡：「畢娶類尚子，薄遊似邴生。」李善注：「班固漢書曰：邴曼容養志自修，爲官不肯過六百石，輒自免去。」吕延濟注：「邴萬容養志自修，薄爲遊宦而已。」按：邴丹，見漢書施讎傳。　〔三三〕撫己句：謂想到自己承蒙教誨。荷（hè 賀）：承受。陶鈞：制作陶器用的轉輪。此指教誨。　〔三四〕心事二句：意謂兩人心事正應盡情傾吐，無奈又要相別。堪盡：盡可訴説。寧太頻：何太急促。以上二十句感侯殷勤接待并稱其詩才。　〔三五〕兩河：河北河南。明言此詩作於歸封丘途中。　〔三六〕二月句：寫時令。此句寫草色，下二句寫柳鶯，皆是春天景象。　〔三七〕滹沱：河名。源出山西繁峙縣東大戲山，入河北省，經正定、獻縣、大城縣等入渤海。〔三八〕渤海：此渤海當指渤海郡，在今河北省河間縣以東至滄縣，治浮陽，在今滄縣。〔三九〕誰謂句：意思是説仲春暄和，主人好客，青春作伴，行路不難。〔四〇〕猥（wěi 威）：當：辱受。猥，鄙。自謙之詞。希代珍：世所希有的珍寶，指侯的贈詩。希借爲稀。爾雅釋詁：「希，罕也。」〔四一〕提握句：言相聚，每日握手言歡。提握：提攜。〔四二〕相思句：言別後，心意相通，雖遠猶近。即王勃送杜少府之任蜀川：「海内存知己，天涯若比鄰」之意。〔四三〕江海二句：謂當歸隱江海，棲息田園。扁舟：小舟。角巾：巾之有棱角者，古代隱士多戴之。晉書王導傳：庾亮有東下意，王導曰：「若其欲來，吾角巾徑還烏衣。」〔四四〕君意二句：謂你意欲何往，我却有所遵循，決意辭官歸隱。〔四五〕浮沉句：謂或仕或隱，各有所宜。〔四六〕老大句：自謂年老當保全天性。淮南子覽冥訓：「全性保真，不虧其身。」〔四七〕雲霄計：飛黃騰達的打算。〔四八〕遑遑：心神不定貌。隨：追隨。搢：插。紳：大帶。搢紳，插笏於大帶間，指爲官者。以上留別并自述歸隱之意。

辟陽城〔一〕

荒城在高岸，凌眺俯清淇〔二〕。傳道漢天子，而封審食其〔三〕。奸淫且不戮，茅土孰云宜〔四〕？何得英雄主〔五〕，返令兒女欺〔六〕。母儀良已失〔七〕，臣節豈如斯〔八〕？太息一朝事〔九〕，乃令人所嗤〔一〇〕。

【注釋】

〔一〕辟陽城：水經注濁漳水：「故瀆又東北逕辟陽亭，漢高帝六年，封審食其爲侯國，王莽之樂信也。」地理風俗記曰：廣川西南六十里有辟陽亭，故縣也。」漢書地理志：信都國有辟陽縣。注：「莽曰樂信。師古曰：辟音璧。」後漢書郡國志：清河國有廣川城，故屬信都。按：廣川在今河北省棗强縣東三十里。元和郡縣志：「辟陽故城在（信都）縣東南三十五里，審食其爲辟陽侯。」舊唐書地理志：冀州治信都。按：信都縣即今河北冀縣。以此知辟陽城在冀縣和棗强縣之間。〔二〕清淇：水經注淇水：「東過内黄縣南爲白溝……又東北過廣宗縣東爲清河。……又北過廣川縣東。」此清淇當指清河。〔三〕傳道二句：謂相傳漢高帝以此地封審食其爲辟陽侯。史記陳丞相世家：「以辟陽侯審食其爲左丞相。左丞相不治，常給事於中。食其亦沛人，漢王之敗彭城西，楚取太上皇、吕后爲質，食其以舍人侍吕后，其後從破項籍爲侯，幸於吕太后。及爲相，居中，百官皆因决事。」又朱建傳：「辟陽侯行不正，得幸吕太后。……辟陽侯幸吕太后，人或毁辟陽侯於孝惠帝，孝惠帝大怒，下吏，欲誅之。吕太后慙，不可以言。大臣多害辟陽侯行，欲遂誅之。辟陽侯急，因使人欲見平原君（按：朱建），平原君辭曰：獄急，不敢見君。迺求見孝惠幸臣閎（籍）孺，説之曰……於是閎（籍）孺大恐，從其計，言帝，果出辟陽侯。……吕太后崩，大臣誅諸吕，辟陽侯於諸吕至深，而卒不誅。……孝文帝時，淮南厲王殺辟陽侯，以諸吕故。」〔四〕奸淫二句：謂食其與吕后奸淫，當殺不殺，還封侯是很不對的。茅土：古代封諸侯，此五色土爲社，（東方青、南方赤、西方白、北方黑，上蓋以黄土。）割其封地所在方向的土，以白茅草承之賜給受封者，稱茅土之封。〔五〕英雄主：謂漢高帝。〔六〕兒女：猶婦女，此指吕后。欺：蒙騙。〔七〕母儀：爲人母的儀範。古以皇后爲人母。良：誠，實。此句言吕后實已失去了爲人母儀範。〔八〕臣節：爲臣的節操。豈如斯：那能如此。此句斥責審食其有違臣節。〔九〕太息：大聲嘆。〔一〇〕乃令句：言貽譏一朝事：指審食其的封侯、淫亂和不戮。後漢書荀悦傳：「得失一朝，而榮辱千載。」

後人。嗤（chī 癡）：後漢書隗囂傳論：「豈多嗤乎？」注：「嗤，笑也。」説文作「蚩」，「戲笑貌。」此詩借審食其與呂后私通，隱射當時的宫闈醜事。資治通鑒云：天寶十載春正月，「召禄山入禁中，貴妃以錦綉爲大襁褓裹禄山，使宫人以綵輿舁之。上聞後宫歡笑，問其故，左右以貴妃三日洗禄兒對。上自往觀之，喜，賜貴妃洗兒金銀錢，復厚賜禄山，盡歡而罷。自是禄山出入宫掖不禁，或與貴妃對食，或通宵不出，頗有醜聲聞於外，上亦不疑也。」作者對此揭發批判，義正詞嚴，於同時詩人罕有其匹。

封丘作〔一〕

我本漁樵孟諸野〔二〕，一生自是悠悠者〔三〕。乍可狂歌草澤中〔四〕，寧堪作吏風塵下〔五〕？衹言小邑無所爲，公門百事皆有期〔六〕。拜迎官長心欲碎〔七〕，鞭撻黎庶令人悲〔八〕。歸來向家問妻子〔九〕，舉家盡笑今如此〔一〇〕。生事應須南畝田〔一一〕，世情付與東流水〔一二〕。夢想舊山安在哉？爲銜君命且遲迴〔一三〕。乃知梅福徒爲爾〔一四〕，轉憶陶潛歸去來〔一五〕。

【注釋】

〔一〕封丘：縣名。即今河南省封丘縣。此詩是天寶十載，高適送兵到薊北回封丘後作。詩中充滿抑鬱不平之感和對窮苦人民的同情，歷來爲人所傳誦。〔二〕漁樵：捕魚砍柴。孟諸：古澤名。亦名盟諸，亦作望諸，又作孟豬，在河南商丘東北，接虞城縣界，周迴五十里，因歷代河決，澤涯岸已不可識。野：原野，郊野。〔三〕悠悠者：自由自在的人。〔四〕乍可：只可。草澤：草野，隴畝。〔五〕寧堪：那堪，不堪，不能忍受。作吏：此指爲封丘尉。風塵：宦途紛擾。〔六〕祗言二句：謂原祗以爲小縣無事，可一人銜門，才知事務繁雜，一切皆有限期。〔七〕拜迎句：謂曲意事奉長官，內心極爲痛苦。〔八〕鞭撻句：謂鞭打百姓，更叫人悲傷不已。黎庶：平民。〔九〕歸來句：言已回家向家人訴苦。問：戰國策齊策：「或以問。」孟嘗注：「問：告也。」〔一〇〕舉家句：謂全家都笑已落到如此地步。〔一一〕生事句：謂欲謀生計還應以躬耕爲是。南畝：泛指農田。詩七月：「饁彼南畝。」〔一二〕世情句：言用世之心已付流水。〔一三〕夢想二句：言思歸而又歸不得，因受命爲吏而猶疑不決。舊山：故鄉。安在：何在。銜君命：奉君命。遲回：遲疑，欲去而又不能去。〔一四〕梅福：漢書梅福傳：梅福，字子真，九江壽春（今安徽省壽縣）人，少學長安，明尚書、穀梁春秋，爲郡文學，補南昌尉，後去官，歸壽春。徒爲爾：徒勞無益。〔一五〕轉憶句：謂不如歸隱。歸去來：晉陶潛爲彭澤令，因不欲「爲五斗米折腰向鄉里小兒」，遂解綬去職，賦歸去來辭。

同諸公登慈恩寺浮圖〔一〕

香界泯羣有〔二〕，浮圖豈諸相〔三〕？登臨駭孤高〔四〕，披拂欣大壯〔五〕。言是羽翼生，迴出虛空上〔六〕。頓疑身世別，乃覺形神王〔七〕。宮闕皆户前，山河盡簷向〔八〕。秋風昨夜至，秦塞多清曠〔九〕。千里何蒼蒼〔一〇〕，五陵鬱相望〔一一〕。盛時慙阮步〔一二〕，末宦知周防〔一三〕。輸效獨無因〔一四〕，斯焉可遊放〔一五〕。

【注釋】

〔一〕諸公：指薛據、儲光羲、岑參、杜甫。除薛據詩失傳外，餘四人詩俱存。岑參有與高適薛據登慈恩寺浮圖詩，儲光羲杜甫均有同諸公登慈恩寺塔詩，杜甫原注：「時高適、薛據先有作。」詩作於天寶十一載初秋。慈恩寺浮圖：長安志云：「慈恩寺，在（萬年）縣東南八里，高宗在春宫爲文德皇后立，故名慈恩。……浮圖七級，崇三百尺，永徽三年沙門玄奘所立。」按：此即今西安市南郊的大雁塔。　〔二〕香界：佛寺。泯：消滅。羣有：猶言萬物。泯羣有：謂一切皆空，萬念俱滅。　〔三〕浮圖：佛塔。豈諸相：豈有各種擾亂人的色相。諸相：指塵俗中的各種形相。　〔四〕登臨：登塔臨視。駭孤高：驚嘆其突兀高峻。　〔五〕披拂：披襟拂衣。欣大壯：喜見此壯觀。大壯：易卦名。此借爲壯觀之義。　〔六〕言是二句：謂好像身生羽翼，遠出天空之上。言：語詞。迴：説文：「遠也。」　〔七〕頓疑二句：謂立刻懷疑身臨異境，精神爲之一振。頓：立時，一下子。王：通旺，盛貌。以上八句寫慈恩寺塔的雄偉孤高。　〔八〕宫闕二句：謂長安城内外的宫殿山川盡入眼底。皆户前：都在塔門前。盡簷向：皆入塔簷下。　〔九〕秦塞：指關中一帶。清曠：清明寥廓。即天朗氣清，四望無際之意。〔一〇〕千里句：謂極目千里，一片蒼翠。　〔一一〕五陵：即岑參詩「五陵北原上」之五陵。後漢書班固傳：西都賦云：「北眺五陵。」注：「五陵，謂（高帝）長陵，（惠帝）安陵，（景帝）陽陵，（武帝）茂陵，（昭帝）平陵。」（亦見漢書原涉傳師古注。）鬱：氣旺盛貌。相望：相對，相近。以上六句寫俯瞰長安一帶壯麗景色。　〔一二〕盛時：太平盛世。阮步：阮步兵，即阮籍。三國志王粲傳注引魏氏春秋云：「籍以世多故，禄仕而已。聞步兵校尉缺，厨多美酒，營人善釀酒，求爲校尉。遂縱酒昏酣，遺落世事。……時率意獨駕，不由徑路。車迹所窮，輒慟哭而反。」此句意謂阮籍以世多故，遂有途窮之悲；而已却遇盛世，也像阮籍一樣途窮失意，因而感到慚愧。此亦即論語泰伯中孔子所謂「邦有道，貧且賤焉，耻也」之意。〔一三〕末宦：微官。周防：後漢書周防傳「周防，字偉公，汝南汝陽人也。……防年十六，仕郡小吏。世祖巡狩汝南，召掾史試經，防尤能誦讀，拜爲守丞，防以未冠謁去。」作者借以自比宦途困頓。防，讀去聲，音放。〔一四〕輸效：貢獻報效國家的願望。無因：無由，無路。〔一五〕斯焉：此地。焉，代詞。遊放：縱情遊覽。

附

同諸公登慈恩寺塔

儲光羲

金祠起真宇，直上青雲垂。地静我亦聞，登之秋清時。蒼蕪宜春苑，片碧昆明池。誰道天漢高，逍遥方在兹。虚形賓太極，攜手行翠微。雷雨傍杳冥，鬼神中躨跜。靈變在倏忽，莫能窮天涯。冠上閶闔開，履下鴻雁飛。宫室低邐迤，群山小參差。俯仰宇宙空，庶幾了義歸。崱屴非大厦，久居亦以危。

同諸公登慈恩寺塔

杜　甫

高標跨蒼穹，烈風無時休。自非曠士懷，登慈翻百憂。方知象教力，足可追冥搜。仰穿龍蛇窟，始出枝撐幽。七星在北户，河漢聲西流。羲和鞭白日，少昊行清秋。秦山忽破碎，涇渭不可求。俯視但一氣，焉能辨皇州。迴首叫虞舜，蒼梧雲正愁。惜哉瑶池飲，日晏昆侖丘。黄鵠去不息，哀鳴何所投？君看隨陽雁，各有稻粱謀。

仇兆鰲杜少陵集詳註云：「岑、儲兩作，風秀熨貼，不愧名家。高達夫出之簡净，品格亦自清堅。少陵則格法嚴整，氣象峥嶸，音節悲壯。而俯仰高深之景，盱衡今古之識，感慨身世之懷，莫不曲盡篇中，真足壓倒群賢，雄視千古矣。」又云：「三家結語，未免拘束，致鮮後勁。杜於末幅，另開眼界，獨辟思議，力量百倍於人。」

（岑參詩見後岑參詩選註）

同薛司直諸公秋霽曲江俯見南山作〔一〕

南山鬱初霽〔二〕，曲江湛不流〔三〕。若臨瑶池前，想望昆侖丘〔四〕。迴首見黛色，眇然波上秋〔五〕。深沉俯崢嶸〔六〕，清淺延阻修〔七〕。連潭萬木影〔八〕，插岸千巖幽〔九〕。杳靄信難測〔一〇〕，淵淪無暗投〔一一〕。片雲對漁父，獨鳥隨虚舟〔一二〕。我心寄青霞〔一三〕，世事慙白鷗〔一四〕。得意在乘興〔一五〕，忘懷非外求〔一六〕。良辰自多暇〔一七〕，欣與數子遊〔一八〕。

【注釋】

〔一〕儲光羲有同諸公秋霽曲江俯見南山詩，當與高適此詩爲同時之作。薛司直，即薛據。舊唐書職官志：太子詹事府設「司直一人，正九品上」。「司直掌彈劾宫僚，糾舉職事。」唐才子傳謂薛據「後仕歷司議郎，終水部郎中。」按：司議郎正六品上，水部郎中從五品上。曲江：太平寰宇記卷二十五：「曲江池，漢武帝所造，名爲宜春苑，其水曲折，有似廣陵之江，故名。」雍録：「隋文帝改名芙蓉園。漢時周六里餘，唐時周七里，今堙爲平陸。」康駢劇談録：「曲江池，本秦時隑州。開元中，疏鑿爲勝境，南有紫雲樓、芙蓉苑，西有杏園、慈恩寺，花卉環周，烟水明媚，都人遊玩，盛於中和上巳之節，賜宴臣僚，會於山亭。」南山：終南山。雍録：「終南山横亘關中南面，西起秦隴，東徹藍田，凡雍、岐、鄠、鄠、長安、萬年，相去八百里，連綿峙踞其南者，皆此一山。」按：其主山在西安南五十里。〔二〕鬱：説文：「木叢生也。」文選木華海賦：「鬱沏迭而隆頹。」注：「鬱，盛貌。」初霽：初晴。〔三〕曲江句：謂曲江清澈，波平如鏡。湛：清。〔四〕若臨二句：形容曲江和南山之美，有如仙境，使人恍若在瑶池之上望見昆侖山一樣。瑶池：相傳爲仙人西王母所居之處。穆天子傳卷三：「天子觴西王母於瑶池之上。」列子周穆王「（穆王）别日，升昆侖之丘，以觀黄帝之宫，而封之，以詒後世。遂賓於西王母，觴於瑶池之上。」後世道家即依托成文，以瑶池昆侖爲美麗無比的仙境，如集仙傳云：「西王母所居宫闕，在龜山昆侖之圃，閬風之苑，左帶瑶池，右環翠水。」〔五〕迴首二句：描寫新晴中山水的清麗景色。黛色：深翠色，指南山。眇然：遠貌。波上秋：指曲江水波明澈。〔六〕深沉句：謂曲江深處倒映着南山的峯影。峥嶸：山高峻貌。〔七〕清淺句：謂曲江淺處仍有山影綿延。阻修：曲折綿長。詩蒹葭：「溯洄從之，道阻且長。」〔八〕連潭句：言與潭中萬木的倒影相連。〔九〕插岸句：言倒影如清幽的巖巒插在岸邊。〔一〇〕杳靄句：謂曲江深遠廣闊，誠難測度。信：誠，實在。杳靄：形容水的深廣。〔一一〕淵淪句：謂曲江深沉明净，無影不顯。淵淪：形容水的深清。以上十二句寫曲江南山的秀美。〔一二〕片雲二句：寫江上漁父的閑逸。〔一三〕寄青霞：托意於青霞，指隱逸生活。〔一四〕世事句：言拘牽於世俗將愧對白鷗的幽閑自在。〔一五〕乘興：隨興之所至。〔一六〕忘懷：忘懷得失。非外求：無須從身外尋求。〔一七〕良辰：好時光。自多暇：自然多有空閑。〔一八〕數子：指薛司直諸公。以上八句抒懷。

附

同諸公秋霽曲江俯見南山

儲光義

天静終南高，俯映江水明。有若蓬萊下，淺深見澄瀛。群峯懸中流，石壁如瑶瓊。魚龍隱蒼翠，鳥獸遊清泠。菰蒲林下秋，薜荔波中輕。山夔浴蘭阯，水若居雲屏。嵐氣浮渚宫，孤光隨翟靈。陰陰豫章館，宛宛百花亭。大君及群臣，宴樂方嚶鳴。吾黨二三子，蕭辰怡性情。逍遥滄洲時，乃在長安城。

醉後贈張九旭〔一〕

世上謾相識〔二〕，此翁殊不然〔三〕。興來書自聖，醉後語尤顛〔四〕。白髮老閑事〔五〕，青雲在目前〔六〕。牀頭一壺酒，能更幾回眠〔七〕？

【注釋】

〔一〕張旭：吴人，字伯高，曾爲常熟縣尉，右率府長史。唐代詩人，以書法享盛名，尤擅長草書。九：是張旭的排行。

〔二〕謾相識：沈德潛唐詩别裁集云：「世俗交誼不親，而泛云知己，所謂謾相識也。」謾通漫，輕易、隨便之意。

〔三〕此翁：指張旭。殊：極，很。不然：不如此，不是這樣。〔四〕興來二句：杜甫飲中八仙歌：「張旭三杯草聖傳，脱帽露頂王公前，揮毫落紙如雲烟。」李肇國史補卷上：「張旭草書得筆法，後傳崔邈、顔真卿。旭言：『始吾見公主擔夫争路，而得筆法之意。後見公孫氏舞劍器，而得其神。』旭飲酒輒草書，揮筆而大叫，以頭搵水墨中而書之，天下呼爲張顛。醒後自視，以爲神异，不可復得。」事亦見舊唐書賀知章傳及新唐書李白傳。書自聖：書法自入聖境。語尤顛：説話更狂。

〔五〕白髮句：謂一任白髮滿頭而等閑視之。〔六〕青雲句：謂高位即在眼前。青雲：比喻高官。史記范雎列傳：「賈不意君能自致於青雲之上。」〔七〕牀頭二句：意謂貪戀狂放自在的醉飲生活。

同崔員外綦毋拾遺九日宴京兆府李士曹〔一〕

今日好相見，群賢仍廢曹〔二〕。晚晴催翰墨〔三〕，秋興引風騷〔四〕。絳葉擁虚砌〔五〕，黄花隨濁醪〔六〕。閉門無不可，何事更登高〔七〕？

【注釋】

〔一〕崔員外：崔顥。綦毋拾遺：綦毋潛。九日：九月九日重陽節。京兆府李士曹：京兆府，指長安。李士曹：李翥，曾爲單父尉，時爲京兆府士曹參軍。舊唐書職官志：京兆府士曹參軍，正七品下。〔二〕今日二句：謂今日相見，是因爲群公休假。群賢：諸公。仍，乃。廢曹：不坐曹（上班）辦公，即休假。〔三〕催翰墨：催筆墨，催人作詩文。〔四〕秋興：秋天的興致。引：牽動。風騷：詩經與離騷。此泛指作詩。〔五〕絳葉：紅葉。擁：堆。虚砌：空階。〔六〕黄花：菊花。隨濁醪：泛濁醪，謂飲菊花酒。濁醪：未經過濾之酒。

〔七〕閉門二句：謂與群賢飲酒賦詩甚樂，可以閉門不出，不必再去登高了。

同李九士曹觀壁畫雲作〔一〕

始知帝鄉客〔二〕，能畫蒼梧雲〔三〕。秋天萬里一片色，只疑飛盡猶氛氲〔四〕。

【注釋】

〔一〕李九士曹即上篇李士曹，李翥（zhù）。岑參有題李士曹廳壁畫度雨雲歌，與高適此詩同爲五、七言各二句，當係同時所作。〔二〕帝鄉客：帝京客，長安客。〔三〕蒼梧雲：易歸藏：「有白雲出自蒼梧，入於大梁。」蒼梧：山名，亦稱九疑，在湖南寧遠縣。〔四〕氛氲：盛貌。文選謝惠連雪賦：「氛氲蕭索。」注：「王逸楚辭注曰：氛氲，盛貌。」

附

題李士曹廳壁畫度雨雲歌

岑參

似出棟梁裏，如和風雨飛。掾曹有時不敢歸，謂言雨過濕人衣。

送李侍御赴安西〔一〕

行子對飛蓬〔二〕，金鞭指鐵驄〔三〕。功名萬里外，心事一杯中〔四〕。虜障燕支北，秦城太白東〔五〕。離魂莫惆悵，看取寶刀雄〔六〕。

【注釋】

〔一〕李侍御：名未詳。安西：舊唐書地理志：長壽二年，收復安西四鎮，依前於龜兹國置安西都護府。按：治所在今新疆維吾爾自治區庫車縣。

〔二〕行子：行客，指李侍御。飛蓬：既寫時令，又暗喻行子轉徙遠行。

〔三〕鐵驄：爾雅釋畜：「青驪騆。」注：「今之鐵驄。」驄，青黑色馬。

〔四〕功名二句：預祝李侍御建功於萬

里之外，一杯薄酒傾注了賓主餞别時的種種心事。胡震亨唐音癸籤卷十一：「太白『人分千里外，興在一杯中』，達夫『功名萬里外，心事一杯中』，似皆從庾抱之『悲生萬里外，恨起一杯中』來。而達夫較厚，太白較逸，并未易軒輊。」

〔五〕虜障二句：謂己將與李侍御遠居兩地，一去燕支北，一留太白東。虜障：即遮虜障，漢路博德所築，即居延城，亦曰居延塞，在今甘肅酒泉縣北邊内蒙古自治區額濟納旗。燕支：山名，在今甘肅山丹縣東。安西在燕支山更西北。秦城：指長安，在太白山之東。太白：水經注渭水：「渭水又逕武功縣故城北，王莽之新光也。地理志曰：『縣有太一山，古文以爲終南。』杜預以爲中南也。亦曰太白山，在武功縣南，去長安二百里，不知其高幾何。俗云：『武功太白，去天三百。』山下軍行，不得鼓角，鼓角則疾風雨至。杜彦達曰：『太白山南連武功山，於諸山最爲秀傑，冬夏積雪，望之皓然。』」

〔六〕離魂二句：謂莫因離别而惆悵，應爲報國而努力。看取：看着。取，語助詞，猶着。

秦中送李九赴越〔一〕

攜手望千里，於今將十年〔二〕。如何每離别，心事復迍邅〔三〕？適越雖有以〔四〕，出關終耿然〔五〕。愁霖不可向〔六〕，長路或難前。吴會獨行客〔七〕，山陰秋夜船〔八〕。謝家徵故事〔九〕，禹穴訪遺編〔一〇〕。鏡水君所憶〔一一〕，蓴羹余舊便〔一二〕。歸來莫忘此，兼示濟江篇〔一三〕。

【注釋】

〔一〕李九：即上篇李翥。岑參亦有送李翥遊江外詩。越：浙江東部之稱，此指紹興。〔二〕將十年：高適觀李九少府翥樹子賤神祠碑詩作於天寶三載，此後二人相別，至此次（天寶十一載）在長安相見，相隔爲九年，故云「於今將十年。」〔三〕迍邅（zhūn zhān 諄沾）：難行不進貌。易屯：「屯如邅如。」疏：「屯是屯難，邅是邅迴。」此指心緒煩亂難舍。〔四〕適越句：謂（你）往越雖有原因。以：因。〔五〕出關：東出潼關。終耿然：到底還是不能忘懷。耿然，心有所繫而不安貌。〔六〕愁霖：使人愁悶的連雨。向：對。〔七〕吴會（kuài 快）：趙翼陔餘叢考卷二十一：「會讀若貴。西漢會稽郡治，本在吴縣，時俗郡縣連稱，故云吴會。或讀爲都會之會，非。」〔八〕山陰：縣名。舊唐書地理志：越州領會稽、山陰等五縣。山陰，垂拱二年，分會稽縣置。即今紹興市。二句擬想李九日夜趕路，客行寂寞。〔九〕謝家句：謂尋訪謝安居會稽的遺迹。徵：求。〔一〇〕禹穴句：謂至禹穴訪問藏書。禹穴：在紹興市委宛山，禹藏書之所。史記太史公自序：「二十而南遊江淮，上會稽，探禹穴。」水經注浙江水：「又有會稽之山，……山上有禹冢，昔大禹即位十年，東巡狩，崩於會稽，因而葬之。……山東有湮井，去廟七里，深不見底，謂之禹井，云東遊者，多探其穴也。」〔一一〕鏡水：即鏡湖，在浙江紹興市南三里，一名鑑湖，又名長湖，又名太湖、慶湖。漢順帝永和時，太守馬臻始環湖築塘瀦水，溉田九千餘頃。唐開元中賀知章以宅爲千秋觀，求周官湖數頃爲放生池，詔賜鏡湖剡川一曲，因亦名賀監湖。〔一二〕蓴（chún 純）羹：世説新語識鑒：「張季鷹辟齊王東曹掾，在洛，見秋風起，因思吴中菰菜、蓴羹、鱸魚膾，曰：『人生貴得適意爾，何能羈宦數千里以要名爵？』遂命駕便歸。」亦見晉書張翰傳。按：西漢會稽郡治吴。此句謂余亦曾至吴地，食過蓴羹。蓴：蓴菜，多年生水草，多産於江浙湖澤。葉橢圓形，浮生水面，莖及葉背皆有粘液被之，可以做羹。便：習也。讀平聲，音駢（pián）。〔一三〕濟江篇：謝靈運酬從弟惠連詩云：「傾想遲嘉音，果枉濟江篇。」濟江篇，指謝惠連所獻詩。謝惠連西陵遇風獻康樂詩云：「昨發浦陽汭，今宿浙江湄。」「臨津不得濟，佇檝阻風波。」此以謝惠連詩比李翥詩。此句意謂等你回來要給我看像濟江篇那樣的好詩。

附

送李翥遊江外

岑　參

相識應十載，見君只一官。家貧禄尚薄，霜降衣仍單。惆悵秋草死，蕭條芳歲闌。且尋滄洲路，遥指吳雲端。匹馬關塞遠，孤舟江海寬。夜眠楚煙溼，曉飯湖山寒。砧淨紅鱠落，袖香朱橘團。帆前見禹廟，枕底聞嚴灘。便獲賞心趣，豈歌行路難。青門須醉别，少爲解征鞍。

送鄭侍御謫閩中〔一〕

謫去君無恨〔二〕，閩中我舊過〔三〕。大都秋雁少〔四〕，只是夜猿多〔五〕。東路雲山合〔六〕，南天瘴癘和〔七〕。自當逢雨露〔八〕，行矣慎風波〔九〕。

【注釋】

〔一〕鄭侍御：名未詳。閩中：漢書閩粤王傳：「閩粤王無諸及粤東海王摇，其先皆粤王句踐之後也。姓騶氏。秦并天下，廢爲君長，以其地爲閩中郡。」注：「師古曰：即今之泉州建安是也。」按：閩縣，秦時爲閩中郡。舊唐書地理志：「泉州中，隋建安郡，又爲泉州，舊治閩縣。」閩縣，今福建省福州市。〔二〕無恨：無怨言。〔三〕我舊過：詩人幼年曾隨父宦遊過此。時其父從文爲韶州（治曲江，即今廣東曲江縣。）長史。〔四〕大都：大概，大抵。秋雁少：雁飛難到。〔五〕夜猿多：夜多猿啼。二句寫閩中景物有異於中原。〔六〕東路句：謂東行路途山入雲際，崎嶇難行。〔七〕南天句：謂南方的氣候瘴癘漸消，不必擔憂。〔八〕自當句：謂當蒙恩赦還。雨露：喻皇帝的恩澤。〔九〕行矣句：謂沿途保重。

登壠〔一〕

壠頭遠行客，壠上分流水。流水無盡期，行人未云已〔二〕。淺才登一命〔三〕，孤劍通萬里〔四〕。豈不思故鄉，從來感知己〔五〕。

【注釋】

〔一〕登壠：全唐詩題下注云：「應作隴，詩同。」按：詩題之「壠」及詩首二句之「壠」，皆當作「隴」。此爲天寶十二載（公元七五三年）高適應哥舒翰之辟，爲河西節度幕府掌書記至河西度隴時所作。〔二〕壠：太平御覽卷五〇地部隴山云：「説文：『隴山，天水大坂也。』周地圖記云：『其山高處可三四里（按此句有誤），登山東望秦川，可五百里，目極泯然，墟宇桑梓，與雲霞一色。其上有懸溜吐於山中，爲澄潭。名曰萬石潭，流溢散下，皆注於渭。東人西役，升此而顧，莫不悲思。其歌云：「隴頭泉水，流離四下。念我行役，飄然曠野。登高遠望，涕零雙墮。」是此山也。』」又小隴山云：「三秦記曰：小隴山，一名隴坻，又名分水嶺。」又曰：「其坂九迴，上者七日乃越。上有清水四注，下有縣，縣因此水而命名。」詩首四句即本此。但心情迥不相同，前者哀傷，後者開朗。行人：旅人，高適自謂。未云已：前行未止。〔三〕淺才：薄才，詩人自謙之詞。登一命：初仕爲小官。禮記王制：「小國之鄉與下大夫一命。」〔四〕孤劍句：謂仗劍遠宦。通：至。〔五〕知己：賞識重視自己的人。此指哥舒翰。沈德潛唐詩別裁集云：「觀『淺才登一命』句，應是哥舒翰表爲參軍掌書記時作。感知忘家，語簡意足。」

入昌松東界山行〔一〕

鳥道幾登頓，馬蹄無暫閑〔二〕。崎嶇出長坂，合沓猶前山〔三〕。石激水流處，天寒松色間〔四〕。王程應未盡〔五〕，且莫顧刀環〔六〕。

【注釋】

〔一〕昌松：舊唐書地理志：「凉州中都督府，天寶元年改爲武威郡，有昌松縣，漢蒼松縣，屬武威郡。」按：昌松故城在今甘肅古浪縣西，已近武威。〔二〕鳥道：謂連山高峻，只有飛鳥才能過去，極言其險。登頓：見上使青夷軍入居庸三首其二注〔一〕。馬蹄句：言馬不停蹄。〔三〕崎嶇：形容山路不平。坂：山坡。合沓：文選謝朓敬亭山：「合沓與雲齊。」吕向注：「合沓，高貌。」猶前山：仍有高山在前。〔四〕石激二句：謂經行之處澗水奔流，寒松蒼翠。以上六句寫山行之景。〔五〕王程句：指赴武威謁哥舒翰的途程尚未走盡。〔六〕顧刀環：環與還同音，此借環爲還，意謂不應思歸。釋名：「刀，其本曰環，形似環也。」漢書李陵傳：「昭帝立，大將軍霍光、左將軍上官桀輔政，素與陵善，遣陵故人隴西任立政等三人俱至匈奴招陵。立政等至，單于置酒賜漢使者，李陵、衛律皆侍坐。立政等見陵，未得私語，即目視陵，而數數自循其刀環，握其足，陰諭之，言可還歸漢也。」

金城北樓〔一〕

北樓西望滿晴空，積水連山勝畫中〔二〕。湍上急流聲若箭〔三〕，城頭殘月勢如弓〔四〕。垂竿已羡磻谿老〔五〕，體道猶思塞上翁〔六〕。爲問邊庭更何事？至今羌笛怨無窮〔七〕。

【注釋】

〔一〕金城：舊唐書地理志：「蘭州，天寶元年改金城郡，治五泉縣。」按：五泉縣，即漢金城縣，隋置五泉縣。

唐咸亨二年，復爲金城。天寶元年，改爲五泉。今爲甘肅蘭州市。〔二〕北樓二句：謂登金城北樓，西望晴空，滿眼積水連山，其壯麗勝於畫圖。水經注河水：「河水又東南逕金城縣故城北。……十三州志曰：大河在金城北門。」

〔三〕湍上句：言急流聲如箭之離弦。湍：説文：「疾瀨也。」吴均與宋元思書：「急湍甚箭，猛浪若奔。」時即本此。此句寫俯聽。〔四〕城頭句：殘月未落，其狀如弓。此句寫仰視。〔五〕垂竿句：意謂羨慕太公垂釣，終遇文王，佐武王滅商，建立大功，而封於齊。磻溪老，指太公望吕尚。史記齊太公世家：「吕尚蓋嘗窮困，年老矣，以漁釣奸周西伯。……於是周西伯獵，果遇太公於渭之陽，與語，大説。……載與俱歸，立爲師。」水經注渭水：「渭水之右，磻溪水注之。水出南山兹谷，乘高激流，注於溪中。溪中有泉，謂之兹泉，泉水潭積，自成淵渚，即吕氏春秋所謂太公釣兹泉也。今人謂之丸谷，石壁深高，幽隍邃密，林障秀阻，人跡罕交。東南隅有一石室，蓋太公所居也。水次平石釣處，即太公垂釣之所也。其投竿跽餌，兩膝遺跡猶存，是有磻溪之稱也。」〔六〕體道：體會人事規律，即老子所謂的倚伏之道。老子云：「禍兮福所倚，福兮禍所伏。」塞上翁：淮南子人間訓：「近塞上之人，有善術焉者，馬無故而亡入胡，人皆吊之，其父曰：『此何遽不能爲福乎？』居數月，其馬將胡駿馬而歸，人皆賀之，其父曰：『此何遽不能爲禍乎？』家富良馬，其子好騎，墜而折其髀，人皆吊之，其父曰：『此何遽不能爲福乎？』居一年，胡人大入塞，丁壯者引弦而戰，近塞之人，死者十九，此獨以跛之故，父子相保。故福之爲禍，禍之爲福，化不可極，深不可測也。」高適辭去封丘尉，却入哥舒翰幕府，即將有所作爲，亦是轉禍爲福之例。〔七〕爲問二句：謂試問邊境近況如何，但聞羌笛之聲至今仍有無窮的哀怨。言外之意是説戰争尚未結束，征戍戰士有訴不盡的悲傷。羌笛：樂器，長一尺四寸，出於羌中，故名。

登百丈峯二首〔一〕

其一

朝登百丈峯，遥望燕支道〔二〕。漢壘青冥間〔三〕，胡天白如掃〔四〕。憶昔霍將軍，連年此征討〔五〕。匈奴終不滅〔六〕，寒山徒草草〔七〕。唯見鴻雁飛，令人傷懷抱〔八〕。

【注釋】

〔一〕敦煌鈔本高適詩集殘卷題爲武威作二首。百丈峯蓋在武威。武威，見前入昌松東界山行注〔一〕。

〔二〕燕支：燕支山，亦名焉支山。在今甘肅山丹縣東，南接永昌縣界，約在武威縣西二百餘里。〔三〕漢壘句：言漢軍營壘矗立於空。青冥：天空。楚辭悲回風：「據青冥而攄虹兮，遂儵忽而捫天。」〔四〕胡天句：謂敵方上空一片白色，猶如掃過一般。〔五〕憶昔二句：史記衛將軍驃騎列傳：「元狩二年春，以冠軍侯去病爲驃騎將軍，將萬騎出隴西，有功。……轉戰六日，過燕支山千有餘里。……其夏，驃騎將軍與合騎侯敖俱出北地。……驃騎將軍踰居延，至祁連山，捕首虜甚多。」詩即指此。〔六〕匈奴句：又驃騎列傳：「天子爲治第，令驃騎視之。對曰：匈奴未滅，無以家爲也。」此言匈奴終未消滅。〔七〕寒山：指燕支山及祁連山。徒草草：言空勞心力。詩小雅巷伯：「勞人草草。」傳：「草草，勞心也。」〔八〕傷懷抱：內心悲傷。

其二

晉武輕後事〔一〕，惠皇終已昏〔二〕。豺狼塞瀍洛〔三〕，胡羯争乾坤〔四〕。四海如鼎沸〔五〕，五凉更自尊〔六〕。而今白亭路〔七〕，猶對青陽門〔八〕。朝市不足問〔九〕，君臣隨草根〔一〇〕。

【注釋】

〔一〕晉武句：世說新語規箴：「晉武帝既不悟太子之愚，必有傳後意。諸名臣亦多獻直言。帝嘗在陵雲臺上坐，衛瓘在側，欲申其懷。因如醉，跪帝前，以手撫牀曰：『此坐可惜！』帝雖悟，因笑曰：『公醉邪？』」注：「晉陽秋曰：初惠帝之爲太子，咸謂不能親政事，衛瓘每欲陳啓廢之，而未敢也。後因會醉，遂跪牀前曰：『臣欲有所啓。』帝曰：『公所欲言者何邪？』瓘欲言而復止者三，因以手撫牀曰：『此坐可惜！』帝意乃悟，因謬曰：『公真大醉也。』」輕後事：意謂輕忽了傳後之事。〔二〕惠皇句：謂晉惠帝是白癡。公元二九〇年，晉武帝死，晉惠帝即位，楊駿、楊皇后輔政。二九一年，惠帝妻賈皇后殺楊駿，奪得政權，使汝南王司馬亮輔政，又使楚王司馬瑋殺司馬亮，賈后又殺司馬瑋。造成了八王和五胡十六國之亂。〔三〕豺狼：指八王及五胡。瀍洛：二水名。水經注瀍水：「瀍水出河南谷城縣北山，東與千金渠合，又東過洛陽縣南，又東過偃師縣，又東入於洛。」又洛水：「洛水出京兆上洛縣讙舉山。……又東北過河南縣南，又東過洛陽縣南，伊水從西來注之。」按：此以瀍洛指中原地區。〔四〕胡羯句：謂五胡豪酋在中原地區争奪天下。胡羯：指五胡，匈奴、羯、鮮卑、氐、羌五個少數民族，他們先後建立了十六國。〔五〕鼎沸：喻聲勢洶洶，如煮水之沸騰。此句謂五胡混戰，中原大亂。〔六〕五凉：指十六國中的前凉、後凉、南凉、北凉、西凉。其中前凉後凉、北凉皆都姑臧（武威），而南凉都樂都，西凉都酒泉。此句底本作「五原徒自尊」，兹據高適詩集殘卷改。更自尊：謂輪流稱王，割據一方。〔七〕白亭：新唐書兵志：「赤水、大斗、白亭、豆盧、墨離、建康、寧寇、玉門、伊吾、天山，軍十，烏城等守捉十四，曰河西道。」白亭軍在甘肅民勤縣。（屬武威郡）。白亭底本作「白庭」，據高適詩集殘卷改。〔八〕青陽門：太平御覽卷一八三：「晉宫門又有大夏門、長春門、朱明門、青陽門。」二句謂山川如昔，而今天下一統，凉州的割據已不復存在。〔九〕朝市：指西晉。不足問：不值一提。〔一〇〕君臣句：謂其君臣皆與草木同腐。

自武威赴臨洮謁大夫不及因書即事寄河西隴右幕下諸公〔一〕

浩蕩去鄉縣〔二〕，飄飖瞻節旄〔三〕。揚鞭發武威〔四〕，落日至臨洮〔五〕。主人未相識，客子心忉忉〔六〕。顧見征戰歸〔七〕，始知士馬豪〔八〕。戈鋋耀崖谷〔九〕，聲氣如風濤〔一〇〕。隱軫戎旅間〔一一〕，功業競相褒〔一二〕。獻狀陳首級〔一三〕，饗軍烹太牢〔一四〕。俘囚驅面縛〔一五〕，長幼隨顛毛〔一六〕。氈裘何蒙茸〔一七〕，血食本羶臊〔一八〕。漢將乃兒戲〔一九〕，秦人空自勞〔二〇〕。立馬眺洪河〔二一〕，驚風吹白蒿〔二二〕。雲屯寒色苦〔二三〕，雪合群山高。

遠戍際天末〔二四〕，邊烽連賊壕〔二五〕。我本江海游，逝將心利逃〔二六〕。一朝感推薦，萬里從英髦〔二七〕。飛鳴蓋殊倫，俯仰忝諸曹〔二八〕。燕頷知有待〔二九〕，龍泉惟所操〔三〇〕。相士慙入幕〔三一〕，懷賢願同袍〔三二〕。清論揮麈尾，乘酣持蟹螯〔三三〕。此行豈易酬〔三四〕，深意方鬱陶〔三五〕。微效儻不遂〔三六〕，終然辭佩刀〔三七〕。

【注釋】

〔一〕此詩爲天寶十二載秋高適初入河西幕自武威前往臨洮謁見哥舒翰不遇而作。全唐詩失收，據趙萬里雲盦羣書題記唐寫本高常侍集補。武威爲河西節度使治所。哥舒翰在天寶十二載收九曲之前任隴右節度使，收九曲之後因功兼任河西節度使。詩題既寫高適到武威，則應在哥舒翰兼任河西節度使之後。其又云「寄河西隴右幕下諸公」，表明當時哥舒翰已兼任河西、隴右節度使，兩個幕府已合而爲一，因此將二者并提。　〔二〕浩蕩：楚辭河伯：「心飛揚兮浩蕩。」注：「浩蕩，志放貌也。」去鄉縣：謂離開家鄉。　〔三〕瞻節旄：仰望旄節。唐代節度使皆賜節，此指哥舒翰。謂去謁見哥舒翰。史記秦始皇本紀：二十六年「衣服旄旌節旗皆上黑。」正義：「旄節者，編毛爲之，以象竹節。」　〔四〕發武威：自河西治所武威縣出發。　〔五〕臨洮：今甘肅臨潭縣。　〔六〕主人：指哥舒翰。未相識：尚不認識。客子：高適自稱。忉忉（dāo 刀）：憂勞。以上六句點題「自武威赴臨洮謁大夫不及」。　〔七〕顧見：但見。　〔八〕士馬豪：猶言兵强馬壯，士氣旺盛。　〔九〕戈鋋：指武器。戈，古横擊兵器。鋋（chán 蟬），鐵把短矛。耀：照射。　〔一〇〕聲氣：聲威氣勢。　〔一一〕隱軫：淮南子兵略「士卒殷軫」。注：「車輪多盛貌。」殷軫即隱軫。　〔一二〕褒：贊揚、夸獎。　〔一三〕獻狀：呈報立功之狀。陳首級：列敵首級。秦法，斬敵一首，得爵一級，後人因稱所斷敵首爲首級。〔一四〕饗軍：宴享軍士。太牢：牛羊豕三牲全備謂之太牢，羊豕二牲謂之少牢。後世遂以牛爲太牢。此句言殺牛犒軍。〔一五〕面縛：史記宋微子世家：「肉袒面縛。」索隱：「縛手於背而面向前也。」漢書項籍傳：「馬童面之。」注：「師古曰：面謂背之不面向也。面縛亦謂反背而縛之。杜元凱以爲但見其面，非也。」〔一六〕顛：原作巔。巔即顛之俗字。顛，説文：「頂也。」即頭頂。毛：發。國語齊語：「班序顛毛。」以爲民紀統。注：「班，次也。序，列也。顛，頂也。毛，發也。統，猶經也。言次列頂發之白黑，使長幼有等，以爲治民之經。」此謂將俘囚依其發色而分長幼排列。〔一七〕氈裘：胡人所穿毛織衣服。蒙茸：亂貌。詩旄丘：「狐裘蒙戎。」左傳僖公五年：「狐裘尨茸。」蒙戎、尨茸，蒙茸皆一聲之轉，義同。〔一八〕血食：此指胡人食牛羊肉。羶臊（sāo騷）：腥味。〔一九〕漢將句：謂漢代將軍與哥舒翰相比，直如兒戲。史記絳侯世家：周亞夫軍細柳，文帝先驅至，不得入。上至，又不得入。……既出軍門，群臣皆驚。文帝曰：「嗟乎，此真將軍矣！曩者霸上、棘門軍，若兒戲耳，其將固可襲而虜也，至於亞夫，可得而犯邪？」此借以贊揚哥舒翰。〔二〇〕秦人句：謂秦代戍邊，空勞士卒。以上十四句描寫破九曲凱旋後的盛況，并歌頌哥舒翰的功動。〔二一〕洪河：大河，在臨洮所見者當是洮河。〔二二〕驚風：疾風。白蒿：本草：「葉粗於青蒿，從初生至枯，白於衆蒿。欲似艾者，所在有之。」〔二三〕雲屯：蕓盦羣書題記作「屯雲」，誤。以下句「雪合」與之相對。屯，廣雅釋詁三：「聚也。」〔二四〕遠戍：指遠處的戍樓。際天末：與天邊相接。〔二五〕邊烽：蕓盦羣書題記作「邊峯」，誤。烽：説文：「烽燧，候表也，邊有警則舉火。」後漢書光武紀：建武十二年十二月，「修烽燧」。注：「前書音義曰：『邊方備警急，作高土臺，臺上作桔皐，桔皐頭有兜零，以薪草置其中，常低之，有寇，即燃火舉之，以相告，曰烽。又多積薪，寇至，即燔之，望其烟，曰燧。晝則燔燧，夜乃舉烽。』廣雅曰：兜零，籠也。」以上六句寫所見臨洮秋塞風光。〔二六〕逝將：蕓盦羣書題記作「誓將」，音同而誤。逝：詩碩鼠：「逝將去女。」箋云：

「逝，往也。」心利逃： 莊子讓王：「故養志者忘形，養形者忘利，致道者忘心矣。」蓋其所本，謂名利皆忘。

〔二七〕從英髦： 謂追隨諸賢。髦，爾雅釋言：「俊也。」注：「士中之俊，如毛中之髦。」此指幕下諸公。髦原作「旄」。

〔二八〕飛鳴： 喻才力。史記滑稽列傳：「此鳥不飛則已，一飛冲天；不鳴則已，一鳴驚人。」殊倫： 不相類。諸曹： 幕府諸公。曹，官府辦事員。忝： 有愧於。二句謂才力不能與人相比，係高適自謙之詞。

〔二九〕燕頷句： 謂自知立功封侯還須等待。後漢書班超傳：「相者指曰：『生燕頷虎頸，飛而食肉。此萬里侯相也。』」「頷」原作「鴿」，誤。

〔三〇〕龍泉句： 謂願持利器以自奮。龍泉，本是龍淵，寶劍名。越絶書外傳記寶劍：「歐冶子、干將鑿茨山，洩其溪，取鐵英，作爲劍三枚：一曰龍淵，二曰泰阿，三曰工布。」唐人因避高祖諱，改「淵」爲「泉」。

〔三一〕相士句： 謂受知入幕感到慚愧。史記平原君列傳：「勝相士多者千人，寡者百數，自以爲不失天下之士。」

〔三二〕懷賢句： 意謂願與諸賢共事。詩無衣：「豈曰無衣，與子同袍；王於興師，修我戈矛，與子同仇。」後人因稱同爲軍人曰同袍，唐人亦泛稱友朋。如許渾曉發天井關寄李師晦詩云：「逢秋正多感，萬里别同袍。」

〔三三〕清論二句： 謂在武威得與諸賢清談飲宴。清論： 清談。握麈（zhǔ 主）尾： 魏晉清談者執麈尾以助姿態。世説新語容止：「王夷甫容貌整麗，妙於談玄，恒捉白玉柄麈尾，與手都無分别。」乘酣： 趁着濃厚的酒興。持蟹螯： 謂持蟹下酒。二句謂一面高談闊論，一面以蟹佐酒。此暗用畢卓的故事。世説新語任誕： 畢茂世云：「一手持蟹螯，一手持酒桮，拍浮酒池中，便足了此一生。」據此可知作者來河西是在秋季。

〔三四〕此行句： 謂此行難以酬答諸賢的盛情厚意。

〔三五〕鬱陶： 鬱悶而有憂思。

〔三六〕微效： 微小的報效，指入幕。儻： 俗作倘。假使，如果。不遂： 不成。

〔三七〕辭佩刀： 謂辭職告退。晉書王祥傳：「呂虔有佩刀，工相之，以爲必登三公。……虔謂祥曰： 卿有公輔之量，故以相與。」以上十六句抒懷寄幕府諸公。

同李員外賀哥舒大夫破九曲之作〔一〕

遙傳副丞相〔二〕，昨日破西蕃〔三〕。作氣羣山動〔四〕，揚軍大旆翻〔五〕。奇兵邀轉戰〔六〕，連弩絶歸奔〔七〕。泉噴諸戎血，風驅死虜魂〔八〕。頭飛攢萬戟〔九〕，面縛聚轅門〔一〇〕。鬼哭黄埃暮，天愁白日昏〔一一〕。石城與巖險〔一二〕，鐵騎皆雲屯〔一三〕。長策一言決〔一四〕，高蹤百代存〔一五〕。威稜懾沙漠〔一六〕，忠義感乾坤〔一七〕。老將黯無色〔一八〕，儒生安敢論〔一九〕。解圍憑廟算〔二〇〕，止殺報君恩〔二一〕。唯有關河渺〔二二〕，蒼茫空樹墩〔二三〕。

【注釋】

〔一〕哥舒大夫：哥舒翰於天寶八載拔石堡城後，拜特進鴻臚員外卿，加攝御史大夫，故云。九曲：地名，在今青海貴德縣東河曲一帶，本唐地，屬廓州。睿宗景雲元年（七一〇），金城公主入吐蕃和親。「時楊矩爲鄯州都督，吐蕃遣使厚遺之，因請河西九曲之地以爲金城公主湯沐之所，矩遂奏與之。吐蕃既得九曲，其地肥良，堪頓兵畜牧，又與唐境接近，自是復叛，始率兵入寇。」（見舊唐書吐蕃傳）吐蕃統治者以欺詐手段取得唐九曲後，在其地置獨山、九曲兩軍，并以此作爲進攻唐王朝的基地，給唐造成巨大的威脅和危害。因此哥舒翰於天寶十二載五月收復九曲，恢復唐的舊疆，解除吐蕃的侵略和威脅，其戰爭性質是正義的，值得歌頌的。〔二〕副丞相：漢書百官公卿表：「御史大夫，秦官，位上卿，銀印青綬，掌副丞相。」此指哥舒翰。〔三〕昨日：猶言前日。因收復九曲在五月，詩作於秋天。西蕃：吐蕃居西，故稱西蕃。〔四〕作氣：鼓氣，即誓師，動員。左傳莊公十年：「一鼓作氣。」〔五〕揚軍：出兵，進軍。呂氏春秋必己：「舟中之人盡揚播入於河。」注：「揚，動也。」大旆翻：大旗飛揚。〔六〕奇兵句：謂以奇兵邀擊敵軍。〔七〕連弩句：謂以連弩斷其歸路。連弩：用機械連續射箭的弓。歸奔：敗逃的敵軍。〔八〕泉噴二句：極言戰爭激烈，敵軍大量死亡。〔九〕頭：指敵頭。攢：聚。〔一〇〕面縛：背縛，縛手於背而面向前。轅門：周禮天官掌舍：「設車宮轅門。」注：「次車以爲藩，則仰車以其轅表門。」疏：「言仰車以其轅表門者，謂仰兩乘車轅相向以表門，故名爲轅門。」〔一一〕鬼哭二句：形容戰地的淒淒陰森。以上十二句歌頌唐軍士氣昂揚，所向無敵。〔一二〕石城：即石堡城，唐廓州州治。按：廓州，北周置，在今青海貴德縣，即澆河城。寰宇記謂之故廓州城。唐時移廓州理廣威縣，改爲寧塞郡，尋復爲廓州，在今巴燕縣南黃河北岸，本漢西羌所居石城地。與：儀禮士昏禮云：「我與在。」注：「與，猶兼也。」〔一三〕鐵騎：精悍的部隊。雲屯：如雲之聚。〔一四〕長策：善策。一言決：由一言決定。言主將果斷。〔一五〕高蹤：猶言高勳。百代存：永存青史。〔一六〕威稜：威靈。漢書李廣傳：「威稜憺乎鄰國。」注：「李奇曰：神靈之威曰稜。」懾：威懾，用武力使對方感到恐懼。沙漠：泛指西北少數民族地區。〔一七〕感乾坤：動天地。〔一八〕老將句：謂宿將相形之下暗然失色，猶言平淡無奇。〔一九〕儒生句：謂讀書人無法置議。論：讀平聲，音輪。〔二〇〕憑廟算：賴朝廷皇帝的謀略。孫子計篇：「夫未戰而廟算勝者，得算多也。未戰而廟算不勝者，得算少也。」注：「張預曰：古者興師命將，必致齋必廟，授以成算，然後遣之，故謂之廟算。」〔二一〕止殺句：謂以徹底解除邊患來報答君恩。以戰止戰，以殺止殺。此「止殺」猶言終止吐蕃入寇。即九曲詞所謂「青海只今將飲馬，黃河不用更防秋」之意。晋書刑法志：「以殺止殺，重以全輕。」〔二二〕渺：遥遠空曠。〔二三〕蒼茫：無涯貌。空：盡。樹墩：亦作樹敦。舊唐書王子顔傳：「父難得，……（天寶）九載，擊吐蕃，收五橋，拔樹敦城，補白水軍使。十三（當作十二）載，從收九曲，加特進。」資治通鑑天寶九載十二月，「關西游弈使王難得擊吐蕃，克五橋，拔樹敦城，以難得爲白水軍使。」注：「樹敦城以古犬戎王樹惇名城，隋在吐谷渾界，唐在吐蕃界。」以上十二句贊頌哥舒翰指揮收復九曲的歷史功績。

同吕判官從哥舒大夫破洪濟城迴登積石軍多福七級浮圖〔一〕

塞口連濁河〔二〕，轅門對山寺。寧知鞍馬上〔三〕，獨有登臨事〔四〕。七級凌太清〔五〕，千崖列蒼翠。飄飄方寓目〔六〕，想像見深意〔七〕。高興殊未平，凉風颯然至〔八〕。拔城陣雲合〔九〕，轉旆胡星墜〔一〇〕。大將何英靈〔一一〕，官軍動天地〔一二〕。君懷生羽翼〔一三〕，本欲附騏驥〔一四〕。疑段苦不前〔一五〕，青冥信難致〔一六〕。一歌陽春後〔一七〕，三嘆終自愧〔一八〕。

【注釋】

〔一〕吕判官：吕諲。舊唐書本傳：「吕諲，蒲州河東人，志行修整，勤於學業。……隴右、河西節度使哥舒翰奏充度支判官，累兼衛佐、太子通事舍人。諲性謹守，勤於吏職，雖同僚追賞，而塊然視事，不離案簿，翰益親之。累兼虞部員外郎、侍御史。」資治通鑑：天寶十三載三月，「哥舒翰亦爲其部將論功。……翰又奏嚴挺之之子武爲節度判官，河東呂諲爲支度判官，前封丘尉高適爲掌書記。」又天寶十二載夏五月，「隴右節度使哥舒翰擊吐蕃，拔洪濟、大漠門等城，悉收九曲部落。」注：「廓州西南百四十里有洪濟橋。」按：洪濟橋在青海東境河曲之地。唐初置金天軍於此。積石軍：資治通鑑：天寶元年正月，「置十節度經略使以備邊。……隴右節度使備御吐蕃，統臨洮、河源、白水、安人、振威、威戎、漠門、寧塞、積石、鎮西十軍，綏和、合川、平夷三守捉，屯鄯、廓、洮、河之境，治鄯州。」注：「積石軍在廓州西百八十里。」〔一〕七級：七層。浮圖：塔。〔二〕塞口：指積石軍要塞山口。濁河：指黃河。〔三〕鞍馬上：謂從軍出征。〔四〕登臨事：謂登多福寺浮圖。以上四句寫征途登塔。〔五〕凌：升，高出。太清：天空。〔六〕飄飄：輕舉貌。寓目：謂舉目遠眺。〔七〕想像：指預想收復洪濟城。見深意：看到了這場戰争的深刻意義。高興句：謂興致正高。〔八〕颯然：風聲。〔九〕拔城句：謂攻城時戰士奮勇進擊，如雲之合。〔一〇〕轉旆句：謂凱旋時敵寇已潰敗。史記天官書：「昴曰髦頭，胡星也。」胡星墜：胡軍潰敗。〔一一〕大將：指哥舒翰。英靈：猶言英明。〔一二〕官軍句：謂唐軍奮勇戰斗，震天動地。以上十句寫登塔所見并想像破洪濟城的殊勳。〔一三〕君懷句：謂呂判官來到幕府，如生羽翼。懷：爾雅釋言：「來也。」李白駕去温泉宫後贈楊山人：「忽蒙白日回景光，直上青冥生羽翼。」〔一四〕本欲句：謂己本欲附騏驥而馳千里。史記伯夷列傳：「顏淵雖篤學，附驥尾而行益顯。」〔一五〕疑段句：謂己如駑馬，行遲不前。後漢書馬援傳：「乘下澤車，御疑段馬。」注：「疑，猶綏也，言形段遲緩也。」〔一六〕青冥句：謂難於顯達，自致於青天之上。信：實。致：至。〔一七〕一歌句：謂呂判官詩品格甚高，如陽春白雪。〔一八〕三嘆句，謂再三嘆息，自愧弗如。嘆：稱美。禮記郊特牲：「孔子屢嘆之。」注：「美此禮也。」疏：「數數嘆美此禮。」以上六句贊美呂判官的詩作。

塞下曲

結束浮雲駿〔一〕，翩翩出從戎〔二〕。且憑天子怒〔三〕，復倚將軍雄。萬鼓雷殷地〔四〕，千旗火生風〔五〕。日輪駐霜戈〔六〕，月魄懸琱弓〔七〕。青海陣雲匝〔八〕，黑山兵氣衝〔九〕。戰酣太白高〔一〇〕，戰罷旄頭空〔一一〕。萬里不惜死，一朝得成功。畫圖麒麟閣〔一二〕，入朝明光宫〔一三〕。大笑向文士，一經何足窮〔一四〕。古人昧此道，往往成老翁〔一五〕。

【注釋】

〔一〕結束：裝束。浮雲：馬名。西京雜記卷二：「文帝自代還，有良馬九匹，皆天下之駿馬也，一名浮雲，一名赤電，一名絶羣，一名逸驃，一名紫燕騮，一名緑璃驄，一名龍子，一名麟駒，一名絶塵，號爲九逸。」駿：駿馬。

〔二〕翩翩：易泰：「翩翩不富以其鄰。」向秀注：「翩翩，輕舉貌。」出從戎：去從軍。〔三〕天子怒：孟子梁惠王下：「文王一怒而安天下之地。」〔四〕萬鼓句：言萬鼓齊鳴如雷動地。殷（yǐn隱）：詩殷其靁：「殷其靁。」傳：「殷，靁聲也。」司馬相如上林賦：「殷天動地。」殷作動詞用，震動之意。〔五〕千旗句：謂千旗翻動如火趁風。火，形容旌旗色紅如火。〔六〕日輪句：謂用霜戈揮日，日爲之停駐。此用魯陽揮戈事。淮南子覽冥訓：「魯陽公與韓搆難，戰酣，日暮，援戈而撝之，日爲之反三舍。」〔七〕月魄句：謂琱弓高張如月懸空。琱，借爲彫。漢書郊祀志：「黼黻琱戈。」琱指刻有花紋。〔八〕青海句：謂青海四周戰雲密布。青海：在今青海省東北境。古曰鮮水，又曰西海、仙海，北魏始名青海。北魏時周千餘里，唐時尚八百里，海邊山巒環繞。匝（zā 咂）：周，滿。〔九〕黑山：即殺虎山，在今内蒙呼和浩特東南。此借用以對青海。兵氣冲：兵氣冲天。〔一〇〕戰酣句：謂太白星高懸，大戰正激烈進行。史記天官書：「（太白）出高，用兵深吉。」正義：「天官占云：太白者，西方金之精，白帝之子，上公大將軍之象也。」〔一一〕戰罷句：謂戰畢胡軍已被消滅。旄頭：胡星。見前同吕判官從哥舒大夫破洪濟城迴登積石軍多福七級浮圖注〔一〇〕。〔一二〕畫圖句：謂畫像於麒麟閣上。見信安王幕府詩注〔二一〕。〔一三〕明光宫：漢書武帝紀：「太初四年秋，起明光宫。」注：「師古曰：三輔黄圖云：在城中。元后傳云：成都侯商避暑借明光宫，蓋謂此。」按：元后傳注：「師古曰：黄圖云：明光宫在城内，近桂宫也。」此謂入朝云云。以上十六句抒寫出塞從戎，「萬里不惜死，一朝得成功」的豪情壯志。〔一四〕一經：一部經書。何足窮：那值得深入研究。窮，極，鑽研到極點。北史來護兒傳：護兒初讀詩，至「擊鼓其鏜，踴躍用兵」，因舍書嘆曰：「大丈夫在世，會爲國滅賊，以取功名，安能區區專事筆硯也。」〔一五〕古人二句：謂有些古人不明此理，往往白首窮經而一無所成。以上四句以文士與從戎對比，說明當棄文就武，投筆從戎。

九曲詞三首〔一〕

其一

許國從來徹廟堂〔二〕，連年不爲在壇場〔三〕。將軍天上封侯印〔四〕，御史臺中異姓王〔五〕。

【注釋】

〔一〕九曲詞：郭茂倩樂府詩集卷九十一：「新唐書曰：天寶中，哥舒翰攻破吐蕃洪濟、大莫等城，收黄河九曲，以其地置洮陽郡，適由是作九曲詞。」　〔二〕許國：以身許國。徹廟堂：謂名聲彰徹朝廷。徹，説文：「通也。」小爾雅廣詁：「遠也。」文選顏延之贈王太常：「蓄寶每希聲，雖祕猶彰徹。」　〔三〕連年句：謂連年出戰，不爲取大將之職。設壇場：所以拜大將。壇，底本作疆，注，一作壇。史記淮陰侯列傳：漢王設壇場，將拜大將。諸將皆喜，人人各自以爲得大將。　〔四〕將軍句：天寶十二載，哥舒翰進封凉國公，食實封三百户。　〔五〕御史句：天寶八載，哥舒翰加攝御史大夫。十二載八月，以悉收九曲部落之功，賜翰爵西平郡王。異姓王：謂非李氏而封王。

其二

萬騎争歌楊柳春〔一〕，千場對舞綉騏驎〔二〕。到處盡逢歡洽事〔三〕，相看總是太平人〔四〕。

【注釋】

〔一〕騎(jì計)：騎兵，騎馬人。楊柳春：曲名。與下句「綉騏驎」相對。〔二〕綉騏驎：謂用錦綉做成的假麒麟。騏驎：通麒麟。舞麒麟，猶今舞獅之戲。〔三〕歡洽：歡樂適意。〔四〕太平人：過和平生活的人。

其三

鐵騎横行鐵嶺頭〔一〕，西看邏沙取封侯〔二〕。青海只今將飲馬〔三〕，黄河不用更防秋〔四〕。

【注釋】

〔一〕鐵騎：穿鐵甲的騎兵。鐵嶺：泛指險固的關隘。〔二〕邏逤（suò 唆去聲）：一作邏些，即今西藏自治區拉薩市，唐代吐蕃都城。舊唐書吐蕃傳上：「其國都號爲邏些城。」此句意謂因滅吐蕃而取封侯。〔三〕青海：見上塞下曲注〔八〕。飲馬：謂九曲既已收復，吐蕃遠遁，青海成爲内湖，可以安然牧馬。〔四〕防秋：唐代吐蕃、回紇等少數民族常於秋高馬肥時入侵，因稱防邊爲防秋。舊唐書陸贄傳：「又以河隴陷蕃已來，西北邊常以重兵守備，謂之防秋。」此句意謂黄河上游一帶邊患已除。

送渾將軍出塞〔一〕

將軍族貴兵且强，漢家已是渾邪王〔二〕。子孫相承在朝野〔三〕，至今部曲燕支下〔四〕。控弦盡用陰山兒〔五〕。登陣常騎大宛馬〔六〕。銀鞍玉勒繡蝥弧〔七〕，每逐嫖姚破骨都〔八〕。李廣從來先將士〔九〕，衛青未肯學孫吴〔一〇〕。傳有沙場千萬騎，昨日邊庭羽書至〔一一〕。城頭畫角三四聲，匣里寶刀晝夜鳴〔一二〕。意氣能甘萬裏去〔一三〕，辛勤判作一年行〔一四〕。黄雲白草無前後〔一五〕，朝建旌旄夕刁斗〔一六〕。塞下應多俠少年〔一七〕，關西不見春楊柳〔一八〕。從軍借問所從誰〔一九〕？擊劍酣歌當此時〔二〇〕。遠别無輕繞朝策〔二一〕，平戎早寄仲宣詩〔二二〕。

【注釋】

〔一〕渾將軍：資治通鑒：天寶十三載三月，哥舒翰爲其部將論功的名單中有渾惟明，渾將軍，蓋即惟明。原爲皋蘭府都督，本年加雲麾將軍。

〔二〕渾邪（yē耶）王：史記霍去病傳：「其秋，單于怒渾邪王居西方，數爲漢所破，亡數萬人，以驃騎之兵也。單于怒，欲召誅渾邪王，渾邪王與休屠王等謀，欲降漢。……乃令驃騎將軍將兵往迎之。驃騎既渡河，與渾邪王衆相望，渾邪王裨將見漢軍，而多欲不降者，頗遁去。驃騎乃馳入，與渾邪王相見，斬其欲亡者八千人，遂獨遣渾邪王乘傳先詣行在所，盡將其衆渡河，降者數萬，號稱十萬。既至長安，天子所以賞賜者數十巨萬，封渾邪王萬户，爲漯陰侯。」又「驃騎將軍去病，凡六出擊匈奴，……及渾邪王以衆降數萬，遂開河西酒泉之地。」（亦見匈奴傳。）又漢書西域傳云：「其後驃騎將軍擊破匈奴右地，降渾邪、休屠王，遂空其地，始築令居以西，初置酒泉郡。復稍發徙民充實之，分置武威、張掖、敦煌，列四郡，據兩關焉。」新唐書宰相世系表：「渾氏出自匈奴渾邪王，隨拓跋氏徙河南（今内蒙古伊克昭盟，即河套地區。）因以爲氏。」漁洋詩話卷上云：「或問：『詩工於發端，如何？』應之曰：高常侍『將軍族貴兵且强，漢家已是渾邪王』是也。」

〔三〕子孫句：謂其子孫世代相繼，或在朝爲官，或在野閑居。舊唐書渾瑊傳：「高祖大俟利發渾阿貪支，貞觀中爲皋蘭州刺史，曾祖元慶、祖大壽、父釋之，皆代爲皋蘭都督。大壽，開元初歷左領衛中郎將、太子僕同正。釋之，少有武藝，從朔方軍，積戰功於邊上，累遷至開府儀同三司、試太常卿、寧朔郡王。」

〔四〕至今句：謂到現在他家所統帥的部隊仍在燕支山下。燕支山：見上登百丈峯二首其一注〔一〕。

〔五〕控弦：引弓。此代指戰士。陰山：山名。起於内蒙古河套西北，綿延數千里，東與内興安嶺相接。漢武帝以前，匈奴常據陰山以侵掠漢邊。

〔六〕大宛（yuān 鴛）馬：漢書西域傳上：「大宛國，王治貴山城。去長安萬二千五百五十里。……宛别邑七十餘城，多善馬，馬汗血，言其先天馬子也。」

〔七〕銀鞍：以銀飾馬鞍。玉勒：以

玉飾馬銜。蝥弧：左傳隱公十一年：「潁考叔取鄭伯之旗蝥弧以先登。」注：「蝥弧，旗名。」〔八〕逐：隨從。嫖姚：亦作剽姚。霍去病爲剽姚校尉。見上薊門行五首其一注〔七〕。此指哥舒翰。骨都：又匈奴列傳：「置左右賢王、左右谷蠡王、左右大將、左右大都尉、左右大當户、左右骨都侯。」集解：「骨都，異姓大臣。」此指突厥大臣。

〔九〕李廣句：謂李廣臨陣總是身先士卒。史記李將軍列傳：「匈奴左賢王將四萬騎圍廣，廣軍士皆恐。……廣爲圜陣外向，胡急擊之，矢下如雨，漢兵死者過半。漢矢且盡，廣乃令士持滿毋發，而廣身自以大黄射其裨將，殺數人，胡虜益解，會日暮，吏士皆無人色，而廣意氣自如，益治軍，軍中自是服其勇也。」一説李廣從來都與士卒同甘共苦，飲食先給將士。李將軍列傳又云：「廣之將兵，乏絶之處，見水，士卒不盡飲，廣不近水，士卒不盡食，廣不嘗食。寬緩不苛，士以此愛樂爲用。」亦通。〔一〇〕衛青句：謂用兵自有方略。史記衛將軍驃騎列傳：「天子嘗欲教之孫吴兵法。（霍去病）對曰：『顧方略何如耳，不至學古兵法。』」孫、吴：孫武、吴起，春秋戰國時軍事家。史記孫子吴起列傳：「太史公曰：世俗所稱師旅，皆道孫子十三篇、吴起兵法，世多有。」以上十句寫渾將軍的家世和將略。〔一一〕傳有二句：謂敵寇入侵，邊庭送來告急文書。〔一二〕匣裏句：謂敵至時連其武器也躍躍欲試。太平御覽卷三四六：「陶弘景刀劍録曰：南凉秃發烏孤大初三年造一刀，狹小，長三尺五寸，青色。匠云：當作之時，夢見一人被朱衣，云：吾是太一神，故看爾作此刀，有敵至，刀必鳴。後落突厥可汗處。」〔一三〕意氣：氣概。甘：樂。

〔一四〕判（pān 潘）：拚。割舍之辭，亦甘願之辭，猶今言豁出去之意。〔一五〕黄雲句：言天上黄雲暗澹，地上白草縱横。漢書西域傳注：「師古曰：白草似莠而細，無芒，其乾熟時正白色，牛馬所嗜也。」無前後：無前無後，到處皆是。〔一六〕朝建句：朝樹旗幟以示軍盛，夕鳴刁斗以爲警戒。刁斗：見上睢陽别暢大判官注〔一九〕。

〔一七〕塞下句：謂邊塞應多有游俠少年。〔一八〕關西：謂玉門關以西。不見春楊柳：謂關外寒冷，雖逢春而不見楊柳發青。王之涣凉州詞云：「羌笛何須怨楊柳，春風不度玉門關。」與此同意。以上十句寫出塞。

〔一九〕從軍句：用王粲從軍詩意。詩云：「從軍有苦樂，但問所從誰。所從神且武，焉得久勞師。」曹操征張魯，張魯降，王粲作詩頌之。此借以比哥舒翰。〔二〇〕擊劍句：謂舞劍高歌於出征之時，極寫將士的忠勇奮發。〔二一〕無輕：不要輕視。繞朝策：繞朝，秦大夫。左傳文公十三年：「（士會）乃行，繞朝贈之以策，曰：子無謂秦無人，吾謀適不用也。」注：「策，馬撾。臨別授之馬撾，并示己所策以展情。」〔二二〕平戎句：謂平定敵寇之後，望早寄祝捷之詩。仲宣：王粲字。其從軍詩云：「一舉滅獯虜，再舉服羌夷。西收邊地賊，忽若俯拾遺。」以上四句送行并祝早日凱旋。

奉寄平原顏太守并序〔一〕

初，顏公任蘭臺郎，與余有周旋之分〔二〕，而於詞賦特爲深知。洎擢在憲司〔三〕，而僕寓於梁宋。今南海太守張公之牧梁也〔四〕，亦謬以僕爲才，遂奏所制詩集於明主〔五〕，而顏公又作四言詩數百字并序〔六〕，序張公吹噓之美〔七〕，兼述小人狂簡之盛〔八〕，遍呈當代羣英。況終不才，無以爲用；龍鐘蹭蹬〔九〕，適負知己。夫意所感，乃形於言，凡廿韻。

皇皇平原守〔一〇〕，駟馬出關東〔一一〕。銀印垂腰下〔一二〕，天書在篋中〔一三〕。自承到官後〔一四〕，高枕揚清風〔一五〕。豪富已低首，逋逃還力農〔一六〕。始余梁宋間，甘予麋鹿同〔一七〕。散髮對浮雲，浩歌追釣翁。如何顧疵賤，遂肯偕窮通〔一八〕。耿介出憲司〔一九〕，慨然見羣公〔二〇〕。賦詩感知己〔二一〕，獨立争愚蒙〔二二〕。金石誰不仰〔二三〕，波瀾殊未窮〔二四〕。微軀枉多價〔二五〕，朽木慚良工〔二六〕。上將拓邊西〔二七〕，薄才忝從戎〔二八〕。豈論濟代心〔二九〕，願效匹夫雄〔三〇〕。驊騮滿長皂〔三一〕，弱翮依彫籠〔三二〕。行軍動若飛〔三三〕，旋旆信嚴終〔三四〕。屢陪投醪醉〔三五〕，竊賀銘山功〔三六〕。雖無汗馬勞，且喜沙塞空〔三七〕。去去勿復道，所思積深衷〔三八〕。一爲天崖客〔三九〕，三見南飛鴻〔四〇〕。應念蕭關外，飄飄隨轉蓬〔四一〕。

【注釋】

〔一〕此詩今本高常侍集及全唐詩均失載，據伯三八六二敦煌高適詩集殘卷補。平原顔太守：顔真卿，顔嘗爲平原郡太守。岑參有送顔平原詩，序云：「（天寶）十二年春，有詔補尚書十數公爲郡守，上親賦詩，觴羣公，宴於蓬萊前殿，仍贈以繒帛，寵餞加等，參美顔公是行，爲寵别章句。」舊唐書顔真卿傳：「楊國忠怒其不附己，出爲平原太守。」按：平原郡：舊唐書地理志：河北道德州，天寶元年，改爲平原郡，治安德。按：在今山東省陵縣。〔二〕蘭臺郎：舊唐書職官志：秘書省，龍朔改爲蘭臺。顔魯公行狀：「開元二十四年，吏部擢判入高等，授朝散郎、秘書省著作局校書郎。」按：著作局校書郎，正九品上。周旋之分：交游應酬之緣。〔三〕擢在憲司：謂顔真卿於天寶六載遷監察御史。又職官志：御史臺設監察御史十員，正八品上。〔四〕南海太守張公：即張九皐，此時任南海太守。牧梁：爲宋州刺史。梁指睢陽。〔五〕奏所制詩集：張九皐於天寶八載之前曾進奏高適詩集。封氏聞見記卷三「制科」曰：「常舉外，復有通五經一史及進獻文章并上著述之輩，或付本司，或付中書考試，亦同制舉。」

〔六〕顏公又作四言詩數百字并序：今亡佚。〔七〕吹噓：稱道贊揚。〔八〕小人：高適自謙之謂。狂簡：論語公冶長：「吾黨之小子狂簡。」孟子盡心亦有此言，其注曰：「簡，大也。狂者進取大道，而不得其正者也。」〔九〕龍鍾：唐音癸籤卷二十四：「考坤蒼：躘踵，行不進貌，古字從省，躘因作龍，踵又借作鍾。此自有正解，何煩曲爲之説乎。」又言：「或云：龍鍾，潦倒，二合音也。龍鍾，切癃字；潦倒，切老字。」蹭蹬（cèng dèng）：遭遇挫折。以上序寄詩緣由。〔一〇〕皇皇：爾雅釋詁「皇皇，美也。」〔一一〕駟馬：一車四馬。古人駕車，皆用四馬，兩服兩驂，故謂之駟。關東：謂函谷關以東，此指德州平原郡。〔一二〕銀印：後漢書輿服志注引東觀書曰：二千石以上皆銀印青綬。又百官志：「每郡置太守一人，二千石。」〔一三〕天書：詔書。〔一四〕承：奉，奉聞。〔一五〕高枕句：謂高臥而治。暗用漢代汲黯事。漢書汲黯傳：「遷爲東海太守。黯學黄老言，治官民好清静，擇丞史任之，責大指而已，不細苛。黯多病，臥閤内，不出，歲餘，東海大治。……召黯拜爲淮陽太守。……上曰：『君薄淮陽邪？吾今召君矣。顧淮陽吏民不相得，吾徒得君重，臥而治之。』……黯居郡如其故，治淮陽政清。」

〔一六〕逋逃句：謂流亡者歸農。以上八句歌頌顏真卿出守平原的美政。〔一七〕甘予句：甘與麋鹿爲伍。予通與。廣韻八語：予，「郭璞云：予猶與也。」〔一八〕如何二句：謂何以顧念我這個有缺點而又卑賤的人，乃肯與之周旋，無窮通的差别。以上六句寫「顏公任蘭臺郎，與余有周旋之分」。〔一九〕耿介：正直守志而不趨附時勢。憲司：舊唐書職官志：御史臺，龍朔二年改名憲臺。顏真卿天寶六載遷監察御史。〔二〇〕見羣公：即序言「遍呈當代羣英」。〔二一〕賦詩句：謂感激顏公作四言詩數百字爲己揚名。〔二二〕獨立句：謂顏公獨自爲己援引。争：説文：「引也。」愚蒙：高適自謙之詞。〔二三〕金石句：謂顏公詩并序可勒諸金石，文章誰不欽仰。〔二四〕波瀾句：謂文章深廣浩瀚。〔二五〕微軀句：謂己錯蒙過高的獎掖。

〔二六〕朽木句：謂己如不可雕的朽木愧對良工。論語公冶長：「朽木不可雕也。」以上八句感謝顏公爲御史時爲己作詩并序遍呈當代羣英。〔二七〕上將句：謂哥舒翰爲隴右河西節度使，破吐蕃，悉收黄河九曲。〔二八〕薄才句：謂已入哥舒翰幕從軍出征。〔二九〕豈論句：豈敢説有濟世之心。〔三〇〕願效句：謂已只不過是願盡匹夫之勇而已。〔三一〕驊騮句：謂幕下皆豪傑之士。驊騮：以駿馬喻豪傑。皂：櫪，養馬之所。〔三二〕弱翮句：謂已如弱翮之鳥不能高舉，只是依倚於雕籠之中。〔三三〕行軍句：謂進攻神速。〔三四〕旋旆句：謂即使凱旋時也軍陣嚴整。穀梁傳莊公八年：「兵事以嚴終。」注：「以嚴整終事。」信：誠，實。〔三五〕屢陪句：謂曾經屢次從哥舒翰出征。投醪：太平御覽卷八四五：「黄石公記曰：昔者良將用兵，人有饋一簞醪者，使投之於河，令將士迎流而飲之。夫一簞醪不能味一河水，三軍思爲之死，以滋味及之也。」〔三六〕竊賀句：謂參加了祝捷。銘山功：後漢書竇憲傳：「（憲）與北單于戰於稽落山，大破之，虜衆崩潰，單于遁走，遂臨私渠比鞮海，……憲、秉遂登燕然山，去塞三千餘里，刻石勒功，紀漢威德，令班固作銘。」〔三七〕雖無二句：謂已雖無汗馬之勞，但對邊境空無敵軍感到喜悦。以上十二句寫已入隴右河西幕從軍後參加收復九曲戰役的喜悦。〔三八〕所思：所想念的人，此指顔公。積深衷：積於内心。〔三九〕天崖：當作天涯，謂至河西。〔四〇〕三見句：謂已歷三個秋季。高適於天寶十二載夏至河西，則「三見南飛鴻」，當爲天寶十四載秋，即此詩之寫作時間。或謂張九皋以天寶十四載四月二十日卒（見全唐文蕭昕張公神道碑）詩當作於張公生前。按：張公卒於洛陽，高適在河西，恐路途遥遠，未知之耳。〔四一〕應念二句：謂顔公應念我於蕭關之外仍蓬轉無定。蕭關：地名，在寧夏固原縣東南。以上六句寫寄詩時的相思之情。

見薛大臂鷹作〔一〕

寒楚十二月〔二〕，蒼鷹八九毛〔三〕。寄言燕雀莫相啅〔四〕，自有雲霄萬里高〔五〕。

【注釋】

〔一〕薛大：未詳。臂鷹：立鷹於臂上。後漢書梁冀傳：「又好臂鷹走狗騁馬斗鷄。」〔二〕寒楚句：謂嚴寒十二月。楚，盛。戰國策秦策：「不韋使楚服而見。」注：「楚服，盛服。」〔三〕蒼鷹：黑鷹。八九毛：謂羽毛凋零。〔四〕燕雀：小鳥。史記陳涉世家：「燕雀安知鴻鵠之志哉！」以燕雀比喻庸人。啅：與啄通。杜甫落日：「啅雀争枝墜，飛蟲滿院游。」舊唐書高適傳：「兵罷，李輔國惡適敢言，短於上前，乃左授太子詹事。」燕雀當指李輔國。相啅：謂讒毁。〔五〕自有句：謂終當自致於萬里青天之上。高適送桂陽孝廉云：「他日雲霄萬里人。」與此同意。

赴彭州山行之作〔一〕

峭壁連崆峒〔二〕，攢峯叠翠微〔三〕。鳥聲堪駐馬，林色可忘機〔四〕。怪石時侵徑〔五〕，輕蘿乍拂衣〔六〕。路長愁作客，年老更思歸〔七〕。且悦嚴巒勝〔八〕，寧嗟意緒違〔九〕。山行應未盡〔一〇〕，誰與玩芳菲〔一一〕？

【注釋】

〔一〕高適於乾元二年（七五九）五月出爲彭州（今四川彭縣）刺史。自長安至彭州皆大山，綿亘不斷。〔二〕峭壁：山勢高陡如壁。崆峒：山名，在甘肅省平凉縣西。〔三〕攢峯：聚集的山峯。叠：重叠。翠微：山氣青葱。〔四〕鳥聲二句：寫山行勝境。鳥聲悦耳，樹色清心。忘機：言與世無争，心無機巧。〔五〕怪石句：謂路旁時見怪石兀出。〔六〕輕蘿句：謂女蘿翠蔓牽拂人衣。女蘿，一名松蘿。詩頍弁：「蔦與女蘿，施於松柏。」乍：忽然。以上六句寫山行景物。〔七〕路長二句：唐朝重京官，輕地方官，故有此感。時高適年已五十八歲，故曰年老。〔八〕且悦句：承上文首六句。巖巒勝：峯巒之美。〔九〕寧嗟句：承上文路長二句。寧嗟：豈歎。意緒違：心意不順。〔一〇〕山行句：點題山行。應未盡：尚未到彭州，仍在途中。〔一一〕誰與句：謂無人共賞風物之美。芳菲：花草香美貌，此指自然景物。以上六句抒懷。

同鮮于洛陽於畢員外宅觀畫馬歌〔一〕

知君愛鳴琴〔二〕，仍好千里馬〔三〕。永日恒思單父中〔四〕，有時心到宛城下〔五〕。遇客丹青天下才〔六〕，白生胡雛控龍媒〔七〕。主人娱賓畫障開〔八〕，只言騏驥西極來〔九〕。半壁趻踔勢不住〔一〇〕，滿堂風飄颯然度〔一一〕。家僮愕視欲先鞭〔一二〕，櫪馬驚嘶還屢顧〔一三〕。始知物妙皆可憐〔一四〕，燕昭市駿豈徒然〔一五〕。縱令剪拂無所用〔一六〕，猶勝駑駘在眼前〔一七〕。

【注釋】

〔一〕鮮于洛陽：鮮于叔明。新唐書李叔明傳：「本鮮于氏，世爲右族，兄仲通。……乾元中，除司勳員外郎，……遷司門郎中。東都平，拜洛陽令，招徠遺民，號能吏。」畢員外：名未詳。〔二〕知君句：意謂愛好宓子賤鳴琴而治單父，以寬仁爲政。〔三〕仍好句：謂兼喜千里馬的神駿。〔四〕永日句：承首句。永日：長日。〔五〕有時句：承次句。宛城：大宛城。見上送渾將軍出塞注〔六〕。以上四句贊鮮于叔明能行仁政，又好駿馬，爲下文觀畫馬張本。〔六〕遇客句：謂遇到一位繪畫的高手。丹青：指繪畫。畫以丹青着色，故以代稱。晉書顧愷之傳：「尤善丹青，圖寫特妙。」天下才：猶言一代高手。〔七〕白生胡雛：指無髯的年輕胡人。控：引。龍媒：駿馬。漢書禮樂志：「天馬徠，龍之媒。」注：「應劭曰：言天馬者，乃神龍之類，今天馬已來，此龍必至之效也。」後世因稱駿馬爲龍媒。比句寫畫。〔八〕主人：指畢員外。賓：指鮮于洛陽及己。畫障開：展開畫幅。障，屏風之類。〔九〕騏驥：千里馬。西極來：漢書禮樂志：郊祀歌天馬十：「天馬徠，從西極。」西極，謂西域極遠之地。〔一〇〕半壁：半墻。謂畫障張在墻上。⿺走參⿺走覃（cān tán 驂潭）玉篇：驅走。廣韻：走貌。文選左思吳都賦：「⿺走參⿺走覃⿰犭拉⿰犭栗。」注：「相隨驅逐衆多貌。」勢不住：謂馳驅之勢飛動不止。〔一一〕滿堂風飄：滿屋感到風起。颯然：風聲。度：與渡通，過。〔一二〕愕視：驚視。欲先鞭：謂想先騎之而馳。〔一三〕櫪馬：櫪上的馬。驚嘶：謂見之而驚動嘶鳴，以爲真馬。以上八句寫觀畫馬。〔一四〕物妙：神妙之物。可憐：可愛。爾雅釋詁：「憐，愛也。」〔一五〕燕昭市駿：戰國策燕策：「郭隗先生曰：『古之君人，有以千金求千里馬者，三年不能得，涓人言於君曰：請求之。遣之三月，得千里馬，馬已死，買其骨五百金，反以報君。君大怒曰：所求者生馬，安得死馬而捐五百金？涓人對曰：死馬且買之五百金，況生馬乎？天下必以王爲能市馬，馬今至矣。於是不能期年千里馬之至者三。今王誠欲致士，先從隗始。隗且見事，況賢於隗者乎，豈遠千里哉？』於是(燕)昭王爲隗築宫而師之。」豈徒然：謂非平白無故，而是有道理的。〔一六〕剪拂：文選劉峻廣絶交論：「剪拂使其長鳴。」注：「湔祓、剪拂，音義同也。」謂洗去汙穢。〔一七〕駑駘（nú tái——奴臺）：劣馬，喻庸才。二句謂畫中的千里馬雖無實用，但神駿可愛，總勝於駑馬在前。以上四句抒情，結出愛賢主題。

同河南李少尹畢員外宅夜飲時洛陽告捷遂作春酒歌〔一〕

故人美酒勝濁醪〔二〕，故人清詞合風騷〔三〕。長歌滿酌惟吾曹〔四〕，高談正可揮塵毛〔五〕。半醉忽然持蟹螯〔六〕。洛陽告捷傾前後〔七〕，武侯腰間印如斗〔八〕。郎官無事時飲酒〔九〕。杯中緑蟻吹轉來〔一〇〕，甕上飛花拂還有〔一一〕。前年持節將楚兵〔一二〕，去年留司在東京〔一三〕。今年復拜二千石〔一四〕，盛夏五月西南行〔一五〕。彭門劍門蜀山裏〔一六〕，昨逢軍人劫奪我，到家但見妻與子。賴得飲君春酒數十杯〔一七〕，不然令我愁欲死。

【注釋】

〔一〕河南：河南府，治所在今河南洛陽市。李少尹：李峴。峴曾任河南少尹（府尹佐僚，協助府尹通判府事）。洛陽告捷：資治通鑑：「乾元二年（七五九）九月，史思明使其子朝清守范陽，命諸郡太守各將兵三千從己向河南，分爲四道，……會於汴州。……（李）光弼還東京。……光弼夜至河陽。……冬十月，史思明引兵攻河陽。……光弼連颭其旗，諸將齊進致死，呼聲動天地，賊衆大潰，斬首千餘級，捕虜五百人，溺死者千餘人，周摯以數騎遁去，擒其大將徐璜玉、李秦授，其河南節度使安太清走保懷州。思明不知摯敗，尚攻南城，光弼驅俘囚臨河示之，乃遁。」春酒：詩七月：「爲此春酒，以介眉壽。」傳：「春酒、凍醪也。」按：周正月建子，即農歷十一月。周人於農歷十月造酒，十一月用之，謂之春酒。〔二〕故人：指畢氏。濁醪：濁酒。〔三〕故人：指李氏。清詞：清雅的詩歌。風、騷：國風、離騷。此指詩經和楚辭。合風騷謂符合詩經與楚辭的精神。〔四〕吾曹：吾輩。史記黥布列傳：「率其曹偶。」索隱：「曹，輩也。」〔五〕麈毛：即麈尾，晉代士流常執以清談。晉書孫盛傳：「（盛）博學，善言名理。於時殷浩擅名一時，與抗論者，惟盛而已。盛嘗詣浩談論，對食，奮擲麈尾，毛悉落飯中。」〔六〕蟹螯：蟹鉗。此用畢卓事，見上自武威赴臨洮謁大夫不及因書即事寄河西隴右幕下諸公注〔三三〕。〔七〕洛陽句：謂此次洛陽大捷是戰亂以來空前的勝利。傾：壓倒。〔八〕武侯句：謂李少尹腰佩如斗金印。武侯：諸葛亮。此借指李少尹。三國志諸葛亮傳：亮卒，詔策曰：「贈君丞相武鄉侯印綬，謚君爲忠武侯。」印如斗：世説新語尤悔：「周（顗）曰：今年殺諸賊奴，當取金印如斗大繫肘後。」〔九〕郎官：指畢員外。唐代員外郎稱郎官，見唐郎官石柱題名。

〔一〇〕杯中句：謂酒滓上浮如蟻，吹去又復來。謝朓在郡臥病呈沈尚書：「緑蟻方獨持。」注：「釋名曰：酒有汎齊，浮蟻在上汎汎然。」〔一一〕甕上句：謂酒甕上酒花拂去又出現。酒花：酒沫。二句形容酒美。以上十句寫三人夜飲祝捷。〔一二〕前年句：高適於至德元載（七五六）十二月以兼御史中丞、揚州大都督府長史、淮南節度使將兵討永王璘，次年駐節揚州，直到乾元元年四月始離任。〔一三〕去年句：謂乾元元年（七五八）貶官太子少詹事，留司洛陽。唐人謂分司東都者爲留司。〔一四〕今年句：謂今年出爲彭州刺史。漢書百官公卿表：刺史，秩二千石。〔一五〕盛夏句：謂五月西南行入川赴彭州任。以上四句自述三年經歷。〔一六〕彭門：

彭門山。在四川彭縣西北，兩峯對立如闕，名天彭門。劍門：劍門山，一名大劍山，在四川劍閣縣北，即古梁山也。又有小劍山，與大劍山相連。此句謂在從劍門向彭門的蜀山中行進。〔一七〕賴得：賴能。劉淇助字辨略：「得，能也。世説：『荀子不得答而去。』」以上五句寫赴彭州時路遇劫奪後以飲酒解愁。

贈杜二拾遺〔一〕

傳道招提客〔二〕，詩書自討論〔三〕。佛香時入院〔四〕，僧飯屢過門〔五〕。聽法還應難〔六〕，尋經剩欲翻〔七〕。草玄今已畢，此外復何言〔八〕？

【注釋】

〔一〕杜二拾遺：杜甫。杜於至德二載拜左拾遺。乾元二年（七五九）十二月至成都，高適時任彭州刺史，贈詩問訊。拾遺：舊唐書職官志：「門下省，左拾遺二員，從八品上。掌供奉諷諫，扈從乘輿。凡發令舉事，有不便於時、不合於道，大則廷議，小則上對。若賢良之遺滯於下，忠孝之不聞於上，則條其事狀而薦言之。」〔二〕招提：僧輝記：「招提者，梵言拓斗提奢，唐言四方僧物。但傳筆者訛『拓』爲『招』，去『斗奢』留『提』字，即今十方住持寺院耳。」杜甫初居浣花溪寺，故云招提客。〔三〕討論：研究，論讀平聲。〔四〕佛香句：謂供佛的香烟時常飄入院中。〔五〕僧飯句：謂寺僧的飯食屢次送到門前。過：讀平聲。〔六〕聽法句：謂聽講佛法時還應提出質問。高僧傳卷四：「支遁講維摩經，遁通一義，衆人咸謂（許）詢無以厝難。詢每設一難，亦謂遁不能復通。」難讀去聲，問難、詰問駁辨之意。〔七〕尋經句：仇兆鰲注此詩云：「廬山記：謝靈運即遠公寺翻涅槃經，名其臺曰翻經臺。翻者，委曲敷衍之意，非翻譯也。」此句意謂尋討佛理更欲推衍諸經。剩：更。〔八〕草玄二句：謂草罷太玄以後，更有何著作？玄：太玄，漢揚雄著。漢書揚雄傳：「時雄方草太玄，有以自守，泊如也。」

附

酬高使君相贈

杜甫

古寺僧牢落，空房客寓居。故人供祿米，鄰居與園蔬。雙樹容聽法，三車肯載書。草玄吾豈敢，賦或似相如。

仇兆鰲注云：「此詩逐聯分答，與高詩句句相應。空房客舍，見無詩書可討。鄰友供給，見非取資僧飯。但容聽法，則不能設難。未肯載書，亦何處翻經乎？末則謝草玄而居作賦，言詞人不敢擬經也。」

酬裴員外以詩代書〔一〕

少時方浩蕩〔二〕，遇物猶塵埃〔三〕。脱略身外事〔四〕，交游天下才〔五〕。單車入燕趙〔六〕，獨立心悠哉〔七〕。寧知戎馬間〔八〕，忽展平生懷〔九〕。且欣清論高，豈顧夕陽頽〔一〇〕。題詩碣石館〔一一〕，縱酒燕王臺〔一二〕。北望沙漠垂〔一三〕，漫天雪皚皚〔一四〕。臨邊無策略，覽古空徘徊。樂毅吾所憐，拔齊翻見猜〔一五〕。荆卿吾所悲，適秦不復迴〔一六〕。然諾多死地，公忠成禍胎〔一七〕。與君從此辭〔一八〕，每恐流年催〔一九〕。如何俱老大，始復忘形骸〔二〇〕。兄弟真二陸〔二一〕，聲名連八裴〔二二〕。乙未將星變〔二三〕，賊臣候天灾〔二四〕。胡騎犯龍山〔二五〕，乘輿經馬嵬〔二六〕。千官無倚著〔二七〕，萬姓徒悲哀〔二八〕。誅呂鬼神動，安劉天地開〔二九〕。奔波走風塵，倏忽值雲雷〔三〇〕。擁旄出淮甸，入幕徵楚材。誓當剪鯨鯢，永以竭駑駘〔三一〕。小人胡不仁，讒我成死灰〔三二〕。賴得日月明，照耀無不該〔三三〕。留司洛陽宫，詹府唯蒿萊〔三四〕。是時掃氛祲〔三五〕，尚未殲渠魁〔三六〕。背河列長圍〔三七〕，師老將亦乖〔三八〕。歸軍劇風火〔三九〕，散卒争椎埋〔四〇〕。一夕瀍洛空〔四一〕，生靈悲曝腮〔四二〕。衣冠投草莽〔四三〕，予欲馳江淮〔四四〕。登頓宛葉下〔四五〕，棲遑襄鄧隈〔四六〕。城池何蕭條，邑屋更崩摧。縱横荆棘叢，但見瓦礫堆。行人無血色，戰骨多青苔〔四七〕。遂除彭門守〔四八〕，因得朝玉階〔四九〕。激昂仰鵷鷺〔五〇〕，獻替欣鹽梅〔五一〕。驅傳及遠藩〔五二〕，憂思鬱難排〔五三〕。罷人紛争訟〔五四〕，賦税如山崖〔五五〕。所思在畿甸〔五六〕，曾是魯宓儕〔五七〕。自從拜郎官〔五八〕，列宿焕天街〔五九〕。那能訪遐僻〔六〇〕，還復寄瓊瑗〔六一〕。金玉本高價〔六二〕，塤篪終易諧〔六三〕。朗詠臨清秋，涼風下庭槐〔六四〕。何意寇盜間〔六五〕，獨稱名義偕〔六六〕。辛酸陳侯誄〔六七〕，嘆息季鷹杯〔六八〕。白日屢分手〔六九〕，青春不再來〔七〇〕。卧看中散論〔七一〕，愁憶太常齋〔七二〕。酬贈徒爲爾〔七三〕，長歌還自咍〔七四〕。

【注釋】

〔一〕裴員外：裴霸。此詩自敘生平及與裴霸的交誼。觀其寫生平經歷止於彭州刺史，知詩當作於彭州任上。

〔二〕浩蕩：狂放不拘。楚辭河伯：「心飛揚兮浩蕩。」注：「浩蕩，志放貌。」　〔三〕遇物句：言對功名富貴等身外物猶如塵灰微不足道。　〔四〕挩略：擺脱。晉書謝尚傳：「挩略細行，不爲流俗之事。」身外事：即流俗之事。　〔五〕天下才：海内俊傑。　〔六〕單車：隻身。入燕趙：指到薊北出塞事。　〔七〕悠哉：曠遠之貌。　〔八〕戎馬：兵馬。　〔九〕忽展句：謂忽然得與裴相聚。展：開。　〔一〇〕豈顧：不顧。夕陽穨：日落。穨，墜。　〔一一〕碣石館：史記孟子荀卿列傳：「（騶衍）如燕，昭王擁彗先驅，請列弟子之座而受業，築碣石宫。」正義：「碣石宫在幽州薊縣西三十里寧臺之東。」按：在今北京市豐臺西。　〔一二〕縱酒：暢飲。燕王臺：文選孔融論盛孝章書：「昭王築臺以尊郭隗。」水經注易水：「陂北十餘步有金臺，臺上東西八十許步，南北如減。北有小金臺。……訪諸耆舊，咸言昭王禮賓，廣延方士，至如郭隗、樂毅之徒，騶衍、劇辛之儔，宦游歷説之民，自遠而居者多矣。」按：臺在今河北易縣東南易水上。　〔一三〕沙漠垂：指東北的沙漠邊界。垂：説文：「遠邊也。」即今「陲」字。　〔一四〕漫天句：謂滿天大雪。漫：滿。皚皚（ái 捱）：説文：「霜雪之白也。」

〔一五〕樂毅二句：史記樂毅列傳：「諸侯害齊湣王之驕暴，皆爭合從，與燕伐齊。樂毅還報。燕昭王悉起兵，使樂毅爲上將軍。趙惠文王以相國印授樂毅，樂毅於是并護趙、楚、韓、魏、燕之兵以伐齊，破之濟西。諸侯兵罷歸，而燕軍樂毅獨追至於臨菑。齊湣王之敗濟西，亡走保於莒。樂毅獨留徇齊。齊皆城守，樂毅攻入臨菑，盡取齊寶財物祭器輸之燕。……樂毅留徇齊五歲，下齊七十餘城，皆爲郡縣以屬燕，唯獨莒、即墨未服。會燕昭王死，子立爲燕惠王，……得齊反間，乃使騎劫代將，而召樂毅。樂毅知燕惠王之不善代之，畏誅，遂西降趙。」見猜：被疑忌。〔一六〕荆卿二句：史記刺客列傳：「荆軻者，衛人也。……而之燕，燕人謂之荆卿。……頃之未發，太子（丹）遲之，疑其改悔，乃復請曰：『日已盡矣，荆卿豈有意哉！丹請得先遣秦武陽。』荆軻怒，……遂發，太子及賓客知其事者，白衣冠以送之。至易水之上，既祖取道，高漸離擊筑，荆軻和而歌，……又前而歌曰：『風蕭蕭兮易水寒，壯士一去兮不復還。』……於是荆軻就車而去，終已不顧。遂至秦，……（荆）軻既取圖奏之，秦王發圖，圖窮而匕首見，因左手把秦王之袖，而右手持匕首揕之。未至身，秦王驚，自引而起。……遂拔劍以擊荆軻，斷其左股。荆軻廢，乃引其匕首以擿秦王，不中，中銅柱。……於是左右既前殺荆軻。」〔一七〕然諾二句：上句承前荆卿事，下句承前樂毅事。多死地：多導致死亡的結果。成禍胎：成爲灾禍産生的根苗。漢書枚乘傳：「福生有基，禍生有胎。」注：「服虔曰：基，胎，皆始也。」〔一八〕從此辭：從此離別。〔一九〕流年催：時光易逝。流年，謂歲月如流。催，促迫。〔二〇〕忘形骸：謂心心相印，不拘形迹。此句謂才又得到相遇忘形的機會。〔二一〕兄弟句：謂裴霸兄弟真如晉代的陸機、陸雲。二陸：晉書陸雲傳：「少與兄機齊名，雖文章不及機而持論過之，號曰二陸。」李華三賢論曰：「河東裴騰士舉，朗邁真直；弟霸士會，峻清不雜。」〔二二〕八裴：世説新語品藻：「正始中人士比論，……又以八裴比八王：裴徽方王祥，裴楷方王夷甫，裴康方王綏，裴綽方王澄，裴瓚方王敦，裴遐方王導。裴頠方王戎，裴邈方王玄。」此指裴霸父輩兄弟八人。舊唐書裴寬傳：「寬性友愛，弟兄多宦達，子姪亦有名稱，於東京立第同居，八院相對，甥姪皆有休憩所，擊鼓而食，當世榮之。……兄弟八人，皆明經及第，入臺省、典郡者五人。」按：裴霸系裴寬之姪。新唐書宰相世系表一上：「南來吴裴」裴寬兄岐州刺史裴卓二子：「騰，户部郎中，霸，吏部員外郎。」唐郎官石柱題名載裴霸任吏部員外郎、金部員外郎。以上二十八句回憶少時北游燕趙，與裴霸相遇結交的經歷。〔二三〕乙未：天寶十四載，公元七五五年。將星變：謂安禄山叛亂。〔二四〕賊臣句：謂安禄山伺機而動。〔二五〕胡騎：謂范陽安禄山的軍隊。資治通鑒：「天寶十四載十一月，禄山發所部兵及同羅、奚、契丹、室韋凡十五萬衆，號二十萬，反於范陽。」龍山：長安龍首山。水經注渭水：「山長六十餘里，頭臨渭水，尾達樊川，頭高二十丈，尾漸下，高五六丈。」漢唐均建城郭宫殿於其上。犯龍山，即指進犯長安。〔二六〕乘輿：指唐玄宗的車駕。馬嵬：馬嵬坡、馬嵬驛，在今陝西省興平縣西二十五里。舊唐書玄宗紀：天寶十五載六月丙申（十四日），次馬嵬驛。〔二七〕千官句：謂滿朝文武官員皆無所依附。玄宗紀又云：乙未（十三日）「凌晨，（玄宗）自延秋門出，微雨霑濕，扈從惟宰相楊國忠、韋見素、内侍高力士及太子、親王，妃主、皇孫已下，多從之不及。」〔二八〕萬姓：百姓，人民。〔二九〕誅吕二句：謂陳玄禮誅楊國忠一門，猶如西漢周勃之誅吕産、吕禄，使國家重得安寧。舊唐書玄宗紀：「丙申，次馬嵬驛，諸衛頓軍不進。龍武大將軍陳玄禮奏曰：『逆胡指闕，以誅國忠爲名，然中外群情，不無嫌怨。今國步艱阻，乘輿震蕩，陛下宜徇群情，爲社稷大計，國忠之徒，可置之於法。』會吐蕃使二十一人遮國忠告訴於驛門，衆呼曰：『楊國忠連蕃人謀逆！』兵士圍驛四合，及誅國忠、魏方進一族，兵猶未解。上令高力士詰之，迴奏曰：『諸將既誅國忠，以貴妃在宫，人情恐懼。』上即命力士賜貴妃自盡。」誅吕：史記絳侯世家云：「高后崩，吕禄以趙王爲漢上將軍，吕産以吕王爲漢相國，秉漢權，欲危劉氏。勃爲太尉，不得入軍門，陳平爲丞相，不得任事。於是勃與平謀，卒誅諸吕，而立孝文帝。」（亦見史記吕后本紀）安劉：高祖本紀：「周勃重厚少文，然安劉氏者必勃也。」〔三〇〕奔波二句：謂潼關之敗，適自駱谷西馳，奔赴行在，及河池郡（今陝西鳳縣）謁見玄宗。至成都，由侍御史擢爲諫議大夫。又以切諫玄宗以諸王分鎮事爲肅宗賞識。雲雷：易屯：「雲雷屯，君子以經綸。」注：「君子經綸之時。」〔三一〕擁旄四句：指出任淮南節度使事。舊唐書高適傳：「永王叛，肅宗聞其論諫有素，召而謀之。適因陳江東利害，永王必敗。上奇其對，以適兼御史大夫（當作御史中丞）、揚州大都督府長史、淮南節度使。」高適謝上彭州刺史表中云：「比逆亂侵軼，淮楚震驚，遂兼節制之權，空忝腹心之寄，銜命感激，思効駑駘。」剪：滅。鯨鯢（ní倪）：左傳宣公十二年：「取其鯨鯢而封之。」注：「鯨鯢，大魚名，以喻不義之人，吞食小國。」此指永王璘。竭：盡。駑駘：劣馬，高適自喻，謂盡微薄之力。〔三二〕小人二句：即高適謝上彭州刺史表所云「佞塵聖聽，果速官謗；實謂死亡可待，流竄在兹。」小人：指李輔國。胡不仁：何等不仁。舊唐書本傳：「李輔國惡適敢言，短於上前。」〔三三〕賴得二句：謂靠着皇恩普照。即謝上彭州刺史表所云「陛下弘覆載之恩，明日月之鑒。」該：借爲賅。包，兼備。楚辭招魂：「招具該備。」注：「該亦備也。」〔三四〕留司二句：謂左授太子少詹事。按大都督府長史從三品，太子少詹事正四品上，降官一階。洛陽宫：即洛陽。太宗貞觀六年（六三二）曾號洛陽宫。唯蒿萊：唯見荒蕪雜草。言詹事府衙門殘破不堪。〔三五〕掃氛祲（jìn浸）：掃除敵寇。氛祲：妖氣。〔三六〕尚未句：謂其首領安慶緒、史思明尚未消滅。渠魁：大頭目。書胤征：「殲厥渠魁。」〔三七〕背河句：謂安慶緒逃至鄴城（今河南安陽市），還據有七郡六十餘城，乾元元年（七五八），肅宗命郭子儀等九節度使合兵討之，圍鄴城築壘再重，穿塹三重，壅漳水灌之。經冬涉春，安慶緒堅守，以待史思明來援。〔三八〕師老句：謂九節度師圍攻鄴城，經久不克，士氣低落，將領亦不協同。至乾元二年二月，史思明自魏州引兵救鄴城，不時抄掠，官軍乏食，人思自潰。三月壬申（初六）與思明決戰，忽起大風，吹沙拔木，天地皆黑，不辨方向，官軍與賊軍各自潰散。官軍戰馬萬匹，惟存三千。甲仗十萬，遺棄殆盡。子儀以朔方軍斷河陽橋，保東京。將亦乖：諸將不和。史稱肅宗以子儀、光弼皆元勛，難相統屬，不置元帥，故諸將不能協同一致。〔三九〕歸軍句：謂官軍敗退奔逃甚於避火。歸軍：退兵，敗兵。〔四〇〕散卒：潰散的士卒。椎埋：史記酷吏列傳：「少時，椎埋爲姦。」集解：「徐廣曰：椎殺人而埋之。或謂發冢。」資治通鑒云：「諸節度各潰歸本鎮，士卒所過剽掠，吏不能止。」〔四一〕一夕句：謂洛陽一帶被洗劫一空。瀍洛：瀍水、洛水，此指洛陽地區。〔四二〕生靈：平民。曝腮：文選謝朓觀朝雨：「乘流畏曝腮。」注：「三秦記曰：河津一名龍門，兩傍有山，水陸不通，龜魚莫能上。江海大魚，薄集龍門下，上則爲龍；不得上，曝鰓水次也。」此以失水之魚比民之困頓欲絶。〔四三〕衣冠：謂士紳。投草莽：逃入荒野。〔四四〕予欲句：予，高適自謂。馳江淮：奔往江淮地區。〔四五〕登頓：見上使清夷軍入居庸三首之二注〔一〕。宛：今河南南陽市。葉：今河南葉縣。

〔四六〕栖遑：急迫惶遽貌。襄鄧：今湖北襄陽及河南鄧縣。資治通鑒：「東京士民驚駭，散奔山谷。留守崔圓、河南尹蘇震等官吏，南奔襄鄧。」〔四七〕城池以下六句：寫鄴城兵敗，亂兵剽掠，人民流離，白骨遍野的慘狀。自「背河列長圍」以下至此，描寫鄴城之敗。這是當時第一篇反映這一事件的詩作，值得重視。〔四八〕遂除句：謂遂任彭州刺史。除：指除去故官，就任新官，即拜官。〔四九〕因得句：謂因此得朝見肅宗。玉階：玉石砌的臺階，常指宫殿或朝廷。〔五〇〕仰鵷鷺：仰望朝臣。鵷鷺，指朝官整肅如鵷與鷺整齊有序的排列，亦稱鵷鷺行或鵷行。〔五一〕獻替：獻可替否，獻善廢不善。欣鹽梅：謂喜見良相。古稱宰相爲鹽梅。書説命殷高宗命傅説爲相，曰：「若作和羹，爾惟鹽梅。」鹽鹹梅酸，是和羹必需之物，以喻宰相之協和百官。〔五二〕驅傳句：謂赴任至蜀中。傳（zhuàn 撰）：爾雅釋言：「馹，遽傳也。」按以車曰傳，亦曰馹，以馬曰遽，亦曰驛。驅傳，猶言乘車。傳即驛車。遠蕃：指彭州。蕃與藩通。〔五三〕鬱難排：鬱結於胸，難以排解。〔五四〕罷人：即罷民。唐人諱民，改爲人。周禮秋官司寇司圜：「掌收教罷民。」注：「鄭司農云：罷民，謂惡人不從化，爲百姓所患苦，而未入五刑者也。」紛爭訟：謂訴訟紛繁。〔五五〕賦税句：謂賦税繁重，壓在人民身上有如大山。以上四十六句敍述安史亂後至拜彭州刺史首尾五年的經歷。〔五六〕所思句：謂所思念的裴員外在京城。所思：所想念的人。畿甸：天子所都謂畿内，去都五百里曰甸。此指長安。〔五七〕曾是句：謂裴曾經任過縣令。魯宓儕：與魯國宓子賤同類。宓子賤見前宋中十首其五注〔一一〕。〔五八〕拜郎官：指裴拜吏部員外郎。〔五九〕列宿（xiù秀）：衆星。焕天街：照耀天庭。後漢書明帝紀：「館陶公主爲子求郎，不許，而賜錢千萬。謂群臣曰：『郎官上應列宿，出宰百里，苟非其人，則民受其殃，是以難之。』」注：「史記曰：太微宫後二十五星，郎位也。」後因稱郎爲列宿。〔六〇〕那能句：謂裴怎麽能來彭州相訪。遐僻：遥遠偏僻之地。〔六一〕還復句：却仍寄佳詩。瓊瓌，美玉，此喻裴詩。〔六二〕金玉句：謂裴德才高貴如金玉。〔六三〕塤篪（xūn chí 熏持）：兩種樂器名。塤係陶土燒制，篪係竹管所制。詩何人斯：「伯氏吹壎，仲氏吹篪。」終易諧：終究是容易和諧的。此句言情投意合，如塤篪相諧。〔六四〕郎詠二句：謂於清秋高咏君詩，似凉風颯爽，飄然而至。〔六五〕寇盜間：兵亂的時代。〔六六〕獨稱句：謂獨以名節道義雙全見稱。偕：共同。〔六七〕辛酸句：句下原注：「陳二補闕銘誄即裴所爲。」陳二補闕名兼，係高適老友。誄：一種多列述死者生前德行的祭文。〔六八〕嘆息句：感傷陳兼之逝。季鷹杯：世説新語任誕：「張季鷹（翰）縱任不拘，時人號爲江東步兵。或謂之曰：『卿乃可縱適一時，獨不爲身後名邪？』答曰：『使我有身後名，不如即時一杯酒。』」此句意謂陳兼雖有身後之名，而不能再見共飲，爲可嘆也。〔六九〕白日句：意謂分離日久。〔七〇〕青春句：意謂青春已逝，相看皆成老翁。〔七一〕中散論：晉書嵇康傳：「與魏宗室婚，拜中散大夫。常修養性服食之事。……以爲神仙稟之自然，非積學所得。至於導養得理，則安期、彭祖之倫可及，乃著養生論。」意謂欲學養生。〔七二〕愁憶句：謂愁於老病。後漢書儒林周澤傳：「數月，復爲太常，清絜循行，盡敬宗廟，常卧病齋宫，其妻哀澤老病，闚問所苦。澤大怒，以妻干犯齋禁，遂收送詔獄謝罪，當世疑其詭激。時人爲之語曰：『生世不諧，作太常妻。一歲三百六十日，三百五十九日齋。』」注：「漢官儀此下云：『一日不齋醉如泥。』」〔七三〕酬贈句：謂己酬答詩亦無所用。〔七四〕長歌句：長吟聊以自嘲而已。咍（hāi 海）：譏笑，嘲笑。以上二十句酬贈并書所懷。

人日寄杜二拾遺〔一〕

人日題詩寄草堂〔二〕，遥憐故人思故鄉〔三〕。柳條弄色不忍見，梅花滿枝空斷腸〔四〕。身在遠藩無所預〔五〕，心懷百憂復千慮〔六〕。今年人日空相憶，明年人日知何處〔七〕？一臥東山三十春〔八〕，豈知書劍老風塵〔九〕。龍鐘還忝二千石〔一〇〕，愧爾東西南北人〔一一〕。

【注釋】

〔一〕人日：荆楚歲時記云：「正月七日爲人日，以七種菜爲羹，翦綵爲人，或鏤金薄爲人，以貼屏風，亦戴之頭鬢，又造華勝以相遺。登高賦詩。」按董勛答問禮俗曰：「正月一日爲鷄，二日爲狗，三日爲羊，四日爲猪，五日爲牛，六日爲馬，七日爲人。」杜二拾遺：杜甫。杜甫於大曆五年正月二十一日作追酬故高蜀州人日見寄詩，序云：「開文書帙中，檢所遺忘，因得故高常侍適，往居在成都時，高任蜀州刺史人日相憶見寄詩，泪灑行間，讀終篇末。」所指即此詩。據其首句云「人日題詩寄草堂」，知非上元元年人日，因杜公此時未有草堂。詩殆二年（七六一）人日所寄，時高公已轉爲蜀州刺史。蜀州在今四川崇慶縣。　〔二〕草堂：杜甫於上元元年在成都西郭外浣花溪水西岸江流曲處營建草堂，落成於暮春。　〔三〕故人：老友，指杜甫。思故鄉：想洛陽。杜甫有田園在東京（見聞官軍收河南河北詩自注）。　〔四〕柳條二句：暗用薛道衡人日思歸：「入春才七日，離家已二年。人歸落雁後，思發在花前」詩意，謂初春景物尤能令人萌發思鄉之情。以上四句寫寄詩緣由。〔五〕身在句：謂己遠在南藩蜀中，不能參預朝政。〔六〕心懷句：謂對國事有無窮憂慮。〔七〕今年二句：有感於己爲官身不由己，未知明年又在何處。以上四句寫自己在人日的感慨。〔八〕一卧句：詩人以謝安自比。晉書謝安傳：謝安高卧東山。此謂己曾長期隱於漁樵。一説以謝安比杜（見杜少陵集詳注）。〔九〕豈知句：謂那裏知道自己長期奔波於道路之中。書劍：是士人隨身携帶之物。一説：此句言杜。〔一〇〕龍鐘句：謂己年老多病還忝居刺史之職。龍鐘：衰老貌。忝：辱，詩人自謙之詞。二千石：漢朝太守官俸二千石，故以「二千石」稱太守。〔一一〕愧爾句：謂己有愧於四處奔波而志在君國的人。禮記檀弓：「今丘也，東西南北之人也。」杜甫謁文公上方：「甫也南北人。」以上四句抒懷并慰杜。

岑參詩選

丘中春臥寄王子〔一〕

田中開白室〔二〕，林下閉玄關〔三〕。卷跡人方處〔四〕，無心雲自閑〔五〕。竹深喧暮鳥，花缺露春山〔六〕。勝事那能説〔七〕，王孫去未還〔八〕。

【注釋】

〔一〕岑參感舊賦序云：「十五隱於嵩陽。」詩當作於此時。丘中：指詩人隱居的嵩山之少室山中。王子：名未詳。

〔二〕開白室：修建簡陋的房屋。開，修建。白室，猶「白屋」，指不施彩畫的陋室。〔三〕閉玄關：關閉門户，指很少與人往來。玄關，猶門户。〔四〕卷跡人：隱居不出的人。卷跡，藏跡，不露踪跡。論語衛靈公：「邦有道則仕，邦無道則可卷而懷之。」方處：常居。處，居。易繫辭下：「上古穴居而野處。」〔五〕無心雲：自然往來的浮雲。陶淵明歸去來辭：「雲無心以出岫，鳥倦飛而知還。」〔六〕竹深二句：謂傍晚歸鳥在竹叢深處喧鳴；春花盛開，於稀疏處露出山色。〔七〕勝事句：謂隱居的樂趣難以用語言表達。勝事：佳事，指隱居的樂趣。那能説：哪裏能説得盡。〔八〕王孫：王孫公子。此借指詩題中的「王子」。楚辭招隱士：「王孫游兮不歸，春草生兮萋萋。」

宿東溪懷王屋李隱者〔一〕

山店不鑿井，百家同一泉〔二〕。晚來南村黑，雨氣和人煙〔三〕。霜畦吐寒菜，沙雁噪河田〔四〕。隱者不可見〔五〕，天壇飛鳥邊〔六〕。

【注釋】

〔一〕詩作於居嵩山期間往游王屋時。東溪：疑指王屋山東側之青蘿河。王屋：王屋山。元和郡縣志卷五河南府王屋縣：「王屋山，在縣北十五里。周迴一百三十里，高三十里。禹貢：『底柱、析城，至於王屋』是也。」在今山西陽城、垣曲兩縣之間，主峯在今河南濟源縣西。李隱者：未詳。〔二〕店：疑爲居之訛。同一泉：同飲一泉之水。〔三〕雨氣：傍晚山脚的雲氣。氣，底本作「色」，從四部叢刊、岑嘉州詩改。人煙：炊煙。〔四〕霜畦：秋圃。畦，田隴。吐寒菜：謂秋菜已出土。梁江洪秋風曲之二：「凄葉留晚蟬，虚庭吐寒菜。」沙雁：河邊沙灘上的栖雁。噪：鳴噪。以上六句寫東溪景物。〔五〕隱者：即詩題中的李隱者。〔六〕天壇：當爲李隱者所居之處。王屋山上有接天壇，爲山之絶頂。李濂游王屋山記云：天壇，世人謂之西頂。上有黑龍洞，洞前有太乙池。飛鳥邊：極言其高。

滻水東店送唐子歸嵩陽〔一〕

野店臨官路〔二〕，重城壓御堤〔三〕。山開灞水北〔四〕，雨過杜陵西〔五〕。歸夢秋能作，鄉書醉懶題〔六〕。橋回忽不見，征馬尚聞嘶〔七〕。

【注釋】

〔一〕自開元二十二年至天寶八載（七三四——七四四），岑參曾出入長安與洛陽，奔波求仕。此詩與下選四篇皆作於這一時期。滻水：古關中八川之一。史記司馬相如列傳引上林賦：「終始灞、滻，出入涇、渭。」索隱：「張揖云：『滻亦出藍田谷，北至霸陵入灞。』」源出今陝西藍田西南山谷，北流至西安市，東入灞水。店：客店。唐子：未詳。嵩陽：舊唐書地理志：河南府登封縣，本隋嵩陽縣。在今河南登封縣。〔二〕野店：郊野的客店，即詩題中的「滻水東店」。臨：迫，挨近。官路：公路。〔三〕重（chóng 蟲）城：內外雙層城墻。唐長安城京城內有皇城。舊唐書地理志：京師「自東內（大明宮）達南內（興慶宮）有夾城複道，經通化門達南內。」壓：逼近。御堤：禁苑之堤。又地理志：「禁苑，在皇城之北。苑城東西二十七里，南北三十里，東至灞水，西連故長安城，南連京城，北枕渭水。」〔四〕山開句：謂灞水之北山勢開闊。灞水：元和郡縣志卷一萬年縣：「霸水，在縣東二十里。」〔五〕杜陵：元和郡縣志卷一萬年縣：「杜陵，在縣東南二十里，漢宣帝陵也。」在今西安市東南。〔六〕歸夢：回鄉之夢。鄉書：家信。此前岑參曾隱居嵩山少室，故以嵩陽爲家。〔七〕橋回二句：謂橋迴路轉，已望不見友人身影，但尚可聽到乘馬的嘶鳴。橋：即灞橋。三輔黄圖卷六：「霸橋在長安東，跨水作橋。漢人送客至此橋，折柳贈别。」在今西安市東。征馬：遠行的馬。

宿華陰東郭客舍憶閻防〔一〕

次舍山郭近〔二〕，解鞍鳴鐘時〔三〕。主人炊新粒，行子充夜饑〔四〕。關月生首陽〔五〕，照見華陰祠〔六〕。蒼茫秋山晦〔七〕，蕭瑟寒松悲。久從園廬别〔八〕，遂與朋知辭〔九〕。舊壑蘭杜晚，歸軒今已遲〔一〇〕。

【注釋】

〔一〕華陰：舊唐書地理志：京畿道華州有華陰縣。在今陝西省華陰縣。東郭：城東。閻防：唐才子傳卷二：「(閻)防，河中人。開元二十二年(七三四)李璩榜及第。顔真卿甚敬愛之，欲薦於朝，不屈。爲人好古博雅，詩語真索，魂清魄爽，放曠山水，高情獨步。於終南山豐德寺結茅茨讀書，百丈溪是其隱處。……後信命不務進取，以此自終。有詩集行世。」〔二〕次舍句：謂寄宿的客店近於華陰東郭。次舍：住店。山郭：山城，指華陰城，以城在華山之北，故稱山郭。〔三〕解鞍句：謂到店時正值山寺的暮鐘鳴響。解鞍：卸下馬鞍，即投宿。〔四〕炊新粒：做新米飯。行子：出行的人。此係作者自謂。〔五〕關：指潼關。元和郡縣志卷二華陰縣：「潼關在縣東北三十九里，古桃林塞也。春秋時晉侯使詹嘉處瑕以守桃林之塞(見左傳文公十三年)，是也。關西一里有潼水，因以名關。」首陽：首陽山，即雷首山，亦名首山。相傳爲伯夷、叔齊餓死處。在今山西永濟縣南。〔六〕華陰祠：即西岳廟。在今華山北麓之華岳鎮。〔七〕蒼茫：無涯貌。晦：暗。〔八〕園廬：田園廬舍。指詩人在嵩陽隱居之地。〔九〕朋知：知心朋友。辭：告别。〔一〇〕舊壑二句：謂故居少室山中的蘭草、杜若已經凋謝，懊悔自己歸來太晚。從中反映出詩人功名無就的苦悶。歸軒：歸車。文選江淹別賦：「朱軒繡軸。」李善注：「軒，車通稱也。」

夜過盤豆隔河望永樂寄閨中效齊梁體〔一〕

盈盈一水隔〔二〕，寂寂二更初。波上思羅襪〔三〕，魚邊憶素書〔四〕。月如眉已畫，雲似鬢新梳〔五〕。春物知人意，桃花笑索居〔六〕。

【注釋】

〔一〕盤豆：讀史方輿紀要卷四十八河南府閿鄉縣：「盤豆城，在縣西南二十里。」位於黄河南岸。在今河南靈寶縣西盤豆鎮。豆，底本作「石」，形近而誤，當作「豆」。河：指黄河。永樂：舊唐書地理志：河中府有永樂縣。地處黄河北岸。在今山西芮城縣西南。盤豆與永樂隔河相對。閨中：女子居室，此借指妻室。齊梁體：南朝齊梁時流行的一種綺艷詩風，世稱齊梁體。岑詩用其體，但感情健康。〔二〕盈盈：水清淺貌。一水：指黄河。古詩十九首迢迢牽牛星：「盈盈一水間，脉脉不得語。」〔三〕羅襪：絲織的襪子。此借指妻子。曹植洛神賦：「陵波微步，羅襪生塵。」〔四〕素書：此指家信。素，白色生絹。古人寫文章或書信常用一尺左右的絹帛，故亦稱「尺素」。樂府詩集卷三十八飲馬長城窟行：「客從遠方來，遺我雙鯉魚。呼兒烹鯉魚，中有尺素書。」〔五〕月如二句：謂望新月而想到妻子已畫的蛾眉，看碧雲又想到妻子新梳的鬢髮。月如眉、雲似鬢：唐張泌粧樓記：「明皇幸蜀，令畫工作十眉圖，横雲、斜月皆其名。」〔六〕春物：春天的景物，即下句所言「桃花」。索居：獨居。二句意謂妻子獨居，應被桃花所笑。

晚過盤豆寺禮鄭和尚〔一〕

暫詣高僧話〔二〕，來尋野寺孤。岸花藏水碓〔三〕，溪竹映風爐〔四〕。頂上巢新鵲〔五〕，衣中帶舊珠〔六〕。談禪未得去〔七〕，輟櫂且踟躕〔八〕。

【注釋】

〔一〕豆：底本作石，爲豆之誤字。禮：致禮。鄭和尚：未詳。〔二〕暫：暫時，短時間。詣：至。高僧：指鄭和尚。話：用作動詞，談話。〔三〕水碓（duì對）：舊時一種利用水力搗米的器具。〔四〕竹：底本作水，下注：「一作竹」。律詩不得重水字，當作竹。映：照。風爐：一種煮茶的炊具。明陶宗儀説郛卷八十三引陸羽茶經中：「風爐，以銅鐵鑄之，如古鼎形。」〔五〕鵲：四部叢刊岑嘉州詩作「鶴」，是。韓偓永明禪師房：「支公禪寂處，時有鶴來巢。」周朴福州東禪寺：「鸛鵲尚巢頂，誰堪舉世傳。」按：鸛鵲亦鶴類鳥。〔六〕舊珠：久用的念珠。念珠爲和尚念佛時計誦經遍數的串珠。〔七〕談禪（chán 纏）：談論禪理。禪，即梵語「禪那」，意譯「思維修」，静思息慮之意，省作禪。未得去：不願離去。〔八〕輟（chuò 綽）櫂：放下船槳，即停船。櫂：船槳。踟蹰：猶豫徘徊貌。詩邶風静女：「愛而不見，搔首踟蹰。」傳：「踟蹰，猶躑躅也。」

題永樂韋少府廳壁〔一〕

大河南郭外，終日氣昏昏〔二〕。白鳥下公府，青山當縣門〔三〕。故人是邑尉〔四〕，過客駐征軒〔五〕。不憚烟波闊，思君一笑言〔六〕。

【注釋】

〔一〕永樂：見上夜過盤豆隔河望永樂寄閨中效齊梁體注〔一〕。韋少府：未詳。少府：唐稱縣尉曰少府。〔二〕大河二句：言黄河從永樂城南流過，終日水氣迷茫。氣昏昏：烟霧迷茫貌。元和郡縣志卷十二河中府永樂縣：「河水，經縣南二里。」〔三〕白鳥：鷺、鶴一類白色水鳥。公府：謂官署。縣門：縣衙門。〔四〕故人：老朋友，即韋少府。邑尉：縣尉。〔五〕過客：作者自謂。駐征軒：停駐遠行的車子。〔六〕不憚二句：言不憚黄河煙波浩淼，渡河與韋少府歡聚。君：指韋少府。

登古鄴城〔一〕

下馬登鄴城，城空復何見〔二〕？東風吹野火〔三〕，暮入飛雲殿〔四〕。城隅南對望陵臺〔五〕，漳水東流不復回〔六〕。武帝宮中人去盡〔七〕，年年春色爲誰來？

【注釋】

〔一〕開元二十七年（七三九）春，自長安往游河朔時作。鄴城：建安九年（二〇四）曹操據鄴，十八年爲魏王，定都於此，成爲中原繁盛的名都。舊唐書地理志：相州有鄴縣。「周大象二年（五八〇），隋文輔政，相州刺史尉遲迥舉兵不順，楊堅令韋孝寬討迴，平之，乃焚燒鄴城，徙其居人，南遷四十五里。……煬帝初，於鄴故都大慈寺置鄴縣。」其舊址在今河北臨漳縣西南。　〔二〕復何見：又見到了什麽。　〔三〕野火：燐火。　〔四〕飛雲殿：蓋古鄴城宮殿名。　〔五〕城隅：城角。望陵臺：即銅雀（爵）臺。三國志魏書武帝紀：「建安十五年（二一〇）冬，作銅爵臺。」藝文類聚卷六十二引鄴中記：「鄴城西北之臺，皆因城爲基址，中央名銅雀臺，北則冰井臺。」故址在今河北臨漳縣西南。樂府詩集卷三十一平調曲銅雀臺引鄴都故事：「魏武帝遺命諸子曰：『吾死之後，葬於鄴之西崗上……每月朝十五，汝等時登臺，望吾西陵墓田。』」故又稱望陵臺。　〔六〕漳水：水經注濁漳水：「又東出山，過鄴縣西。」注：「（魏）武又以郡國之舊，引漳流，自城西東入，逕銅雀臺下，伏流入城，東注，謂之長明溝也。……城之西北有三臺，皆因城爲之基，巍然崇舉，其高若山。建安十五年魏武所起，平坦略盡。」又云：「其中曰銅雀臺，高十丈，有屋百餘間。臺成，命諸子登之，并使爲賦，陳思王下筆成章，美捷當時。」〔七〕武帝二句：言鄴城舊貌全非，殿空人盡，而春色依然，使人慨嘆不已。文選陸機吊魏武帝文序引魏武帝遺令云：「吾婕妤妓人，皆著銅爵臺，於臺堂上施八尺牀繐帳，朝晡上脯糒之屬，月朝十五，輒向帳作妓。汝等時登銅爵臺，望吾西陵墓田。」武帝：曹操死後謚魏武帝。

暮秋山行〔一〕

疲馬臥長坂〔二〕，夕陽下通津〔三〕。山風吹空林，颯颯如有人〔四〕。蒼旻霽涼雨〔五〕，石路無飛塵。千念集暮節〔六〕，萬籟悲蕭晨〔七〕。鶗鴂昨夜鳴，蕙草色已陳〔八〕。況在遠行客〔九〕，自然多苦辛。

【注釋】

〔一〕詩寫旅途勞頓，有傷時不遇之意，當作於出仕前游河朔途中。暮秋：晚秋。〔二〕疲馬：勞頓困乏之馬。長坂：漫長的山坡。〔三〕下：落。通津：四通八達的渡口。〔四〕颯颯：風聲。楚辭九歌山鬼：「風颯颯兮木蕭蕭。」殷璠河嶽英靈集評云：「又『山風吹空林，颯颯如有人』，亦稱幽致也。」〔五〕蒼旻：蒼天。霽涼雨：秋雨初止。説文雨部：「霽，雨止也。」〔六〕千念：指紛亂的思緒。暮節：重陽節（農歷九月九日）。文選謝靈運九日從宋公戲馬臺集送孔令：「良辰感聖心，雲旗興暮節。」〔七〕萬籟：大自然的一切聲響。蕭晨：秋晨。文選殷仲文南州桓公九井作：「哲匠感蕭晨。」李善注：「蕭晨，言秋晨也。言秋晨蕭瑟。」〔八〕鶗鴂(tí jué 題决)二句：謂鶗鴂先鳴，蕙草凋零，喻己年華流逝，將失去建功立業的機會。離騷：「恐鶗鴂之先鳴兮，使夫百草爲之不芳。」五臣云：「鶗鴂秋分前鳴，則草木凋落。」鶗鴂：亦作鵜鴂，即杜鵑。蕙草：香草名。陳：故，舊，萎。

〔九〕况：何况。遠行客：遠離家鄉的旅人。作者自謂。

臨河客舍呈狄明府兄留題縣南樓〔一〕

黎陽城南雪正飛〔二〕，黎陽渡頭人未歸〔三〕。河邊酒家堪寄宿〔四〕，主人小女能縫衣。故人高臥黎陽縣〔五〕，一別三年不相見。邑中雨雪偏著時〔六〕，隔河東郡人遥羨〔七〕。鄴都唯見古時丘〔八〕，漳水還如舊日流〔九〕。城上望鄉應不見〔一〇〕，朝來好是懶登樓〔一一〕。

【注釋】

〔一〕詩作於開元二十七年冬自河朔歸長安途經黎陽縣時。臨河：元和郡縣志卷十六河北道：「臨河縣，本漢黎陽縣地，隋開皇六年分置臨河縣，屬衛州。……黄河，南去縣五里。」狄明府：未詳。明府：唐稱縣令爲明府。洪邁容齋四筆、官稱别名：「唐人好以它名標榜官稱。……下至縣令曰明府，丞曰贊府，贊公，尉曰少府、少公、少仙。」狄時任黎陽縣令，故云。留題：行至某處，就地有所題咏。

〔二〕黎陽：元和郡縣志卷十六河北道：「黎陽縣，古黎侯國，漢以爲黎陽縣。在黎陽山北，屬魏郡。」在今河南濬縣東北。

〔三〕黎陽渡：即黎陽津。元和郡縣志卷十六黎陽縣：「白馬故關，在縣東一里五步。……後更名黎陽津。」

〔四〕河：指黄河。酒家：即詩題中「客舍」。

〔五〕故人：即「狄明府」。高臥：高枕而臥。謂吏治清平，閑適無公事。〔六〕邑：即黎陽縣。偏著：偏着，偏落。謂雨雪亦似有情而偏落其邑。〔七〕河：黄河。東郡：舊唐書地理志：滑州本隋東郡，武德元年（六一八）改爲滑州。故地在今河南滑縣東。與黎陽縣隔河相望。〔八〕鄴都：即古鄴城。見前登古鄴城注〔一〕。〔九〕漳水：見前登古鄴城注〔五〕。〔一〇〕城：黎陽城。〔一一〕好古時丘：古時遺留下來的廢墟。

是：甚是。登樓：漢末王粲客寓荆州，登樓望鄉，作登樓賦以抒懷。詩暗用其意。樓，即題中「縣南樓」。

送王大昌齡赴江寧〔一〕

對酒寂不語〔二〕，悵然悲送君〔三〕。明時未得用〔四〕，白首徒攻文〔五〕。澤國從一官〔六〕，滄波幾千里〔七〕。群公滿天闕〔八〕，獨去過淮水〔九〕。舊家富春渚〔一〇〕，嘗憶臥江樓〔一一〕。自聞君欲行，頻望南徐州〔一二〕。窮巷獨閉門，寒燈靜深屋〔一三〕。北風吹微雪，抱被肯同宿〔一四〕。君行到京口〔一五〕，正是桃花時〔一六〕。舟中饒孤興，湖上多新詩〔一七〕。潛虬且深蟠〔一八〕，黄鵠舉未晚〔一九〕。惜君青雲器〔二〇〕，努力加餐飯〔二一〕。

【注釋】

〔一〕開元二十八年（七四〇）冬作。王大昌齡：即王昌齡，字少伯，在家族弟兄中排次居長。唐人多以行第稱呼友人，因稱「王大」。京兆（今陝西西安市）人。開元十五年（七二七）進士，授汜水尉。後中制舉博學宏辭科，官校書郎，出爲江寧丞。晚年貶龍標（今湖南黔陽縣）尉，後居鄉裏，爲刺史閭丘曉所殺。王詩句奇格俊，雄渾自然，尤長於五言古詩和七言絶句，時人推爲「七絶聖手」。全唐詩録存其詩一百八十餘首，兩唐書有傳。開元二十八年冬，王昌齡謫官江寧縣丞，岑作此詩送別。王有留別岑參兄弟、李頎有送王昌齡詩，均作於此時。江寧：新唐書地理志：「昇州江寧郡，上元縣……貞觀九年（六三五）更白下曰江寧。」在今江蘇南京市。〔二〕寂不語：默默無言。〔三〕悵然：惆悵失意貌。文選宋玉神女賦序：「罔兮不樂，悵然失志。」君：指王昌齡。〔四〕明時句：謂王不被當朝重用。明時：清明之時。文選曹植求自試表：「志欲自効於明時，立功於盛世。」〔五〕白首：頭髮已白，指年老。時王昌齡年已五十一歲。徒：白白地。攻文：研治詩文。〔六〕澤國句：言王赴任江寧縣丞。澤國：多水之地。江寧地處長江之濱，故云。從：爲，任。〔七〕滄波句：謂自汴河水路赴江寧須行幾千里。滄波：水，水路。〔八〕天闕：指朝廷。〔九〕獨去句：謂單單讓王一人渡過淮河前去江寧。淮水：即淮河。王此行須渡淮河，故云。以上八句寫王昌齡貶江寧。〔一〇〕富春：富春江。即浙江流經富陽縣的那一段。渚：水中小洲。參父岑植曾任衢州（今浙江衢縣）司倉參軍，衢州境内的穀水江（今衢江）爲浙江之一源，故稱富春渚爲舊家。〔一一〕臥江樓：指富春江畔之樓。〔一二〕南徐州：舊唐書地理志：「潤州丹徒縣爲晉之南徐州。」公元三一七年，晉元帝司馬睿建東晉，中原士族渡江避亂，遂定「僑寄法」，在京口（今江蘇鎮江市）僑置徐州，因名南徐州。岑植又任潤州句容（今江蘇句容）縣令，其地當東晉南徐州之地，故云。〔一三〕窮巷二句：謂己亦仕途困頓，寒夜孤燈，正處於窮巷陋舍。〔一四〕肯：願。以上八句寫二人友情。〔一五〕君：指王昌齡。京口：鎮江市，三國時爲吴之京口戍。資治通鑑卷六六：「（劉備）乃自詣京見孫權。」注：「爾雅：絶高曰京。其城因山爲壘，緣江爲境，因謂之京口。」〔一六〕桃花時：桃花盛開之時。〔一七〕舟中二句：謂孤舟行於江湖之上，對景當富有興致，必多新詩。饒：富有。〔一八〕潛虬句：謂王如潛虬，暫時深藏水底。虬：同虬，兩角龍。蟠：盤曲。〔一九〕黄鵠（hú胡）句：謂其仍能如黄鵠高舉，爲時未晚。黄鵠：大鳥名。相傳黄鵠高飛，一舉千里。〔二〇〕惜：珍惜。青雲器：喻必致高位的人才。〔二一〕努力句：勸慰友人多自珍攝。語見古詩行行重行行：「棄捐勿復道，努力加餐飯。」以上八句送别並勸慰。

至大梁却寄匡城主人〔一〕

一從棄魚釣〔二〕，十載干明王〔三〕。無由謁天階〔四〕，却欲歸滄浪〔五〕。仲秋至東郡〔六〕，遂見天雨霜〔七〕。昨日夢故山〔八〕，蕙草色已黄。平時辭鐵丘〔九〕，薄暮游大梁〔一〇〕。仲秋蕭條景，拔刺飛鶬鶊〔一一〕。四郊陰氣閉〔一二〕，萬里無晶光〔一三〕。長風吹白茅，野火燒枯桑〔一四〕。故人南燕吏〔一五〕，籍籍名更香〔一六〕。聊以玉壺贈，置之君子堂〔一七〕。

【注釋】

〔一〕天寶元年（七四二）八月作於大梁。大梁：本戰國時魏都，唐屬汴州，在今河南開封市。却寄：回寄。匡城：舊唐書地理志：滑州有匡城縣。在今河南長垣縣西南。匡城主人：據岑參醉題匡城周少府廳壁詩，知此匡城主人即周少府，時周任匡城縣尉。〔二〕一從：自從。棄魚釣：指放棄隱居生活。〔三〕十載句：岑參自開元二十二年（七三四）「獻書闕下」（感舊賦序），至天寶元年（七四二）作此詩，歷時九載，「十載」是舉其成數。干求。明王：聖明的君王。〔四〕無由：無緣。儀禮士相見禮：「某也願見，無由達。」鄭注：「無由達者，久無因緣以自達也。」謁天階：謁見皇帝。〔五〕却欲句：言又打算歸隱。歸滄浪：指歸隱。滄浪，水色。楚辭漁父：「滄浪之水清兮，可以濯我纓；滄浪之水濁兮，可以濯我足。」一説爲水名（其地衆説不一）。〔六〕仲秋：秋天的第二個月，即農曆八月。東郡：見臨河客舍呈狄明府兄留題縣南樓注〔七〕。〔七〕雨霜：下霜。雨，用作動詞。〔八〕故山：指嵩陽故居。夜：底本作「日」，據四部叢刊、岑嘉州詩改。以上八句寫仕途不遇的感慨。〔九〕平明：天剛亮。鐵丘：唐滑州有鐵丘，在今河南濮陽縣北。〔一〇〕薄暮：傍晚。〔一一〕拔刺：亦作「潑剌（là 辣）」，象聲詞。擬鳥飛聲。杜甫漫成詩：「船尾跳魚潑剌鳴。」鶬鴰：雁。史記司馬相如列傳引子虛賦：「連駕鵝，雙鶬下。」索引：「駕鵝，爾雅云：『舒雁，鵝也。』郭璞曰：『野鵝也。』」正義：「司馬彪云：『鶬似雁而黑，亦呼爲鶬括。』」〔一二〕陰氣閉：陰霾密布。〔一三〕晶光：日光。〔一四〕長風二句：殷璠河嶽英靈集云：「至如『長風吹白茅，野火燒枯桑』，可謂逸才。」以上八句寫大梁秋日四郊景色。〔一五〕南燕吏：即「匡城主人」周少府。南燕，舊唐書地理志：「滑州胙城，漢南燕縣，隋改爲胙城，隸滑州。」匡城與胙城緊鄰，故以南燕代指匡城。〔一六〕籍籍句：形容友人名聲很盛。籍籍：喧聒。〔一七〕聊以二句：謂當以玉壺相贈，揚其高風亮節。玉壺：南朝宋鮑照代白頭吟：「清如玉壺冰。」取高潔之意。君子：指「匡城主人」。以上四句贈別。

山房春事二首〔一〕

其　一

風恬日暖蕩春光〔二〕，戲蝶游蜂亂入房。數枝門柳低衣桁〔三〕，一片山花落筆牀〔四〕。

【注釋】

〔一〕漫游大梁時作。山房：山中房舍。　〔二〕恬：静，和。　〔三〕衣桁（héng 沆）：衣架。　〔四〕筆牀：筆架。

其　二

梁園日暮亂飛鴉〔一〕，極目蕭條三兩家。庭樹不知人去盡〔二〕，春來還發舊時花。

【注釋】

〔一〕梁園：又稱兔園。見前高適別韋參軍注〔一〇〕。〔二〕去：底本作「死」，下注：「一作去」，是。詩寫人事已非而景物依然。清沈德潛唐詩別裁集卷十九云：「後人襲用者多，然嘉州實爲絶調。」

偃師東與韓樽同詣景雲暉上人即事〔一〕

山陰老僧解楞伽〔二〕，潁陽歸客遠相過〔三〕。煙深草濕昨夜雨，雨後秋風渡漕河〔四〕。空山終日塵事少〔五〕，平郊遠見行人小。尚書磧上黄昏鐘，別駕渡頭一歸鳥〔六〕。

【注釋】

〔一〕天寶元年（七四二）作。偃師：舊唐書地理志：河南府有偃師縣。在今河南偃師縣。韓樽：未詳。景雲：景雲寺。故址在今河南鞏縣西南，地處偃師之東。唐詩紀事「景雲」下無「暉」字，作「景雲上人」。則景雲爲人名。全唐詩卷八〇八：「景雲，善草書，與岑參同時，詩三首。」上人：佛教中稱有德善行者爲上人，後爲和尚的敬稱。即事：就眼前之事有感而作。〔二〕山陰：山的北面。解：了悟。楞伽：佛經楞伽阿跋多羅寶經的簡稱。〔三〕潁陽：舊唐書地理志：河南府有潁陽縣。「載初元年（六八九），析河南、伊闕、嵩陽三縣置武臨縣。開元十五年（七二七），改爲潁陽。」在今河南登封縣西。岑參早年曾隱居嵩陽，故自稱「潁陽歸客」。過：訪。〔四〕漕河：漕運之河。古代稱水道運糧爲漕運，此指洛水。洛水爲唐江南運糧至洛陽及長安的水路通道。〔五〕空山：

深山。塵事：世俗之事。文選陶淵明辛丑歲七月赴假還江陵夜行塗口：「閑居三十載，遂與塵事冥。」李善注：「塵事，塵俗之事也。」〔六〕尚書磧、別駕渡：均不詳何地，疑在洛水上。磧（qì 氣）：此指淺水中的沙石堆。歸鳥：歸林之鳥，系詩人自喻。

秋夜宿仙游寺南涼堂呈謙道人〔一〕

太乙連太白〔二〕，兩山知幾重〔三〕。路盤石門窄，匹馬行才通〔四〕。日西到山寺〔五〕，林下逢支公〔六〕。昨夜山北時，星星聞此鐘〔七〕。秦女去已久〔八〕，仙臺在中峯〔九〕。簫聲不可聞，此地留遺蹤〔一〇〕。石潭積黛色，每歲投金龍〔一一〕。亂流争迅湍，噴薄如雷風〔一二〕。夜來聞清磬〔一三〕，月出蒼山空。空山滿清光〔一四〕，水樹相玲瓏〔一五〕。迴廊映密竹〔一六〕，秋殿隱深松。燈影落前溪〔一七〕，夜宿水聲中。愛兹林巒好，結宇向溪東〔一八〕。相識唯山僧，鄰家一釣翁。林晚栗初拆〔一九〕，枝寒梨已紅。物幽興易愜，事勝趣彌濃〔二〇〕。願謝區中緣〔二一〕，永依金人宫〔二二〕。寄報乘輦客〔二三〕，簪裾爾何容〔二四〕？

【注釋】

〔一〕天寶三載（七四四）出仕前居終南山時作。下選三篇同。秋：底本作「冬」，據四部叢刊岑嘉州詩改。仙游寺：長安志卷十八：「仙游寺在盩厔縣（今陝西周至縣）東南三十五里。」謙道人：未詳。道人：晉、宋間佛教初行，未有僧稱，遂稱和尚爲道人。〔二〕太乙：太乙山，亦名太一。文選張衡西京賦：「於前則終南、太一。」李善注：「漢書曰：『太一山，古文以爲終南。』五經要義曰：『太一一名終南山，在扶風武功縣（今陝西武功縣）。』此云終南、太一，不得爲一山明矣。蓋終南，南山之總名，太一，一山之别號耳。」太白：即太白山。元和郡縣志卷二郿縣：「太白山在縣東南五十里。」在今陝西郿縣南。〔三〕兩山句：謂自太乙山至太白山峯巒重疊。山勢逶迤。

〔四〕路盤：山路盤曲。石門：山崖對立如門。二句寫入寺途中山路險峻。〔五〕山寺：即「仙游寺」。到：底本作「倒」，據四部叢刊岑嘉州詩改。〔六〕支公：晉釋支遁（字道林）善清言，時負盛名。後即以支公泛稱高僧。此借指謙道人。〔七〕星星句：謂依稀隱約可以聽到仙游寺的鐘聲。星星：細微。此言稀疏。

〔八〕秦女：水經注渭水：「又東逕武功縣北。」注：「又有鳳凰女祠。秦穆公時，有簫史者善吹簫，能致白鵠孔雀。穆公女弄玉好之。爲作鳳臺以居之。積數十年，一旦隨鳳去。雲雍宫有簫管之聲焉。今臺傾祠毁，不復然矣。」

〔九〕仙臺：即鳳臺，相傳在太白山中峯。〔一〇〕遺蹤：遺跡。〔一一〕石潭：即太白山中之仙游潭。陝西名勝志卷二：「望仙澤在盩厔縣東南三十里。……又五里，即長楊宫，故地稍南爲仙游潭，闊二丈，其水深黑，號五龍潭，唐時每歲降中使投金龍於此。」金龍：銅制的龍。投金龍入潭，是當時朝廷祈雨的一種儀式。〔一二〕湍：急流。噴薄句：謂水激蕩飛涌，聲如風雷。以上十二句寫傍晚山寺景色。〔一三〕清磬：清越的磬聲。磬，拜佛時敲擊的鳴器，狀如鉢。〔一四〕清光：月光。〔一五〕水樹句：謂樹映水中，玲瓏可觀。玲瓏：空明貌。

〔一六〕迴廊：山寺中迴折鈎連的廊屋。〔一七〕燈影：燈光。以上八句寫秋夜山寺的清幽。

〔一八〕結宇：構造房舍。〔一九〕拆：裂，栗熟後大殼即自行裂開。以上六句想象自己結宇溪東後的生活。〔二〇〕彌：愈。〔二一〕謝：辭。區中緣：人世間的塵緣。〔二二〕金人宫：指佛寺。漢書霍去病傳：「收休屠祭天金人。」注：「師古曰：『今之佛象是也。』」句謂永遠皈依佛道。〔二三〕乘輦客：在朝做官的人。輦，車。漢以後多指人君之乘。〔二四〕簪裾：顯宦者華貴的服飾。何容：怎能享受此樂。以上六句寫隱居的樂趣。

還高冠潭口留別舍弟〔一〕

昨日山有信，祇今耕種時〔二〕。遥傳杜陵叟〔三〕，怪我還山遲。獨向潭上酌，無人林下期〔四〕。東溪憶汝處，閑卧對鸕鷀〔五〕。

【注釋】

〔一〕高冠潭：讀史方輿紀要卷五十三西安府鄠縣：「高觀谷水，縣東南三十里。西北流入於澧水。」長安縣志卷十三：「終南山自鄠縣東南圭峯入（長安）縣西南界，東爲高冠谷，高冠谷水出焉。」又：「高冠谷内有石潭，名高冠潭。」舍弟：據新唐書宰相世系表，參有兩弟，名岑秉、岑亞。〔二〕山有信：山中有信至。祇今：如今，現在。〔三〕杜陵叟：應指相鄰的隱者。杜陵，見前滻水東店送唐子歸嵩陽注〔五〕。〔四〕期：約，邀。以上爲山中來信。〔五〕東溪：指高冠谷東的溪水。鸕鷀：魚鷹。末二句留别舍弟。

終南雲際精舍尋法澄上人不遇歸高冠東潭石淙望秦嶺微雨作貽友人〔一〕

昨夜雲際宿，旦從西峯回〔二〕。不見林中僧，微雨潭上來。諸峯皆青翠，秦嶺獨不開〔三〕。石鼓有時鳴，秦王安在哉〔四〕？東南雲開處，突兀獮猴臺〔五〕。崖口懸瀑流，半空白皚皚〔六〕。噴壁四時雨，傍村終日雷〔七〕。北瞻長安道，日夕生塵埃〔八〕。若訪張仲蔚〔九〕，衡門滿嵩萊〔一〇〕。

【注釋】

〔一〕終南：終南山。雲際精舍：即雲際山大定寺。杜甫渼陂行：「船舷暝戛雲際寺，水面月出藍田關。」仇注引長安志：「雲際山大定寺，在鄠縣東南六十里。」法澄上人：未詳。高冠東潭：見前還高冠潭口留別舍弟注〔一〕。石淙：當爲高冠谷内地名。秦嶺：唐人習稱終南山爲秦嶺。貽：遺贈。〔二〕旦：早晨。

〔三〕不開：不開朗。指爲雲霧所籠罩。〔四〕石鼓二句：慨嘆秦王不在，未能使四夷安定。石鼓：鼓形的大石。漢書五行志上：「成帝鴻嘉三年五月乙亥，天水冀南山大石鳴。……石長丈三尺，廣厚略等。……民俗名曰石鼓。石鼓鳴，有兵。」此指開元、天寶間唐與吐蕃等外族屢有戰事。秦王：唐太宗李世民。隋義寧時進封秦王（見舊唐書太宗紀）。安：何。〔五〕突兀：高峻貌。獮猴臺：疑指終南山峯名。〔六〕崖口二句：謂崖口懸着瀑白的瀑布，從半空奔瀉而下。瀑流，瀑布。皚皚：潔白貌。〔七〕噴壁二句：謂瀑布飛濺在石壁上，象四季不斷的雨；其傍村落可以聽到瀑布終日不絕的轟鳴。終日雷：聲如雷鳴，終日不絕。〔八〕瞻：望。長安道：通向長安的大道。塵埃：塵土。〔九〕張仲蔚：皇甫謐高士傳：「張仲蔚者，平陵人也。與同郡魏景卿俱修道德，隱身不仕，明天官、博物，善屬文，好詩賦。常居窮素，所處蓬蒿没人。閉門養性，不治榮名。時人莫識，唯劉龔知之。」此以張仲蔚自比。〔一〇〕衡門：詩陳風衡門：「衡門之下，可以棲遲。」注：「衡門，横木爲門也。」朱熹詩集傳：「此隱居自樂而無求者之辭。言衡門雖淺陋，然亦可以游息。」滿蒿萊：布滿雜草。

灃頭送蔣侯〔一〕

君住灃水北，我家灃水西。兩村辨喬木〔二〕，五里聞鳴鷄〔三〕。飲酒溪雨過，彈棋山月低〔四〕。徒開蔣生徑，爾去誰相攜〔五〕？

【注釋】

〔一〕灃頭：灃水頭。灃亦作豐。灃，底本作澧，形近而訛。元和郡縣志卷二鄠縣：「豐水在縣東南終南山，自發源北流，經縣東二十八里，北流入渭。」在今西安市南。蔣侯：未詳。侯，猶言君。〔二〕辨喬木：樹木清晰可辨。喬木，高樹。〔三〕五里句：晉陶淵明桃花源記：「阡陌交通，鷄犬相聞。」此即用其意。〔四〕彈（tán 談）棋：古時一種博戲。後漢書梁統傳附梁冀：「能挽滿、彈棋、格五、六博、蹴鞠、意錢之戲。」注引藝經：「彈棋，兩人對局，黑白棋各六枚，先列棋相當，更先彈也。其局以石爲之。」山月低：言時很晚。〔五〕徒開：猶白白地開辟。開，底本作閒，下注：「一作開」，是。蔣生徑：趙岐三輔决録：「蔣詡，字元卿，隱於杜陵，舍中三徑，唯羊仲、求仲從之遊，二仲皆挫廉逃名之士。」此以蔣詡事喻與蔣侯友誼篤厚，言蔣侯去後，無人可與往來交遊。誰相攜：與誰攜手同遊。

初授官題高冠草堂〔一〕

三十始一命，宦情多欲闌〔二〕。自憐無舊業，不敢耻微官〔三〕。澗水吞樵路〔四〕，山花醉藥欄〔五〕。祇緣五斗米〔六〕，辜負一漁竿〔七〕。

【注釋】

〔一〕天寶三載（七四四），岑參舉進士以第二人及第，授官右内率府兵曹參軍。詩即作於此時。高冠草堂：詩人在終南山隱居之處。高冠，高冠谷，見前還高冠潭口留别舍弟注〔一〕。〔二〕三十二句：謂年至三十才做右内率府兵曹參軍的小官，以前做官的心情幾乎消失貽盡。一命：指官秩的最低級。周禮地官「黨正」：「一命齒於鄉里。」疏：「天子之士，命數序官：有上士、中士、下士，則上士三命，中士二命，下士一命。則此一命謂下士。」宦情：做官的心情。多欲闌：幾乎消失貽盡。闌，盡。〔三〕自憐二句：謂家無舊業，爲生活所迫，不敢嫌官職卑小。舊業：家中遺留的産業財富。耻微官：以官職卑小爲羞耻。〔四〕澗水句：謂澗水隱没了小道。澗水：指高冠谷水。吞：淹没。樵路：樵夫走的山間小徑。〔五〕山花句：謂圍欄中的山花色紅如醉。藥欄：欄杆。資暇録：「今園廷中藥欄，欄即藥，藥即欄，猶言圍援，非花藥之欄也。」〔六〕祇緣：只因。五斗米：微薄的官俸。晉書陶潛傳：「以（潛）爲彭澤令。……郡遣督郵至縣，吏白應束帶見之，潛嘆曰：『吾不能爲五斗米折腰，拳拳事鄉里小人。』義熙二年，解印去縣。」〔七〕辜負句：謂有負於隱居生活。

高冠谷口招鄭鄠〔一〕

谷口來相訪，空齋不見君〔二〕。澗花然暮雨〔三〕，潭樹煖春雲〔四〕。門徑稀人迹〔五〕，簷峯下鹿羣〔六〕。衣裳與枕席，山靄碧氛氲〔七〕。

【注釋】

〔一〕招：文苑英華作「贈」。詩爲作者初授官至谷口訪鄭鄠不遇而作。鄭鄠：未詳。〔二〕空齋句：謂至其家而不遇。〔三〕澗花句：謂暮雨中澗旁的山花紅似火燃。然：同燃，言花紅似火。杜甫絶句：「山青花欲燃。」〔四〕煖：同暖。〔五〕門徑：門前的小路。〔六〕簷峯：簷外的山峯。〔七〕衣裳二句：謂友人室中衣物枕席籠罩在雲氣之中。氛氲：雲氣瀰漫貌。

田假歸白閣西草堂〔一〕

雷聲傍太白，雨在八九峯〔二〕。東望白閣雲，半入紫閣松〔三〕。勝概紛滿目〔四〕，衡門趣彌濃〔五〕。幸有數畝田，得延二仲蹤〔六〕。早聞達士語〔七〕，偶與心相通〔八〕。誤徇一微官〔九〕，還山愧塵容〔一〇〕。釣竿不復把，野礁無人舂〔一一〕。惆悵飛鳥盡，南谿聞夜鐘〔一二〕。

【注釋】

〔一〕初授官後作。田假：唐代官吏到職田理田的假期。新唐書選舉志：「四門學生補太學，太學生補國子學，每歲五月，有田假。」李嶠詩田假限疾不獲還莊載想田園兼思親友率成短韻用寫長懷贈杜幽素：「夏沼蓮初發，秋田麥稍稀。」可知田假在夏日。又資治通鑑卷二一二：唐玄宗開元十年春正月「乙丑，收職田」。胡三省注：「唐文武官有職分田。」田，底本作「因」，誤。據四部叢刊岑嘉州詩改。白閣：白閣峯。爲終南山諸峯之一，在陝西鄠縣東南。杜甫渼陂西南臺：「錯磨終南翠，顛倒白閣影。」仇注：「通志：紫閣、白閣、黄閣三峯，具在圭峯東。紫閣，旭日射之，爛然而紫。白閣陰森，積雪不融。黄閣不知所謂，三峯不甚遠。」

〔二〕雷聲二句：謂雷聲好象在太白山上方響着，而雨只落在八九個山峯上。太白：太白山，在陝西郿縣南。

〔三〕東望二句：謂白閣、紫閣二峯雲氣相連。以上四句寫夏日山雨的奇觀。〔四〕勝概：美景。紛滿目：紛紛然呈現於眼前。〔五〕衡門：指白閣西草堂，此指隱居生活。彌：更。〔六〕得延句：謂能使二仲得以隱居。延：及。二仲：求仲、羊仲。見前灃頭送蔣侯注〔五〕。〔七〕達士：達觀有識、不同流俗者。漢書仲長統傳：「至人能變，達士拔俗。」〔八〕偶與句：謂己心恰與達士相通。偶：恰。以上六句寫對早年隱居生活的眷戀。〔九〕誤徇句：謂自己錯誤地曲繞於一介小官。徇：曲從。〔一〇〕愧塵容：以沾染塵俗爲愧。塵容：出仕爲官後的容貌。〔一一〕釣竿二句：謂爲官之後，早年隱居時的器物皆被棄置。碓：舂米工具。〔一二〕惆悵二句：謂飛鳥歸林，静夜聞鐘，心中茫然若失。以上八句寫入仕後的惆悵。

驪姬墓下作夷吾、重耳墓隔河相去十三里〔一〕

驪姬北原上，閉骨已千秋〔二〕。澮水日東注〔三〕，惡名終不流〔四〕。獻公咨耽惑〔五〕，視子如仇讎〔六〕。此事成蔓草〔七〕，我來逢古丘〔八〕。蛾眉山月苦，蟬鬢野雲愁〔九〕。欲弔二公子〔一〇〕，横汾無輕舟〔一一〕。

【注釋】

〔一〕作於天寶五、六載（七四六——七四七）間往遊河朔時。驪姬：春秋時驪戎之女。公元前六五八年，晉獻公伐驪戎，得驪姬，立爲夫人。驪姬欲立其子奚齊爲太子，譖害太子申生，申生自縊死。羣公子重耳、夷吾等相繼奔亡在外。獻公死，奚齊繼位。不久，即與驪姬同被大夫里克所殺（事見左傳莊公二十八年、僖公四年、僖公九年）。元和郡縣志卷十二絳州正平縣（在今山西新絳縣西南）：驪姬墓在縣南八里。夷吾：晉獻公之子。里克殺驪姬母子後，夷吾賄秦穆公，穆公送他回晉，立爲晉惠公。重耳：晉獻公之子，有賢名。出亡十九年，後由秦送回即位，是爲晉文公。在位九年，國力大盛，繼齊桓公之後成爲諸侯盟主。河：指汾河。源出山西寧武縣西南之管涔山，至新絳東南折向西流，至河津縣西南入黃河。〔二〕北原：汾河以北的平原。新絳縣地在汾河之北。閉骨：埋骨。〔三〕澮水：源出絳州翼城（今山西翼城縣）之澮山，西南流至正平縣西入汾水。東注：蓋爲西注之誤。〔四〕惡名句：言驪姬的惡名難以冲刷。左傳成公六年：「（韓獻子）對曰：『……不如新田（在今山西曲沃縣西南）土厚水深，居之不疾，有汾、澮以流其惡。』」此即用其語。〔五〕獻公：即晉獻公。惑：放情縱樂，沉迷荒亂。此指獻公爲驪姬讒言所惑。〔六〕視子句：言把自己的孩子看成敵人。仇讎（chóu 酬）：說文解字注言部「讎」下段注：「人部曰：仇，讎也。仇讎，本皆兼善惡言之，後乃專謂怨爲讎矣。」〔七〕蔓草：左傳隱公元年：「（祭仲）對曰：『……無使滋蔓。蔓，難圖也。蔓草猶不可除，况君之寵弟乎？』」疏：「此以草喻也。草之滋長引蔓則難可芟除。」此即用其意，謂驪姬亂晉之事已難以消除。〔八〕古丘：指驪姬墓。〔九〕蛾眉：詩衛風碩人：「螓首蛾眉。」朱熹集傳：「蛾，蠶蛾也。其眉細而長曲。」蟬鬢：崔豹古今注卷下：「魏文帝宮人莫瓊樹始制爲蟬鬢，望之飄渺如蟬翼然。」二句言過驪姬墓時，見山月如眉正落，野雲如鬢帶愁。因驪姬是美女，故有此聯想。〔一〇〕弔：憑弔。二公子：指夷吾、重耳。〔一一〕橫：橫渡。漢書揚雄傳：「上廼帥羣臣橫大河。」注：「師古曰：『橫，橫度之也。』」此點題下注：「夷吾、重耳墓隔河相去十三里。」

題平陽郡汾橋邊柳樹參曾居此郡八九年〔一〕

此地曾居住，今來宛似歸〔二〕。可憐汾上柳，相見也依依〔三〕。

【注釋】

〔一〕寫作時間同上篇。平陽郡：舊唐書地理志：「晉州，……天寶元年，改爲平陽郡。」在今山西臨汾縣。汾：汾水。約於開元八年（七二〇），岑參父岑植官晉州刺史，參隨父居晉州，至開元十七年（七二九）移居嵩陽，歷時八年余。〔二〕宛：仿佛。〔三〕可憐二句：詩小雅采薇：「昔我往矣，楊柳依依。」依依：柔弱貌。此有相見依戀之意。

胡笳歌送顔真卿使赴河隴〔一〕

君不聞胡笳聲最悲，紫髯緑眼胡人吹〔二〕。吹之一曲猶未了，愁殺樓蘭征戍兒〔三〕。涼秋八月蕭關道〔四〕，北風吹斷天山草〔五〕。崑崙山南月欲斜〔六〕，胡人向月吹胡笳。胡笳怨兮將送君〔七〕，秦山遥望隴山雲〔八〕。邊城夜夜多愁夢，向月胡笳誰喜聞〔九〕！

【注釋】

〔一〕天寶七載（七四八）作。胡笳：我國古代北方少數民族的一種管樂器，其音悲涼。樂府詩集卷五十九胡笳十八拍序：「唐劉商胡笳曲序曰：『蔡文姬善琴，能爲離鸞别鶴之操。胡虜犯中原，爲胡人所掠，入番爲王后，王甚重之。武帝與邕有舊，敕大將軍贖以歸漢。胡人思慕文姬，乃卷蘆葉爲吹笳，奏哀怨之音。』」顏使赴河隴，爲胡故地，所以詩人制胡笳歌送别。樂府舊題有胡笳曲。顏真卿：舊唐書本傳：字清臣，京兆萬年（今陝西長安縣）人。開元中進士，遷侍御使，出爲平原太守。復官工部尚書兼御史大夫、尚書右丞，太子太師，封魯郡公。德宗朝，李希烈反，遣真卿使諭，被害，謚文忠。有顏魯公集。河隴：河西、隴右。殷亮顏魯公行狀：「（天寶）七載，又充河西隴右軍試覆屯交兵使。」舊唐書地理志：河西節度使治，在涼州（今甘肅武威縣）。隴右節度使治，在鄯州（今青海樂都縣）。

〔二〕紫髯（rán 然）：醬紫色鬍鬚。胡人：古代對北方邊地及西域各民族的稱呼。庾信詠懷：「胡笳落淚曲，羌笛斷腸歌。」　〔三〕殺：極。樓蘭：漢西域國名，後更名鄯善。在今新疆羅布泊西南，若羌縣東北，故址已爲流水所没。此借指西域邊地。征戍兒：駐守邊塞的士卒。以上四句言悲涼的胡笳聲，牽動守邊兵士歸鄉的愁思。

〔四〕蕭關：漢代關中四關之一，爲關中至塞北的交通要衝。在今寧夏固原縣東南。　〔五〕天山：唐時稱伊州（今新疆哈密）西州（今新疆吐魯番東南達克阿努斯城）以北一帶山脉爲天山。　〔六〕崑崙山：在今新疆、西藏之間，西接帕米爾高原，東延入青海境。新唐書地理志：肅州酒泉郡（今甘肅酒泉縣）有崑崙山，詩即指此酒泉南的祁連山主峯。月欲斜：月將斜落，謂夜除。以上四句寫塞外涼秋的肅殺景色及月夜笳聲的悲哀。　〔七〕君：指顏真卿。　〔八〕秦山：即終南山。終南山又名秦嶺，故云。隴山：又名隴坻、隴坂。新唐書地理志：隴右道有隴坻山。在今陝西隴縣西。隴山雲：指顏出使之地。　〔九〕邊城二句：言顏到邊地後夜多思鄉之夢，悲怨的笳聲更不堪聞。以上四句以胡笳聲之悲涼，襯托、傾訴與友人的惜別之情。沈德潛唐詩別裁卷五：「只言笳聲之悲，見河隴之不堪使，而惜別在言外矣。」

送鄭堪歸東京氾水別業得閑字〔一〕

客舍見春草，忽聞思舊山〔二〕。看君灞陵去〔三〕，匹馬成皋還〔四〕。對酒風與雪，向家河復關〔五〕。因悲宦游子〔六〕，終歲無時閑〔七〕。

【注釋】

〔一〕鄭堪：未詳。東京：即洛陽。元和郡縣志卷五：「天寶元年（七四二），改東都爲東京，至德元年（七五六）復爲東都。」舊唐書地理志：「天寶元年改東都爲東京也。」氾水：地理志又云：「孟州有氾水縣。……開元二十九年，移治所於武牢，成皋府在縣北。」境內有氾水。故縣在今河南滎陽縣西氾水鎮。氾：一本作「汜」。漢書高祖本紀：「項羽大司馬曹咎渡兵氾水。」注：「如淳曰：『氾，音祀。』師古曰：『此水舊讀音凡，今彼鄉人呼之音祀。』」別業：別墅。得閑字：古時相約作詩，先選定數字爲韻，由各人分拈，按所拈之韻賦詩。「得閑字」，即拈得閑字韻。

〔二〕舊山：故居，指氾水別業。

〔三〕灞陵：元和郡縣志卷一萬年縣：「白鹿原，在縣東二十里。亦謂之霸上，漢文帝葬其上，謂之霸陵。王仲宣時曰：『南登霸陵岸，回首望長安』，即此也。」在今陝西長安縣東。

〔四〕匹馬句：謂鄭堪支身回氾水別業。成皋：漢縣名，隋改爲氾水縣，唐因之。

〔五〕對酒二句：言餞別時有

風雪，還家途中要經過河與關塞。〔六〕宦游子：在外做官者。〔七〕終歲句：詩第一句寫春，第五句寫冬，表現出對友人終年在外奔波的同情。

送費子歸武昌〔一〕

漢陽歸客悲秋草〔二〕，旅舍葉飛愁不掃〔三〕。秋來倍憶武昌魚〔四〕，夢著只在巴陵道〔五〕。曾隨上將過祁連〔六〕，離家十年恒在邊〔七〕。劍鋒可惜虛用盡，馬蹄無事今已穿〔八〕。知君開館常愛客，摴蒱百金每一擲〔九〕。平生有錢將與人，江上故園空四壁〔一〇〕。吾觀費子毛骨奇〔一一〕，廣眉大口仍赤髭〔一二〕。看君失路尚如此〔一三〕，人生貴賤那得知。高秋八月歸南楚〔一四〕，東門一壺聊出祖〔一五〕。路指鳳皇山北雲〔一六〕，衣沾鸚鵡洲邊雨〔一七〕。勿嘆蹉跎白髮新〔一八〕，應須守道勿羞貧〔一九〕。男兒何必戀妻子，莫向江村老却人〔二〇〕。

【注釋】

〔一〕費子：未詳。武昌：舊唐書地理志：鄂州「武昌，漢鄂縣，屬江夏郡。吳、晉爲重鎮，以名將爲鎮守。」在今湖北鄂城縣。〔二〕漢陽：地理志又云：鄂州有漢陽縣。在今武漢市漢陽。〔三〕愁不掃：意謂羈愁鬱積，任憑葉落驛門而不加掃除。〔四〕武昌魚：三國志陸凱傳：「三國吴末主孫皓，自建業遷都武昌，百姓泝流供給，其患甚重，左丞相陸凱上疏諫止，引童謡云：『寧飲建業水，不食武昌魚。』」武昌魚以味道鮮美著稱。〔五〕夢著句：謂做夢只在回家的路上。著：同着。巴陵：舊唐書地理志：「岳州有巴陵縣。」在今湖南省岳陽。費子歸武昌道經巴陵，故云。以上四句寫費子思歸。〔六〕祁連：祁連山。漢時匈奴呼天爲「祁連」，此當指今新疆境内的天山。〔七〕恒在邊：常轉戰於邊地。〔八〕劍鋒二句：謂可惜費子空將劍鋒用盡，馬蹄踏穿，而今却去職賦閑。虚：白白地。用盡：梁吴均詠懷其一：「野戰劍鋒盡，攻城才智貧。」穿：踏破。以上四句寫費子從軍戍邊，轉戰十年，一旦去職，即成徒勞。〔九〕摴蒱（chū pú 初蒲）：博戲的一種。李肇唐國史補下：「洛陽崔師本，又好爲古之摴蒱。其法：三分其子三百六十，限以二關，人執六馬，其骰五枚，分上爲黑，下爲白。黑者刻二爲犢，白者刻二爲雉，其采十四；二犢三白爲犢，其采十；全白爲白，其采八；四者貴采也。開爲十二，塞爲十一，塔爲五，秃爲四，撅爲三，梟爲二，六者雜采也。貴采得連擲，得打馬，得過關，余采則否。新加進九退六兩采。」又見太平御覽卷七五四「摴蒱」。〔一〇〕將：送。江上故園：指費子的武昌故居。空四壁：謂家中十分貧窮。史記司馬相如列傳「家居徒四壁立。」索引：「案孔文祥云：『徒，空也。家空無資儲，但有四壁而已。』」以上四句言費子重義輕財，豪爽好友。〔一一〕毛骨奇：相貌奇特。〔一二〕仍：仍然，還。赤髭：唇上紅色鬍鬚。〔一三〕失路：不得意。以上四句謂費子相貌當貴，却失意如此，可知人生貴賤難料。〔一四〕高秋：深秋。南楚：指今湖南衡陽以東、江西南昌、九江及安徽南部地區。史記貨殖列傳：「衡山、九江、江南、豫章、長沙，是南楚也。」〔一五〕東門：指長安東門。一壺：一壺酒。聊：姑且。出祖：古人出行前祭祀路神稱祖道，引申爲餞别。詩大雅韓奕：「韓侯出祖，出宿於屠。顯父餞之，清酒百壺。」孔疏：「正義曰：此言韓侯既受賜而將歸，在道餞送之事也。言韓侯出京師之門，爲祖道之祭。爲祖若訖，將欲出宿於屠地。於祖之時，王使卿士之顯父以酒餞送之。其清美之酒，多至於百壺，言愛韓侯而送酒多也。」此即用其意。〔一六〕鳳皇山：即鳳凰山。在今武漢市武昌北二里。〔一七〕鸚鵡洲：在今武漢市漢陽西南長江中。〔一八〕蹉跎：謂光陰虚度。〔一九〕勿羞貧：不要把貧賤當作恥辱。論語衛靈公：「君子憂道不憂貧。」〔二〇〕莫向句：謂不要回家中無所事事，終老一生。江村：指費子家鄉。老却人：老了人。以上八句餞行并勸慰。

初過隴山途中呈宇文判官〔一〕

一驛過一驛，驛騎如星流〔二〕。平明發咸陽〔三〕，暮及隴山頭。隴水不可聽，嗚咽令人愁〔四〕。沙塵撲馬汗，霧露凝貂裘〔五〕。西來誰家子〔六〕？自道新封侯〔七〕。前月發安西〔八〕，路上無停留。都護猶未到〔九〕，來時在西州〔一〇〕十日過沙磧，終朝風不休。馬走碎石中，四蹄皆血流〔一一〕。萬里奉王事，一身無所求。也知塞垣苦，豈爲妻子謀〔一二〕。山口月欲出，先照關城樓〔一三〕。溪流與松風，静夜相颼飀〔一四〕。别家賴歸夢〔一五〕，山塞多離憂〔一六〕。與子且攜手，不愁前路脩〔一七〕。

【注釋】

〔一〕天寶八載（七四九），安西節度使高仙芝入朝，奏調岑參爲右威衛録事參軍，充節度使幕掌書記。是年暮秋，岑參赴安西，詩即作於西行途中。隴山：見上胡笳歌送顏真卿使赴河隴注〔八〕。宇文判官：未詳。蓋宇文氏時任安西節度使高仙芝屬下判官。判官，舊唐書職官志：「節度、觀察、團練、防御諸使，各有判官一人。」通典卷三十二職官十四「都督」：「判官分判倉，兵、騎、胄四曹事。」〔二〕驛騎(jì記)：驛馬。此謂乘驛馬赴隴。星流：喻速度快如流星。〔三〕平明：天剛亮。咸陽：戰國時秦都，故址在今陝西長安縣東渭城故城。此借指長安。水經注渭水：「太史公曰：長安，故咸陽也。」〔四〕隴水二句：元和郡縣志卷三十九清水縣：「小隴山，一名隴坻，又名分水嶺。……隴坂九回，不知高幾里。每山東人西役，升此瞻望，莫不悲思。隴上有水，東西分流，因號驛爲分水驛。行人歌曰：『隴頭流水，鳴聲嗚咽，遥望秦川，肝腸斷絶。』」此即用其意。嗚咽：指低沉的流水聲。以上六句寫已過隴山時的情境。〔五〕沙塵二句：謂宇文判官鞍馬風塵，艱難跋涉。貂裘：貂皮袍子。〔六〕誰家子：猶言「那人是誰」？〔七〕新封侯：指宇文判官。蓋此時宇文氏新任判官。〔八〕安西：舊唐書地理志：「安西大都護府。長壽二年(六九三)，收復安西四鎮，依前於龜玆國置安西都護府。」在今新疆庫車。〔九〕都護：指安西節度使高仙芝。通典卷三十二職官：「漢宣帝地節二年(前六八)初置西域都護，爲加官也。大唐永徽中始於邊方置安東、安西、安南、安北四大都護府，後又加單于、北庭都護府。府置都護一人，掌所統諸蕃慰撫征討，斥堠安輯蕃人，及諸賞罰敍録勛功，總判府事。」又玄宗時，安西節度使例兼安西都護，故稱。〔一〇〕西州：舊唐書地理志：河西道有西州。在今新疆吐魯番東南。〔一一〕十日四句：寫宇文判官在碎石中騎馬行走，境況艱難。沙磧：沙漠。終朝(zhāo召)：終日。〔一二〕萬裏四句：贊揚宇文判官慷慨報國，不辭辛苦。奉王事：盡力於王事，即爲國効力。塞垣：邊塞的城垣，此指邊塞。以上十六句寫宇文判官道途辛苦。〔一三〕山口：隴山山口。關：指大震關，亦名隴關。元和郡縣志卷三十九清水縣：「隴山……東去大震關五十里。」關在隴山脚下。〔一四〕颼飀：風聲。文選左思吴都賦：「與風颮颺，颲瀏颼飀。」〔一五〕別家句：謂離鄉後只有在夢中歸還。

〔一六〕離憂：離别家鄉的憂思。〔一七〕與子二句：謂與宇文判官同行，不愁前面的路途遥遠。子：指宇文氏。脩：長，遥遠。以上八句寫偕同宇文判官出塞。

西過渭州見渭水思秦川〔一〕

渭水東流去，何時到雍州〔二〕？憑添兩行泪〔三〕，寄向故園流〔四〕。

【注釋】

〔一〕天寶八載（七四九）赴安西途中作。渭州：舊唐書地理志：隴右道有渭州。在今甘肅隴西縣西南。渭水流經此地。渭水：源出渭州之鳥鼠同穴山，渭州治所襄武在渭水西岸。秦川：指關中。讀史方輿紀要「陝西」：「秦孝公徙都之，謂之秦川，亦曰關中。」注：「按潘岳關中記：『東自函關，西至隴關，二關之間，謂之關中。』」即今陝西中部地區。〔二〕雍州：舊唐書地理志：武德元年，改隋京兆郡爲雍州，開元元年，復改雍州爲京兆府。此借指長安。〔三〕憑：請。〔四〕故園：唐才子傳卷三：岑參「有别業在杜陵山中。」詩因稱長安爲故園。

過酒泉憶杜陵别業〔一〕

昨夜宿祁連〔二〕，今朝過酒泉。黄沙西際海，白草北連天〔三〕。愁裏難消日，歸期尚隔年〔四〕。陽關萬里夢，知處杜陵田〔五〕。

【注釋】

〔一〕天寶八載（七四九）赴安西途經酒泉作。酒泉：舊唐書地理志：河西道肅州治酒泉。「郡城下有金泉，泉味如酒，故爲郡名。」在今甘肅酒泉縣。杜陵別業：見前西過渭州見渭水思秦川注〔四〕。〔二〕祁連：祁連戍。新唐書地理志：肅州酒泉郡福録縣東南百二十里有祁連戍。〔三〕黄沙二句：言黄色的沙漠向西與更大的沙海相接，茫茫的白草向北好象連着天邊。際：接。海：翰海，大沙漠。白草：即今俗稱之芨芨草。漢書西域傳：「鄯善國，本名樓蘭，……多葭葦、檉柳、胡桐、白草。」顔師古注：「白草似莠而細，無芒，其乾熟時正白色，牛馬所嗜也。」〔四〕愁裏二句：謂歸期尚遥，愁悶中難以度日。消日：消磨時光。〔五〕陽關二句：意謂旅途中做夢總是想到家鄉。陽關：舊唐書地理志：河西道沙州壽昌縣：「陽關，在縣西六里。玉門關在縣西北一百一十八里。」以其居玉門關之南，故名陽關。在今甘肅敦煌西南。二關自古爲出塞必經之地。知處：夢知之處。

逢入京使〔一〕

故園東望路漫漫〔二〕，雙袖龍鐘淚不乾〔三〕。馬上相逢無紙筆，憑君傳語報平安〔四〕。

【注釋】

〔一〕天寶八載（七四九）作。入京使：進京城長安的使者。〔二〕故園：指長安。漫漫：長遠貌。楚辭離騷：「路曼曼其脩遠兮。」五臣云：「曼曼，遠貌。」〔三〕龍鐘：眼泪橫溢貌。王褒與周弘正書：「援筆攬紙，龍鐘橫集。」〔四〕憑君傳語：猶今俗謂托您捎個口信。沈德潛云：「人人胸臆中語，却成絶唱。」（見唐詩別裁集卷十九）

經火山〔一〕

火山今始見，突兀蒲昌東〔二〕。赤焰燒虜雲，炎氛蒸塞空〔三〕。不知陰陽炭，何獨然此中〔四〕？我來嚴冬時，山下多炎風〔五〕。人馬盡汗流，孰知造化功〔六〕！

【注釋】

〔一〕赴安西途經火山作。火山：亦稱火焰山，在今新疆吐魯番東。山由紅砂岩構成，赤色形如火焰，氣候干熱，故名。〔二〕突兀：高貌。蒲昌：舊唐書地理志：西州有蒲昌縣，在今新疆鄯善縣。〔三〕赤焰二句：言火山地區好像赤色的火焰在燃燒，炎熱的空氣蒸騰於整個天空。虜、塞：皆指西北邊地。〔四〕陰陽炭：文選賈誼鵩鳥賦：「且夫天地爲爐兮，造化爲功；陰陽爲炭兮，萬物爲銅。」謂陰陽燃燒，熔鑄萬物。此言陰陽之炭的燃燒，爲何皆集於此？〔五〕炎風：熱風。〔六〕孰知：誰知。造化功：大自然的功能。淮南子精神：「偉哉造化者。」注：「謂天也。」

銀山磧西館〔一〕

銀山磧口風似箭，鐵門關西月如練〔二〕。雙雙愁泪沾馬毛，颯颯胡沙迸人面〔三〕。丈夫三十未富貴〔四〕，安能終日守筆硯〔五〕。

【注釋】

〔一〕作於赴安西途中。銀山磧：新唐書地理志：西州交河郡：「自州西南有南平、安昌兩城，百二十里至天山西南入谷，經礌石磧，二百二十里至銀山磧。」又四十里至焉耆界呂光館。」銀山磧又稱銀山，在今新疆托克遜西。館：驛館，蓋即呂光館。〔二〕鐵門關：新唐書地理志：「自焉耆（在今新疆焉耆西南）西五十里過鐵門關。」月如練：形容月色皎潔。練，白色熟絹。〔三〕颯颯：風聲。迸人面：風沙擊人臉面。〔四〕丈夫句：謂己年已三十，尚未建功立業。古人以三十歲爲「而立」之年。詩人實際已三十五歲，此舉其成數而言。〔五〕安能句：謂豈能成天與筆硯打交道。守筆硯：後漢書班超傳：「超家貧，常爲官傭書以供養。久勞苦，嘗輟業投筆，嘆曰：『大丈夫無他志略，猶當效傅介子、張騫立功异域以取封侯，安能久事筆研間乎！』」詩用其事。

題鐵門關樓〔一〕

鐵關天西涯，極目少行客。關門一小吏，終日對石壁。橋跨千仞危〔二〕，路盤兩崖窄。試登西樓望〔三〕，一望頭欲白〔四〕。

【注釋】

〔一〕作於赴安西途中。鐵門關：見前銀山山磧西館注〔二〕。〔二〕橋：指峽口上的木橋。千仞危：形容極爲高峻。仞，古以七尺或八尺爲一仞。〔三〕西樓：指鐵門關樓。〔四〕一望句：謂登關樓西望，路途艱難，使人驚愁，頭髮欲白。

磧中作〔一〕

走馬西來欲到天〔二〕，辭家見月兩回圓〔三〕。今夜不知何處宿，平沙萬里絶人煙〔四〕。

【注釋】

〔一〕赴安西途中作。磧：此當指新疆吐魯番西的銀山磧。見前銀山磧西館注〔一〕。〔二〕欲到天：似乎已到天邊。形容路途遥遠。〔三〕辭家句：謂行期已經兩月。〔四〕平沙：平遠廣闊的沙漠。人煙：人間居家的炊煙。沈德潛唐詩別裁集卷十九：「投宿無所，則磧中無人可知矣。」

過磧〔一〕

黄沙磧里客行迷〔二〕，四望雲天直下低〔三〕。爲言地盡天還盡，行到安西更向西〔四〕。

【注釋】

〔一〕至安西作。〔二〕客：詩人自謂。〔三〕四望句：謂極目四望，雲天下垂，與沙漠相連，因覺天低。〔四〕爲言二句：傳説到了天地的盡頭，哪知行至安西，向西還有茫茫無際的天地。安西：見前初過隴山途中呈宇文判官注〔八〕。

磧西頭送李判官入京〔一〕

一身從遠使，萬里向安西〔二〕。漢月垂鄉泪〔三〕，胡沙費馬蹄。尋河愁地盡〔四〕，過磧覺天低。送子軍中飲〔五〕，家書醉裏題〔六〕。

【注釋】

〔一〕詩作於初至安西時。磧西頭：指安西一帶。唐會要卷七十八：「開元十二年（七二四）以後，或稱磧西節度，或稱安西節度。」判官：見上初過隴山途中呈宇文判官注〔一〕。頭：邊。〔二〕一身二句：謂己孤身一人不遠萬里來安西節度使幕府任職。一身：詩人自謂。從：任。使：指安西節度使府。〔三〕漢月二句：言望月思鄉，旅途艱辛。〔四〕尋河：尋求黄河之源。漢書張騫傳：「漢使窮河源，其山多玉石，采來，天子按古圖書，名河所出山曰崑崙云。」此用其事，謂西行極遠。〔五〕子：指李判官。〔六〕家書：家信。

早發焉耆懷終南别業〔一〕

曉笛别鄉泪〔二〕，秋冰鳴馬蹄〔三〕。一身虜雲外，萬里胡天西〔四〕。終日見征戰，連年聞鼓鼙〔五〕。故山在何處？昨日夢清溪〔六〕。

【注釋】

〔一〕天寶九載（七五〇）作於安西。焉耆：舊唐書地理志：安西大都護府所統四鎮有焉耆都督府，「在安西都護府東八百里」。即今新疆焉耆回族自治縣西南一帶。終南別業：指終南山高冠草堂。〔二〕鄉泪：思鄉之泪。〔三〕秋冰句：言騎馬踏着作響的秋冰前進。〔四〕一身兩句：謂己孤身獨處於萬里胡天的西塞之外。〔五〕終日二句：謂邊地成年累月征戰不斷。鼙（pí 皮）：軍鼓的一種。説文：「鼙，騎鼓也。」〔六〕故山：猶家鄉。清溪：即東溪，見前宿東溪懷王屋李隱者注〔一〕。

題苜蓿烽寄家人〔一〕

苜蓿烽邊逢立春，胡蘆河上泪沾巾〔二〕。閨中只是空相憶，不見沙場愁殺人〔三〕。

【注釋】

〔一〕作於天寶十載（七五一）初第一次自安西東歸時。苜蓿烽：爲關外五烽之一，當在胡蘆河附近。烽：底本作「峯」，誤。〔二〕胡蘆河：慧立大慈恩寺三藏法師傳卷一：「或有報云：從此（瓜州）北行五十余里，有瓠蘆河，上廣下狹，洄波甚急，深不可渡。上置玉門關，路必由之，即西境之襟喉也。關外西北，又有五烽，候望者居之，各相去百里，中無水草。」此胡蘆河即玉門關外的疏勒河，又名窟窿河。立春：天寶十載立春在正月初一（七五一年二月一日）。詩人於九載冬十二月離安西，此時東經五烽，渡胡蘆河進入玉門關。二句寫思鄉之情。〔三〕閨中：指妻子。沙場：沙漠。愁殺人：猶今言「愁死人」。二句謂遠客思鄉之愁甚於家人懷念征人。

戲問花門酒家翁〔一〕

老人七十仍沽酒〔二〕，千壺百甕花門口。道旁榆莢仍似錢〔三〕，摘來沽酒君肯否？

【注釋】

〔一〕天寶十載春作於武威。花門：即花門樓，凉州客舍之名。〔二〕沽：買或賣。此句指賣，末句爲買。

〔三〕榆莢：榆樹的果實。榆樹在春天未生葉時，枝條開花生榆莢，圓如銅錢，謂之榆錢。漢初有榆莢錢，今見榆莢，故有此戲問。旁：原作「傍」，誤。

武威春暮聞宇文判官西使還已到晉昌〔一〕

岸雨過城頭〔二〕，黄鸝上戍樓〔三〕。塞花飄客泪，邊柳挂鄉愁〔四〕。白髮悲明鏡〔五〕，青春换敝裘〔六〕。君從萬里使，聞已到瓜州〔七〕。

【注釋】

〔一〕天寶十載（七五一）春作於武威。宇文判官：見上初過隴山途中呈宇文判官注〔一〕。晉昌：新唐書地理志：隴右道有瓜州晉昌郡。在今甘肅安西縣東南。〔二〕岸雨：底本「岸」下注：「一作片」，是。片雨，即陣雨。他注本作「片雲」，誤。「雲」爲平聲，與詩律不合。當作「雨」。宋本、文苑英華、明抄本皆作「片雨」。岑參晚發五溪詩亦云：「江村片雨外，野寺夕陽邊」可證。〔三〕戍樓：邊境上瞭望戍守的城樓。〔四〕塞花二句：言行旅西域，望見邊塞的野花和春柳，使人頓生思鄉之愁。〔五〕白髮句：言對鏡見白髮而悲已老大無成。〔六〕青春句：言時已暮春，才換下皮衣，謂氣候之寒。敝裘：破爛的皮衣。〔七〕君：指宇文判官。瓜州：即晉昌。

河西春暮憶秦中〔一〕

渭北春已老，河西人未歸〔二〕。邊城細草出，客館梨花飛〔三〕。別後鄉夢數〔四〕，昨來家信稀〔五〕。涼州三月半，猶未脱寒衣〔六〕。

【注釋】

〔一〕寫作時間同上篇。河西：即河西節度使府涼州（今甘肅武威縣）。秦中：關中。〔二〕渭北：指今陝西境内渭水以北地區，即詩題之「秦中」。春已老：指春暮。人：詩人自謂。〔三〕邊城：指涼州城。細草：

〔六〕涼州二句：謂涼州暮春三月半仍然寒冷，未能脱去冬衣。猶：還。

〔四〕鄉夢數（shuò朔）：思鄉之夢頻繁。〔五〕昨：昔。嫩草。客館：猶今言旅館。

武威送劉單判官赴安西行營便呈高開府〔一〕

熱海亘鐵門〔二〕，火山赫金方〔三〕。白草磨天涯〔四〕，胡沙莽茫茫〔五〕。夫子佐戎幕〔六〕，其鋒利如霜〔七〕。中歲學兵符，不能守文章〔八〕。功業須及時，立身有行藏〔九〕。男兒感忠義，萬里忘越鄉〔一〇〕。孟夏邊候遲〔一一〕，胡國草木長。馬疾過飛鳥，天窮超夕陽〔一二〕。都護新出師〔一三〕，五月發軍裝。甲兵二百萬〔一四〕，錯落黄金光〔一五〕。揚旗拂崑崙〔一六〕，伐鼓震蒲昌〔一七〕。太白引官軍〔一八〕，天威臨大荒〔一九〕。西望雲似蛇，戎夷知喪亡〔二〇〕。渾驅大宛馬，繫取樓蘭王〔二一〕。曾到交河城，風土斷人腸〔二二〕。塞驛遠如點，邊烽互相望〔二三〕。赤亭多飄風，鼓怒不可當〔二四〕。有時無人行，沙石亂飄揚〔二五〕。夜静天蕭條，鬼哭夾道旁。地上多髑髏，皆是古戰場〔二六〕。置酒高館夕〔二七〕，邊城月蒼蒼〔二八〕。軍中宰肥牛，堂上羅羽觴〔二九〕。紅泪金燭盤〔三〇〕，嬌歌豔新妝。望君仰青冥〔三一〕，短翮難可翔〔三二〕。蒼然西郊道，握手何慨慷〔三三〕。

【注釋】

〔一〕天寶十載（七五一）作於武威。劉單：登科記考卷九：天寶二年（七四三），進士二十六人，劉單爲狀元。唐才子傳丘爲傳：「天寶初，劉單榜進士。」舊唐書高仙芝傳：天寶六載，高仙芝爲安西行營節度使，曾令劉單草告捷書。又楊炎傳：元載自作相，嘗選擢朝士有文學才望者一人厚遇之，將以代己，初引禮部郎中劉單，單卒，引吏部侍郎薛邕。又元和姓纂卷五有禮部侍郎劉單，岐山人。疑爲禮部郎中之誤。岑參作此詩時，蓋劉單正爲高仙芝屬下判官。行營：軍營。高開府：即高仙芝。天寶十載正月，高仙芝以邊功加開府儀同三司，故稱「高開府」。舊唐書本傳：高仙芝，本高麗人。美姿容，善騎射，勇決驍果。少隨父至安西，以父有功授游擊將軍。年二十余即拜將軍，與父同班秩。開元末，爲安西副都護、四鎮都知兵馬使。〔二〕熱海：新唐書西域傳：「碎葉川長千里，東頭有熱海。」碎葉川即原蘇聯境之楚河，熱海即原蘇聯吉爾吉斯共和國托克馬克東之伊塞克湖。亘（gèn 艮）：連接。鐵門：鐵門關。在今新疆焉耆西南。〔三〕火山：見前經火山注〔一〕。赫：用作動詞，明。金方：西方。漢書五行志上：「金，西方。萬物既成，殺氣之始也。」〔四〕白草：見上過酒泉憶杜陵別業注〔三〕。磨：通摩，接。〔五〕莽茫茫：廣闊無際貌。以上四句寫安西獨特景色。〔六〕夫子句：指劉單任職軍府。〔七〕其鋒句：以兵刃鋒利喻劉單才干卓越。〔八〕中歲二句：言劉單中年即不空守詩文而習讀兵書。兵符：兵書。史記五帝本紀正義：「天遣玄女下，授黄帝兵符，伏蚩尤。」〔九〕功業二句：贊揚劉單立身行藏有道，建立功業及時。行藏：出處行止。論語述而：「子謂顔淵曰：『用之則行，舍之則藏。唯吾與爾有是夫！』」〔一〇〕男兒二句：言男子（指劉單）以忠義爲懷，萬里從戎，遠去鄉土。〔一一〕孟夏句：謂邊地節候與内地不同，初夏來得遲。孟夏：夏季第一個月。邊候：邊地的節氣物候。〔一二〕馬疾二句：謂劉單馬快踰飛鳥，奔赴西方極遠之地。窮：盡。超夕陽：謂更在落日之西，極言其遠。以上十二句寫劉單赴安西。〔一三〕都護：即安西都護高仙芝。據資治通鑑及新唐書玄宗紀記載，天寶十載（七五一）四月，諸胡潛引大食（今伊朗）兵馬，欲攻安西四鎮，仙芝聞之，急率番、漢兵馬三萬衆擊大食。遂於五月出師，深入七百里，七月至恒羅斯城（今蘇聯哈薩克共和國江布爾城南），相遇大戰，高仙芝所將番兵葛羅禄部叛變，與大食軍夾攻唐軍，仙芝大敗。〔一四〕甲兵句： 此次出征，資治通鑑載用兵三萬，兩唐書并云二萬，「二百萬」乃夸張之辭。〔一五〕錯落句： 言陽光照耀下兵器鎧甲閃爍着耀眼的光芒。錯落： 紛雜交錯。〔一六〕崑崙： 崑崙山。見前胡笳歌送顔真卿使赴河隴注〔六〕。〔一七〕伐鼓： 擊鼓。詩小雅采芑：「伐鼓淵淵。」箋：「謂戰時進士衆也。」蒲昌： 蒲昌海。在新疆羅布泊西南，今已涸。〔一八〕太白： 即金星。史記天官書：「用兵象太白： 太白行疾，疾行； 遲，遲行。……順角所指，吉； 反之，皆凶。出則出兵，入則入兵。此謂唐軍出師，有太白星引導，上應天象，是必勝的徵兆。〔一九〕天威句： 謂唐朝皇帝的威嚴震懾西域邊地。大荒： 山海經大荒西經：「大荒之中，有山名曰大荒之山，日月所入……是謂大荒之野。」此指西域邊地。〔二〇〕雲似蛇： 初學記卷一引兵書：「有雲如丹蛇隨星，大戰殺將。」戎夷： 禮記王制：「東方曰夷，西方曰戎。」此指西域敵軍。二句言天象已示戎夷將亡。〔二一〕渾驅： 盡驅。大宛（yuān 鴛）： 漢西域城國。在今吉爾吉斯共和國安集延一帶。大宛盛産名馬，漢武帝曾得其名馬三千匹。樓蘭： 漢西域城國，在今新疆羅布泊西南。據漢書西域傳，武帝元封三年（前一〇八）欲通西域，遣將軍趙破奴率兵擊車師（在今新疆吐魯番一帶），先至樓蘭擒其王，攻破車師，西域遂平。詩以驅大宛馬、擒樓蘭王爲譬，言高仙芝此次出師必勝。以上十二句扣題「便呈高開府」，頌揚高仙芝的聲威與戰功。〔二二〕交河城： 舊唐書地理志： 西州中都督府有交河縣，在今新疆吐魯番西北雅爾和屯。風土句： 謂交河地區自然條件極壞，不易習慣。風土： 風物土宜。〔二三〕塞驛： 邊地驛站。塞，底本作「寒」，誤，據四部叢刊岑嘉州詩改。邊烽： 邊境用以報警的烽火臺。墨子號令：「晝則舉烽，夜則舉火。」史記魏公子列傳：「公子與魏王博，而北境傳舉烽。」集解：「文潁曰：『作高木櫓，櫓上作桔槔，頭兜零，以薪置其中，謂之烽。常低之，有寇，即火然舉之以相告。』」〔二四〕赤亭：即赤亭守捉。新唐書地理志：「伊州納職縣（今哈密縣西南）西三百九十里有羅護守捉，又西經達匪草堆，百九十里至赤亭守捉，與伊、西路合。約在今新疆吐魯番附近。守捉：唐邊防軍隊戍邊，大曰鎮，小曰守捉。飄風：暴風。鼓怒：動怒。當：同「擋」。〔二五〕有時二句：寫邊地暴風迅猛异常，飛沙走石，人不敢行。〔二六〕夜静四句：言西州一帶古來皆爲戰場。髑髏（dú lóu 獨樓）：死人頭骨。以上十二句追憶交河城見聞，反映了出邊地的惡劣氣候和戰争給人民帶來的灾難。

〔二七〕高館：猶高堂。〔二八〕邊城：指武威。〔二九〕肥牛、羽觴：楚辭招魂：「肥牛之腱，臑若芳些。」王逸注：「言取肥牛之腱，爛熟之，則肥濡臇美也。」又：「瑶漿蜜勺，實羽觴些。」王逸注：「實，滿也；羽，翠羽也。觴，觚也。」洪興祖補注：「杯上綴羽，以速飲也。」羽觴，一説爲兩旁有耳似翼的酒器。羅：列。〔三〇〕紅泪：紅燭泪。金燭盤：承燭的銅盤。〔三一〕望君句：祝願劉單仕途得志，直上青雲。〔三二〕短翮（hé 合）句：言己久不得志，好比短翮弱羽難於高飛。翮：羽莖。鮑照贈傅都曹别：「短翮難可翔，徘徊煙霧裏。」

〔三三〕蒼然：蒼茫邈遠貌。西郊：指武威城西。以上十句寫餞别。

武威送劉判官赴磧西行軍〔一〕

火山五月行人少，看君馬去疾如鳥〔二〕。都護行營太白西〔三〕，角聲一動胡天曉〔四〕。

【注釋】

〔一〕居武威期間作。劉判官：疑即前詩之劉單判官。見武威送劉單判官赴安西行營便呈高開府注〔一〕。磧西：磧西節度。唐會要卷七十八：「（開元）十二年以後，或稱磧西節度，或稱西鎮節度，至二十一年十二月，王斛斯除安西四鎮節度使，遂爲定額。」磧西節度治西州，在今新疆吐魯番東南。行軍：軍營。〔二〕火山二句：謂劉判官不畏五月火山炎熱，驅馬疾行。君：指劉判官。〔三〕都護行營：指高仙芝部的軍營。太白西：喻極西之地。史記天官書：「察日行以處位太白，曰西方。」〔四〕角：軍營中的號角。胡天：指西域。

送李副使赴磧西官軍〔一〕

火山六月應更熱，赤亭道口行人絶〔二〕。知君慣度祁連城，豈能愁見輪臺月〔三〕？脱鞍暫入酒家壚〔四〕，送君萬里西擊胡。功名祇向馬上取，真是英雄一丈夫〔五〕。

【注釋】

〔一〕天寶十載（七五一）居武威時作。李副使：未詳。副使：舊唐書職官志：節度使有佐職副使一人。磧西：見前武威送劉判官赴磧西行軍注〔一〕。官軍：唐軍。〔二〕火山二句：謂火山地區六月氣候更爲炎熱，行人斷絶。赤亭道口：即今火焰山之勝金口。〔三〕知君二句：謂李副使曾多次出入西域，當不愁此次西行。君：指李副使。祁連城：在今甘肅張掖縣西南。輪臺：此當指漢輪臺，在今新疆輪臺縣西南。李副使赴磧西需經此地。〔四〕脱鞍：猶下馬。酒家壚：指酒店。壚，酒店中放置酒甕的土圍。漢書司馬相如傳：「乃令文君當壚。」注：「師古曰：『賣酒之處累土爲盧以居酒甕，四邊隆起，其一面高，形如鍛盧，故名盧耳。』」盧同壚。

〔五〕功名二句：贊揚李副使以軍功獲取功名，是真正的英雄。

送薛播擢第歸河東〔一〕

歸去新戰勝，盛名人共聞〔二〕。鄉連渭川樹〔三〕，家近條山雲〔四〕。夫子能好學，聖朝全用文〔五〕。弟兄負世譽，詞賦超人群〔六〕。雨氣醒別酒，城陰低暮曛〔七〕。遥知出關後，更有一終軍〔八〕。

【注釋】

〔一〕天寶十一載（七五二）作於長安。薛播：舊唐書本傳：薛播，河中寶鼎（在今山西河津縣西南）人。天寶中舉進士，補校書郎，累授萬年縣丞、武功令、殿中侍御史，復除晉州刺史、河南尹。遷尚書左丞、禮部侍郎。貞元三年（七八七）遇疾卒，贈禮部尚書。爲詩人薛據之弟。又登科記考卷九，載播爲天寶十載進士。河東：舊唐書地理志：河東道河中府，本隋河東郡，武德元年置蒲州。開元八年，置中都，改蒲州爲河中府。天寶元年，改爲河東郡。在今山西永濟縣西蒲州。〔二〕歸去二句：謂薛播新從考場獲勝登第，名揚天下。〔三〕鄉連句：自渭水入黄河，對岸即是薛播家鄉河東郡，故云。渭川：渭水。〔四〕條山：中條山。元和郡縣志卷十二河東縣：「雷首山，一名中條山，在縣南十五里。」在今山西永濟縣東。〔五〕夫子二句：謂薛播學識精深，正可爲當朝所用。聖朝：當朝。全用文：言重視文士。〔六〕弟兄二句：言薛氏兄弟皆負盛名，詞賦超群。據舊唐書薛播傳：薛播伯父元曖卒後，其妻林氏，博涉五經，善屬文，「其子彦輔、彦國、彦偉、彦雲及播兄據、摠并早孤幼，悉爲林氏所訓導，以至成立，咸致文學之名，開元、天寶中二十年間彦輔、據等七人并舉進士，連中科名，衣冠榮之。」負世譽：謂得世人贊美。〔七〕雨氣二句：言餞别時正值天雨，雨氣使人醒酒，城陰見日西沉。暮曛（xūn 勛）：落日。〔八〕關：潼關。薛播自長安歸河東需過潼關。終軍：漢書終軍傳：「終軍字子雲，濟南（今山東濟南市東）人也。少好學，以辯博能屬文聞於郡中。年十八，選爲博士弟子。……初，軍從濟南當詣博士，步入關，關吏與軍繻（出入關的符信）。軍問：『以此何爲？』吏曰：『爲復傳還，當以合符。』軍曰：『大丈夫西遊，終不復傳還。』棄繻而去。軍爲謁者使，行郡國，建節，東出關，關吏識之，曰：『此使者乃前棄繻生也。』」此謂薛播象終軍一樣，入關時還是一布衣書生，出關時已是衣錦榮歸了。

與高適薛據登慈恩寺浮圖〔一〕

塔勢如湧出，孤高聳天宫〔二〕。登臨出世界〔三〕，磴道盤虚空〔四〕。突兀壓神州〔五〕，峥嶸如鬼工〔六〕。四角礙白日〔七〕，七層摩蒼穹〔八〕。下窺指高鳥，俯聽聞驚風〔九〕。連山若波濤，奔湊似朝東〔一〇〕。青槐夾馳道〔一一〕，宫館何玲瓏〔一二〕。秋色從西來，蒼然滿關中〔一三〕。五陵北原上〔一四〕，萬古青濛濛〔一五〕。净理了可悟〔一六〕，勝因夙所宗〔一七〕。

誓將掛冠去〔一八〕，覺道資無窮〔一九〕。

【注釋】

〔一〕天寶十一載（七五二）秋作於長安。高適、薛據：見前高適同諸公登慈恩寺浮圖注〔一〕。慈恩寺：長安志卷八：「大慈恩寺，隋無漏寺之地，武德初廢。貞觀二十二年（六四八），高宗在春宮，爲文德皇后立爲寺，故以『慈恩』爲名。……寺西院浮圖六級，崇三百尺，永徽三年（六五二）沙門玄奘所立。……長安中，更拆改造，依東夏刹表舊式。」浮圖：亦作浮屠、佛圖。梵語Buddhastūpa（音譯「佛陀窣堵波」）音譯之訛略，即佛塔。魏書釋老志：「凡宮塔制度，猶依天竺舊狀而重構之，從一級至三、五、七、九，世人相承謂之『浮圖』，或云『佛圖』。」慈恩寺塔又名大雁塔，在今西安市南郊。天寶十一載秋，高適、薛據、杜甫、岑參、儲光羲等同登慈恩寺塔，各有題咏。杜甫同諸公登慈恩寺塔題下自注云：「時高適、薛據先有作。」知岑、杜、儲詩皆爲和作。薛詩今佚，余俱存，可參閱。　〔二〕塔勢句：妙法連華經見寶塔品第十一：「爾時佛前有七寶塔，高五百由旬，縱廣二百五十由旬，從地湧出。」此即用其意，言塔突出於平地之上。天宮：猶天空。圓覺經：「地獄天宮，皆爲浄土。」　〔三〕出世界：高出宇宙。佛經以過去現在未來爲世，東西南北爲界。　〔四〕磴道：石階。句謂塔的石級盤踞空中。　〔五〕突兀：高聳貌。神州：指中國。史記鄒衍傳：「以爲儒者所謂中國者，於天下乃八十一分居其一分耳。中國名曰赤縣神州。」　〔六〕峥嶸：高峻貌。鬼工：鬼斧神工。兩句極言塔勢之高，如鬼斧神工，非人力所能爲。陳子昂感遇十九：「鬼工尚未可，人力安能存。」　〔七〕四角句：極言塔高，好象妨礙了太陽的運行。大雁塔爲方形，四周皆有曲檐，稱四阿。　〔八〕七層句：言七層方塔高摩青天。慈恩寺塔原本六級，後漸損，武則天長安元年（七〇一）依東夏刹表舊式重修，增爲七層。摩：挨近。蒼穹：蒼天。　〔九〕窺：視。驚風：疾風。以上十句寫塔勢高峻。　〔一〇〕連山二句：謂遠望群山連綿起伏，如波濤狂奔向東。〔一一〕馳道：御道，皇帝乘輦經行之道。史記秦始皇本紀：「二十七年治馳道。」集解：「應劭曰：『馳道，天子道也，若今之中道。』」〔一二〕宫館：長安城中的宫殿樓館。玲瓏：分明貌。兩句寫長安城内景色。〔一三〕蒼然：蒼茫貌。關中：指今陝西中部地區。〔一四〕五陵：文選班固西都賦：「南望杜、霸，北眺五陵。」李善注：「漢書曰：『高帝葬長陵，惠帝葬安陵，景帝葬陽陵，武帝葬茂陵，昭帝葬平陵。』」〔一五〕青濛濛：青色迷茫貌。以上八句寫登塔所見。〔一六〕净理：佛理。了可悟：了然徹悟。佛教中謂徹悟佛理爲了悟。〔一七〕勝因：佛教語，善因，美好的因緣。夙所宗：早就信仰。〔一八〕掛冠：辭官。後漢書逢萌傳：「時王莽殺其子宇，萌謂友人曰：『三綱絶矣。不去，禍將及人。』即解冠掛東都城門，歸將家屬浮海，客於遼東。」〔一九〕覺道句：意謂佛道不生不滅，可以應用無窮。覺道：悟道。資：用。以上四句抒懷，謂當棄官皈依佛教。沈德潛唐詩别裁集卷一：「登慈恩寺塔詩，少陵下應推此作。高達夫、儲太祝皆不及也。薛據詩失傳，無可考。」

題李士曹廳壁畫度雨雲歌〔一〕

似出棟梁裹，如和風雨飛〔二〕。掾曹有時不敢歸，謂言雨過濕人衣〔三〕。

【注釋】

〔一〕天寶十一載（七五二）作於長安。李士曹：即李翥。高適有同李九士曹觀壁畫雲作，體裁亦同，當係同賦。

李翥： 時任京兆府士曹參軍。士曹： 府尹屬官。新唐書百官志下： 「士曹、司士、參軍事，掌津梁、舟車、舍宅、工藝。」廳壁畫度雨雲： 謂畫帶雨的飛雲於廳壁。〔二〕似出二句： 謂所畫之雲好象從棟梁間生出，又象和着風雨翻飛。 〔三〕掾曹二句： 極言畫技精妙，使人疑入真境。掾曹： 猶掾屬，佐治官吏。此指李士曹。

送李翥游江外〔一〕

相識應十載，見君只一官〔二〕。家貧祿尚薄，霜降衣仍單〔三〕。惆悵秋草死，蕭條芳歲闌〔四〕。且尋滄洲路，遥指吴雲端〔五〕。匹馬關塞遠，孤舟江海寬〔六〕。夜眠楚煙濕〔七〕，曉飯湖山寒。砧净紅鱠落，袖香朱橘團〔八〕。帆前見禹廟〔九〕，枕底聞嚴灘〔一〇〕。便獲賞心趣，豈歌行路難〔一一〕。青門須醉別〔一二〕，少爲解征鞍〔一三〕。

【注釋】

〔一〕天寶十一載（七五二）秋作於長安。李翥，曾任單父縣尉，後任京兆府士曹參軍。高適有秦中送李九赴越詩，與此詩作於同時。蓋李翥是年去官，高、岑作詩送行。江外： 長江以南地區。 〔二〕相識二句： 謂與李翥相識已逾十年，李尚未升遷。天寶二年（七四三），岑在長安，蓋於是時與李翥相識。君： 指李翥。一官： 指任小官。舊唐書職官志： 京兆府士曹參軍的官是正七品下。 〔三〕家貧二句： 謂李翥俸禄微薄，家境貧寒，霜降仍穿單衣。

尚：且。〔四〕惆悵二句：謂見秋草枯萎，一年將盡，使人傷懷。惆悵：失意貌。闌：盡，殘。〔五〕且尋二句：承上言李翥宦途失意，將往遊楚地。滄洲：濱水之地，多稱隱者所居之處。遥指：遠向。吴：指今江、浙一帶。以上八句寫李仕宦失意，往遊江外。〔六〕匹馬二句：謂李翥只身遠行，道路阻遠，水陸并行。〔七〕楚：指今江、浙一帶，古屬楚地。〔八〕砧净二句：謂沿途水鄉生活别有趣味，能嘗到新鮮的魚鱠和清香的朱橘。砧：通椹，椹板，切魚肉的墊板。紅鱠：細切的鮮魚肉。團：圓。〔九〕禹廟：史記夏本紀：「帝禹東巡狩，至於會稽而崩。……太史公曰：或言禹會諸侯江南，計功而崩，因葬焉。命曰會稽。」正義：「括地志云：『禹陵在越州會稽縣南十三里。廟在縣東南十一里。』」在今浙江紹興。〔一〇〕嚴灘：東漢隱士嚴光垂釣處。後漢書逸民列傳：嚴光字子陵，一名遵，會稽余姚（今浙江余姚縣）人。少有高名，與光武帝同遊學。及光武即位，乃變姓名，隱身不見，披羊裘垂釣澤中，耕於富春山，後人名其垂釣處曰子陵瀨。以上八句寫李旅途生活。〔一一〕便獲二句：承上勸慰李翥，謂江南此遊别有樂趣，可不必感嘆行路的艱難。行路難：樂府詩集卷七十雜曲歌辭：「樂府解題曰：『行路難，備言行路艱難和離别悲傷之意，多以君不見爲首。』」〔一二〕青門：長安城門名。三輔黄圖：「長安城東盡南頭一門曰霸城門，民見門色青，名曰青城門。或曰青門。」醉别。謂以酒餞行。〔一三〕少：少傾，不多時。解征鞍：謂解鞍停留。征鞍：遠行的馬鞍，此借指行人。末四句餞别。

送顔平原并序〔一〕

十二年春〔二〕，有詔補尚書十數公爲郡守〔三〕，上親賦詩，觴羣公〔四〕。宴於蓬萊前殿〔五〕，仍贈以繒帛〔六〕，寵餞加等〔七〕。參美顔公是行，爲寵別章句〔八〕。

天子念黎庶〔九〕，詔書换諸侯〔一〇〕。仙郎受剖符，華省輟分憂〔一一〕。置酒會前殿〔一二〕，賜錢若山丘。天章降三光〔一三〕，聖澤該九州〔一四〕。吾兄鎮河朔，拜命宣皇猷〔一五〕。駟馬辭國門，一星東北流〔一六〕。夏雲照銀印〔一七〕，暑雨隨行輈〔一八〕。赤筆仍在篋〔一九〕，鑪香惹衣裘〔二〇〕。此地鄰東溟，孤城帶滄洲〔二一〕。海風掣金戟〔二二〕，導吏呼鳴騶〔二三〕。郊原北連燕，剽劫風未休〔二四〕。魚鹽隘里巷，桑柘盈田疇〔二五〕。爲郡豈淹旬，政成應未秋〔二六〕。易俗去猛虎，化人似馴鷗〔二七〕。蒼生已望君〔二八〕，黄霸寧久留〔二九〕。

【注釋】

〔一〕天寶十二載（七五三）夏在長安作。顔平原：即平原太守顔真卿。見前胡笳歌送顔真卿使赴河隴注〔一〕。舊唐書顔真卿傳：天寶十二載，楊國忠怒其不附己，出爲平原太守。平原，舊唐書地理志：河北道德州，天寶元年改爲平原郡。郡治在今山東陵縣。

〔二〕十二年：指天寶十二載（七五三）。〔三〕詔：詔書，皇帝的命令或文告。補：選員補充官位之闕。尚書：尚書省。舊唐書職官志：「尚書省領二十四司，尚書令一員。武德中，太宗爲之，自是闕而不置。令總領百官，儀刑端揆，其屬有六尚書：一曰吏部，二曰户部，三曰禮部，四曰兵部，五曰刑部，六曰工部。凡庶務，皆會而決之。左右僕射各一員。掌統理六官，綱紀庶務，以貳令之職。自不置令，僕射總判省事。」十數公：十幾人。郡守：太守。唐天寶年間改州爲郡，置太守。爲一郡之最高行政長官。〔四〕上：指唐玄宗。觴：酒器。用作動詞，宴飲。〔五〕宴：筵席。用作動詞，謂設筵。蓬萊前殿：龍朔二年（六六二），唐高宗改大明宫爲蓬萊宫。宫有四殿，前殿爲含元殿。故址在今陝西長安縣東。〔六〕仍：乃。贈：賞賜。繒帛：華貴的絲織物。〔七〕寵餞加等：指皇帝賜宴餞行，恩寵逾常。〔八〕美：贊美。顔公：即顔真卿。章句：指詩作。〔九〕天子：指唐玄宗李隆基。黎庶：老百姓。〔一〇〕换：選調。諸侯：借指郡守。漢書王嘉傳：「今之郡守，重於古諸侯。」〔一一〕仙郎二句：謂顔真卿由尚書郎受命出任郡守，不復在尚書省任職。顔此前爲尚書省武部（即兵部）員外郎。仙郎：唐稱尚書省各部郎官爲仙郎。剖符：符是古代任官的一種憑證。分封諸侯或任命外官時，將符剖分爲二，一半付給受命者，另一半留在朝廷，遇事遣使者持半符驗合。此指授予顔郡守之職。華省：同畫省，指尚書省。省中皆以胡粉塗壁，紫青界之，畫古賢列士，故稱。輟分憂：停止爲天子分憂，指中止在尚書省任職。〔一二〕前殿：指含元殿。〔一三〕天章：指唐玄宗親賦詩章。三光：日、月、星三光。句謂玄宗詩如三光之輝。〔一四〕聖澤：皇帝的恩澤。該：同賅，遍。九州：古分天下爲九州，此指全國。〔一五〕吾兄二句：言顔真卿受命於天子，出鎮平原郡。吾兄：指顔真卿。鎮：鎮守。河朔：平原郡屬河北道。此指平原郡。拜命：受命。宣皇猷：宣揚皇帝的德政。尚書君陳：「爾有嘉謀嘉猷，則入告爾後於內。」以上八句寫顔奉命出任平原太守。〔一六〕駟馬二句：寫顔離京登程。駟馬：漢太守車駕四馬。此指顔的車騎。國門：指長安城門。星：星郎，即尚書郎。史記天官書：「南宫朱鳥、權、衡。衡，太微，三光之廷。……後聚一十五星，蔚然，曰郎位。」正義：「郎位十五星，在太微中帝座東北，周之元士，漢之光禄、中散、諫議，此三署郎中，是今之尚書郎。」東北流：向東北方向疾馳。〔一七〕銀印：漢官吏秩比二千石者皆配銀印。漢書百官公卿表：「郡守，秦官，掌治其郡，秩二千石。……凡吏秩比二千石以上，皆銀印青綬。」此借指顔太守之印。〔一八〕暑雨句：後漢書鄭弘傳：「（弘）拜爲騶令，政有仁惠，民稱蘇息。遷淮陰太守。四遷，建初爲尚書令。……出爲平原相，征拜侍中。」注：「謝承書曰：『弘消息繇賦，政不煩苛。行春大旱，隨車致雨。白鹿方道，俠轂而行。弘怪問主簿黃國曰：鹿爲吉爲凶？國拜賀曰：聞三公車幡書作鹿，明府必爲宰相。』」此即用其意。舊唐書本傳亦云：「四命爲監察御史，充河西隴右軍試覆屯交兵使。五原有冤獄，久不決，真卿至，立辯之。天方旱，獄決乃雨，郡人呼之爲御史雨。」轄：車轄，此指車。〔一九〕赤筆：郎官所用之筆。通典卷二十二職官四：漢尚書郎「月賜赤管大筆一雙，隃麋墨一丸。」篋（qiè 怯）：指書箱。〔二〇〕鑪香句：通典卷二十二職官四又云：「尚書郎侍史一人，女侍史二人，皆選端正妖麗，執香爐香囊護衣服。」惹：染。〔二一〕此地二句：謂平原郡東臨東海，北接滄州。東溟：東海。孤城：指平原郡城。帶：底本作「弔」，據四部叢刊岑嘉州詩改。帶滄洲：指平原郡北與滄州接境。〔二二〕掣：牽曳。金戟：指顔出任太守時的儀仗。〔二三〕導吏：古官員出行時前導喝道的小吏。鳴騶：顯貴出行，隨從騎卒吆喝開道。文選孔稚珪北山移文：「及至鳴騶入谷，鶴書赴隴，形馳魄散，志變神動。」李善注：「如淳漢書注曰：『騶馬，以給騶使乘之。』臧榮緒晉書曰：『騶，六人。』」以上十二句送別。〔二四〕郊原二句：謂平原郡北近燕地，經常受到异族的侵擾。燕：春秋時燕國，有今河北省北部地區。唐時燕屬河北道，北與東北少數民族奚、契丹毗鄰，時有戰事發生。剽劫：侵擾掠奪。〔二五〕魚鹽二句：謂平原郡桑柘茂盛，兼有魚鹽之利。柘（zhè 這）：樹木名，亦名黃柘。葉可飼蠶，木可染黃赤色，稱「柘黃」。盈：滿。田疇：田地。〔二六〕爲郡二句：謂顔到任治理郡事。很短時間即見成効。爲：治理。淹：遲延。旬：旬月，十整月。漢書車千秋傳：「特以一言寤意，旬月取宰相封侯，世未嘗有也。」未秋：謂不到秋天。〔二七〕易俗二句：謂革除苛政，誠心愛護百姓。猛虎：指苛政。禮記檀弓下：「苛政猛於虎也。」化人：教化開導民衆。人：民，百姓。馴鷗：列子黃帝：「海上之人，有好漚鳥者，每旦之海上，從漚鳥遊。漚鳥之至者，百住而不止。其父曰：『吾聞漚鳥皆從汝遊，汝取來吾玩之。』明日之海上，漚鳥舞而不下也。」〔二八〕蒼生句：謂天下百姓已在盼望你。〔二九〕黄霸：漢書黄霸傳：黄霸字次公，淮陽陽夏（今河南太康縣）人。宣帝時任揚州刺史、潁川太守，爲政外寬内明，得吏民心，户口歲增，治爲天下第一。後爲御史大夫、丞相，封建成侯。句謂顔必象黄霸那様很快升遷，不會久居平原郡守之職。以上十句贊美顔公。

送祁樂歸河東〔一〕

祁樂後來秀〔二〕，挺身出河東。往年詣驪山，獻賦温泉宫〔三〕。天子不召見，揮鞭遂從戎〔四〕。前月還長安，囊中金已空〔五〕。有時忽乘興，畫出江上峯。牀頭蒼梧雲，簾下天臺松〔六〕。忽如高堂上，颯颯生清風〔七〕。五月火雲屯〔八〕，氣燒天地紅。鳥且不敢飛，子行如轉蓬〔九〕。少華與首陽，隔河勢争雄〔一〇〕。新月河上出，清光滿關中。置酒灞亭别〔一一〕，高歌披心胸〔一二〕。君到故山時〔一三〕，爲謝五老翁〔一四〕。

【注釋】

〔一〕天寶十一載五月居長安期間作。祁樂：即畫家祈岳。夏文彦圖繪寶鑒補遺：「祁樂、項洙，范山人，並工山水。」河東：見前送薛播擢第歸河東注〔一〕。

〔二〕後來秀：後起之秀。世説新語賞譽下：「范豫章（寧）謂王荆州（忱）：『卿風流俊望，真後來之秀。』」〔三〕詣：到。驪山、温泉宫：新唐書地理志：京兆府昭應縣「有宫在驪山下，貞觀十八年（七四四）置，咸亨二年（六七一）始名温泉宫。天寶元年（七四二）更驪山曰會昌山。……六載，更温泉曰華清宫，宫治湯井爲池，環山列宫室，又築羅城，置百司及十宅。」山在今陝西臨潼縣東南，上有華清池温泉及華清宫遺址。獻賦：借漢代賦家多向皇帝獻賦得官之事，言祁樂曾到驪山向唐皇帝進獻文章以求仕舉。〔四〕天子二句：言未被天子賞識召見而棄文從軍。〔五〕前月二句：謂祁樂從軍歸來，一貧如洗。以上八句敍祁樂經歷。〔六〕有時四句：謂祁樂善畫，興來揮毫，山水松雲，皆出筆下，蒼梧：即九嶷山，在今湖南寧遠縣南，相傳爲舜所葬之地，多雲氣。天臺：天臺山，在今浙江天臺縣東北。蒼梧、天臺均爲借指。〔七〕忽如二句：言祁樂作畫精妙傳神，使人有身臨其境之感。以上六句寫祁樂善畫。〔八〕火雲屯：言夏日火燒雲積集。〔九〕子：指祁樂。轉蓬：隨風飄轉的蓬草。曹植雜詩：「轉蓬離本根，飄颻隨長風。」〔一〇〕少華、首陽：二山名。太平御覽卷三十九華山：「薛綜注西京賦曰：『華山對河東首陽山，黄河流於二山之間。古語云：本一山當河，河水過之而曲行，河神巨靈以手擘開其上，以足踏離其下，中分爲兩，以通河流。今睹手迹於華獄上，足迹在首陽山下，俱存焉。』」少華山在今陝西華陰縣東南。首陽山，一名雷首山，在今山西永濟縣南。〔一一〕灞亭：灞陵亭，在長安東灞陵附近灞水橋上。唐人自長安送客東行，多於灞亭置酒餞别。〔一二〕披心胸：謂相見以誠，無話不談。〔一三〕君：指祁樂。故山：此指五老山，在祁樂家鄉河東郡，因稱「故山」。〔一四〕謝：告，致意。五老翁：沈約宋書曰：「堯升首山，遵河渚，有五老遊焉。」元和郡縣志卷十二河中府永樂縣：「五老山，在縣東北十三里。堯升首山觀河渚，有五老人飛爲流星上入昴，因號其山爲五老山。」以上十二句寫餞别祁樂歸河東。

梁園歌送河南王説判官〔一〕

君不見梁孝王脩竹園〔二〕，頹墻隱轔勢仍存〔三〕。嬌娥曼臉成草蔓〔四〕，羅帷珠簾空竹根〔五〕。大梁一旦人代改，秋月春風不相待〔六〕。池中幾度雁新來，洲上千年鶴應在。梁園中有雁池、鶴洲〔七〕。梁園二月梨花飛，卻似梁王雪下時〔八〕。當時置酒延枚叟〔九〕，肯料平臺狐兔走〔一〇〕。萬事翻覆如浮雲，昔人空在今人口〔一一〕。單父古來稱宓生〔一二〕，祇今爲政有吾兄。家兄時宰單父。〔一三〕輶軒若過梁園道〔一四〕，應傍琴臺聞政聲〔一五〕。

【注釋】

〔一〕寫作時間同上篇。梁園：亦稱兔園。見前高適宋中十首之二注〔一〕。故址在今河南商丘市東南。河南：舊唐書地理志：開元二十一年（七三三），分天下爲十五道。河南道理汴州（今河南開封市）。河南判官：蓋爲河南道採訪處置使判官。王説：未詳。〔二〕梁孝王脩竹園：見前高適宋中十首之一注〔二〕、之二注〔一〕。脩竹園：園名。史記梁孝王世家索隱：「按今城東二十里臨新河，有故臺址，不甚高，俗云平臺，又一名脩竹苑。」〔三〕頹墻句：謂梁園宫閣舊跡仍存。隱轔：不平貌。文選司馬相如上林賦：「隱轔鬱壘，登降施靡。」李善注：「郭璞曰：『隱轔鬱壘，堆壟不平貌。』」〔四〕嬌娥曼臉：嬌美的宫女。曼，美貌。草蔓：蔓生荒草。〔五〕羅帷珠簾：綾羅織成的帷幔和珍珠綴飾的簾子。以上二句謂昔日梁孝王園中的美女珠寶如今已蕩然無存，空余野草竹根，一片廢墟。〔六〕大梁二句：謂人事疊變，光陰倏忽，良辰美景不等人。大梁：戰國時魏都，在今開封，此借指梁孝王都城睢陽（在今商丘）。人代：人世。唐避李世民諱，改世爲代。〔七〕池中二句：謂園中雁池、鶴洲等亦無昔日之狀。此二句下小字是作者原注。〔八〕梁園二句：言二月梁園梨花盛開如雪，使人想起當年孝王雪天宴樂的佚事。文選謝惠連雪賦：「歲將暮，時既昏，寒風積，愁雲繁。梁王不悦，遊於兔園。迺置旨酒，命寶友，召鄒生，延枚叟，相如末至，居客之右。俄而微霰零，密雲下，王迺歌北風於衛詩，咏南山於周雅。」〔九〕延：請。枚叟：枚乘，字叔。淮陰人。長於辭賦，曾爲梁孝王文士。漢書有傳。〔一〇〕肯料：怎能想到。平臺：見前高適宋中十首之一注〔四〕。〔一一〕萬事二句：言世事滄桑如浮雲飄忽，梁孝王故事空留於今人談説之中。以上十四句爲「梁園歌」。〔一二〕單父：舊唐書地理志：宋州有單父縣。在今山東單縣。宓（fú扶）生：宓不齊，字子賤，孔子學生。史記仲尼弟子列傳：「子賤爲單父宰。」正義：「説苑云：『宓子賤理單父，彈琴，身不下堂，單父理。』」〔一三〕祗今：當今，現在。吾兄：指參兄岑況。〔一四〕輶軒：皇帝使臣所乘輕車。梁園道：唐宋州天寶元年改爲睢陽郡，屬河南道，單父屬睢陽郡，王説爲河南道採訪處置使判官，掌考察州縣官吏，有可能去睢陽，故云。〔一五〕琴臺：大清一統志卷一四四：「琴臺在單縣東南一里舊城北。寰宇志：『琴臺在單父縣北一里，高三丈，即子賤彈琴之所。』」聞政聲：謂聽到對其政績的稱美。以上四句爲送別之辭。

終南山雙峯草堂作〔一〕

斂跡歸山田，息心謝時輩〔二〕。晝還草堂臥，但與雙峯對〔三〕。興來恣佳遊，事愜符勝概〔四〕。著書高窗下，日夕見城内〔五〕。曩爲世人誤，遂負平生愛〔六〕。久與林壑辭，及來松杉大〔七〕。偶兹近精盧，屢得名僧會〔八〕。有時逐樵漁，盡日不冠帶〔九〕。崖口上新月，石門破蒼靄〔一〇〕。色向群木深，光搖一潭碎〔一一〕。緬懷鄭生谷〔一二〕，頗憶嚴子瀨〔一三〕。勝事猶可追，斯人邈千載〔一四〕。

【注釋】

〔一〕作於天寶十載（七五一）後居終南山時。終南：終南山。雙峯草堂：當爲詩人在終南山的别墅，似因其面對兩個山峯而名。〔二〕斂跡二句：謂辭别世人，歸隱山田。斂跡：收斂形跡，即歸隱。息心：屏息雜念。謝：辭别。時輩：時人，此指仕宦者。〔三〕晝還二句：言白晝仍在草堂卧對雙峯。但：只。〔四〕興來二句：謂乘興任意游賞山水，心境與自然諧合，十分愜意。恣：任意。符：合。勝概：美景。〔五〕著書二句：謂於草堂窗下著書，傍晚可以望見長安城内景色。〔六〕曩爲二句：言己以前惑於世俗之見（指誤入仕途），以至辜負了平生的愛好。曩：從前。負：辜負，背棄。〔七〕久與二句：言離開山林已久，此次重歸，松杉都已長大。〔八〕偶兹二句：言己居處與佛寺相近，得常與名僧往來。偶兹：值此。精廬：即佛寺。〔九〕逐：隨。樵漁：砍柴捕魚者。盡日：整日，整天。不冠帶：不戴帽繫帶。冠帶，用作動詞，戴帽繫帶。〔一〇〕崖口：即終南山中石鼈崖口，亦稱石鼈谷。陝西通志卷九咸寧縣：「石鼈谷在縣西南五十五里。」石門：即終南山中石門谷。陝西通志卷九藍田縣：「石門谷在縣西南四十里。」破：開。蒼靄：山中晚間蒼茫的雲氣。〔一一〕色向二句：言月下蒼靄的顔色向叢林而更深，潭水摇盪，波光零亂。〔一二〕鄭生谷：西漢隱士鄭樸隱居的山谷。在今陝西涇陽縣西北。三輔决録：「鄭樸字子真，谷口人也。脩道静默，世伏其清高。成帝時元舅大將軍王鳳以禮聘之，遂不屈。揚雄稱其德曰：『谷口鄭子真，耕於巖石之下，名振京師。』」〔一三〕嚴子瀨：東漢隱士嚴光隱居垂釣之處。見上送李翥遊江外注〔一〇〕。〔一四〕勝事二句：言己有意追隨鄭、嚴，但可惜他們已遠去千載。勝事：指隱居。斯人：這些人，指鄭樸、嚴光等隱者。

終南東溪中作〔一〕

溪水碧於草，潺潺花底流〔二〕。沙平堪濯足〔三〕，石淺不勝舟〔四〕。洗藥朝與暮，釣魚春復秋。興來從所適〔五〕，還欲向滄洲〔六〕。

【注釋】

〔一〕天寶十二載作於長安。〔二〕潺潺：流水聲。〔三〕堪：可。濯：洗。〔四〕石淺句：謂溪水清淺，不能行船。勝（shēng 升）：承受。〔五〕從所適：隨意而往。〔六〕向滄洲：指歸隱退居。

春夢〔一〕

洞房昨夜春風起〔二〕，故人尚隔湘江水〔三〕。枕上片時春夢中，行盡江南數千里〔四〕。

【注釋】

〔一〕此詩見載河嶽英靈集，當作於天寶十二載（七五三）以前。〔二〕洞房：深邃的内室。楚辭招魂：「姱容脩態，絙洞房些。」注：「洞，深也。」〔三〕故人：老朋友。「故人尚隔」四部叢刊岑嘉州詩作「遥憶美人」。湘江：元和郡縣志卷三十七：桂州全義縣：「湘水，出縣東南八十里陽朔山下。」在今廣西、湖南境。此指湖南湘江以南。〔四〕江南：唐置江南道，轄蘇、杭、湖等四十余州，即今長江以南江蘇、湖北、安徽、浙江等大部地區。此謂夢經湖北而至湖南，與友人相會。

首春渭西郊行呈藍田張二主簿〔一〕

迴風度雨渭城西〔二〕，細草新花踏作泥。秦女峯頭雪未盡〔三〕，胡公陂上日初低〔四〕。愁窺白髮羞微禄〔五〕，悔別青山憶舊溪。聞道輞川多勝事，玉壺春酒正堪攜〔六〕。

【注釋】

〔一〕居長安期間作。首春：初春。渭西：渭城之西。藍田：舊唐書地理志：京兆府有藍田縣。在今陝西藍田縣。張二主簿：未詳。主簿：新唐書百官志：畿縣有主簿一人，正九品上。掌縣衙簿書。〔二〕迴風句：言郊遊時值風雨天氣。迴風：旋風。度雨：吹雨。渭城：秦咸陽故城，漢高祖元年改名新城，武帝元鼎三年改爲渭城。故地在今陝西咸陽市東。〔三〕秦女峯：在今陝西渭南縣。雪未盡：積雪尚未消融。〔四〕胡公陂：疑指渼陂。長安志卷十五：「渼陂在鄠縣西五里，合胡公泉爲陂。」日初低：太陽剛要落山。〔五〕愁窺二句：言己年老無成，官職卑微，不如歸隱。〔六〕輞川：水名，一名輞谷水。在今陝西藍田縣南。川口兩山夾峙，過此豁然開朗，山巒掩映，風景秀美。沈德潛唐詩別裁集卷十三：「主簿應居輞川，故謂攜酒往遊。」

題三會寺蒼頡造字臺〔一〕

野寺荒臺晚〔二〕，寒天古木悲，空階有鳥跡〔三〕，猶似造書時〔四〕。

【注釋】

〔一〕居長安期間作。三會寺蒼頡造字臺：長安志卷十二：「三會寺在（長安）縣西南二十里宮張邨，唐景龍中，中宗幸寺，其地本倉頡造書堂。」蒼頡：即倉頡。相傳爲漢字的創造者。韓非子五蠹：「古者倉頡之作書也，自環者謂之私，背私爲之公，倉頡因以知之矣。」〔二〕野寺：指三會寺。荒臺：指倉頡造字臺。〔三〕鳥跡：說文許慎自序：「黃帝之史倉頡，見鳥獸蹏迒之迹，知分理之可相別異也，初造書契。」〔四〕造書時：創造文字的時候。

秋夜聞笛〔一〕

天門街西聞搗帛〔二〕，一夜愁殺湘南客〔三〕。長安城中百萬家，不知何人吹夜笛。

【注釋】

〔一〕居長安期間作。　〔二〕天門街：皇宫門前的大街。搗帛：即搗衣，爲征人縫制寒衣。　〔三〕湘南：即今湖南湘水以南。

裴將軍宅蘆管歌〔一〕

遼東九月蘆葉斷〔二〕，遼東小兒採蘆管。可憐新管清且悲〔三〕，一曲風飄海頭滿〔四〕。海樹蕭索天雨霜，管聲寥亮月蒼蒼〔五〕。白狼河北堪愁恨，玄兔城南皆斷腸〔六〕。遼東將軍長安宅〔七〕，美人蘆管會佳客。弄調啾颼勝洞簫〔八〕，發聲窈窕欺横笛〔九〕。夜半高堂客未回，祇將蘆管送君杯〔一〇〕。巧能陌上驚楊柳，復向園中誤落梅〔一一〕。諸客愛之聽未足，高捲珠簾列紅燭〔一二〕。將軍醉舞不肯休〔一三〕，更使美人吹一曲〔一四〕。

【注釋】

〔一〕居長安期間作。裴將軍：未詳。蘆管：一種北方少數民族樂器。陳暘樂書：「蘆管之制，胡人截蘆爲之，大概與觱篥相類，出於北國者也。」　〔二〕遼東：遼水之東，即今遼寧南部遼河以東地區。蘆葉斷：指蘆竹之葉斷落，正宜採用。　〔三〕可憐：猶可愛。清且悲：指管聲清越悲凉。　〔四〕謂蘆管所奏之曲十分嘹亮，在海邊隨風飄盪。海頭：海邊。海指今渤海。遼東東近渤海，故云。〔五〕海樹二句：謂海邊秋月灰白，樹木蕭索，白霜遍地，更覺管聲悲涼。天雨霜：古人誤以爲霜從天降，故云。雨，用作動詞，降。寥亮：同嘹亮。蒼蒼：灰白色。〔六〕白狼河二句：承上文言其曲感染力極强，使人愁恨斷腸。白狼河：即今遼寧大凌河。玄兔城：東漢有玄兔郡，在今遼寧瀋陽市東。白狼河北、玄兔城南皆泛指東北邊地。以上八句寫蘆管之聲清且悲。〔七〕遼東將軍：即裴將軍。長安宅：在長安的住宅。此句寫聽奏蘆管的地點。〔八〕弄調：吹奏曲調。啾颼：擬聲詞，形容管聲幽咽。勝：超過。洞簫：古樂器名，亦稱排簫。以竹管編排而成。漢王褒有洞簫賦。〔九〕窈窕：形容管聲宛轉優美。欺横笛：壓倒横笛。〔一〇〕夜半二句：謂席間以蘆管侑酒，客人飲至夜半仍興濃未歸。〔一一〕巧能二句：謂蘆管所奏之曲美妙動聽，猶如古曲折楊柳和梅花落。楊柳：即折楊柳。樂府詩集卷二十二横吹曲辭二：「折楊柳，唐書樂志曰：『梁樂府有胡吹歌云：上馬不捉鞭，反拗楊柳枝。下馬吹横笛，愁殺行客兒。』此歌辭元出北國，即鼓角横吹曲折楊柳是也。」落梅：即梅花落。同書卷二十四横吹曲辭四：「梅花落，本笛中曲也。」以上八句寫在裴將軍宅聽美人吹蘆管。〔一二〕珠簾：以珍珠制成的簾子。〔一三〕將軍：即裴將軍。〔一四〕更使：猶言再教。以上四句極言蘆管聲美。

送楊瑗尉南海〔一〕

不擇南州尉，高堂有老親〔二〕。樓臺重蜃氣〔三〕，邑里雜鮫人〔四〕。海暗三山雨〔五〕，花明五嶺春〔六〕。此鄉多寶玉〔七〕，慎莫厭清貧〔八〕。

【注釋】

〔一〕楊瑗：未詳。底本瑗下注：「一作張子。」尉南海：赴任南海縣尉。尉：用作動詞，任縣尉。南海：舊唐書地理志：嶺南道廣州有南海縣。在今廣東廣州市北。〔二〕不擇二句：謂楊瑗因家中有年老的父母，所以不嫌南海荒僻而赴任。說苑建本：「子路曰：『負重道遠者不擇地而休，家貧親老者不擇禄而仕。』」詩即用其意。不擇：不加選擇，猶不嫌。高堂：指父母所居之正室。老親：年老的父母。〔三〕重：重疊。蜃氣：即海市蜃樓。史記天官書：「海旁蜃氣象樓臺。」〔四〕邑里：猶城鄉。雜：混雜往來。鮫人：傳說中的海底人魚。晉張華博物志卷二：「南海外有鮫人，水居如魚，不廢織績，其眼能泣珠。」〔五〕三山：在南海縣境，臨江三峯并起，高三十餘丈。在今廣州市南。〔六〕五嶺：大庾、騎田、都龐、萌渚與越城嶺的總稱。在今廣東、廣西省邊境。〔七〕此鄉：指南海。多寶玉：多産珍寶珠玉。據韓愈送鄭尚書序，南海多珠香象犀玳瑁奇物。〔八〕慎莫句：囑咐楊瑗勿厭生活清苦，要以節操清廉爲重。

送楊子〔一〕

斗酒渭城邊〔二〕，壚頭耐醉眠〔三〕。梨花千樹雪，柳葉萬條煙〔四〕。惜別添壺酒，臨岐贈馬鞭〔五〕。看君潁上去〔六〕，新月到家圓〔七〕。

【注釋】

〔一〕居長安期間作。楊子未詳。〔二〕斗：酒器。渭城：見前首春渭西郊行呈藍田張二主簿注〔二〕。〔三〕壚頭：酒店。耐醉眠：甘願大醉。〔四〕柳：底本原作「楊」，注：「一作柳」，是。〔五〕臨岐：臨別。岐，岔路口，分手處。〔六〕君：指楊子。潁上：舊唐書地理志：河南道有潁上縣。在今安徽潁上縣西北。〔七〕新月：農歷月初之月。到家圓：謂到家恰值月中，月亮正圓。亦暗寓與家人團圓之意。

送人赴安西〔一〕

上馬帶胡鉤，翩翩度隴頭〔二〕。小來思報國，不是愛封侯〔三〕。萬里鄉爲夢，三邊月作愁〔四〕。早須清黠虜，無事莫經秋〔五〕。

【注釋】

〔一〕天寶十三載（七五四）作於長安。安西：即安西都護府，在今新疆吐魯番西。〔二〕上馬二句：言友人躍馬戎裝，奔赴安西。胡鉤：疑爲吴鉤，音近而訛。吴越春秋卷二：闔閭既寶莫邪，復命於國中作金鉤，令曰：能爲善鉤者，賞之百金。吴作鉤者甚衆。而有人貪王之重賞也，殺其二子，以血釁金，遂成二鉤，獻於闔閭，鉤師呼二子之名，兩鉤俱飛著父之胸。此後遂以吴鉤爲貴兵器。隴頭：即隴山。見前初過隴山途中呈宇文判官注〔一〕。〔三〕小來二句：謂友人少年時代即立下報國大志，出塞從軍不是爲了邀功得賞。愛封侯：喜封侯之賞。

〔四〕三邊：古稱幽、并、涼三州爲三邊。後漢書鮮卑傳：「靈帝立，幽、并、涼三州緣邊諸郡，無歲不被鮮卑寇抄。」此泛指西北邊塞。月作愁：謂征人望月而生思鄉之愁。〔五〕黠（xiá霞）虜：指西域異族敵軍。無事：指没有戰事。莫經秋：不要經年。意謂望其早日歸來。

赴北庭度隴思家〔一〕

西向輪臺萬里餘〔二〕，也知鄉信日應疏。隴山鸚鵡能言語，爲報家人數寄書〔三〕。

【注釋】

〔一〕天寶十三載（七五四）赴北庭途中作。北庭：舊唐書地理志：北庭都護府，貞觀二十年（六四六）置庭州，長安二年（七〇二）改爲北庭都護府。治所庭州，在今新疆奇臺縣西北。隴：隴山，亦名隴坻、隴坂。在今陝西西部與甘肅交界處。〔二〕輪臺：舊唐書地理志：北庭都護府有輪臺，在今新疆烏魯木齊市東北。〔三〕隴山兩句：謂鸚鵡能言，望能告知家人多寫書信，以慰鄉思。鸚鵡：鳥名，善學人語。禽經：「鸚鵡出隴西，能言鳥也。」數（shuò朔）：頻，常。

發臨洮將赴北庭留别 得飛字〔一〕

聞説輪臺路，連年見雪飛〔二〕。春風曾不到，漢使亦應稀〔三〕。白草通疏勒〔四〕，青山過武威〔五〕。勤王敢道遠〔六〕，私向夢中歸〔七〕。

【注釋】

〔一〕赴北庭途中作。臨洮：舊唐書地理志：隴右道有洮州，武德二年置。天寶元年，改爲臨洮郡。在今甘肅臨潭縣。

〔二〕輪臺：見前赴北庭度隴思家注〔二〕。連年：整年。〔三〕漢使：此借指唐朝使臣。

〔四〕疏勒：資治通鑑卷四十五：「耿恭以疏勒城傍有澗水可固，引兵據之。」胡注：「此疏勒城在車師後部，非疏勒國城也。據西域傳，疏勒國去長史所居五千里，後部去長史所居五百里，耿恭自後部金蒲城移居疏勒城，其後范羌又自前部交河城從山北至疏勒迎恭，審觀本末，則非疏勒國城明矣。」此疏勒城位於唐北庭治内。在今新疆烏魯木齊市東。

〔五〕武威：在今甘肅武威縣。〔六〕勤王句：言爲王事盡力，不敢嫌路途遥遠。〔七〕私向句：謂祇能私下在夢中回歸故鄉。

涼州館中與諸判官夜集〔一〕

彎彎月出掛城頭，城頭月出照涼州。涼州七里十萬家〔二〕，胡人半解彈琵琶〔三〕。琵琶一曲腸堪斷〔四〕，風蕭蕭兮夜漫漫〔五〕。河西幕中多故人〔六〕，故人別來三五春〔七〕。花門樓前見秋草〔八〕，豈能貧賤相看老〔九〕。一生大笑能幾回，斗酒相逢須醉倒。

【注釋】

〔一〕天寶十三載（七五四）赴北庭途中作。涼州：舊唐書地理志：河西道有涼州中都督府，爲河西節度使治所。在今甘肅武威。館：驛館，客館。夜集：夜宴。〔二〕舊唐書地理志：涼州「天寶元年改爲武威郡。……天寶領縣五，户二萬二千四百六十二，口十二萬二百八十一。」元和郡縣志卷四十：涼州「州城本匈奴所築，漢置爲縣。城不方，有頭尾兩翅，名爲鳥城（初學記作「蓋鳥城」）。南北七里，東西三里。」底本「里」下注：「一作城。」資治通鑑卷二一九：「武威大城之中，小城有七。」亦通。〔三〕胡人句：謂涼州城内少數民族大多會彈奏琵琶。半解：一半人懂得。琵琶：亦作枇杷。釋名釋樂器：「枇杷，本出於胡中，馬上所鼓也。推手前曰枇，引手却曰杷。象其鼓時，因以爲名也。」〔四〕腸堪斷：極言琵琶聲之悲切動人。〔五〕蕭蕭：風聲。漫漫：漫長貌。〔六〕河西句：天寶十載（七五一），岑參曾從河西節度使高仙芝幕居涼州。十二載（七五三）哥舒翰任河西節度使，其幕僚如高適、嚴武等又是岑參早年的朋友，故云。故人：朋友。〔七〕三五春：三、五年。〔八〕花門樓：

蓋涼州客舍名。岑參有戲問花門酒家翁云：「千壺百甕花門口。」明刊吴慈培校岑嘉州集及明抄本題下有注云：「在涼州。」與此詩可以互證。

〔九〕豈能句：言不甘貧賤終生，有共勉及時努力之意。

輪臺歌奉送封大夫出師西征〔一〕

輪臺城頭夜吹角〔二〕，輪臺城北旄頭落〔三〕。羽書昨夜過渠黎〔四〕，單于已在金山西〔五〕。戍樓西望煙塵黑〔六〕，漢兵屯在輪臺北〔七〕。上將擁旄西出征〔八〕，平明吹笛大軍行〔九〕。四邊伐鼓雪海湧，三軍大呼陰山動〔一〇〕。虜塞兵氣連雲屯，戰場白骨纏草根〔一一〕。劍河風急雪片闊，沙口石凍馬蹄脱〔一二〕。亞相勤王甘苦辛，誓將報主静邊塵〔一三〕。古來青史誰不見，今見功名勝古人〔一四〕。

【注釋】

〔一〕任職北庭期間作。輪臺：見赴北庭度隴思家注〔二〕。封大夫：即封常清。據舊唐書封常清傳，封常清，蒲州猗氏（今山西臨猗）人。從高仙芝幕，累以軍功授鎮將、折衝、充節度判官，加朝散大夫。天寶十一載（七五二），爲安西副大都護，攝御史中丞，持節充安西四鎮節度、經略、支度、營田副大使，知節度事。十三載入朝，攝御史大夫。俄知北庭都護，持節充伊西節度等職。明年十二月，與安禄山叛軍作戰，兵敗被誅，大夫：御史大夫。舊唐書職官志：

「御史臺置大夫一員，掌持邦國刑憲典章，以肅正朝廷。西征：此次西征，史書闕載。〔二〕角：號角，軍營中用以號令、報時。〔三〕旄頭：髦頭星。史記天官書：「昴曰髦頭，胡星也。」旄亦作髦。旄頭星隕落，是胡兵將亡的預兆。〔四〕羽書：緊急軍事文書。渠黎即渠犂。通典邊防典七：「輪臺、渠犂，地名，在今交河、北庭界中，其地相連。」讀史方輿紀要卷六五：「渠犂城，在廢庭州西南，輪臺東。」舊址在今新疆吉木薩爾與米泉縣之間。〔五〕單于：匈奴對其首領的稱呼。此借指西域少數民族首領。金山：新唐書地理志：「隴右道西州交河郡，開元中曰金山都督府。」讀史方輿紀要卷六五：「金山，在庭州東南。此西域之金山也。……亦謂之金沙嶺，一名金嶺。……唐貞觀中，嘗置城爲戍守處，曰金嶺城。永徽二年（六五一）西突厥寇庭州，陷金嶺城。……開元中，改西州曰金山都督府，亦以山名。」即今新疆烏魯木齊市東之博格多山，爲天山之一峯。〔六〕戍樓句：謂在戍樓上已能望見金山西邊敵軍入侵的烟塵。烟塵：烽烟與塵土。〔七〕漢兵句：謂唐軍已屯兵於輪臺城北。漢兵：指唐軍。以上六句寫雙方戰前態勢。〔八〕上將：指封常清。旄：旄節。舊唐書職官志：「天寶中，緣邊御戎之地，置八節度使，受命之日，賜之旌節，謂之節度使，得以專制軍事。行則建節符，樹六纛。外任之重，無比焉。」〔九〕平明句：謂天亮時大軍奉命出發。〔一〇〕四邊二句：極寫唐軍軍威雄壯。伐鼓：擊鼓。雪海：當指天山以北之沙陀磧（今烏魯木齊市北之古爾班通古特沙漠）。因其地冬季寒冷多雪，一片蒼白，故云。三軍：古兵制中軍、左軍、右軍（亦稱上、中、下）爲三軍。陰山：清蕭雄聽園西疆雜述詩卷二烏魯木齊章云：「天山至此（指烏魯木齊）亦名陰山，如長春子過沙陀抵陰山，岑參輪臺歌『三軍大呼陰山動』，皆謂此處一帶。非漢書匈奴傳遼東外之陰山也。」地即今新疆境内之天山東部。〔一一〕虜塞二句：言戰鬥氣氛異常緊張，戰場上白骨露野，凄凉慘澹。虜塞：邊地要塞。連雲屯：極言軍隊之多。白骨纏草根：謂昔日戰場枯骨無人收埋，露棄荒草之中。〔一二〕劍河二句：謂風雲嚴寒，天冷得好像要把馬蹄凍脱。劍河，水名，當在北庭附近。沙口：未詳。底本「沙」下注：「一作河。」河，蓋指劍河。

河口，疑在劍河之上。脱：脱落，打滑。以上八句寫出師。

〔一三〕亞相二句：贊揚封常清爲王事盡力，誓平邊患，報効君主。亞相：漢書百官公卿表：「御史大夫，秦官，位上卿，銀印青綬，掌副丞相。」漢制多以御史大夫爲副丞相，故稱亞相。唐代以亞相稱御史大夫。杜甫哭韋大夫之晉：「漢道中興盛，韋經亞相傳。」封常清於天寶十三載朝命攝御史大夫，故云。報主：報効君主。静邊塵：平定邊患。

〔一四〕青史二句：謂誰不見古來載入史册的立功英雄，而封常清的功績必將勝過古人。青史：史册，歷史。古以竹簡記事，故稱史册爲青史。文選江淹詣建平王上書：「俱啓丹册，竝圖青史。」以上四句稱頌封常清的報國精神。

走馬川行奉送出師西征〔一〕

君不見走馬川〔行〕雪海邊〔二〕，平沙莽莽黄入天〔三〕。輪臺九月風夜吼，一川碎石大如斗，隨風滿地石亂走〔四〕。匈奴草黄馬正肥〔五〕，金山西見煙塵飛〔六〕，漢家大將西出師〔七〕。將軍金甲夜不脱，半夜行軍戈相撥〔八〕，風頭如刀面如割〔九〕。馬毛帶雪汗氣蒸，五花連錢旋作冰〔一〇〕，幕中草檄硯水凝〔一一〕。虜騎聞之應膽懾，料知短兵不敢接〔一二〕，車師西門佇獻捷〔一三〕。

【注釋】

〔一〕走馬川：當指唐輪臺西之白楊河，即今之瑪納斯河。清徐松西域水道記：「塔西河西四十許里爲瑪納斯河，五源分出哈屯博克達山之衛和勒晶嶺。……余數渡斯河，冬則盡涸。」按：「瑪納」爲蒙語「巡邏」之音譯。維吾爾語「騎馬巡行」爲qapmak（音「恰馬」），與漢語「走馬」音義相近，故此河蒙語稱「瑪納斯河」，維語稱「恰馬河」，漢語稱「走馬川」。〔二〕君不見句：川下「行」字當因題目中之「行」字而衍。句應作「君不見走馬川，雪海邊」。此詩連句用韻，三句一轉，是以「川」、「邊」、「天」爲韻，與下文韻例相合。雪海：見輪臺歌奉送封大夫出師西征注〔一〇〕。

〔三〕平沙句：謂茫無邊際的沙漠延至天際。莽莽：無邊際貌。〔四〕輪臺三句：謂輪臺九月之夜狂風怒號，吹得斗大的石頭滿地亂滾。輪臺：見赴北庭度隴思家注〔二〕。川：指走馬川。大如斗：形容石大。以上六句寫輪臺九月氣候的嚴酷。〔五〕匈奴句：謂敵人乘秋高馬肥時侵擾。西域部族以騎兵作戰，秋日草盛，馬正肥壯，故云。匈奴：借指西域異族敵軍。〔六〕金山：見輪臺歌奉送封大夫出師西征注〔五〕。煙塵飛：指發生戰事。〔七〕漢家大將：指封常清。〔八〕將軍二句：謂日夜兼程，緊急行軍。金甲：鐵甲。戈相撥：兵器互相碰撞。戈，此泛指兵器。〔九〕風頭句：極言風勢凜烈，吹人面有如刀割。〔一〇〕馬毛二句：謂馬汗蒸騰，融化了身上的雪，又很快結成了冰。五花：五花馬。即剪馬鬣爲五瓣花樣。連錢：爾雅釋畜：「青驪驎驒。」郭璞注：「色有深淺，斑駁隱粼，今之連錢驄。」旋：即，立刻。〔一一〕幕中：戎幕之中，指軍營。草檄：起草聲討敵人的文書。凝：結凍。以上八句寫戰前態勢。〔一二〕虜騎二句：謂敵騎如聽到大軍的聲勢，必定害怕而不敢交鋒。慴：懼怕。短兵：短兵器。楚辭九歌國殤：「操吳戈兮被犀甲，車錯轂兮短兵接。」注：「短兵，刀劍也。」接：接戰。〔一三〕車師句：言封常清出師必勝，自己則可在庭州西門外等待獻獲的戰利品。車師：舊唐書地理志：北庭都護府「金滿，流沙州北，前漢烏孫部舊地，後漢車師後王庭。」即北庭都護府治庭州，在今新疆烏魯木齊市東北。佇：等待。捷，戰利品。説文手部：「捷，獵也，軍獲得也。」以上三句預祝封大夫出師奏捷。

北庭西郊候封大夫受降回軍獻上〔一〕

胡地苜蓿美，輪臺征馬肥〔二〕。大夫討匈奴〔三〕，前月西出師〔四〕。甲兵未得戰，降虜來如歸〔五〕。橐駝何連連，穹帳亦纍纍〔六〕。陰山烽火滅，劍水羽書稀〔七〕。却笑霍嫖姚，區區徒爾爲〔八〕。西郊候中軍，平沙懸落暉〔九〕。驛馬從西來，雙節夾路馳。喜鵲捧金印，蛟龍盤畫旗〔一〇〕。如公未四十，富貴能及時。直上排青雲，傍看疾若飛〔一一〕。前年斬樓蘭，去歲平月支〔一二〕。天子日殊寵，朝廷方見推〔一三〕。何幸一書生，忽蒙國士知〔一四〕。側身佐戎幕〔一五〕，斂衽事邊陲〔一六〕。自逐定遠侯，亦著短後衣〔一七〕。近來能走馬，不弱并州兒〔一八〕。

【注釋】

〔一〕天寶十三載（七五四）作於北庭。北庭：指北庭都護府治所庭州。〔二〕胡地二句：謂封常清所治北庭部屬兵强馬壯。胡地：指西北邊地。苜蓿：植物名。豆科，二年生草本，莖高尺余，葉長圓形，花紫，可作馬飼料。史記大宛列傳：「馬嗜苜蓿。漢使取其實來，於是天子始種苜蓿、蒲陶肥饒地。」征馬：戰馬。〔三〕大夫：指封常清。匈奴：借指西域異族軍隊。〔四〕前月句：指天寶十三載西征事。前月：上月。〔五〕甲兵二句：言未曾接戰，敵人甘願歸附。〔六〕橐駝二句：形容降敵及戰利品衆多。橐駝：即駱駝。連連：接連不斷。穹帳：即穹廬，游牧民族所用氈房，猶今蒙古包。史記匈奴列傳：「匈奴父子乃同穹廬而臥。」纍纍：連綴不絶。〔七〕陰山二句：言戰事平息，邊境安定，從劍水方向傳來的報急文書也少了。陰山：見輪臺歌注〔一〇〕。烽火：邊境報警信號。劍水：見輪臺歌注〔一三〕。羽書：見高適燕歌行注〔八〕。〔八〕却笑二句：言漢代名將霍去病的戰功與封常清相比也甚微小。却笑：反笑。霍嫖姚：西漢名將霍去病。據漢書霍去病傳，霍去病曾任嫖姚校尉，六次深入漢北，往擊入侵匈奴，斬獲十萬餘衆，打開漢通西域之路，官至驃騎將軍，封冠軍侯。區區：微小貌。爾：王引之經傳釋詞卷七：「爾，猶如此也。」以上十二句寫封常清戰功顯赫。〔九〕中軍：指主帥。左、中、右三軍主帥領中軍。此指封常清所在之軍。落暉：落日。〔一〇〕驛馬四句：謂封常清凱旋時軍容嚴整，場面壯觀：驛馬報捷，雙節夾路，金印耀目，旌旗飛舞，儀仗煊赫，簇擁主將而至。雙節：時封常清任北庭都護充伊西節度使等職，得用雙節。舊唐書職官志：「大將以爲刺史者，兼治軍旅，遂依天寶邊將故事，加節度使之號，連刺數郡，奉辭之日，賜雙旌雙節。」喜鵲捧金印：後漢書靈帝紀注引搜神記：「（張）顥爲梁相，新雨後，有鵲飛翔近地，令人擿之，墮地，化爲圓石。顥命椎破，得一金印，文曰『忠孝侯印』。」蛟龍盤畫旗：謂旗幟上有蛟龍圖案。〔一一〕如公四句：謂封常清年未四十而仕途顯達，在旁人看來，其升遷快如飛騰。公：指封常清。排青雲：排開青雲而直上，言升遷迅速。〔一二〕前年二句：謂封常清連年屢建奇功。樓蘭：見武威送劉單判官赴安西行營便呈高開府注〔一二〕。月支：亦作月氏，西域國名。其祖先居今敦煌與青海祁連縣之間，漢文帝時敗於匈奴，多數西遷今伊犁河上游地區，稱大月支；余部入祁連山區，稱小月支。見史記匈奴傳、漢書西域傳。舊唐書地理志：隴右道西域有月支都督府，以吐火羅葉護阿緩城置。在今阿富汗阿巴德西北。資治通鑒卷二一六天寶十二載（七五三）：

「是歲，安西節度使封常清擊大勃律（唐西域國名，在今克什米爾東北部），至菩薩勞城……遂大破之，受降而還。」〔一三〕天子二句：謂封常清正受皇帝的殊恩。方：正。見推：被賞識推重。以上十四句寫封常清凱旋時的威儀和得寵。〔一四〕何幸二句：謂己本布衣書生，却意外受到封常清的信任。書生：詩人自謂。國士：一國中才能出衆者。此指封常清。〔一五〕側身：惶恐不安之意。詩大雅雲漢序：「遇裁（災）而懼，側身脩行。」疏：「側者，不正之言，謂反側也。憂不自安，故處身反側。」佐戎幕：在軍幕任職。時岑參任封屬下判官，故云。〔一六〕斂衽：整理衣服，表示敬意。事，從事，任職。邊陲：邊疆。〔一七〕自逐二句：言自從追隨班超（借指封常清），也穿上了軍衣。定遠侯：即班超。班超早年家貧，以抄寫官書爲生，後投筆從戎，西擊匈奴，屢建大功，封定遠侯。見後漢書班超傳。著：穿。短後衣：前長後短，便於騎射之服。此指軍衣。莊子說劍：「太子曰：『然吾王所見劍士，皆蓬頭，突鬢，垂冠，曼胡之纓，短後之衣，瞋目而語難，王乃說之。』」〔一八〕近來二句：謂己近來已能騎馬馳騁，不弱於并州健兒。并州：今山西太原一帶。隋書地理志：「太原山川重復，實一都之會。……——……人性勁悍，習於戎馬。……故自古言勇俠者，皆推幽并云。」文選鮑照擬古其一：「幽并重騎射，少年好馳逐。」

獻封大夫破播仙凱歌六首（選四）〔一〕

漢將承恩西破戎〔二〕，捷書先奏未央宮〔三〕。天子預開麟閣待〔四〕，祇今誰數貳師功〔五〕。

【注釋】

〔一〕天寶十三載（七五四）冬作於北庭。封大夫：封常清。播仙：新唐書地理志：隴右道西州交河郡蒲昌有播仙鎮。在今新疆且末縣西南車爾臣河西岸。封常清破播仙戰事，史傳無載。凱歌：樂府詩集卷二十：「唐凱歌樂辭，唐書樂志曰：『唐制，凡命將出征，有大功獻俘馘，其凱歌用鐃吹二部，樂器有笛篳篥簫笳鐃鼓歌七種，迭奏破陣樂等四曲。』」〔二〕漢將：指封常清。承恩：猶奉命。戎：古稱西方少數民族曰戎。周禮王制：「西方曰戎。」

〔三〕未央宫：西漢宫殿名。故址在今西安市西北長安故城内西南隅。此借指唐宫。〔四〕麟閣：麒麟閣。漢宣帝在閣内繪功臣像，表而揚之。漢書蘇武傳：「甘露三年（前五一），單于始入朝，上思股肱之美，乃圖畫其人於麒麟閣，法其形貌，署其官爵姓名。……皆有功德，知名當世，是以表而揚之，明著中興輔佐，列於方叔、召虎、仲山甫焉。凡十一人，皆有傳。」注：「張晏曰：『武帝獲麒麟時作此閣，圖畫其像於閣，遂以爲名。』」〔五〕祇今句：言當今封常清功過前人，李廣利亦不足論。貳師：西漢大將李廣利。漢書李廣利傳：「太初元年（前一〇四），以廣利爲貳師將軍，發屬國六千騎及郡國惡少年數萬人以往，期至貳師城取善馬，故號『貳師將軍』。」以上爲第一首。總敍封常清功績。

官軍西出過樓蘭〔一〕，營幕傍臨月窟寒〔二〕。蒲海曉霜凝馬尾〔三〕，葱山夜雪撲旌竿〔四〕。

【注釋】

〔一〕官軍：唐軍。樓蘭：漢樓蘭國，在今新疆若羌縣東北。〔二〕營幕句：謂唐軍征戰於極西之地。月窟：月亮所出之地。古以月出，宿於西方，故以月窟喻極西之地。文選揚雄長楊賦：「西厭月䖮，東震日域。」李善注：「服虔曰：『䖮音窟，月所生也。』」〔三〕蒲海：即蒲昌海。後漢書西域傳：「蒲昌海一名鹽澤，去玉門關三百餘里。」即今新疆羅布泊。〔四〕葱山：即葱嶺。後漢書西域傳：「（西域）中央有河。……其河有兩源，一出葱嶺東流。」注：「葱領，山名也。西河舊事云：『其山高大，生葱，故名。』」即今帕米爾高原與崑崙山脉、喀剌崑崙山脉等。撲旌竿：指風雪撲打旗竿。以上爲第二首。寫行軍途中苦寒氣候。

鳴笳疊鼓擁回軍〔一〕，破國平蕃昔未聞〔二〕。丈夫鶻印搖邊月，大將龍旗掣海雲〔三〕。

【注釋】

〔一〕鳴笳句：謂在軍樂聲中凱旋班師。鳴笳疊鼓：吹着胡笳，不停地擊鼓。「疊」下底本注：「一作攂。」回軍：指勝利班師的唐軍。〔二〕蕃：指播仙叛軍。周禮秋官大行人：「九州之外，謂之蕃國。」〔三〕丈夫、大將：皆指封常清。鶻印：見北庭西郊候封大夫受降回軍獻上注〔一〇〕。搖邊月：指金印光與月争耀。龍旗：畫有龍的旗幟。掣海雲：謂風展旌旗，宛如海邊的彩雲。海，指蒲昌海。以上爲第三首。寫封常清勝利回師，聲勢浩大。

日落轅門鼓角鳴〔一〕，千羣面縛出蕃城〔二〕。洗兵魚海雲迎陣〔三〕，秣馬龍堆月照營〔四〕。

【注釋】

〔一〕轅門：軍營之門。古時行軍住宿，將兩兵車轅木相向倒立，因名轅門。鼓角：戰鼓與號角，軍中令行禁止的信號。〔二〕面縛：背綁着手。左傳僖公六年：「許男面縛銜璧」。注：「縛手於後，唯見其面。」蕃城：當指播仙鎮。〔三〕洗兵：洗濯兵器。魚海：泛指湖泊。陣：軍陣，此指唐軍。〔四〕秣馬：喂馬。龍堆：白龍堆沙漠。今稱庫穆塔格，在新疆羅布泊東北邊緣。漢書匈奴傳：「豈爲康居、烏孫能踰白龍堆而寇西邊哉？」注：「孟康曰：『龍堆形如土龍身，無頭有尾，高大者二、三丈，埤者丈余，皆東北向，相似也，在西域中。』」又西域傳：『樓蘭最在東垂，近漢，當白龍堆，乏水草，常主發導，負水儋糧，送迎漢使。』」以上爲第四首，寫敵軍兵敗投降。

北庭作〔一〕

雁塞通鹽澤〔二〕，龍堆接醋溝〔三〕。孤城天北畔，絶域海西頭〔四〕。秋雪春仍下，朝風夜不休〔五〕。可知年四十，猶自未封侯〔六〕。

【注釋】

〔一〕天寶十四載（七五五）春作於北庭。〔二〕雁塞：未詳確指何地，當係北庭境内地名。鹽澤：即蒲昌海。見獻封大夫破播仙凱歌六首第二首注〔三〕。〔三〕龍堆：即白龍堆。見獻封大夫破播仙凱歌六首第四首注〔四〕。醋溝：在白龍堆沙漠北緣，又名酸水。〔四〕孤城：指北庭治所庭州城。絶域：極遠之地。此指西域。

文選孫綽遊天臺山賦：「邈彼絶域，幽邃窈窕。」李善注：「絶，遠也。」海：當指蒲類海（今新疆哈密西北之巴里坤湖）。庭州在蒲類海西邊。〔五〕秋雪二句：謂北庭天氣异常，自秋至春寒冷多雪，大風終日不停。〔六〕可知二句：謂己年已四十，而功名無就。詩中反映了詩人羈旅西域，事與願違的矛盾心情。

輪臺即事〔一〕

輪臺風物異，地是古單于〔二〕。三月無青草，千家盡白楡〔三〕。蕃書文字别，胡俗語音殊〔四〕。愁見流沙北，天西海一隅〔五〕。

【注釋】

〔一〕天寶十四載（七五五）三月作於輪臺。〔二〕輪臺二句：言西域本匈奴舊地，風俗景物與内地不同。漢書陳湯傳：「西域本屬匈奴。」〔三〕白楡：白皮楡樹，即枌。漢書韓安國傳：「纍石爲城，樹楡爲塞。」注：「如淳曰：『塞上種楡也。』」〔四〕蕃書二句：謂西域文字、語言均與漢族不同。蕃、胡：均指西域少數民族。〔五〕愁見二句：謂身處异域，不勝愁思。流沙：沙漠。沙丘隨風流移，故稱。自玉門關至銀山，皆爲大沙漠，輪臺在其西北面。天西海一隅：謂輪臺在極西之地。隅：邊側之地。尚書益稷：「帝光天之下，至於海隅蒼生。」

北庭貽宗學士道別〔一〕

萬事不可料，嘆君在軍中〔二〕。讀書破萬卷，何事來從戎〔三〕。曾逐李輕車，西征出太蒙〔四〕。荷戈月窟外，擐甲崑崙東〔五〕。兩度皆破胡〔六〕，朝廷輕戰功〔七〕。十年祇一命，萬里如飄蓬〔八〕。容鬢老胡塵，衣裘脆邊風〔九〕。忽來輪臺下〔一〇〕，相見披心胸〔一一〕。飲酒對春草，彈棋聞夜鐘〔一二〕。今且還龜茲〔一三〕，臂上懸角弓〔一四〕。平沙向旅館，匹馬隨飛鴻〔一五〕。孤城倚大磧〔一六〕，海氣迎邊空〔一七〕。四月猶自寒，天山雪濛濛〔一八〕。君有賢主將，何謂泣途窮〔一九〕？時來整六翮，一舉凌蒼穹〔二〇〕。

【注釋】

〔一〕天寶十四載（七五五）四月作於北庭。貽：贈。宗學士：未詳。學士：官名。唐有集賢院學士、翰林學士等。　〔二〕君：指宗學士。　〔三〕讀書二句：謂宗學富才高，爲何來此從軍。從戎：從軍。　〔四〕曾逐二句：謂宗學士當年曾跟隨主將，征戰西域。逐：隨。李輕車：漢書李廣傳：李廣從弟李蔡，武帝元朔年間爲輕車將軍，後隨大將軍衛青擊匈奴右賢王有功，封樂安侯，拜丞相。詩借指唐主將。鮑照代東武吟：「始隨張校尉，占募到河源。後逐李輕車，追虜窮塞垣。」太蒙：古人以爲西邊日入之所。爾雅釋地：「西至日所入爲太蒙。」

〔五〕荷戈二句：意謂戎裝轉戰西陲。月窟：喻極西之地。見獻封大夫破播仙凱歌六首第二首注〔二〕。擐甲：穿着鎧甲，猶言戎裝。崑崙：崑崙山。見胡笳歌送顔真卿使赴河隴注〔六〕。〔六〕兩度：兩次。〔七〕朝廷句：言未能得到朝廷的賞賜和提拔。〔八〕十年二句：謂宗長期在邊地征戰而未得升遷，身世飄零如浮轉的蓬草。一命：指官階低微。見初授官題高冠草堂注〔二〕。飄蓬：飄轉不定的蓬草。宋陸佃埤雅釋草：「蓬，末大於本，遇風輒拔而旋。」〔九〕容鬢二句：謂在邊塞的風沙中，宗學士鬢髮已白，容顔衰老，身上的皮衣也脆損破爛了。胡塵：指邊地的風沙塵土。以上十四句寫宗學士曾兩度西征立有軍功，却仍居卑職。〔一〇〕輪臺，見輪臺歌送封大夫出師西征注〔一〕。〔一一〕披心胸：相見以誠，喻友情真摯。〔一二〕彈棋句：謂二人彈棋，夜半未眠。彈棋：見澧頭送蔣侯注〔四〕。夜鐘：夜半的鐘聲。〔一三〕龜兹（qiū cí 秋詞）：安西四鎮之一。舊唐書地理志：安西都護府所統四鎮：「龜兹都護府，本龜兹國。……至顯慶四年（六五九），仍自西州移安西府置於龜兹國城。」在今新疆庫車。〔一四〕角弓：飾以獸角的弓。〔一五〕平沙二句：謂宗學士單人匹馬，孤身行於沙漠中，惟有飛雁相伴。平沙：平遠的沙漠。旅館：官置旅舍。飛鴻：飛雁。〔一六〕孤城：指北庭。倚：靠近。大磧：大沙漠。北庭北臨沙陀磧，即今古爾班通古特沙漠。〔一七〕海：當指今之博斯騰湖。見登北庭北樓呈幕中諸公注〔五〕。海氣：指海市蜃樓。〔一八〕四月二句：謂西域荒遠，氣候異於内地，天山四月還在飛雪。天山：指今新疆境内之天山東段。〔一九〕君有二句：謂宗學士跟隨賢將，不必以眼前困境爲懷。泣途窮：晉書阮籍傳：「籍憤世喪亂，尤好老、莊，或閉户視書，累月不出；或登山臨水，經日忘歸。常駕車出遊行至途窮，輒慟哭而返。」此指困難的處境。君：指宗學士。〔二〇〕時來二句：謂宗學士應等待時機，振翮奮發，直上青雲。整：振。六翮：勁羽。戰國策楚策：「奮其六翮而凌清風，飄摇乎高翔。」鮑彪注：「翮，羽本。」蒼穹：青天。以上十六句道别。

登北庭北樓呈幕中諸公〔一〕

嘗讀西域傳〔二〕，漢家得輪臺〔三〕。古塞千年空，陰山獨崔嵬〔四〕。二庭近西海〔五〕，六月秋風來〔六〕。日暮上北樓，殺氣凝不開〔七〕。大荒無鳥飛，但見白龍䨓〔八〕。舊國眇天末〔九〕，歸心日悠哉〔一〇〕。上將新破胡，西郊絶煙埃〔一一〕。邊城寂無事，撫劍空徘徊〔一二〕。幸得趨幕中，託身厠群才〔一三〕。早知安邊計，未盡平生懷〔一四〕。

【注釋】

〔一〕居北庭期間作。北庭北樓：即北庭治所庭州之北城樓。幕中諸公：軍幕中的同僚。〔二〕西域傳：指漢書西域傳。〔三〕漢家句：漢書西域傳：「漢興至於孝武，事征四夷，廣威德，而張騫始開西域之迹。其後驃騎將軍擊破匈奴右地，降渾邪、休屠王，遂空其地。始築令居以西，初置酒泉郡，後稍發徙民充實之，分武威、張掖、燉煌，列四郡，據兩關焉。自貳師將軍伐大宛之後，西域震懼，多遣使來貢獻，漢使西域者益得職。於是自燉煌至鹽澤，往往起亭，而輪臺、渠犂皆有田卒數百人，置使者校尉領護，以給使外國者。」漢家：指漢朝。輪臺：漢輪臺在今新疆輪臺縣東南。〔四〕古塞二句：言日月流逝，漢輪臺千年來已空廢，唯有陰山巍然屹立。古塞：即漢輪臺。陰山：此指北庭境内之天山。崔嵬（wéi 違）：高峻貌。〔五〕二庭：指漢車師國前後二王庭。據漢書西域傳，漢車師前國王治交河城（即今新疆吐魯番交河故城），稱前王庭；漢車師後國王治務塗谷（即唐庭州城，在今新疆吉木薩爾城北），稱後王庭。一說二庭指西突厥之南庭與北庭，誤。西海：水經河水注：「敦薨之水，自西海經尉犁國。」即今新疆博斯騰湖。〔六〕六月句：謂北庭氣候六月已入涼秋。〔七〕殺氣句：言秋日肅殺之氣充盈天地之間。殺氣：肅殺之氣。禮記月令：「仲秋之月。……殺氣浸盛，陽氣日衰。」凝不開：凝結不散。〔八〕大荒二句：謂登樓遠望，一片荒漠，鳥跡不至，衹能看見白龍堆沙漠。但見：衹見。白龍塠：底本「塠」下注：「即堆。」白龍堆：見獻封大夫破播仙凱歌六首第四首注〔四〕。此泛指沙漠。以上十句寫北庭的氣候景物。〔九〕舊國句：言故鄉遠在天際。舊國：故鄉。眇（miǎo 秒）：遠。楚辭哀郢：「心嬋媛而傷懷兮，眇不知其所蹠。」注：「眇，猶遠也。」天末：天邊，喻極遠。〔一〇〕歸心句：謂思歸之心日增。悠哉：憂思貌。詩周南關雎：「悠哉悠哉，輾轉反側。」注：「悠，思也。」〔一一〕上將二句：謂封常清新近擊敗胡兵，西邊戰事已經平息。上將：指封常清。新破胡：當指封常清西征事。絕煙埃：戰火已經平息。〔一二〕邊城二句：謂邊境平靜，已無用武之處。〔一三〕幸得二句：謂己有幸置身軍幕中諸賢行列。厠：次，猶言參與。文選潘岳秋興賦：「攝官承乏，猥厠朝列。」李善注：「厠，次也，雜也。」〔一四〕早知二句：言己早有安邊之計，但没有機會施展平生抱負。以上十句寫懷抱未展之慨。

白雪歌送武判官歸京〔一〕

北風捲地白草折，胡天八月即飛雪〔二〕。忽如一夜春風來，千樹萬樹梨花開〔三〕。散入珠簾濕羅幕，狐裘不煖錦衾薄〔四〕。將軍角弓不得控，都護鐵衣冷難著〔五〕。瀚海闌干百丈冰〔六〕，愁雲黲淡萬里凝〔七〕。中軍置酒飲歸客〔八〕，胡琴琵琶與羌笛〔九〕。紛紛暮雪下轅門〔一〇〕，風掣紅旗凍不翻〔一一〕。輪臺東門送君去，去時雪滿天山路〔一二〕。山迴路轉不見君，雪上空留馬行處〔一三〕。

【注釋】

〔一〕居北庭期間作。武判官：未詳。京：京城長安。　〔二〕北風二句：謂西域邊地八月即北風怒號，漫天大雪。白草：見過酒泉憶杜陵别業注〔三〕。胡天：指西域。　〔三〕忽如二句：寫室外雪景。謂一夜大雪，覆樹壓枝，猶如春風催開了潔白的梨花。如：底本作「然」，據四部叢刊岑嘉州詩改。　〔四〕散入二句：寫室内寒冷。謂大雪被風吹入營帳，打濕羅幕，寒冷侵人肌骨。珠簾：用珍珠綴成的簾子。羅幕：絲羅製成的帷幕。狐裘：狐皮袍。錦衾：錦緞被子。　〔五〕都護：指軍中主將。漢書西域傳：「其後日逐王畔單于，將衆來降，護鄯善以西使者鄭吉迎之。既至漢，封日逐王爲歸德侯，吉爲安遠侯。是歲，神爵三年（前五九）也。乃因使吉并護北道，故號曰都護。都護之起，自吉置矣。」注：「師古曰：『都猶總也，言總護南北之道。』」角弓：用獸角裝飾的硬弓。不得控：拉不開。鐵衣：鐵甲。冷難著：冷得難以挨身。　〔六〕瀚海二句：謂到處冰天雪地，奇寒徹骨，暗示武判官行旅之苦。瀚海：維吾爾語稱山中險隘深谷爲hangheli（音杭海爾），坡谷幽静處爲hanghiro（音杭海洛），翰海爲其音轉。此指天山峽谷山崖峭壁。一説瀚海即大沙漠。闌干：縱横貌。　〔七〕愁雲句：謂陰雲密布，凝封天地。黲淡：陰暗貌。以上十句寫邊塞風雪嚴寒的景色。　〔八〕中軍句：謂在主帥營帳内爲武判官設宴餞行。歸客：指武判官。〔九〕胡琴句：謂以西域少數民族音樂侑酒。胡琴，琵琶、羌笛皆西域少數民族樂器。胡琴泛指西域之琴，非今之胡琴；琵琶見涼州館中與諸判官夜集注〔三〕；羌笛，文選馬融長笛賦：「近世雙笛從羌起，羌人伐竹未及已。」李善注：「風俗通曰：『笛元羌出。又有羌笛。然羌笛與笛二器不同，長於古笛。有三孔，大小異，故謂之雙笛。』」〔一〇〕轅門：軍營之門。見前獻封大夫破播仙凱歌六首第四首注〔一〕。〔一一〕凍不翻：旗被凍硬，風吹不能飄展。隋虞世基出塞其二：「霧烽黯無色，霜旗凍不翻。」翻，舒展飄拂。以上四句寫雪中宴飲餞行。〔一二〕君：指武判官。天山路，自輪臺東歸長安，需翻越天山，故云。天山：元和郡縣志卷四十隴右道伊州：「天山，一名白山，一名析羅漫山，在州北一百二十裏。」即今新疆烏魯木齊以東之博格多山脉。〔一三〕山迴二句：謂佇立久望，友人身影已遠，留下的衹是雪地上馬的足迹。以上四句寫送別。

玉門關蓋將軍歌〔一〕

蓋將軍，真丈夫，行年三十執金吾，身長七尺頗有鬚〔二〕。玉門關城迥且孤，黄沙萬里白草枯，南臨犬戎北接胡〔三〕。將軍到來備不虞，五千甲兵膽力粗〔四〕，軍中無事但歡娱〔五〕。暖屋繡簾紅地爐，織成壁衣花氍毹〔六〕。燈前侍婢瀉玉壺，金鐺亂點野酡酥〔七〕。紫紱金章左右趨，問著只是蒼頭奴〔八〕。美人一雙閑且都，朱脣翠眉映明矑〔九〕。清歌一曲世所無，今日喜聞鳳將雛〔一〇〕。可憐絶勝秦羅敷，使君五馬謾踟躕〔一一〕。野草繡窠紫羅襦〔一二〕，紅牙縷馬對樗蒱，玉盤纖手撒作盧，衆中誇道不曾輸〔一三〕。櫪上昂昂皆駿駒，桃花叱撥價最殊〔一四〕。騎將獵向城南隅，臘日射殺千年狐〔一五〕。我來塞外按邊儲〔一六〕，爲君取醉酒剩沽〔一七〕。醉争酒盞相喧呼，忽憶咸陽舊酒徒〔一八〕。

【注釋】

〔一〕寫作時間同上篇。玉門關：元和郡縣志卷四十瓜州晉昌縣：「玉門關在縣東二十步。」在今甘肅安西縣東雙塔堡亂山子一帶。〔二〕蓋將軍三句：寫蓋將軍年齡、官職、相貌。蓋將軍：未詳。行年：猶年紀。執金吾：漢書百官公卿表上：「中尉，秦官，掌徼循京師，有兩丞、候、司馬、千人。武帝太初元年（前一〇四）更名執金吾。」注：「應劭曰：『吾者禦也，掌執金革，以禦非常。』」後漢書陰皇后紀：「（光武）後至長安，見執金吾車騎甚盛，因嘆曰：『仕宦當作執金吾。』」舊唐書職官志：「左右金吾衛，大將軍各一員，正三品。將軍各二員，從三品。」頗有鬚：鬍鬚很多。〔三〕玉門關三句：謂蓋將軍所守玉門關城地處遠僻，南北毗鄰異族，爲軍事要塞。迥且孤：偏遠而孤獨。犬戎：古時對西北少數民族的蔑稱。國語周語：「穆王將征犬戎。」韋昭注：「犬戎，西戎之别名。在荒服。」唐玉門關南爲吐蕃，北爲突厥。故云。〔四〕將軍二句：謂蓋將軍身當重任，率兵駐守玉門關城，以備不測。備不虞：防備不測之變。以上八句寫蓋將軍身居要職，率兵守塞。〔五〕軍中句：謂邊地無事，蓋將軍終日衹是歡飲娛樂。〔六〕暖屋二句：言蓋將軍室内裝飾物品十分豪華。繡簾：繡花簾。壁衣：壁毯。氍毹（qú yú 渠俞）：西域特有的毛織品，似毯。應劭風俗通：「織毛褥謂之氍毹。」〔七〕燈前二句：謂酒肴名貴，器物精美。侍婢：使女。瀉玉壺：用玉壺斟酒。金鐺（chēng 撑）：一種平底鍋。野酡酥：用野駝肉、油製成的酥酪一類食物。酡，疑當作「駝」。〔八〕紫紱二句：言左右往來侍奉之奴僕亦身佩紫綬金印。紫紱（fú弗）：繫印的絲帶。金章：金印。唐制官二品、三品纔佩紫綬，此極言蓋將軍的豪侈。蒼頭：奴僕的别稱。〔九〕美人二句：謂一對歌妓姿容美艷。閑且都：儀容雅致美麗。閑，通嫻，雅靜。都：美。漢書司馬相如傳：「相如時從車騎，雍容閑雅，甚都。」注：「師古曰：『都，閑美之稱也。』詩鄭風有女同車之篇曰『洵美且都』，山有扶蘇之篇又云『不見子都』，則知都者，美也。」翠眉：以青黛所染之眉。明矑：明亮的瞳人。文選揚雄甘泉賦：「玉女亡所眺其清矑兮，宓妃曾不得施其蛾眉。」舊注：「服虔曰：『矑，童子也。』」〔一〇〕清歌二句：謂歌女聲音清亮動聽。清歌：歌聲清越響亮。一説指無伴奏的清唱。鳳將雛：古曲名。樂府詩集卷四十四引古今樂録：「吴聲十曲……三曰鳳將雛，……古有歌，自漢至梁不改，今不傳。」〔一一〕可憐二句：謂歌女美貌絶倫，勝過羅敷。可憐：猶可愛。羅敷：漢樂府陌上桑：「秦氏有好女，自名爲羅敷。羅敷喜蠶桑，採桑城南隅。……使君從南來，五馬立踟躕。」使君：漢稱太守爲使君。五馬：太守車駕用五馬。謾：空，枉然。踟躕：徘徊不願離去。〔一二〕野草句：謂美人服飾華麗考究，上繡草紋圖案。繡窠：彩繡窠狀花紋。紫羅襦：紫色綾羅做成的短衣。唐崔令欽教坊記：「聖壽樂舞，衣襟皆各繡一大窠，皆隨其衣本色，製純縵衫，下才及帶，若短汗衫者以籠之，所以藏繡窠也。」〔一三〕紅牙三句：謂歌女賭樗蒱，一擲成盧，當衆誇矜手法高明。紅牙縷馬：用象牙雕製并嵌有紅紋的樗蒱賭具。馬，同碼。撒作盧：樗蒱戲用骰五枚，分上黑下白，擲之全黑者爲盧，得中頭彩。故下文云「不曾輸」。樗蒱：見送費子歸武昌注〔九〕。〔一四〕櫪上二句：謂蓋將軍坐騎皆名貴駿馬。櫪：馬厩。昂昂：高大貌。駿駒：駿馬。桃花叱撥：駿馬名。續博物志：「唐天寶中，大宛進汗血馬六匹。一曰紅叱撥，……二曰紫叱撥，……六曰桃花叱撥。」價最殊：最爲名貴。〔一五〕臘日：古以歲終祭祀百神之日爲臘日。禮記月令「孟冬之月。……大割祠於公社及門閭，臘先祖五祀。」梁宗懔荆楚歲時記：「十二月八日爲臘日。」周以十月爲歲終，故臘在孟冬，漢以後夏曆以十二月爲歲終，故臘日在十二月。以上二十二句寫蓋將軍的驕奢。〔一六〕按邊儲：檢查邊地糧草軍械的儲備。按：督察。時岑參任安西、北庭支度副使，故有此語。〔一七〕君：指蓋將軍。酒剩沽：猶言「多買酒」。張相詩詞曲語匯釋卷三：「剩沽，猶言多沽也。」〔一八〕醉争二句：謂看到軍中醉後争奪杯盞，高聲呼叫的樣子，突然想起了昔日長安街頭的酒徒。咸陽：秦都咸陽，此借指長安。以上四句以所見所感作結，微含諷刺之意。此詩每句用韻，一韻到底，是「柏梁體」。

玉關寄長安李主簿〔一〕

東去長安萬里餘，故人何惜一行書〔二〕！玉關西望堪腸斷〔三〕，況復明朝是歲除〔四〕。

【注釋】

〔一〕天寶八載（七四九）除夕首次赴安西途經玉門故關作。玉關：玉門關。此當指玉門故關。元和郡縣志卷四十隴右道沙州壽昌縣：「玉門故關，在縣西北一百一十七里。」遺址在今甘肅敦煌西北。長安：當指長安縣。舊唐書地理志：京兆府有長安縣。在今陝西長安縣。李主簿：未詳。主簿：見首春渭西郊行呈藍田張主簿注〔一〕。

〔二〕東去二句：言身處塞外，渴望得到故友的書信。故人：指李主簿。〔三〕玉關句：言出玉門關，滿目荒涼，令人心傷。堪腸斷：形容悲愁至極。〔四〕況復：況且。歲除：除夕。

天山雪歌送蕭治歸京〔一〕

天山有雪常不開，千峯萬嶺雪崔嵬〔二〕。北風夜捲赤亭口〔三〕，一夜天山雪更厚。能兼漢月照銀山，復逐胡風過鐵關〔四〕。交河城邊飛鳥絶，輪臺路上馬蹄滑〔五〕。晻靄寒氛萬里凝，闌干陰崖千丈冰〔六〕。將軍狐裘卧不暖，都護寶刀凍欲斷〔七〕。正是天山雪下時，送君走馬歸京師〔八〕。雪中何以贈君别？惟有青青松樹枝〔九〕。

【注釋】

〔一〕居北庭期間作。蕭治：未詳。京：長安。　〔二〕天山二句：謂天山高峻，積雪常年不化。開：融化。

〔三〕赤亭口：即赤亭道口。見送李副使赴磧西官軍注〔二〕。　〔四〕能兼二句：謂雪光能和月光一起照到銀山，雪花能隨北風越過鐵門關。銀山：讀史方輿紀要卷六十五：「銀山在焉耆城北，其山連亘綿遠，與龜兹接境。」山在今新疆焉耆東北。胡風：北風。鐵關：鐵門關。見前銀山磧西館注〔三〕。以上六句寫天山雪景。

〔五〕交河二句：謂風大雪猛，飛鳥絶跡，馬行艱難。交河：即西州，天寶元年更名交河郡，轄今新疆吐魯番盆地一帶。治所高昌，即今達克阿奴斯城。　〔六〕晻（ǎn 俺）靄二句：言寒冷異常，雪氣凝結，冰柱縱横。晻靄：陰暗貌。寒氛：寒氣。闌干：縱横。陰崖：背陰的山崖。　〔七〕將軍二句：極寫奇寒襲人，將軍的狐皮亦不能禦寒，都護的寶刀也似乎要被凍斷。以上六句寫天氣奇寒。〔八〕正是二句：言蕭治動身歸京，時值大雪。君：指蕭治。〔九〕雪中二句：謂雪中無以贈別，惟折青松相贈。結句既狀實情，亦寓友誼常在，歲寒不凋之意。以上四句贈別。

熱海行送崔侍御還京〔一〕

側聞陰山胡兒語〔二〕，西頭熱海水如煑〔三〕。海上衆鳥不敢飛，中有鯉魚長且肥海中有赤鯉。岸傍青草常不歇〔四〕，空中白雪遥旋滅〔五〕。蒸沙爍石然虜雲，沸浪炎波煎漢月〔六〕。陰火潛燒天地爐，何事偏烘西一隅〔七〕？勢吞月窟侵太白，氣連赤坂通單于〔八〕。送君一醉天山郭，正見夕陽海邊落〔九〕。柏臺霜威寒逼人，熱海炎氣爲之薄〔一〇〕。

【注釋】

〔一〕居北庭期間作。熱海：即原蘇聯境内雷巴契耶東之伊塞克湖。唐天寶年間屬北庭都護府轄境。崔侍御：未詳。京：指長安。〔二〕陰山：即唐北庭境内之天山。〔三〕西頭：西邊。〔四〕常不歇：常年不枯。〔五〕空中句：謂空中飄飛的雪花一到熱海上空便立即融化。旋：即。〔六〕蒸沙二句：極寫熱海炎熱：砂石熔銷，雲彩燃燒，月亮也好像在滚沸的水中煎煮。爍（shuò 朔），通鑠，銷熔。〔七〕陰火二句：言陰火在地下燃燒，爲何却偏烘西邊一角。天地爐：賈誼鵩鳥賦：「且夫天地爲爐兮，造化爲工。」〔八〕勢吞二句：言熱氣蒸騰，遍及整個西域邊地，而且上侵金星。月窟：見獻封大夫破播仙凱歌六首第二首注〔二〕。太白，即金星。史記天官書：「察日行以處位太白。」索隱：「孫炎注爾雅，以爲（金星）晨出東方高三丈，命曰啓明；昏見西方高三舍，命曰太白。」古以太白爲主西方之星，故云。赤坂：即赤土阪。漢書西域傳：「又歷大頭痛、小頭痛之山，赤土、身熱之阪，令人身熱無色，頭痛嘔吐，驢畜盡然。」即今之帕米爾高原。單于：此指古匈奴所據之西域邊地。以上十二句描寫熱海奇熱。〔九〕送君二句：言落日時在交河城爲崔侍御餞行。君：指崔侍御。天山郭：天山城，當指交河城，以其在天山南麓，故名。海邊：熱海西邊。〔一〇〕柏臺二句：謂崔侍御執法清峻，威嚴逼人，有若風霜，使熱海的炎氣也爲之減弱。柏臺：御史臺。通典卷二十四職官六：「御史臺，……其府中列柏樹……。」因稱御史臺爲柏臺。霜威：威嚴若霜。又通典卷二十四職官六：「故御史爲風霜之任，彈糾不法，百僚震恐，官之雄峻，莫之比焉。」薄：減弱。之：底本注：「一作君」。指崔侍御。以上四句送崔侍御。

送崔子還京〔一〕

匹馬西從天外歸〔二〕，揚鞭只共鳥争飛〔三〕。送君九月交河北〔四〕，雪裏題詩泪滿衣。

【注釋】

〔一〕任職北庭期間作。崔子：未詳。京：指長安。〔二〕匹馬句：想像崔子單人匹馬由西域回歸長安。

天外：喻極遠之地。〔三〕揚鞭句：謂崔子揚鞭催馬，疾如飛鳥。〔四〕交河：見前天山雪歌送蕭治歸京注〔五〕。

火山雲歌送別〔一〕

火山突兀赤亭口〔二〕，火山五月火雲厚〔三〕。火雲滿山凝未開，飛鳥千里不敢來〔四〕。平明乍逐胡風斷，薄暮渾隨塞雨回〔五〕。繚繞斜吞鐵關樹，氛氳半掩交河戍〔六〕。迢迢征路火山東，山上孤雲隨馬去〔七〕。

【注釋】

〔一〕居北庭期間作。火山：見經火山注〔一〕。〔二〕突兀：孤高貌。赤亭口：即赤亭道口，見天山雪歌送蕭治歸京注〔三〕。〔三〕火雲：火山地區夏季的火燒雲。〔四〕火雲滿山二句：謂火山地區極爲酷熱，滿山火雲凝結，連千里之外的飛鳥也不敢來。〔五〕平明二句：謂火山一帶火雲剛被晨風吹散，傍晚又隨雨凝聚起來。乍：忽。渾：全。塞雨：邊地的雨。〔六〕繚繞二句：謂火山的熾熱雲氣迴環彌漫，吞没了鐵門關的樹木和交河的戍樓。繚繞：盤繞迴旋。氛氳：雲氣彌漫貌。文選謝惠連雪賦：「其爲狀也，散漫交錯，氛氳蕭索。」李善注：「王逸楚辭注曰：『氛氳，盛貌。』」〔七〕迢迢二句：言惟有一片火山上的孤雲隨旅人迢迢東去。

胡歌〔一〕

黑姓蕃王貂鼠裘〔二〕，葡萄宮錦醉纏頭〔三〕。關西老將能苦戰，七十行兵仍未休〔四〕。

【注釋】

〔一〕居北庭期間作。

〔二〕黑姓蕃王：指西突厥之分支突騎施別部。舊唐書突厥傳：「蘇禄者，突騎施別種也。……有大首領莫賀達干、都摩度兩部落，最爲强盛。百姓又分爲黄姓、黑姓兩種，互相猜阻。」貂鼠裘：貂皮衣。

〔三〕葡萄宮錦：織有葡萄花紋的宮錦。宮錦，皇宮所用之錦。鄴中記：「錦有葡萄紋錦。」纏頭：資治通鑑卷二二三：「酒酣，懷恩起舞，奉仙贈以纏頭彩。」胡三省注：「唐人宴集，酒酣爲人舞，當此禮者以綵物爲贈，謂之纏頭。倡伎當筵舞者，亦有纏頭喝賜，杜甫詩所謂『舞罷錦纏頭』者也。」一説突厥族人習慣以布纏頭。以上兩句寫邊地部落首領生活的逸樂豪侈。

〔四〕關西老將：指年邁的漢族將士。關西：此指函谷關以西。後漢書虞詡傳：「諺曰：『關西出將，關東出相。』」行兵：征戰。以上兩句寫唐軍將士戎馬生涯的艱辛。

趙將軍歌〔一〕

九月天山風似刀，城南獵馬縮寒毛〔二〕。將軍縱博場場勝，賭得單于貂鼠袍〔三〕。

【注釋】

〔一〕任職北庭期間作。趙將軍：疑即趙崇玼。趙曾任右羽林大將軍。李嘉言岑詩繫年注二十六：「送劉郎將歸河東詩原注曰：『參曾北庭事趙中丞。』送郭司馬赴伊吾郡請示李明府詩原注曰：『郭子是趙節度同好。』集中又有趙將軍歌，似即一人。……趙本安西將領，或天寶十四載封常清被召入朝後，代爲北庭節度者。」〔二〕城南：指庭州城南郊野。獵馬：出獵之馬。〔三〕將軍二句：謂蕃漢將領騎射比試，趙將軍場場得勝，贏得蕃將的貂皮袍。縱博：指與蕃將以騎射獵物爲賭。單于：此指唐軍中少數民族將領。

送張都尉東歸〔一〕

白羽緑弓弦，年年只在邊〔二〕。還家劍鋒盡，出塞馬蹄穿。逐虜西踰海，平胡北到天〔三〕。封侯應不遠，燕頷豈徒然〔四〕。

【注釋】

〔一〕居北庭期間作。四部叢刊岑嘉州詩題下注云：「時封大夫初得罪。」舊唐書玄宗紀：天寶十四載（七五五）十一月，封常清自安西入奏，命禦胡。十二月與賊戰，敗，被斬。張都尉：未詳。都尉，舊唐書職官志：「諸府，折衝都尉各一人，左右果毅都尉各一人。……諸府折衝都尉掌領五校之屬，以備宿衛，以從師役，總其戎具、資糧、差點、教習之法令。」 〔二〕白羽二句：言張都尉長於騎射，常年轉戰邊塞。白羽：以白色羽毛製成的箭。綠弓弦：綠弦之弓。李白贈宣城宇文太守兼呈崔侍御：「彎弓綠弦開，滿月不憚堅。」邊：邊塞。〔三〕還家四句：謂張都尉屢經戰陣，劍鋒折盡，馬蹄踏穿。西踰海，北到天：極言經歷之廣，踏遍西北邊陲。踰：越。〔四〕封侯二句：以漢班超封侯事喻張都尉即將升官受賞。後漢書班超傳：「相者指曰：『生燕頷虎頸，飛而食肉，此萬里侯相也。』」豈徒然：猶言豈能空有此相貌。

與獨孤漸道別長句兼呈嚴八侍御〔一〕

輪臺客舍春草滿，潁陽歸客腸堪斷〔二〕。窮荒絶漠鳥不飛，萬磧千山夢猶懶〔三〕。憐君白面一書生〔四〕，讀書千卷未成名。五侯貴門脚不到〔五〕，數畝山田身自耕。興來浪迹無遠近〔六〕，及至辭家憶鄉信。無事垂鞭信馬頭，西南幾欲窮天盡〔七〕。奉使三年獨未歸〔八〕，邊頭詞客舊來稀〔九〕。借問君來得幾日〔一〇〕，到家不覺換春衣〔一一〕。高齋清晝卷帷幕，紗帽接䍦慵不著〔一二〕。中酒朝眠日色高〔一三〕，彈棋夜半燈花落〔一四〕。冰片高堆金錯盤，滿堂凛凛五月寒〔一五〕。桂林蒲萄新吐蔓〔一六〕，武城刺蜜未可餐〔一七〕。軍中置酒夜撾鼓，錦筵紅燭月未午〔一八〕。花門將軍善胡歌〔一九〕，葉河蕃王能漢語〔二〇〕。知爾園林壓渭濱〔二一〕，夫人堂上泣羅裙〔二二〕。魚龍川北盤谿雨，鳥鼠山西洮水雲〔二三〕。

臺中嚴公於我厚，別後新詩滿人口〔二四〕。自憐棄置天西頭〔二五〕，因君爲問相思否〔二六〕？

【注釋】

〔一〕天寶十五載（七五六）春居北庭期間作。獨孤漸：未詳。長句：唐人慣稱七言古詩爲長句。杜甫蘇端薛復筵簡薛華醉歌：「近來海内爲長句，汝與山東李白好。」仇注引計東曰：「長句，謂七言歌行。」嚴八侍御：嚴武，字季鷹。據舊唐書本傳，武弱冠以門蔭策名，隴右節度使哥舒翰奏充判官，遷侍御史。至德初，肅宗興師靖難，大收才傑，武杖節赴行在，累遷給事中。既收長安，以武爲京兆少尹，兼御史中丞。出爲綿州刺史，遷劍南節度使。入爲太子賓客，兼御史中丞。後封鄭國公，永泰元年（七六五）四月以疾終。此詩當作於嚴武遷殿中侍御史不久。〔二〕輪臺二句：言春天又至，詩人思鄉之情更甚。潁陽歸客：作者自謂。岑參早年移居潁陽，有少室別業，故稱。又偃師東與韓樽同詣景雲暉上人即事詩云：「山陰老僧解楞迦，潁陽歸客遠相過。」〔三〕窮荒絶漠：指極遠荒僻、人迹罕至之地。夢猶懶：謂與家鄉相隔千山萬磧，連夢中也不敢歸去。以上四句自述居邊心情。〔四〕憐：猶惜。白面書生：文弱的讀書人。〔五〕五侯貴門：指權貴之家。漢書元后傳：「（漢成帝）河平二年（前二七），上悉封舅（王）譚爲平阿侯，（王）商成都侯，（王）立紅陽侯，（王）根曲陽侯，（王）逢時高平侯。五人同日封，故世謂之『五侯』。」〔六〕浪迹：行踪無定，隨興而往。〔七〕無事二句：謂任馬隨意而行，足迹遍及西南邊地。窮天盡：到天地盡頭，喻行踪極遠。以上八句寫獨孤漸家居時生活。〔八〕奉使句：岑參自謂出使西域，已歷三年未歸。〔九〕邊頭句：言北庭軍中工詩善文者本來就少，視獨孤漸爲知音同好。舊來稀：一向就少。〔一〇〕借問：請問。君：指獨孤漸。〔一一〕到家句：承上句言，謂據來時得用幾日推算，便知其到家時春季已經過去。換春衣：換下春衣。〔一二〕高齋二句：言獨孤漸歸家後生活閑散自在，脱略形跡，連帽子都懶戴。紗帽：後唐馬縞中華古今注卷中：「武德九年（六二六）十一月，太宗詔曰：『自今已後，天子服烏紗帽，百官士庶皆同服之。』」杜甫西閣：「朱紱猶紗帽，新詩近玉琴。」朱注：「唐書：隋貴臣多服烏紗帽，後漸廢，貴賤通服折上巾，在唐時爲隱居之服。」接䍦：廣韻卷一支部：「䍦，接䍦，白帽。」慵：懶。〔一三〕中（zhòng 重）酒句：言酒醉而眠，日高不起。〔一四〕彈棋：古時的一種博戲。見前灃頭送蔣侯注〔四〕。燈花落：謂夜深。〔一五〕冰片二句：言飾金盤裏堆着冰塊，雖在五月，也使人感到凜凜涼氣。冰片：冰塊。古人冬季以窖藏冰，夏日取之用以降温。金錯盤：嵌有金色花紋的盤子。凜凜：寒冷貌。以上十句與獨孤漸道别并懸想其到家後生活。〔一六〕桂林：當爲西域地名，未詳確址。蒲萄：即葡萄，爲西域特產。〔一七〕武城：馮承鈞西域地名：「Aatana，西域圖志阿斯塔克，在哈喇和淖西五旦。新疆識略阿斯墻那，今屬吐魯番縣。考斯坦因（A．stein）在其地所得西州高昌縣武城城主范羔墓誌，此地應爲唐之武城。」在今新疆吐魯番西南。刺蜜：一種可食用的草本植物。元和郡縣志卷四十隴右道西州前庭縣：「交河在縣西。高昌國，土良沃，谷麥一歲再熟。……澤間有草，名爲羊刺，其上生蜜，食之與蜂蜜不異，名曰刺蜜。」未可餐：不能喫。兩句以西域時物示下文置酒飲宴的時間，與首句「輪臺客舍春草滿」相應。〔一八〕軍中二句：謂在軍營中置酒送别，豐宴鼓樂，盛况空前。撾（zhuā 抓）鼓：擊鼓。錦筵：華貴的筵席。南朝宋鮑照代陳思王京洛篇：「坐視青苔滿，臥對錦筵空。」月未午，月亮未至中天，即未到午夜。〔一九〕「花門將軍」與下「葉河蕃王」皆指歸唐的少數民族將領。花門：唐時回紇的别稱。新唐書地理志：「甘州張掖郡……删丹，北渡張掖河，西北行出合黎山峽口，傍河東壖屈曲東北行千里，有寧寇軍，故同城守捉也。天寶二載爲軍。軍東北有居延海，又北三百里有花門山堡，又東北千里至迴鶻衙帳。」〔二〇〕葉河：一名葉葉河。新唐書地理志北庭大都護府：「又渡葉葉河，七十里有葉河守捉。」在今新疆烏蘇縣境。〔二一〕知爾句：言獨孤漸家居渭水邊。壓：臨。渭濱：渭水之濱。〔二二〕夫人句：岑有送李明府赴睦州便拜觀太夫人詩云「夫人江上泣羅裙」，與此相同，則夫人即太夫人，指其母，故云堂上。〔二三〕魚龍川二句：寫渭水附近風物。魚龍川：水經注渭水：「汧水出汧縣之蒲谷鄉弦中谷。……其水東北流，歷澗，注以成淵，潭漲不測，出五色魚，俗以爲靈而莫敢採捕，因謂是水爲龍魚水，自下亦通謂之龍魚川。」其水流經今陝西隴縣，於寶鷄縣西北注入渭水。盤谿：此當指今甘肅平涼縣境内之潘楊澗河，爲涇水諸源之一。鳥鼠山，元和郡縣志卷三十九隴右道渭州渭源縣：「鳥鼠山，今名青雀山，在縣西七十六里，渭水所出，凡有三源并下。其同穴鳥如家雀，色小青；其鼠如家鼠，色小黄。」在今甘肅渭源縣西。洮水：元和郡縣志卷三十九隴右道洮州臨潭縣：「洮水，出縣西南三百里嵹臺山。」在今甘肅臨潭縣。以上十句送別。〔二四〕臺中二句：謂嚴武與己交厚，别後新詩已傳諸人口。臺：御史臺。時嚴武官侍御史。〔二五〕自憐句：自嘆久在邊地。不得遷調。棄置：放在一邊無人過問。〔二六〕因君：猶言「托你」。以上四句呈嚴武。

優鉢羅花歌并序〔一〕

參嘗讀佛經，聞有優鉢羅花，目所未見。天寶庚申歲〔二〕，參忝大理評事〔三〕，攝監察御史〔四〕，領伊西北庭度支副使〔五〕。自公多暇〔六〕，乃於府庭内栽樹種藥〔七〕，爲山鑿池〔八〕，婆娑乎其間〔九〕，足以寄傲〔一〇〕。交河小吏有獻此花者，云得之於天山之南〔一一〕。其狀異於衆草，勢巃嵸如冠弁，嶷然上聳，生不傍引〔一二〕；攢花中折，駢葉外包〔一三〕。異香騰風，秀色媚景〔一四〕。因賞而嘆曰：「爾不生於中土，僻在遐裔。使牡丹價重，芙蓉譽高〔一五〕，惜哉！」夫天地無私，陰陽無偏〔一六〕，各遂其生，自物厥性〔一七〕。豈以偏地而不生乎〔一八〕？豈以無人而不芳乎？適此花不遭小吏，終委諸山谷，亦何異懷才之士，未會明主，擯於林藪邪〔一九〕？因感而爲歌。歌曰：

白山南〔二〇〕，赤山北〔二一〕，其間有花人不識。緑莖碧葉好顔色，葉六瓣，花九房〔二二〕，夜掩朝開多異香〔二三〕。何不生彼中國兮生西方？移根在庭，媚我公堂〔二四〕，恥與衆草之爲伍，何亭亭而獨芳〔二五〕！何不爲人之所賞兮，深山窮谷委嚴霜〔二六〕。吾竊悲陽關道路長〔二七〕，曾不得獻於君王〔二八〕。

【注釋】

〔一〕居北庭期間作。優鉢羅：梵語音譯亦作烏鉢羅、優鉢剌。義譯爲青蓮花。唐慧苑華嚴經音義：「優鉢羅，具正云尼羅、烏鉢羅。尼羅者，此云青，烏鉢羅者，花號也。其葉狹長，近下小圓，向上漸尖，且花莖似藕稍有刺也。」此花漢語稱「雪蓮」，爲多年生草本，約高十五——五十釐米，幼時全株有異香。花管狀，外有葉狀包片，多爲白、紅色或紫紅色。

〔二〕天寶庚申歲：唐天寶無庚申年。四部叢刊岑嘉州詩作「景申」，蓋唐避高祖李淵父李昞之諱，改「丙」爲「景」。丙申歲，即天寶十五載（七五六）。

〔三〕忝：謙詞，猶言「辱居」。大理評事：舊唐書職官志大理寺「評事十二人，從八品下，掌出使推覈。」〔四〕攝：代理。監察御史：舊唐書職官志：御史臺「監察御史十員，正八品上。……監察掌分察巡按郡縣，屯田，鑄錢，嶺南選補，知太府，司農出納，監决囚徒。……尚書省有會議，亦監其過謬。」〔五〕領：任。伊西：即伊西節度。新唐書方鎮表四：先天元年（七一二）「北庭都護領伊西節度等使」。開元十五年（七二七），「分伊西、北庭置二節度使。」十九年（七三一）「合伊西、北庭二節度爲安西四鎮北庭經略、節度使。」二十九年「復分置安西四鎮節度，治安西都護府。」又職官志：「凡天下邊軍，有支度使，以計軍資糧仗之用。每歲所費，皆申度支會計，以長行旨爲準。」支度副使當爲其從官。度支：當作「支度」。聞一多岑嘉州繫年考證：「户部郎官稱度支，各道節度使屬僚之判官當稱支度，二名不相混……岑集優鉢羅花歌序稱『度支副使』，必傳寫誤倒。」

〔六〕公：公門，公府。詩召南羔羊：「退食自公。」傳：「公，公門也。」〔七〕府庭：此指北庭治所的官署。

〔八〕爲，造。〔九〕婆娑：盤姍，猶今言漫步。文選宋玉神女賦：「既姽嫿於幽静兮，又婆娑乎人間。」李善注：「婆娑，猶盤姍也。」〔一〇〕寄傲：寄托傲世之志。晉陶淵明歸去來兮辭「倚南窗以寄傲，審容膝之易安。」

〔一一〕天山：即今新疆境内之天山，交河縣在其南麓。〔一二〕勢巃嵸（lǒng sǒng 龍聳）三句：言花狀如帽，高高挺立，不生傍枝。巃嵸：高貌。切韻殘卷：「巃，巃嵸，高貌。」弁，古人的一種帽子。巋然：高聳貌。引：伸。〔一三〕攢花二句：言花序從中開放，外部包着葉狀花瓣。攢：聚攏。折：一作拆，是。拆，開。駢葉：并生葉。雪蓮花外層有葉狀包片，故云。〔一四〕異香二句：謂濃烈的花香乘風飄散，秀麗的花色在陽光下更加嫵媚。騰風：乘風。景：日光。〔一五〕爾不四句：謂優鉢羅花勝於牡丹、荷花，可惜生在偏遠之地，鮮爲世人所知。中土：指中國，猶今言「内地」。遐裔：遥遠的邊地。文選張華鷦鷯賦：「孔翠生乎遐裔。」芙蓉：荷花的別名。一説爲木芙蓉。〔一六〕陰陽：陰陽二氣，古人認爲由此生成萬物。無偏：没有偏愛。〔一七〕各遂其生二句：謂萬物各依其本性生長。遂：順。莊子在宥：「吾又欲官陰陽，以遂羣生。」王先謙集解：「成云：

『欲象陰陽，設官分職。遂，順也。』」物，用如動詞，形成。〔一八〕偏地：偏遠之地。〔一九〕適此五句，謂假如雪蓮花不被小吏發現，就將被棄置山谷。好象懷才者未遇賢明的君主，一生被棄於野而不受重用。適：假如。遭：遇。委諸：棄於。會：遇到。擯：抛棄。林藪：山林草澤。〔二〇〕白山：即天山。元和郡縣志卷四十隴右道下，伊州伊吾縣：「天山，一名白山。」〔二一〕赤山：又名赤石山，即火山，因山石多爲赤色，故名。〔二二〕花九房：花有九個花瓣。花房：花冠，花瓣的總稱。〔二三〕夜掩朝開：夜間閉合，早晨開放。〔二四〕媚：裝扮，美化。公堂：官署的廳堂。〔二五〕亭亭：孤峻高潔貌。後漢書蔡邕傳：「情志泊兮心亭亭。」注：「亭亭，孤峻之貌。」〔二六〕委嚴霜：因嚴霜摧殘而憔悴。文選謝朓暫使下都夜發新林至京邑贈西府同僚：「常恐鷹隼擊，時菊委嚴霜。」李善注：「委，猶悴也。」〔二七〕竊悲：暗自悲嘆。陽關道路：指西域由陽關入京之路。〔二八〕曾：乃。

首秋輪臺〔一〕

異域陰山外〔二〕，孤城雪海邊〔三〕。秋來唯有鴈，夏盡不聞蟬〔四〕。雨拂氊墻濕，風搖毳幕羶〔五〕。輪臺萬里地，無事歷三年。

【注釋】

〔一〕至德元載（七五六）首秋作於輪臺。首秋：農曆七月。輪臺：唐輪臺在今烏魯木齊市北。〔二〕異域：此指西域。〔三〕孤城：指輪臺。雪海：此指輪臺以北的大沙漠。見走馬川行奉送封大夫出師西征注〔三〕。〔四〕秋來二句：謂輪臺風物別於内地，秋天唯有大雁，夏末不聞蟬鳴。〔五〕氈牆、毳（cuì 脆）幕：西域游牧民族居住的氈帳，即今蒙古包。文選李陵答蘇武書：「韋韝毳幙，以禦風雨。」李善注：「毳幙，氈帳也。」羶（shān 山）：羊羶氣。

醉裏送裴子赴鎮西〔一〕

醉後未能別，待醒方送君〔二〕。看君走馬去，直上天山雲〔三〕。

【注釋】

〔一〕至德元載（七五六）作於北庭。鎮西：新唐書地理志：「安西大都督府，至德元載更名鎮西。」〔二〕方：才。君：指裴子。下同。〔三〕看君二句：自北庭赴安西須翻越天山，故云。

田使君美人舞如蓮花北鋋歌此曲本出北同城〔一〕

美人舞如蓮花旋〔二〕，世人有眼應未見。高堂滿地紅氍毹〔三〕，試舞一曲天下無。此曲胡人傳入漢，諸客見之驚且嘆〔四〕。慢臉嬌娥纖復穠，輕羅金縷花葱籠〔五〕。回裾轉袖若飛雪〔六〕，左鋋右鋋生旋風〔七〕。琵琶横笛和未匝，花門山頭黄雲合〔八〕。忽作出塞入塞聲，白草胡沙寒颯颯〔九〕。翻身入破如有神，前見後見回回新〔一〇〕。始知諸曲不可比，採蓮落梅徒聒耳〔一一〕。世人學舞祇是舞，恣態豈能得如此〔一二〕。

【注釋】

〔一〕居北庭期間作。田使君：未詳。使君：古代對州郡長官的稱呼。美人：此指舞女。鋋：唐詩紀事作「旋」，蓋爲「旋」之誤，詩首句云：「美人舞如蓮花旋」，四部叢刊本作「如蓮花，舞北旋」，皆可證。蓮花北旋，疑即胡旋舞。詩中所寫舞態與白居易胡旋女詩所述之胡旋舞甚合。白詩云：「弦鼓一聲雙袖舉，迴雪飄摇轉蓬舞。左旋右轉不知疲，千匝萬周無已時。人間物類無可比，奔車輪緩旋風遲。」舊唐書音樂志：「康國（即颯秣健，在今蘇聯烏兹別克共和國撒馬爾汗一帶）樂，……舞二人，緋襖，錦領袖，緑綾渾襠袴，赤皮靴，白袴帑。舞急轉如風，俗謂之胡旋。樂用笛二、正鼓一、和鼓一、銅鈸一。」新唐書音樂志：「胡旋舞，舞者立毬上，旋轉如風。」北同城：新唐書地理志隴右道甘州張掖郡删丹：「北渡張掖河，西北行出合黎山峽口，傍河東壖曲東北行千里，有寧冠軍，故同城守捉也。天寶三載爲軍。」在今内蒙古額濟納旗東南。

〔二〕旋：音晅（xuàn），與下句「見」葉。

〔三〕紅氍毹：紅色的毛制地毯。

〔四〕此曲二句：言這種和曲之舞本由西域傳入中原，觀者無不爲其動作優美而驚嘆不已。以上六句寫舞的新奇。

〔五〕慢臉二句：謂舞女容貌美麗，衣飾華艷，身材豐腴，纖巧匀稱。慢臉：當作「曼臉」，岑參梁園歌送河南王説判官：「嬌娥曼臉成草蔓。」曼：美貌。纖復穠，纖巧而豐腴。穠：玉篇禾部：「穠，花木盛。」後多指女子體態豐潤。輕羅：透明的薄紗。金縷：金絲綫。葱蘢：花木茂盛貌。此指羅紗衣上金綫刺綉的花卉圖案繁多。〔六〕回裾句：謂舞衣隨着動作回轉，白色長袖翻騰，好象雪花在空中飛舞。〔七〕左鋋右鋋：「鋋」當作「旋」，忽左忽右地急速旋轉。〔八〕琵琶二句：言以琵琶、橫笛伴舞，音響之美，使天上的黄雲亦爲之合攏駐聽。黄雲和未匝（zā咋）：伴奏不到一遍曲子。匝：周，遍。花門山：見與獨孤漸道別長句兼呈嚴八侍御注〔一四〕。黄雲合：謂樂曲優美，響遏行雲。列子湯問：「薛譚學謳於秦青，未窮青之技，自謂盡之，遂辭歸。秦青弗止，餞於郊衢，撫節悲歌，聲振林木，響遏行雲。薛譚乃謝求反，終身不敢言歸。」〔九〕忽作二句：謂樂曲旋律突然轉變，像出塞、入塞曲那樣蒼凉悲壯，如響起邊塞颯颯的風聲，如現出連天的白草和浩瀚的沙漠。忽作：突然奏起。出塞、入塞：漢橫吹曲名。樂府詩集卷二十一橫吹曲辭一出塞：「晉書樂志曰：『出塞、入塞曲，李延年造。』曹嘉之晉書曰：『劉疇嘗避亂塢壁，賈胡百數欲害之，疇無懼色，援笳而吹之，爲出塞、入塞之聲，以動其游客之思，於是群胡皆垂泣而去。』」颯颯：風聲。〔一〇〕翻身二句：寫樂曲奏至入破，舞女動作輕捷，變化多端，旋轉新穎，動作前後回回不同。入破：唐大曲分段之一。大曲每套十二徧（段），爲散序、中序、破三大段，入破即破段的第一小段。破即「破碎」之意，曲至此段音調急促。新唐書五行志：「天寶初，詩人多爲憂苦流寓之思，多寄興於江湖僧寺。而樂曲多以邊地爲名：有伊州、甘州、凉州等。至其曲遍繁聲，皆謂之『入破』。又有胡旋舞，本出康居，以旋轉便捷爲巧，時又尚之。破者，蓋破碎云。」回回新：每次旋轉姿態都不相同。以上十句寫舞樂。〔一一〕採蓮：採蓮曲。樂府詩集卷五十清商曲辭七：梁武帝作，其詞多寫男女相思之情，曲本江南曲而賦漢代採蓮之事。唐大曲中有採蓮，雜曲中有採蓮子。落梅：梅花落。樂府詩集卷二十四橫吹曲辭四：「梅花落，本笛中曲也。按唐大角曲亦有大單于、小單于、大梅花、小梅花等曲，今其聲猶有存者。」聒耳：嘈雜刺耳。〔一二〕世人二句：謂世人學舞衹會作一般動作，其姿態哪能如比美妙傳神。恣：底本注：「一作姿」，是。以上四句贊嘆舞、曲優美無匹。

酒泉太守席上醉後作〔一〕

酒泉太守能劍舞，高堂置酒夜擊鼓〔二〕。胡笳一曲斷人腸〔三〕，座上相看泪如雨。琵琶長笛曲相和，羌兒胡雛齊唱歌〔四〕。渾炙犁牛烹野駝〔五〕，交河美酒金叵羅〔六〕。三更醉後軍中寢，無奈秦山歸夢何〔七〕。

【注釋】

〔一〕至德二載（七五五）春歸京途次酒泉時作。酒泉：見過酒泉憶杜陵別業注〔二〕。太守：岑參另有贈酒泉韓太守詩，此太守當即韓太守。此詩底本分爲二詩，前四句一首，後六句一首，皆題酒泉太守席上醉後作，此從四部叢刊岑嘉州詩，合爲一首。〔三〕酒泉二句：寫太守設筵款待，并舞劍助興。〔四〕胡笳句：謂胡笳聲悲切動人。胡笳：見胡笳歌送顏真卿使赴河隴注〔一〕。〔五〕琵琶二句：言在琵琶羌笛的伴奏下，少數民族歌手齊聲唱歌。羌兒、胡雛：皆指當地少數民族歌者。〔六〕渾炙句：言餚饌別有風味，席上有烤全牛與烹駝峯。渾炙：整烤。犁牛：毛黄黑相雜的牛。論語雍也：「犁牛之子，騂且角。」注：「犁，雜文。」劉寶楠正義：「犁牛者，黄黑相雜之牛也。」野駝：此指野駝峯。〔七〕交河：見前天山雪歌送蕭治歸京注〔五〕。美酒：指當地特産的葡萄酒。叵羅：一種管狀吸飲酒器。金：底本作「歸」，注：「一作金」，是。據改。〔八〕無奈句：言醉後宿於軍營，仍然夢回故鄉，這是没有辦法的事。秦山：見胡笳歌送顏真卿使赴河隴注〔六〕。

行軍詩二首 時扈從在鳳翔〔一〕

吾竊悲此生〔二〕，四十幸未老。一朝逢世亂，終日不自保〔三〕。胡兵奪長安，宫殿生野草〔四〕。傷心五陵樹，不見二京道〔五〕。我皇在行軍，兵馬日浩浩〔六〕。胡雛尚未滅，諸將懇征討〔七〕。昨聞咸陽敗，殺戮净如掃〔八〕。積屍若丘山，流血漲豐鎬〔九〕。干戈礙鄉國，豺虎滿城堡〔一〇〕。村落皆無人，蕭條空桑棗〔一一〕。儒生有長策，無處豁懷抱〔一二〕，塊然傷時人〔一三〕，舉首哭蒼昊〔一四〕。

【注釋】

〔一〕至德二載（七五五）作於鳳翔。行軍：行營。此指唐肅宗在鳳翔的駐地。扈從：皇帝出行時的隨從人員。鳳翔：舊唐書地理志關内道鳳翔府：「至德二年，肅宗自順化郡幸扶風郡，置天興縣，改雍縣爲鳳翔縣，并治郭下。」在今陝西鳳翔縣。又肅宗本紀：天寶十五載（七五六）六月，安禄山叛軍攻陷長安；七月，玄宗第三子李亨在靈武（今寧夏靈武縣西北）即位，是爲肅宗，改元至德。翌年二月，肅宗至鳳翔郡。杜甫、裴薦等舉薦岑參爲右補闕。

〔二〕竊悲：暗自悲傷。〔三〕一朝二句：謂時逢安史之亂，終日不能自全。一朝：一旦。世亂：指安史之亂。據舊唐書安禄山傳，天寶十四載（七五五）十一月，安禄山起兵反叛於范陽（今北京市西南），以諸蕃馬步十五萬，夜半行，平明食，日六十里，犯長安。　〔四〕胡兵二句：　謂安史叛軍進占長安，唐朝百官奔亡，宮殿盡空。此暗指玄宗棄國逃蜀之事。胡兵：　指安史叛軍。安禄山本營州柳城（今遼寧朝陽縣）雜種胡人，其部亦多爲同羅、奚、契丹、室韋諸族，故稱。舊唐書玄宗本紀：　天寶十五載六月，潼關失守，唐玄宗西奔逃蜀，安史叛軍遂侵占長安，屯兵皇苑之中。　〔五〕傷心二句：　謂自長安陷落，整個中原都淪於叛軍之手，兩京道路塞絶不通。五陵：　指唐五陵。「高祖葬獻陵，太宗葬昭陵，高宗葬乾陵，中宗葬定陵，睿宗葬橋陵」（唐紀）。二京：　指西京長安和東京洛陽。　〔六〕我皇：　指唐肅宗李亨。日浩浩：　軍勢一天比一天彊盛。　〔七〕胡雛：　當指安禄山之子安慶緒。舊唐書安禄山傳：　至德二載正月，嚴莊立安慶緒，斫殺安禄山。二月，肅宗南幸鳳翔郡，始知安禄山死。尚：　還。懇：　請求。

〔八〕昨聞二句：　唐軍在咸陽附近慘敗，被叛軍殺戮殆盡。咸陽敗：　資治通鑒卷二一九：　至德元載（七五六）冬十月「甲申（四日），房琯以中軍、北軍爲前鋒，庚子（二十日）至便橋（即西渭橋），辛丑（二十一日），二軍遇賊將安守忠於咸陽之陳濤斜（在今咸陽市東）。琯效古法，用車戰，以牛車二千乘，馬步夾之，賊順風鼓噪，牛皆震駭。賊縱火焚之，人畜大亂，官軍死傷者四萬餘人，存者數千而已。癸卯（二十三日），琯自以南軍戰，又敗。」净如掃：　喻殺戮殆盡，如掃過一般。　〔九〕流血句：　血流使豐鎬二水爲之漲高。豐鎬：　豐水和鎬水。史記司馬相如列傳引子虚賦：「出入涇渭，酆鄗潦潏。」司馬貞索隱：「張揖云：『豐水出鄠縣南山豐谷，北入渭。鎬在昆明池北。』郭璞云：『鎬水，豐水下流也。』」二水皆在咸陽之東，爲唐兵敗之處。　〔一〇〕干戈二句：　言戰争風雲遮蔽長安，到處都是安史叛軍。干戈：　指戰争。礙：　障蔽。鄉國、城堡：　皆指長安。豺虎：　喻安史叛事。　〔一一〕村落二句：　謂戰禍所及，村落絶無人迹，田野祇剩下桑棘樹。蕭條：　冷落凋敝。　〔一二〕儒生二句：　詩人自謂有治亂經世良策而不被重用。儒生，作者自謂。長策：　良策。豁懷抱：　施展胸中抱負。豁：　開，施展。據杜確岑嘉州詩集序云：「（參）入爲右補闕，頻上封章，指述權佞，改爲起居郎。尋出虢州長史。」故知參在朝屢爲奸佞排擠。　〔一三〕塊然：　孤獨之狀。傷時人：憂時傷亂之人。此係作者自謂。〔一四〕哭蒼昊：向天痛哭。蒼昊：蒼天。

早知逢世亂，少小謾讀書。悔不學彎弓，向東射狂胡〔一〕。偶從諫官列〔二〕，謬向丹墀趨〔三〕。未能匡吾君，虛作一丈夫〔四〕。撫劍傷世路〔五〕，哀歌泣良圖〔六〕。功業今已遲，覽鏡悲白鬚〔七〕。平生抱忠義，不敢私微軀〔八〕。

【注釋】

〔一〕早知四句：悔己早年未學武藝，未能在國難時躍馬殺敵，建立功業。世亂：指安史之亂。謾：通「漫」，徒，空。岑參虢州南池候嚴中丞不至云：「徒教柳葉長，謾使梨花開。」向東射狂胡：時岑參隨肅宗在鳳翔，安史亂軍已占領鳳翔東邊之地，故云。狂胡：指安史叛軍。〔二〕偶：偶然。諫官：岑參時任右補闕，職務是向皇帝進諫。〔三〕謬：妄，自謙之詞。丹墀：皇宮前涂紅的臺階。〔四〕未能二句：謂己不能救國家於危難之中，白作七尺男兒。匡：救。左傳成公十八年：「匡乏困，救災患。」注：「匡，亦救也。」虛作：枉作。〔五〕撫劍句：言按劍慨嘆世途坎坷，國家多難。〔六〕哀歌句：謂爲己徒有良謀不能施展而哀傷。良圖：良好的謀略。〔七〕功業二句：謂建功立業的年華已晚，對鏡悲己鬚髮已白。覽：看。〔八〕平生二句：言己平生滿懷報國之情，并不把個人的生命放在心上。私：愛惜。微軀：微賤之身，作者自謂。

宿岐州北郭嚴給事別業〔一〕

郭外山色暝〔二〕，主人林館秋〔三〕。疏鐘入臥内〔四〕，片月到床頭。遥夜惜已半，清言殊未休〔五〕。君雖在青瑣，心不忘滄洲〔六〕。

【注釋】

〔一〕至德二載（七五七）秋在鳳翔作。岐州：元和郡縣志卷二鳳翔府：「（後魏）文帝改（雍城）鎮爲岐州，隋開皇元年，於州城内置岐陽宫，岐州移於今理。大業二年罷州爲撫風郡，武德元年復爲岐州。至德元年改爲鳳翔郡。」此用舊稱，即今陝西鳳翔。北郭：北郊。嚴給事：即嚴武。武時爲給事中。舊唐書嚴武傳：「至德初，肅宗與師靖難，大收才傑，武杖節赴行在。宰相房琯以武名臣之子，素重之，及是，首薦才略可稱，累遷給事中。」又職官志：給事中掌陪侍左右，分判省事。〔二〕暝：昏暗貌。〔三〕主人：指嚴武。林館：此指嚴武别墅。〔四〕疏鐘：稀疏的鐘聲。臥内：臥室之内。〔五〕遥夜二句：謂長夜過半，與友人暢談未休。遥夜：長夜。已半：過半。清言：清談。殊：猶。〔六〕君：指嚴武。青瑣：宫門上的青色花紋。漢書元后傳：「曲陽侯（王）根驕奢僭上，赤墀青瑣。」注：「師古曰：『青瑣者，刻爲連環文，而青塗之也。』」此指嚴武身爲給事中，任職朝中。滄洲：水邊之地，指隱居。

行軍九日思長安故園時未收長安〔一〕

强欲登高去〔二〕，無人送酒來〔三〕。遥憐故園菊〔四〕，應傍戰場開〔五〕。

【注釋】

〔一〕至德二載秋作於鳳翔。九日：即農曆九月九日重陽節。文選曹丕與鍾繇書：「歲月往來，忽九月九日，九爲陽數，而日月竝應，故曰重陽。」長安故園：岑參入仕前曾居長安，有别業在杜陵山中，故云。據舊唐書肅宗本紀：唐軍於至德二載九月收復長安。〔二〕强：勉强。登高：古人有重陽登高賞菊、佩茱萸、飲菊花酒的風俗。續齊諧記：「汝南桓景，隨費長房游學累年，長房謂曰：『九月九日，汝家中當有災，宜急去，令家人各作絳囊，盛茱萸以繫臂，登高飲菊花酒，此禍可除。』景如言，齊家登山。夕還，見鷄犬牛羊一時暴死。長房聞之曰：『此可代也。』今世人九日登高飲酒，婦人帶茱萸囊，蓋始於此。」〔三〕送酒：南史陶潛傳：「(潛)嘗九月九日無酒，出宅邊菊叢中坐久之。逢(王)弘送酒至，即便就酌，醉而後歸。」〔四〕憐：愛念。〔五〕應傍句：謂長安仍在戰亂之中。傍：依。

奉和中書舍人賈至早朝大明宮〔一〕

鷄鳴紫陌曙光寒〔二〕，鶯囀皇州春色闌〔三〕。金闕曉鐘開萬户〔四〕，玉階仙杖擁千官〔五〕。花迎劍珮星初落〔六〕，柳拂旌旗露未乾〔七〕。獨有鳳皇池上客〔八〕，陽春一曲和皆難〔九〕。

【注釋】

〔一〕乾元元年（七五八）春作於長安。據資治通鑒卷二二〇，至德二載（七五七）九月，唐軍克復長安，十月，肅宗率百官還京。岑參時任右補闕，亦隨還長安。奉和：仿照他人詩的體裁或題材作詩，可依原韻或另擬新韻。中書舍人：舊唐書職官志：中書省「中書舍人六員。舍人掌侍奉進奏，參議表章。凡詔旨敕制，及璽書册命，皆按典故起草進畫。」賈至：字幼隣，洛陽人。舊唐書文苑傳：「至，天寶末爲中書舍人。」大明宮：唐宫殿名。舊唐書地理志：「大明宮，在西内之東北，高宗龍朔二年（六六二）置。」全唐詩卷二二五有賈至早朝大明宮呈兩省僚友、卷一二八有王維和賈舍人早朝大明宮之作、卷二二五有杜甫奉和賈至早朝大明宮，皆爲同時之作。

〔二〕鷄鳴：漢官儀：「宫中興臺，并不得畜鷄，夜漏未明三刻鷄鳴，衛士候於朱雀門外，著絳幘爲鷄唱。」周禮春官：「鷄人……夜嘑旦以嘂百官。」注：「夜漏未盡，鷄鳴時也，呼旦以驚起百官使夙興。」紫陌：古以天帝居處爲紫宫，京師爲天子所居，上應天象，亦稱紫宫，因稱京師街道爲紫陌。陌，街道。

〔三〕皇州：古稱帝都爲皇州，此指長安。春色闌：春色已晚。文選謝莊宋孝武宣貴妃誄：「白露凝兮歲將闌。」李善注：「闌，猶晚也。」上句寫上朝時間，下句寫上朝季節。〔四〕金闕句：謂一聲曉鐘，宫中門户皆開。金闕：宫闕。〔五〕玉階：宫殿前的臺階。仙杖：皇帝的儀仗。千官：指早朝的文武百官。〔六〕劍珮：劍把上的飾物。星初落：夜星剛落，即天色微明。〔七〕旌旗：指宫中旗仗。據新唐書儀衛志，皇帝每朝有黄、赤、白、黑、青諸色旗幟。以上鶯囀、花迎、柳拂，皆寫早朝時的景物。〔八〕鳳皇池：指中書省。通典卷二十一中書省：「以其地在樞近，多承寵任，是以人固其位，謂之鳳凰池焉。」賈至官中書舍人，故稱之爲「鳳凰池上客」。〔九〕陽春句：稱贊賈至詩作絶高，酬和很難。陽春：即陽春白雪，是極高雅的古樂曲。文選宋玉對楚王問：「客有歌於郢中者，其始曰下里巴人，國中屬而和者數千人；其爲陽阿、薤露，國中屬而和者數百人；其爲陽春白雪，國中屬而和者不過數十人……是其曲彌高，其和彌寡。」

寄左省杜拾遺〔一〕

聯步趨丹陛〔二〕，分曹限紫微〔三〕。曉隨天仗入〔四〕，暮惹御香歸〔五〕。白髮悲花落，青雲羨鳥飛〔六〕。聖朝無闕事〔七〕，自覺諫書稀〔八〕。

【注釋】

〔一〕乾元元年（七五八）作於長安。左省：即門下省。以其地處大明宫宣政殿左，故名。杜拾遺：杜甫。杜時任左拾遺。〔二〕聯步：同步，指一同上朝。岑與杜在至德二載至乾元元年初（七五七——七五八）同仕於朝。

岑任右補闕，杜任左拾遺。丹陛：殿前紅色臺階，爲官員上朝之處。〔三〕分曹句：時杜甫在門下省，岑參在中書省。門下省在大明宫宣政殿東廊日華門之東，稱左省，又稱左曹、東省。中書省在西廊月華門之西，稱右省，亦稱右省、右曹、西省。限：隔。紫微：古以紫微星垣喻皇帝居處，詩指上朝時皇帝所居之宣政殿。沈德潛唐詩别裁集卷十云：「岑居右省，杜居左省，紫微省居中，故云限。」〔四〕天仗：皇帝的儀仗，亦稱仙杖。唐代朝會時門下、中書省官員由東西閣儀衛依次引入殿中，分東西班相對而立。〔五〕惹：染。御香：朝會時殿中所燃之香。〔六〕白髮二句：謂己年華已老，是花落而悲；不被重用，空羨青雲之鳥。青雲：喻高位。〔七〕聖朝：當朝。闕事：過失。〔八〕諫書：進諫的奏章。稀：少。補闕掌諷諫，無諫書，實質是不納諫。唐詩别裁集云：「下半自傷遲暮無可建白也。感嘆語以回護出之，方是詩人之旨。」

送張獻心充副使歸河西雜句〔一〕

將門子弟君獨賢，一從受命常在邊〔二〕。未至三十已高位，腰間金印色赭然〔三〕。前日承恩白虎殿〔四〕，歸來見者誰不羡〔五〕。篋中賜衣十重餘，案上軍書十二卷〔六〕。看君謀智若有神，愛君詞句皆清新〔七〕。澄湖萬頃深見底，清冰一片光照人〔八〕。雲中昨夜使星動〔九〕，西門驛樓出相送〔一〇〕。玉瓶素蟻臘酒香〔一一〕，金鞭白馬紫遊繮〔一二〕。花門南，燕支北〔一三〕，張掖城頭雲正黑〔一四〕，送君一去天外憶〔一五〕。

【注釋】

〔一〕廣德元年（七六三）作於長安。張獻心：未詳。副使：舊唐書職官志：節度使有節度副使一人，佐理軍務。河西：舊唐書地理志：「河西節度使，斷隔羌胡，統赤水、大斗、建康、寧寇、玉門、墨離、豆盧、新泉等八軍，張掖、交城、白亭三守捉。河西節度使治在凉州」，即今甘肅武威縣。雜句：雜言詩。〔二〕將門二句：言張爲將門之後，受任後常年戍邊。君：指張獻心。一從：自從。〔三〕金印：漢代將軍佩金印，此謂張已任將軍之位。〔四〕前日句：謂前不久受命爲節度副使。白虎殿：漢書王商傳：「河平四年（前二五）單于來朝，引見白虎殿。」注：「師古曰：『在未央宮中。』」此借指唐宮。白虎，亦作「白獸」。杜甫北征：「淒凉大同殿，寂寞白獸闥。」仇注：「三輔黄圖：未央宮，有白虎殿。唐避太祖諱改爲『獸』。白獸闥，即白獸門也。」〔五〕羡：羡慕。〔六〕篋中二句：謂張受賜衣物并兵書。篋：此指衣箱。十重餘：十幾件。軍書：兵書。以上八句寫張受命得寵。〔七〕看君二句：謂張謀略和智慧過人，詩句清新。〔八〕澄湖二句：喻張心胸坦蕩純潔，如千頃湖水澄澈見底，光潔照人。以上四句寫張的爲人。〔九〕使星動：指張受命後赴河西幕府。後漢書李郃傳：「和帝即位，分遣使者，皆微服單行，各至州縣，觀採風謡。使者二人當到益部，投郃候舍。時夏夕露坐，郃因仰觀，問曰：『二君發京師時，寧知朝廷遣二使邪？』二人默然，驚相視曰：『不聞也。』問何以知之。郃指星示云：『有二使星向益州分野，故知之耳。』」〔一〇〕西門：長安西門。驛樓：驛站之樓。〔一一〕玉瓶：玉制酒瓶。素蟻：倒酒時泛起的白色泡沫，亦稱浮蟻。臘酒：農歷十二月所釀之酒。〔一二〕金鞭：飾金馬鞭。紫遊繮：紫絲編織的馬繮繩。晉書五行志中：「海西公太和中，百姓歌曰：『青青御路楊，白馬紫遊繮。』」〔一三〕花門：見與獨孤漸道別長句兼呈嚴八侍御注〔一九〕。燕支：燕支山。「燕」亦作「焉」。舊唐書地理志河西道甘州删丹縣：「焉支山在縣界。」在今甘肅山丹縣東南。〔一四〕張掖：舊唐書地理志河西道甘州：「隋張掖郡，武德二年，平李軌，置甘州，天寶元年，改爲張掖郡，乾元元年之後爲甘州。」此用舊稱。在今甘肅張掖縣。雲正黑：喻戰局緊張。資治通鑒卷二二二：「廣德元年（七六三）七月……吐蕃入大震關，陷蘭、廓、河、鄯、洮、岷、秦、成、渭等州，盡取河西、隴右之地。」張赴任河西節度副使，當在河西隴右陷落前奉命歸守。〔一五〕天外憶：言張此去很遠，日後衹能思念於千里之外。以上七句送別。

佐郡思舊遊并序〔一〕

己亥歲〔二〕，春三月，參自補闕轉起居舍人〔三〕。夏四月，署虢州長史〔四〕。適見秋草〔五〕，涼風復來，昔桓譚出爲六安丞，常忽忽不樂〔六〕，今知之矣。悲州縣瑣屑，思掖垣清閑〔七〕，呈左右省舊遊〔八〕。

幸得趨紫殿〔九〕，卻憶侍丹墀〔一〇〕。史筆衆推直〔一一〕，諫書人莫窺〔一二〕。平生恒自負，垂老此安卑〔一三〕。同類皆先達，非才獨後時〔一四〕。庭槐宿鳥亂，階草夜蟲悲〔一五〕。白髮今無數，青雲未有期〔一六〕。

【注釋】

〔一〕乾元二年作於虢州。佐郡：佐理郡務。長史爲州郡副職，故云。舊遊：往日的朋友。〔二〕己亥歲：

乾元二年（七五九）。〔三〕補闕：岑參至德二載（七五七）六月任右補闕。轉：遷調。起居舍人：舊唐書職官志：「起居舍人，掌修記言之史，録天子之制誥德音，知記事之制，以記時政損益。季終，則授之於國史。」〔四〕署：暫任。虢州：舊唐書地理志河南道有虢州，在今河南靈寶縣。長史：舊唐書職官志：「上、中州皆署長史一人。尹、少尹、别駕、長史、司馬掌貳府州之事，以綱紀衆務，通判列曹。」〔五〕適：正，恰。〔六〕昔桓譚二句：後漢書桓譚傳：「桓譚字君山，沛國相（今安徽濉溪市西北）人也。……有詔會議靈臺所處，帝謂譚曰：『吾欲讖決之，何如？』譚默然良久，曰：『臣不讀讖。』帝問其故，譚復極言讖之非經。帝大怒曰：『桓譚非聖無法，將下斬之。』譚叩頭流血，良久乃得解。出爲六安郡丞。意忽忽不樂，道病卒，時年七十餘。」注：「六安郡故城在今壽州安豐縣南（今安徽壽縣西南）。」郡丞：漢郡太守副職，唐長史與之地位相當，故岑參用以自比。忽忽：失意貌。〔七〕悲州縣二句：言地方公事繁瑣細碎，不如在中書省任職清閑。掖垣：皇宫旁垣，此指中書省。文選劉楨贈徐幹：「誰謂相去遠，隔此西掖垣。」〔八〕左右省：門下省與中書省。通典卷二十一「中書省」注：「時謂尚書省爲南省，門下、中書爲北省。亦謂門下省爲左省，中書爲右省，或通謂之兩省。」〔九〕紫殿：漢殿名。三輔黄圖：「武帝又起紫殿，雕文刻鏤黼黻，以玉飾之。」此借指唐宫。〔一〇〕卻：還。丹墀：見行軍詩二首注〔三〕。〔一一〕史筆句：謂己任起居舍人記事直切，得到衆人稱贊。史筆：史家記事之筆法。〔一二〕諫書：指任右補闕時所上的勸諫奏章。窺：看到。〔一三〕平生二句：謂己平生十分自信，如今將老，衹能安於現狀。恒：猶常。垂老：將老。卑：指微職。〔一四〕同類二句：謂同輩皆先顯達，而己卻不才，落後於人。同類：猶同輩。先達：先已顯達。後漢書朱暉傳：「暉以（張）堪先達，舉手未敢對。」非才：不才，作者自謙之辭。〔一五〕庭槐二句：謂秋夜庭院中宿鳥驚飛，秋蟲悲鳴，更添愁思。〔一六〕白髮二句：慨嘆年歲將老，白髮更多，而升遷已無指望。時岑參年四十五。青雲：喻高位。期：希望。

早秋與諸子登虢州西亭觀眺〔一〕

亭高出鳥外，客到與雲齊〔二〕。樹點千家小，天圍萬嶺低〔三〕。殘虹掛陝北〔四〕，急雨過關西〔五〕。酒榼緣青壁〔六〕，瓜田傍緑溪。微官何足道，愛客且相攜〔七〕。唯有鄉園處，依依望不迷〔八〕。

【注釋】

〔一〕居虢州期間作。西亭：虢州西山亭子。〔二〕亭高二句：極言西亭之高超出飛鳥，人到亭中，彷佛置身雲端。〔三〕樹點二句：言由亭上俯視，遠樹如點，山嶺猶在脚下。〔四〕掛：懸。陝北：陝州之北。舊唐書地理志河南道有陝州大都督府，在今河南三門峽市西。〔五〕關西：古函谷關（在今河南靈寶縣）之西。〔六〕酒榼（kē課）：酒器。緣：沿。青壁：青色山崖。句謂依山崖置酒。〔七〕微官二句：謂何必計較官職微小，且與友人相攜同遊。〔八〕唯有二句：言登亭遠眺，唯對家鄉佇望最久，使人思念不已。鄉園：此指長安。依依：思念貌。三國志蜀書費詩傳引諸葛亮與孟達書曰：「追平生之好，依依東望，故遺有書。」不迷：不被其他景物所迷，謂看得真切。

送裴判官自賊中再歸河陽幕府〔一〕

東郊未解圍〔二〕，忠義似君稀〔三〕。誤落胡塵裏〔四〕，能持漢節歸〔五〕。卷簾山對酒，上馬雪沾衣。却向嫖姚幕〔六〕，翩翩去若飛〔七〕。

【注釋】

〔一〕乾元二年（七五七）作於虢州。裴判官：未詳。賊：指史思明叛軍。河陽幕府：當指李光弼幕府。資治通鑒卷二二一：乾元二年九月，李光弼移兵據守河陽。河陽幕府即指此。河陽：在今河南孟縣東南，黄河北岸。

〔二〕東郊：指東都洛陽東郊。　〔三〕君：指裴判官。　〔四〕胡塵：指史思明叛軍。　〔五〕能持句：謂裴判官能堅守節操，逃出賊營，回歸唐朝。漢書蘇武傳：天漢元年（前一〇〇），蘇武以中郎將使持節出使匈奴，被拘，徙流北海，武杖漢旄節牧羊，臥起操持，凡十九年。矢志不降，後漢匈和親，武持節而歸。詩即用其意，點題自賊中歸。　〔六〕却：仍。嫖姚：漢代名將霍去病曾任嫖姚校尉，人稱霍嫖姚。此借指李光弼，點題再歸河陽幕府。

〔七〕翩翩：躍馬疾馳貌。

題虢州西樓〔一〕

錯料一生事，蹉跎今白頭〔二〕。縱横皆失計〔三〕，妻子也堪羞〔四〕。明主雖然棄，丹心亦未休〔五〕。愁來無去處，衹上郡西樓〔六〕。

【注釋】

〔一〕任職虢州期間作。西樓：虢州西城樓。

〔二〕錯料二句：言己一生光陰虚度，如今鬢髮已白。蹉跎：虚度時光。

〔三〕縱横句：謂己策略皆無所成。魏徵述懷：「縱横計不就，慷慨志猶存。」失計：失策，失誤。

〔四〕妻子句：謂家人也覺羞恥。

〔五〕明主二句：言己雖不爲皇帝重用，但憂國之心未泯。明主：指唐肅宗。棄：被棄置不用。丹心：赤誠報國之心。

〔六〕愁來二句：謂愁來時無處可去，衹有登樓遥望長安，以寄哀緒。

西亭子送李司馬〔一〕

高高亭子郡城西〔二〕，直上千尺與雲齊。盤崖緣壁試攀躋，群山向下飛鳥低〔三〕。使君五馬天半嘶，絲繩玉壺爲君提〔四〕。坐來一望無端倪，紅花緑柳鶯亂啼，千家萬井連迴溪〔五〕。酒行未醉聞暮鷄〔六〕，點筆操紙爲君題〔七〕。爲君題，惜解攜〔八〕，草萋萋，没馬蹄〔九〕。

【注釋】

〔一〕任職虢州期間作。西亭子：即西山亭。李司馬：未詳。司馬：舊唐書職官志：諸州皆置司馬一人，爲刺史佐僚。〔二〕郡城：指虢州城。虢州天寶元年曾改爲弘農郡，故稱郡城。〔三〕盤崖二句：謂沿懸崖峭壁登亭遠望，群山在下，飛鳥覺低。盤，繞。攀躋：攀登。以上四句寫西亭地勢之高。〔四〕使君二句：謂虢州刺史在西亭爲李司馬設酒餞行。使君：漢稱郡太守爲使君，此指虢州刺史。五馬：漢太守車駕五馬，此指虢州刺史車馬。天半嘶：謂馬至西亭，猶在半空嘶鳴。絲繩玉壺：指精美的酒器。君：指李司馬。〔五〕坐來三句：謂亭中遠眺，一望無際，但見柳緑花紅，黄鶯啼鳴。千家萬户，迴溪繚繞。無端倪：無涯無際。文選謝靈運游赤石進帆海：「溟漲無端倪，虚舟有超越。」注：「翰曰：『端倪，猶涯際也。』」迴溪：迴轉的溪流。〔六〕酒行：行酒，飲酒。〔七〕點筆：猶落筆。爲君題：爲李司馬題詩。以上七句寫太守於西亭餞行。〔八〕惜解攜：不忍分别。解攜：猶分手。〔九〕草萋萋二句：謂李司馬乘馬遠行而去，茂盛的芳草淹没了馬蹄。結句以草没馬蹄的細節描寫，顯出作者的依依惜别之情。楚辭招隱士：「王孫游兮不歸，春草生兮萋萋。」後多以王孫指旅人游子，詩即本此。以上寫題詩送行。

原頭送范侍御得山字〔一〕

百尺原頭酒色殷，路傍驄馬汗斑斑〔二〕。別君祇有相思夢，遮莫千山與萬山〔三〕。

【注釋】

〔一〕居虢州期間作。原頭：原邊。原指西原。舊唐書玄宗紀：「天寶十五載（七五六），哥舒翰將兵八萬，與賊將崔乾祐戰於靈寶西原。」一統志：「西原在靈寶西南五十里。」在今河南靈寶縣西南。范侍御：未詳。岑參另有虢州西山亭子送范端公詩，疑即一人。侍御：即侍御史。舊唐書職官志：御史臺「侍御史四員，掌糾舉百僚，推鞫獄訟。」

〔二〕百尺二句：言在西原邊置酒爲范侍御餞行。殷：深紅色。傍：同旁。驄馬：指御史所乘之馬。後漢書桓典傳：「(桓)典字公雅。……常乘驄馬，京師畏憚，爲之語曰：『行行且止，避驄馬御史。』」

〔三〕遮莫：不論。唐人口語。

題山寺僧房〔一〕

窗影摇羣木，牆陰載一峯〔二〕。野爐風自爇〔三〕，山碓水能舂〔四〕。勤學翻知誤，爲官好欲慵〔五〕。高僧瞑不見，月出但聞鐘〔六〕。

【注釋】

〔一〕居虢州期間作。僧房：僧人居室。〔二〕窗影二句：言窗外摇動着許多樹影，牆陰之上一峯獨秀。〔三〕野爐句：謂室外煮茶的鼎爐借風自燃。爇（ruò 弱）：燃燒。〔四〕山碓：即水碓。見晚過盤豆寺禮鄭和尚注〔三〕。春：春米。〔五〕勤學二句：謂至僧房悟得禪理，反知讀書爲誤，作官念頭也淡漠了。好欲慵：謂正感困乏。好：正。〔六〕高僧二句：謂天色已晚，僧人未歸，月出時唯聞山寺鐘聲。

虢州後亭送李判官使赴晉絳得秋字〔一〕

西原驛路掛城頭，客散紅亭雨未收〔二〕。君去試看汾水上，白雲猶似漢時秋〔三〕。

【注釋】

〔一〕居虢州期間作。李判官：未詳。晉絳：舊唐書地理志：河東道有晉州、絳州，皆在今山西境内。汾水流經二州。二州治所，晉州在今臨汾縣，絳州在今新絳縣。〔二〕驛路：公路。掛城頭：謂向西地勢高峻，西原上大道高出城墻，故云。紅亭：即虢州後亭。雨未收：雨未停。〔三〕君去二句：時唐軍已收復兩京之地，故用漢武帝故事，期望唐朝恢復盛時山河。君：指李判官。汾水：元和郡縣志卷十二河東道寶鼎縣：「汾水，北去縣二十五里。」漢武故事：「元鼎四年（前一一三），上行幸河東，祠后土，顧視帝京，欣然，中流與群臣飲燕。上歡甚，乃自作秋風辭。」辭頭兩句爲「秋風起兮白雲飛，草木黄落兮雁南歸。」其中又有「泛樓船兮濟汾河」之句。

虢州送天平何丞入京市馬〔一〕

關樹晚蒼蒼，長安近夕陽〔二〕。回風醒別酒，細雨濕行裝〔三〕。習戰邊塵黑〔四〕，防秋塞草黄〔五〕。知君市駿馬，不是學燕王〔六〕。

【注釋】

〔一〕任職虢州期間作。天平：舊唐書地理志：虢州湖城縣，「乾元元年（七五八）改爲天平縣。」在今河南靈寶縣西。何丞：未詳。丞：縣丞，縣令副職，輔理縣政。京：長安。市馬：買馬。〔二〕關：潼關。自虢州入長安須經潼關。蒼蒼：深暗貌。近夕陽：長安在虢州之西，故云。〔三〕回風二句：謂何丞入京正值風雨天。回風：旋風。〔四〕習戰句：謂時國難未靖，何丞爲平亂而積極備戰習武。習戰：練習作戰，猶今言演習。春秋穀梁傳莊公八年：「出曰治兵，習戰也。入曰振旅，習戰也。」邊塵黑：指邊地發生戰事。據舊唐書吐蕃傳，乾元之後，吐蕃乘唐内亂，日蹙邊城，據掠殺傷，數年之後，鳳翔之西，邠州之北，盡爲蕃戎之境，湮没者數十州。〔五〕防秋：舊唐書陸贄傳：「西北邊常以重兵守備，謂之防秋。」詩指防備異族入侵。塞草黄：時異族騎兵常乘秋高馬肥時侵掠，故云。〔六〕知君二句：謂何丞買馬是爲了報國殺敵，不是象燕昭王那樣市馬求名。燕王：燕昭王。戰國策燕策：燕昭王欲招賢士，問於郭隗，「郭隗先生曰：『臣聞古之君人，有以千金求千里馬者，三年不能得。涓人言於君曰：請求之。君遣之。三月得千里馬。馬已死，買其首五百金；反以報君。君大怒曰：所求者生馬，安事死馬，而捐五百金。涓人對曰：死馬且買之五百金，況生馬乎？天下必以爲王能市馬，馬今至矣。於是不期年，千里之馬至者三。今王誠欲致士，先從隗始。隗且見事，况賢於隗者乎？』」

虢州郡齋南池幽興因與閻二侍御道別〔一〕

池色净天碧，水涼雨淒淒〔二〕。快風從東南，荷葉翻向西〔三〕。性本愛魚鳥，未能返巖溪〔四〕，中歲徇微官，遂令心賞睽〔五〕。及兹佐山郡，不異尋幽棲〔六〕。小吏趨竹徑，訟庭侵藥畦〔七〕。胡塵暗河洛，二陝震鼓鼙〔八〕。故人佐戎軒，逸翮凌雲霓〔九〕。行軍在函谷，兩度聞鶯啼〔一〇〕。相看紅旗下，飲酒白日低〔一一〕。聞君欲朝天〔一二〕，駟馬臨道嘶〔一三〕。仰望浮與沉，忽如雲與泥〔一四〕。夜眠驛樓月〔一五〕，曉發關城鷄〔一六〕。惆悵西郊暮，鄉書對君題〔一七〕。

【注釋】

〔一〕居虢州期間作。郡齋：虢州公府。閻二侍御：未詳。四部叢刊岑嘉州詩題下注云：「時任虢州長史。」

〔二〕池色二句：謂南池色净如碧天，水波清凉，雨帶寒意。凄凄：陰凉之氣。詩鄭風風雨：「風雨凄凄，雞鳴喈喈。」

〔三〕快風二句：謂一陣凉風從東南方吹來，池中荷葉翻向西邊。快風，爽風。以上四句寫南池小景。

〔四〕性本二句：謂己性好隱逸而未能實現。魚鳥、巖溪：皆指隱逸生活。

〔五〕中歲二句：謂中年屈就小官，遂違初衷。中歲：中年。徇：屈就。微官：小官。岑參於三十歲才任右内率府兵曹小官。心賞：内心的賞好、意願。睽（kuí奎）：違背。

〔六〕及兹二句：謂現在虢州任佐僚，與幽居山中無異。佐山郡：岑參時任虢州長史；爲州之佐官。山郡：虢州多山，故稱。幽棲：隱居山林。文選謝靈運鄰里相送方山：「資此永幽棲，豈伊年歲别。」李善注：「郭璞山海經曰：『山居爲棲。』」

〔七〕小吏二句：寫公府環境，隸役奔走於竹徑，訟庭近於藥圃。小吏：州府中的差役。趨：奔走。訟庭：理訟之庭。侵：近。藥畦：藥圃。以上八句寫佐山郡幽居之興。

〔八〕胡塵二句：據資治通鑑卷二二一，肅宗乾元二年（七五九）九月，洛陽失守。十二月，史思明遣將攻陝州西進。上元元年（七六〇），史思明入駐洛陽宫闕。次年二月，并陷河陽、懷州，復欲乘勝西入關，使子史朝義將兵爲前鋒，自北道襲陝城。數次進兵，皆爲唐將衛伯玉所敗。胡塵：指史思明叛軍。河洛：指黄河、洛水之間地區。二陝：陝東、陝西。相傳周初周公與召公分治陝東、陝西。震鼓鼙：指發生戰争。

〔九〕故人二句：言閻二侍御身爲軍帥之佐，在軍中大展其才，置身高位。佐戎軒：指閻爲軍帥的輔佐之官。戎軒：戰車。逸翮：勁翮，喻高才。文選郭璞游仙：「逸翮思拂霄。」凌：高出。

〔一〇〕行軍二句：謂閻從軍在函谷關，已經兩年。行軍：從軍，即佐戎軒。

〔一一〕白日低：天色已晚。

〔一二〕君：指閻二侍御。欲朝天：將要朝見天子。時肅宗已在長安。

〔一三〕臨道嘶：在路旁嘶鳴。

〔一四〕仰望二句：贊頌閻高貴若在雲霄，慨嘆己位卑微若處塵泥。浮沉：即高低。

〔一五〕驛樓：驛站之樓。

〔一六〕曉發句：元和郡縣志卷六引西征記：「函谷關城，……日入則閉，雞鳴則開，秦法也。」此指潼關。二句寫閻入京的旅途生活。

〔一七〕惆悵二句：言遠望西郊去

長安的大道，頓生惆悵之情。鄉書：家書。君：指閻二侍御。以上十六句寫飲酒道別。

九日使君席奉餞衛中丞赴長水〔一〕

節使横行東出師〔二〕，鳴弓擐甲羽林兒〔三〕。臺上霜風凌草木〔四〕，軍中殺氣傍旌旗〔五〕。預知漢將宣威日〔六〕，正是胡塵欲滅時〔七〕。爲報使君多泛菊〔八〕，更將弦管醉東籬〔九〕。

【注釋】

〔一〕任職虢州期間作。九日：指九月九日重陽節。使君席：虢州刺史送别衛中丞的酒宴。衛中丞：衛伯玉。舊唐書衛伯玉傳：「衛伯玉，幼習藝，天寶中仗劍之安西，以邊功累遷至員外諸衛將軍。肅宗即位，興師靖難，自安西歸長安。乾元二年（七五七）十月，破史思明部僞將李歸仁於彊子坂，以功遷右羽林大將軍，知軍事，轉四鎮、北庭行營節度使，遷神策軍節度。上元二年（七六一）二月，大破史朝義於永寧（河南洛寧縣）。廣德元年（七六三）冬，拜江陵尹，兼御史大夫。其任御史中丞當在此前。又資治通鑒卷二二二：上元二年建子（十一）月，「神策節度使衛伯玉攻史朝義，拔永寧，破澠池、福昌、長水等縣。」詩當作於此役出師之前。中丞：御史中丞。舊唐書職官志：御史臺「中丞二員……大夫、中丞之職，掌持邦國刑憲典章，以肅正朝廷，中丞爲之貳。」長水：舊唐書地理志：河南府有長水縣。在今河南洛寧縣西南。

〔二〕節使：節度使。舊唐書職官志：「至德以後，天下用兵，中原刺史亦循其例，受節度使之號。」此指衛伯玉。東出師：向東發兵。長水在虢州之東，故云。東，底本原作「西」，下注：「一作東」，是。〔三〕鳴弓擐甲：謂戎裝整齊。擐甲：身穿鎧甲。顏氏家訓書證：「擐是穿著之名。」羽林兒：衛伯玉曾以功封右羽林大將軍，故稱其軍士爲羽林兒。羽林：羽林軍，唐禁軍名。舊唐書職官志：「龍朔二年（六六二），置左右羽林軍。」　〔四〕臺上句：言衛時爲御史中丞，威嚴如霜，凌逼草木。臺：御史臺。　〔五〕軍中句：言衛所帥軍隊戰斗氣氛濃厚。殺氣：戰斗氣氛。傍旌旗：彌漫於軍旗周圍。　〔六〕宣威日，揚威出師之日。　〔七〕胡塵：指史思明叛軍。　〔八〕爲報句：寄語刺史多準備菊花酒。以壯行色。泛菊：古時重陽節會友飲酒，以菊置酒中，稱菊花酒。　〔九〕更將句：更以音樂侑酒，共同暢飲於東籬之下。將：帶。弦管：指音樂。東籬：晉陶淵明飲酒結廬在人境：「采菊東籬下，悠然見南山。」蕭統陶淵明傳：「嘗九月九日出宅邊菊叢中坐，久之，滿手把菊，忽值〔王〕弘送酒至，即便就酌，醉而歸。」

衛節度赤驃馬歌〔一〕

君家赤驃畫不得，一團旋風桃花色〔二〕。紅纓紫纏珊瑚鞭，玉鞍錦韉黃金勒〔三〕。請君鞲出看君騎〔四〕，尾長窣地如紅絲〔五〕。自矜諸馬皆不及〔六〕，却憶百金新買時〔七〕。香街紫陌鳳城内〔八〕，滿城見者誰不愛。揚鞭驟急白汗流〔九〕，弄影行驕碧蹄碎〔一〇〕。紫髯胡雛金剪刀〔一一〕，平明剪出三鬉高〔一二〕。櫪上看時獨意氣，衆中牽出偏雄豪〔一三〕。騎將獵向南山口，城南狐兔不復有〔一四〕。草頭一點疾如飛〔一五〕，卻使蒼鷹翻向後〔一六〕。

憶昨看君朝未央，鳴珂擁蓋滿路香〔一七〕。始知邊將真富貴〔一八〕，可憐人馬相輝光〔一九〕。男兒稱意得如此〔二〇〕，駿馬長鳴北風起。待君東去掃胡塵〔二一〕，爲君一日行千里〔二二〕。

【注釋】

〔一〕衛節度：衛伯玉。據唐書本傳，衛伯玉乾元二年官四鎮、北庭行營節度使，詩當作於此後不久。時岑在虢州。赤驃：有白色斑點的紅馬。　〔二〕君家二句：謂衛節度家的赤驃馬神態不凡，畫家難以描摹。畫不得：描畫不出。一團旋風：形容馬奔馳疾如旋風。桃花色：粉紅色。　〔三〕紅纓二句：謂馬具十分精美。紅纓：繫在馬頸下的飾物。韁：底本作「鞚」，據明抄本改。珊瑚鞭：柄上嵌有珊瑚的馬鞭。韉：馬鞍墊。勒：帶嚼口的馬絡頭。　〔四〕韝：底本注：「一作鞁」，是。説文革部：「鞁：車駕具也。」徐鍇繫傳曰：「猶今人言鞁馬也。」字亦作「韝」作「備」，「韝」是「鞁」之訛。此用作動詞，言配備馬具。　〔五〕窣（sù訴）地：猶拂地。〔六〕自矜句：自夸别的馬都比不上。矜：夸耀。　〔七〕新：一本作「初」。　〔八〕香街紫陌：皆指京城長安繁華的街道。鳳城：京城。杜甫夜：「銀漢遥應接鳳城。」趙次公注：「秦穆公女吹簫，鳳降其城。因號丹鳳城。其後言京都之城曰鳳城。」此指長安。　〔九〕揚鞭句：寫馬飛奔情態。驟急：疾馳。白汗：指馬汗。戰國策楚策：「夫驥之齒至矣，服鹽車而上大行，蹄申膝折，尾湛胕潰，漉汁灑地，白汗交流，外阪遷延，負轅而不能上。」注：「白汗，不緣暑而汗也。」　〔一〇〕弄影句：言馬在日光下踏行姿態矯健俊逸。碧蹄碎：碧玉般的馬蹄踏着碎步。　〔一一〕紫髯胡雛：指馬夫。胡雛：胡兒。　〔一二〕三鬉高：馬鬉剪飾成三花。宋郭若虚圖畫見聞志卷五：「唐開元、天寶之間，承平日久，世尚輕肥，三花飾馬……。三花者，剪騣爲三瓣。」　〔一三〕櫪上二句：謂馬於厩中，氣概軒昂不凡；在牽出時，又爲衆馬之雄豪。櫪（lì立）：馬厩。獨意氣：氣概特出超群。〔一四〕騎將二句：言騎此馬去終南山射獵，能把那里的野獸獵盡。將（jiāng江）：語助詞。南山：終南山。〔一五〕草頭句：謂馬疾馳如飛，遠遠望去，好象草梢上的一個小黑點。草頭：草梢。〔一六〕却使句：言馬極快，反使疾飛的獵鷹落在後邊。蒼鷹：獵鷹。翻：反。以上二十句寫馬的豪雄駿逸。〔一七〕憶昨二句：回想衛伯玉當年朝京師時場面盛大。據通鑒，至德元載，肅宗即位，十月還長安，衛伯玉將千人自安西歸長安，時岑參官右補闕，故得見其歸京時的儀容。朝未央：朝見皇帝。未央：漢武帝建未央宫，此借指唐宫。鳴珂：謂馬飾上的佩玉瑯璫作響。擁蓋：擎着華蓋。擁：擎，持。蓋：華蓋，古時顯官出行時所用儀仗，狀如平頂圓傘。〔一八〕邊將：衛伯玉原爲安西邊將，故云。〔一九〕憐：愛慕。〔二〇〕稱（chèn 趁）意：稱心如意。〔二一〕掃胡塵：平息叛亂。胡塵：指史思明叛軍。〔二二〕君：指衛伯玉。以上八句預祝衛節度騎此馬平賊立功。

潼關鎮國軍句覆使院早春寄王同州〔一〕

胡寇尚未盡〔二〕，大軍鎮關門〔三〕。旌旗遍草木，兵馬如雲屯〔四〕。聖朝正用武，諸將皆承恩〔五〕。不見征戰功，但聞歌吹喧〔六〕。儒生有長策，閉口不敢言〔七〕。昨從關東來〔八〕，思與故人論〔九〕。何爲廊廟器，至今居外藩〔一〇〕？黄霸寧淹留，蒼生望騰騫〔一一〕。卷簾見西岳〔一二〕，仙掌明朝暾〔一三〕。昨夜聞春風，戴勝過後園〔一四〕。各自限官守，何由敘涼温〔一五〕。離憂不可忘，襟背思樹萱〔一六〕。

【注釋】

〔一〕寶應元年（七六二）作於潼關。岑參時任太子中允兼殿中侍御史充關西節度判官。潼關：在今陝西潼關縣東北。鎮國軍：即鎮國節度軍。據新唐書方鎮表，上元二年（七六一）在華州（今陝西華陰縣）置鎮國節度，兼守潼關。句覆：未詳。使院：鎮國節度官署。王同州：王姓同州刺史，生平不詳。同州，舊唐書地理志：關内道有同州，在今陝西大荔縣。〔二〕胡寇句：資治通鑑卷二二二：上元二年（七六一），史思明被殺，子史朝義稱帝，仍將叛軍作亂。胡寇：指安史叛軍餘部。〔三〕大軍句：言鎮國節度大軍鎮守潼關。關：指潼關。〔四〕旌旗二句：謂大軍旌旗遍野，兵馬如雲之聚。如雲屯：形容兵馬衆多。〔五〕聖朝二句：謂朝廷正在用兵，將領們都得到皇帝的寵任。〔六〕不見二句：言諸將不思征戰平亂，衹會貪圖享樂。歌吹喧：歌舞喧鬧。〔七〕儒生二句：言己雖有安國平亂的良策，但閉口不敢言語。長策：良策。〔八〕關東：潼關之東，指虢州。〔九〕思與句：言很想和老朋友交談。故人：老朋友，指王同州。〔一〇〕何爲二句：謂爲什麼象王同州這樣的棟梁之材却得不到皇帝的重用。廊廟器：指才能出衆，足當重任的棟梁之材。此指王同州。居外藩：唐人重視朝官，故以外任地方官爲不受重用。〔一一〕黄霸二句：謂才如黄霸的賢太守豈能久留於外，百姓都在望其飛騰升遷。此以黄霸比王同州。黄霸：見送顏平原注〔二九〕。〔一二〕西岳：即華山，在今陝西華陰縣境。〔一三〕仙掌：指華山東峯仙人掌。朝（zhāo 召）暾：早晨的太陽。〔一四〕戴勝二句：言戴勝鳥飛過後園，春天已經來了。戴勝：一種候鳥，春夏間飛回北方，冬季飛往南方。禮記月令：季春之月，「鳴鳩拂其羽，戴勝降於桑。」〔一五〕各自二句：言二人都受職守限制，無由共聚暢談。官守：作官的職守。何由，猶怎能。敍凉温：問候起居冷暖。〔一六〕離憂二句：謂離别的愁緒不會忘却，真想在屋前屋後種滿忘憂草，以排遣憂思。襟背：

屋前和屋後。樹：種植。萱：草名，又稱「忘憂草」。詩衛風伯兮：「焉得諼草，言樹之背。」傳：「諼草令人忘憂。」釋文：「諼，本又作萱。」

送王七録事赴虢州〔一〕

早歲即相知〔二〕，嗟君最後時〔三〕。青雲仍未達，白髮欲成絲〔四〕。小店關門樹，長河華嶽祠〔五〕。弘農人吏待〔六〕，莫使馬行遲。

【注釋】

〔一〕寶應元年（七六二）春作於潼關。岑參送王録事却歸華陰題下注云：「王録事自華陰尉授虢州録事參軍，旬日即復舊官。」王七録事：即王季友。唐才子傳卷四：「季友，河南人。暗誦書萬卷，論必引經。家貧賣屐，好事者多攜酒就之。其妻柳氏，疾季友窮醜，遣去。來客酆城，洪州刺史李公，一見傾敬，即引佐幕府。工詩，性磊浪不羈，愛奇務險，遠出常性之外。」〔二〕早歲句：謂早年即與其爲知己。〔三〕嗟君句：嘆惜王落後於時輩，出仕很晚。趙搢金石存卷四上元元年華嶽題名條二大唐上元元年冬十有二月十一日同謁華岳祠書記：「華陰縣令王宥……處士王季友、張彪……。」知上元元年王季友尚未出仕。〔四〕青雲二句：謂王尚未至高位，而頭髮却已成白絲。〔五〕關：指潼關。長河：黄河。黄河流經華陰縣北。華嶽祠：見宿華陰東郭客舍憶閻防注〔四〕。〔六〕弘農：舊唐書地理志：「虢州，漢弘農郡。」唐置弘農縣，爲虢州治所，在今河南靈寶縣。人：民，百姓。避李世民諱改。

陝州月城樓送辛判官入奏〔一〕

送客飛鳥外，城頭樓最高〔二〕。樽前遇風雨〔三〕，窗裏動波濤〔四〕。謁帝向金殿，隨身唯寶刀〔五〕。相思灞陵月，祇有夢偏勞〔六〕。

【注釋】

〔一〕寶應元年（七六二）作於陝州。舊唐書地理志：河南道有陝州大都督府。在今河南三門峽市西。月城：一種弦月形的城。資治通鑑卷一八四：「餘衆東走月城。」胡注：「月城，蓋臨洛水築偃月城。」辛判官：未詳。入奏：入京向皇帝報告。〔二〕送客二句：謂在月城最高處的城樓上送別辛判官。飛鳥外：極言樓高，似在飛鳥之外。〔三〕樽前句：謂餞行時正值風雨天。樽：酒樽。此指酒筵。〔四〕窗裏句：謂城樓窗口可以望見黄河翻滚的波濤。陝州北臨黄河，故云。〔五〕謁帝二句：言辛判官只身入朝，唯有寶刀相伴。謁帝：覲見皇帝。金殿：皇帝所居之殿。〔六〕相思二句：言己亦思念長安，但祇能在夢中歸去。灞陵：在今陝西西安市東。此借指長安。

劉相公中書江山畫障〔一〕

相府徵墨妙，揮毫天地窮〔二〕。始知丹青筆，能奪造化功〔三〕。瀟湘在簾間，廬壑横座中〔四〕。忽疑鳳凰池〔五〕，暗與江海通。粉白湖上雲，黛青天際峯〔六〕。晝日恒見月，孤帆如有風。巖花不飛落，澗草無春冬。擔錫香爐緇〔七〕，釣魚滄浪翁〔八〕。如何平津意〔九〕，尚想塵外蹤〔一〇〕？富貴心獨輕，山林興彌濃〔一一〕。喧幽趣頗異〔一二〕，出處事不同〔一三〕。請君爲蒼生〔一四〕，未可追赤松〔一五〕。

【注釋】

〔一〕廣德元年（七六三）作於長安。劉相公：劉晏。舊唐書劉晏傳：晏字士安，曹州南華（今山東東明縣東南）人。歷殿中侍御史、度支郎中，杭、隴、華三州刺史，遷河南尹，加户部侍郎，兼御史中丞，判度支。寶應二年（七六三），遷吏部尚書，平章事。坐與中官程元振交通，及元振得罪，晏罷相，爲太子賓客。德宗朝，楊炎入相，誣構劉晏謀通朱泚，遭誅。相公：宰相的尊稱。顧炎武日知録雜論「相公」：「前代拜相者必封公，故謂之相公。」中書：即中書令，指宰相。江山畫障：畫有山水的屏障。亦稱列幛，猶今之屏風。〔二〕相府：指劉晏宰相公府。徵墨妙：謂徵求善畫者。墨：指畫。揮毫：揮筆作畫。天地窮：極盡天地之奇觀，言畫技高超。窮，極。〔三〕始知二句：

謂才知畫家之筆能取得自然的奇妙。丹青筆：指畫筆。丹青，繪畫的顔料。奪：奪取。造化功：自然界的創造力。〔四〕瀟湘二句：謂畫上山水逼真，瀟湘流水、廬山峯巒一時俱在堂中。瀟湘：瀟水流至零陵縣與湘水合流，稱爲瀟湘。在今湖南境。此指畫中之水。廬巒：廬山的峯巒。在今江西境。此指畫中之山。〔五〕鳳凰池：即中書省。通典職官典：「中書省地在樞近，多承寵任，是以人固其位，謂之鳳凰池也。」〔六〕粉白二句：謂畫中有粉白色的輕雲，又有黛青色的遠峯。黛青：深青色。〔七〕擔錫句：謂畫上肩擔錫杖者是廬山香爐峯的僧人。錫：錫杖，亦稱禪杖，僧人法器之一。香爐：廬山有香爐峯，在今江西九江市西南。緇：緇衣。僧人著緇衣，此借指僧人。〔八〕滄浪翁：指畫中的垂釣者。以上十六句寫畫障。〔九〕平津：平津侯。漢書公孫弘傳：弘元朔中爲丞相，無爵，漢武帝下詔封爲平津侯。其後以爲故事，漢代位至丞相者皆封侯。詩借指劉相公。〔一〇〕尚：猶，還。塵外蹤：脱離塵俗之外的蹤迹，指隱居。〔一一〕富貴二句：謂劉晏心輕富貴，退隱之興却很濃。彌：更。〔一二〕喧幽句：指官場的喧鬧與隱居的幽静二者旨趣相差很大。趣：旨趣。〔一三〕出處(chǔ 楚)：出仕與退隱。處，猶藏，指隱居。〔一四〕請君句：言請爲百姓着想。蒼生：百姓。晉書謝安傳：謝安隱居不仕，中丞高崧戲之曰：「卿累違朝旨，高臥東山，諸人每相與言：安石不肯出，將如蒼生何！」〔一五〕未可句：謂不能去過隱居山林的生活。赤松：即赤松子，傳説中的仙人。史記留侯世家：「留侯（張良）乃稱曰：『今以三寸舌，爲帝者師，封萬户，位列侯，此布衣之極，於良足矣。願棄人間事，欲從赤松子游耳。』乃學辟谷，道引輕身。」索隱：「列仙傳：『神農時雨師也，能入火自燒，崑崙山上隨風雨上下也。』」以上八句頌劉相公。

送張秘書充劉相公通汴河判官便赴江外覲省〔一〕

前年見君時〔二〕，見君正泥蟠〔三〕。去年見君處，見君已風摶〔四〕。朝趨赤墀前〔五〕，高視青雲端〔六〕。新登麒麟閣〔七〕，適脱獬豸冠〔八〕。劉公領舟楫〔九〕，汴水揚波瀾。萬里江海通〔一〇〕，九州天地寬〔一一〕。昨夜動使星，今旦送征鞍〔一二〕。老親在吴郡〔一三〕，令弟雙同官〔一四〕，鱸鱠剩堪憶，蓴羹殊可餐〔一五〕。既參幕中畫〔一六〕，復展膝下歡〔一七〕。因送故人行〔一八〕，試歌行路難〔一九〕。何處路最難？最難在長安。長安多權貴，珂珮聲珊珊〔二〇〕。儒生直如弦，權貴不須干〔二一〕。斗酒取一醉〔二二〕，孤琴爲君彈〔二三〕。臨岐欲有贈，持以握中蘭〔二四〕。

【注釋】

〔一〕廣德二年（七六四）三月作。張秘書：未詳。秘書：唐秘書省屬官，掌圖書及鈔寫。充：任。劉相公：劉晏。晏於是年正月罷相，此用舊稱。資治通鑑卷二二三：「廣德二年三月己酉，以太子賓客劉晏爲河南、江淮以來轉運使，議開汴水……晏乃疏浚汴水，遺元載書，具陳漕運利病，令中外相應。」通：疏浚。汴河：隋爲使黄河與淮河相通，開通濟渠，爲大運河之一段，唐人稱廣濟渠，又稱汴水，跨今河南、安徽境。判官：此指張任劉的僚屬。便赴：順路前往。江外：長江以南，此指張秘書家鄉吴郡。覲省（jìn xǐng 近醒）：省親。〔二〕君：指張秘書。下同。

〔三〕泥蟠：以龍盤伏泥中不得昇騰喻不得意。〔四〕風摶：大鵬乘風高飛，喻人致高位。莊子逍遥游：「鵬之徙於南冥也，水擊三千里，摶扶摇而上者九萬里。」〔五〕赤墀：丹墀，皇宫前涂紅臺階，此借指朝廷。

〔六〕青雲：喻高位。〔七〕麒麟閣：漢閣名。三輔黄圖卷六：「漢宫殿疏云：『天禄、麒麟閣，蕭何造，以藏秘書、處賢才也。』」此借指秘書省。〔八〕獬豸（xiè zhì 懈至）冠：法冠，御史所戴之帽。後漢書輿服志下：「法冠，一曰柱後。高五寸，以纚爲展筩，鐵柱卷，執法者服之，侍御史、廷尉正監平也。或謂之獬豸冠。獬豸神羊，能别曲直，楚王嘗獲之，故以爲冠。」注：「東北荒中有獸名獬豸，一角，性忠，見人斗，則觸不直者；聞人論，則咋不正者，楚執法者所服也。」上二句謂張由御史轉爲秘書。以上八句寫張秘書的三年歷官。〔九〕劉公句：指劉晏任轉運使事。舟楫：船槳，此指船只。〔一〇〕萬里句：指汴水治理後連通黄、淮入江而及於海，交通運輸便利。〔一一〕九州：指中國。以上四句寫劉晏通汴河。〔一二〕昨夜二句：謂張秘書啓程赴任。使星：天子使臣。見送張獻心充副使歸河西雜句注〔九〕。此指張秘書。今旦：今晨。征鞍：遠行之馬，此指征人。〔一三〕吴郡：舊唐書地理志：江南東道蘇州，本隋吴郡。在今江蘇蘇州市。〔一四〕令弟句：謂張與其弟皆爲官。令弟：對友人弟弟的敬稱。〔一五〕鱸鱠二句：謂家鄉鱸魚蓴羹真可回味。以喻張秘書思鄉之情。鱸鱠：切細的鱸魚肉。剩堪：猶言真可。蓴羹：蓴菜羹。蓴：一種水草，可食用。晉書張翰傳：張翰字季鷹，吴郡吴人也。齊王司馬冏辟爲大司馬東曹掾。「翰因見秋風起，乃思吴中菰菜、蓴羹、鱸魚鱠，曰：『人生貴得適志，何羈官數千里以要名爵乎！』遂命駕而歸」。〔一六〕既參句：謂張已作劉晏幕僚，參與幕府諸事的籌劃。畫：謀劃。〔一七〕復展句：謂張又能得到和父母相聚的歡樂。膝下歡：與父母相聚之樂。膝下：此指父母。初學記十七晉劉柔妻王氏懷思賦：「想昔日之歡侍，奉膝下而怡裕。」〔一八〕故人：老友，指張秘書。〔一九〕行路難：古樂府雜典歌名。樂府詩集卷七十雜曲歌辭：「樂府解題曰：『行路難，備言世路艱難及離别悲傷之意，多以君不見爲首。』」〔二〇〕珂：馬勒口的石飾。西京雜記卷二：武帝時，長安盛飾鞍馬，皆以南海白蜃爲珂，紫金爲華，以飾其上。珮：唐制五品以上皆有珮，以綬帶繫身。見舊唐書輿服志。珊珊：玉相擊聲。此指長安權貴珮玉鳴珂，琳琅作響。〔二一〕儒生二句：謂讀書人正直不曲，無須向權貴干謁乞求。儒生：書生。直如弦：剛直如繃緊的弓弦。喻性格正直不曲。干（gān 甘）：求。後漢書五行志引童謡：「直如弦，死道邊；曲如鈎，反封侯。」

〔二二〕斗：酒器。句言置酒餞別。〔二三〕孤琴句：謂爲君鼓琴送行。〔二四〕臨岐句：謂臨別時以蘭相贈，祝二人友情長存。臨岐：臨別。古人送別，多於岔道分手，故云。岐：岔路。持：拿。握：指手。蘭：香草名。一名蕑，高三尺許，花色淡紫，管狀。古人刈而佩之，謂之都梁香。古所謂蘭，皆指此。以上十二句送別。

送郭僕射節制劍南〔一〕

鐵馬擐紅纓，幡旗出禁城〔二〕。明王親授鉞〔三〕，丞相欲專征〔四〕。玉饌天廚送，金杯御酒傾〔五〕。劍門乘嶮過，閣道踏空行〔六〕。山鳥驚吹笛〔七〕，江猿看洗兵〔八〕。曉雲隨去陣，夜月逐行營。南仲今時往，西戎計日平〔九〕。將心感知己，萬里寄懸旌〔一〇〕。

【注釋】

〔一〕永泰元年（七六五）作於長安。郭僕射：郭英乂。字元武，瓜州晉昌（今甘肅安西東）人。舊唐書郭英乂傳：「乂習知武藝，歷隴右節度使兼御史中丞，羽林大將軍，加特進。廣德元年，拜尚書右僕射，封定襄郡王。會劍南節度使嚴武卒，以英乂代之，兼成都尹，充劍南節度使。後爲崔旰攻敗，被殺。僕射：唐代不設尚書令，僕射即尚書省長官。節制劍南：指任劍南節度使。舊唐書地理志：「劍南節度使，西抗吐蕃，南撫蠻獠……劍南節度使治，在成都府。」在今四川成都市。〔二〕鐵馬二句：謂郭僕射帥雄師勁旅，出鎮劍南。鐵馬：配有鐵甲的戰馬。喻雄師。文選陸倕石闕銘：「鐵馬千群，朱旗萬里。」李善注：「鐵馬，鐵甲之馬。」擐（guàn 貫）：穿，戴。幡旗：旌旗，指節度使出使的儀仗。禁城：紫禁城，即皇宮。此借指長安。〔三〕明王：聖明的君王，指皇帝。授鉞：古命將出征，皆舉行授鉞儀式。鉞：大斧，古人用爲權力的象征。文選張衡東京賦：「授鉞四七，共工是除。」薛綜注：「授，與也。鉞，斧鉞也……六韜曰：『凡國有難，君召將以授斧鉞。』」〔四〕丞相：指郭英乂。專征：受天子之命而專掌征討。竹書紀年上：「王受命西伯，得專征伐。」〔五〕玉饌二句：謂皇帝賜筵與郭送行。玉饌：精美的餚饌。天廚：皇宮的廚房。御酒：宮中美酒。以上六句寫出征。〔六〕劍門：舊唐書地理志：「劍南道劍州劍門縣界大劍山，即梁山也。其北三十里所，有小劍山。大劍山有劍閣道，三十里至劍處，張載刻銘之所。劍山東西二百三十一里。」嶮：同險。閣道：即棧道，由峭巖陡壁上鑿孔架木鋪板而成。自長安西南入蜀，須經劍門山，山勢險峻，多棧道，如在空中行走，故云。〔七〕笛：軍笛。〔八〕兵：兵器。說苑：「武王伐紂，風霽而乘以大雨。散宜生曰：『此非妖與？』王曰：『非也，天洗兵也。』」以上六句寫赴劍南途中生活。〔九〕南仲二句：謂郭僕射出守劍南，平定邊亂指日可待。南仲：詩小雅出車：「王命南仲，往城於方。出車彭彭，旂旐央央。天子命我，城彼朔方。赫赫南仲，玁狁於襄。」朱熹詩集傳：「王，周王也。南仲，此時大將也。」此以南仲喻郭。西戎：古指西方部族。此指吐蕃。計日：可計時日，猶指日。〔一〇〕將心二句：謂詩人感念郭之知己，在萬里之外遥寄思念之情。將心：以心。懸旌：挂在空中飄蕩的旌旗，此喻因思念而心神不定。戰國策楚策一：「寡人臥不安席，食不甘味，心摇摇如懸旌，而無所終薄。」以上四句祝頌並送行。

早上五盤嶺〔一〕

平旦驅駟馬〔二〕，曠然出王盤〔三〕。江迴兩崖鬬〔四〕，日隱群峯攢〔五〕。蒼翠煙景曙，森沈雲樹寒〔六〕。松疏露孤驛〔七〕，花密藏迴灘〔八〕。棧道溪雨滑，畬田原草乾〔九〕。此行爲知己，不覺蜀道難〔一〇〕。

【注釋】

〔一〕作於大曆元年（七六六）入蜀途中。資治通鑑卷二二四：大曆元年二月：「壬子，以杜鴻漸爲山南西道、劍南東、西川副元帥，劍南、西川節度使，以平蜀亂。」杜確岑嘉州詩序：「副元帥、相國杜公鴻漸表公職方郎中，兼侍御使，列於幕府。」五盤嶺：又稱七盤嶺。嘉慶一統志：「七盤嶺，在保寧府廣元縣北一百七十里。」按：與陝西寧强縣接界。岑又有與鮮于庶子自梁（梓）州成都少尹自褒城同行至利州道中作云：「前日登七盤，曠然見三巴。」七盤即五盤。〔二〕平旦：平明，天已大亮。駟馬：駕四馬之車。〔三〕曠然句：謂登上五盤嶺，四望開闊曠遠，心情舒暢。曠然：開闊曠遠貌。〔四〕江迴句：謂江流迴轉曲折，兩岸懸崖對峙。江：指嘉陵江。五盤嶺西臨嘉陵江。迴：迴轉曲折。鬬：對峙。〔五〕日隱：指太陽未出時。群峯攢：言山峯聚集交錯。攢：聚集。

〔六〕蒼翠二句：謂紅日初昇，群山蒼翠，煙靄迷蒙，山林白雲繚繞，略有寒意。煙景：煙靄迷蒙的山景。曙：日出。森沈：陰冷貌。雲樹：雲霧繚繞的山樹。〔七〕孤驛：孤立的驛站。〔八〕藏：遮掩。迴灘：曲折的江灘。〔九〕棧道：山崖上險絶處鑿孔架木之通道。畬（shē 奢）田：燒草種田。乾：枯乾。〔一〇〕此行二句：謂此行入蜀是爲報答知己，因而不覺路途艱難。知己：指杜鴻漸。岑參奉和杜相公初發京城作：「叨陪幕中客，敢和出車詩。」亦是此意。

赴犍爲經龍閣道〔一〕

側徑轉青壁〔二〕，危梁透滄波〔三〕。汗流出鳥道，膽碎窺龍渦〔四〕。驟雨暗谿口，歸雲網松蘿〔五〕。屢聞羌兒笛〔六〕，厭聽巴童歌〔七〕。江路險復永〔八〕，夢魂愁更多。聖朝幸典郡〔九〕，不敢嫌岷峨〔一〇〕。

【注釋】

〔一〕大曆元年入蜀赴嘉州途中作。犍爲：舊唐書地理志：劍南道嘉州，天寶元年改爲犍爲郡，乾元元年復爲嘉州。在今四川樂山市。宋祝穆方輿勝覽卷六六：「其他閣道雖險，然在山腰，亦微有徑，可以增置閣道。獨惟此閣石壁斗立，虚鑿石竅，而架木其上，比他處極險。」　〔二〕側徑句：謂龍閣道依崖壁而建。側徑：沿着山崖的小道。指龍閣道。青壁：青石壁。　〔三〕危梁句：謂龍閣道架在嘉陵江上。危梁：險峻的水上棧道。透：跨過。滄波：指嘉陵江。　〔四〕汗流二句：謂行走於閣道，其險令人出汗；下視江中漩渦，使人膽破。鳥道：衹有飛鳥才能通過的小道。龍渦：巨大的漩渦。　〔五〕驟雨二句：謂暴雨驟至，峽谷昏暗迷茫，雨後松蘿均爲煙雲繚繞。谿口：峽谷口。松蘿：亦名女蘿，植物名。多附生松樹上。　〔六〕羌兒笛：羌童所吹之笛，即羌笛。羌：西部少數民族的古稱。　〔七〕厭聽：飽聽、多聽。厭，通饜。巴：指今四川東部，周時爲巴國之地。　〔八〕江路句：言臨嘉陵江而架的龍閣道又險又長。永：長。　〔九〕聖朝句：謂己有幸被任命爲嘉州刺史。典郡：掌理郡事，指任嘉州刺史。後漢書馬嚴傳：「方今刺史太守，專州典郡。」〔一〇〕不敢句：謂雖然蜀道艱險，也在所不計。岷、峨：岷山和峨眉山。二山皆在蜀地，均極險峻，此借指赴任途中的艱苦。

奉和相公發益昌〔一〕

相公臨戎別帝京，擁麾持節遠橫行〔二〕。朝登劍閣雲隨馬〔三〕，夜渡巴江雨洗兵〔四〕。山花萬朵迎征蓋〔五〕，川柳千條拂去旌〔六〕。暫到蜀城應計日，須知明主待持衡〔七〕。

【注釋】

〔一〕大曆元年四月入蜀，途次益昌和杜相公。相公：底本「相」上注：「一本有杜字。」杜相公：杜鴻漸。舊唐書杜鴻漸傳：杜鴻漸，敏悟好學，舉進士，天寶末，累遷大理司直，朔方留後，支度別使。肅宗即位，授兵部郎中，知中書舍人事，轉武部侍郎。至德二載，兼御史大夫。大曆元年二月，命鴻漸以宰相兼充山、劍副元帥，劍南、西川節度使，以平蜀亂。益昌：舊唐書地理志：山南西道利州有益昌，在今四川廣元縣西南昭化鎮。〔二〕相公句：謂杜離別長安，遠赴蜀地平亂。舊唐書代宗紀：「（永泰元年）閏十月，……劍南節度使郭英乂爲其檢校西川兵馬使崔旰所殺，邛州柏茂林、瀘州楊子琳、劍南李昌巙皆起兵討旰，蜀中亂。」相公：指杜鴻漸。臨戎：猶言出征。帝京：京城，指長安。擁麾句：唐制，節度使出任皆有旌節。見輪臺歌奉送封大夫出師西征注〔五〕。橫行：縱橫馳騁。〔三〕劍閣：大小劍山間的一條棧道。元和郡縣志卷二十二山南道利州：「小劍城去大劍戍四十里，連山絕險，飛閣通衢，故謂之劍閣。自縣西南逾小山入大劍口，即秦使張儀、司馬錯伐蜀所由之路也，亦謂之石牛道。」在今四川劍閣縣東北。雲隨馬：言劍閣棧道高峻。〔四〕巴江：指嘉陵江。嘉陵江自閬中縣以北一段稱巴江，以嘉陵江之源閬、白二水南流曲折如巴字而名。雨洗兵：藝文類聚卷五十九引韓詩外傳曰：「武王伐紂，到邢丘，軛折爲三，天雨三日不休。武王懼，召太公而問之曰：『紂未可伐乎？』太公曰：『不然。軛折爲三者，軍當分介爲三也。天雨三日者，欲灑吾兵也。』」梁簡文帝泛舟横大江：「洗兵逢驟雨，送陣去黄雲。」〔五〕征蓋：指杜出行之麾蓋。蓋：儀仗之一，古大臣出行時所用傘狀圓蓋。〔六〕川柳：水旁之柳。川：水道。〔七〕暫到二句：謂杜到蜀城平定叛亂所需時日不會很長，皇帝還待其回京主持朝政。蜀城：即今成都市。應計日：謂不久。明主：此指唐代宗。持衡：執裁朝政。沈德潛唐詩别裁集卷十三：「計日定亂，望其歸也。」

入劍門作寄杜楊二郎中時二公並爲杜元帥判官〔一〕

不知造化初〔二〕，此山誰開坼〔三〕？雙崖倚天立，萬仞從地劈〔四〕。雲飛不到頂，鳥去難過壁〔五〕。速駕畏巖傾，單行愁路窄〔六〕。平明地仍黑，停午日暫赤〔七〕。凛凛三伏寒〔八〕，巉巉五丁迹〔九〕。與時忽開閉，作固或順逆〔一〇〕。磅礴跨岷峨〔一一〕，巍蟠限蠻貊〔一二〕。星當觜參分，地處西南僻〔一三〕。陡覺煙景殊〔一四〕，杳將華夏隔〔一五〕。劉氏昔顛覆〔一六〕，公孫曾敗績〔一七〕。始知德不修，恃此險何益〔一八〕。相公總師旅，遠近罷金革〔一九〕。杜母來何遲〔二〇〕，蜀人應更惜。暫回丹青慮，少用開濟策〔二一〕。二友華省郎，俱爲幕中客〔二二〕。良籌佐戎律，精理皆碩畫〔二三〕。高文出詩騷，奧學窮討賾〔二四〕。聖朝無外户〔二五〕，寰宇被德澤〔二六〕。四海今一家，徒然劍門石〔二七〕。

【注釋】

〔一〕大曆元年四月入蜀途經劍門關作。劍門：太平寰宇記卷八十四劍州劍門縣：「諸葛武侯相蜀，於此立劍門。以大劍山至此有隘束之路，故曰劍門。」參見送郭僕射節制劍南注〔六〕。杜、楊二郎中：杜亞和楊炎。舊唐書杜亞傳：杜亞字次公，京兆人。少頗涉學。至德初授校書郎。杜鴻漸爲河西節度，辟爲從事。累授評事、御史。歷工、户、兵、吏四員外郎。永泰末，劍南叛亂，鴻漸以宰相出領山、劍副元帥，以亞及楊炎并爲判官。使還，授吏部郎中，諫議大夫。炎爲禮部郎中，知制誥，中書舍人。又楊炎傳：楊炎字公南，鳳翔人。風骨峻峙，文藻雄麗。釋褐辟河西節度掌書記。起爲司勛員外郎，轉吏部郎中，知制誥。擬奏兩税法，後爲相。杜元帥：杜鴻漸。時任山南西道、劍南東、西川副元帥。

〔二〕造化初：天地之始。〔三〕此山：指大、小劍山。開坼（chè徹）：猶開辟。坼：裂。

〔四〕雙崖二句：謂山極高峻，似從地面向上劈開，倚天而立。一統志：「大劍山在劍州北，蜀所恃爲外户，峭壁中斷，兩崖相嵌，如門之開，如劍之拄，故又名劍門山。」萬仞：形容極高。仞：古謂七尺或八尺爲一仞。〔五〕雲飛二句：極言山高，白雲不及山頂，飛鳥難越山崖。〔六〕速駕二句：謂山道險峻，通過十分困難。速駕：快馬。單行：單人步行。〔七〕平明二句：謂山崖遮日，天亮時山中仍然昏暗，衹有正午短暫的時刻，才能見到陽光。平明：天大亮。停午：正午。〔八〕凜凜句：謂三伏天在山中仍有凜凜寒意。凜凜：寒冷貌。三伏：即初伏、中伏、末伏，爲一年中最炎熱之時。初學記卷四引陰陽書：「從夏至後第三庚爲初伏，第四庚爲中伏，立秋後初庚爲末伏，謂之三伏。」〔九〕巉巉：高峭險峻貌。五丁：傳説中的五個力士。水經注沔水：「秦惠王欲伐蜀而不知道，作五石牛，以金置尾下，言能屎金，蜀王負力，令五丁引之成道。秦使張儀、司馬錯滅蜀，因曰石牛道。」迹：遺跡。〔一〇〕與時二句：謂隨着時代的變化，劍門時通時阻，據守劍門者有順有逆。與時：隨時。開閉：猶通、阻。作固：從事防守。晉張載劍閣銘：「惟蜀之門，作固作鎮。是曰劍閣，壁立千仞。窮地之險，極路之峻。世濁則逆，道清則順。閉由往漢，開自有晉。」此即用其意。〔一一〕磅礴：氣勢壯闊。跨：超過。岷峨：岷山和峨眉山。岷山：在今四川北部。峨眉山：在今四川峨眉縣西南。〔一二〕巍蟠句：謂劍門高大盤曲，阻隔南北。巍蟠：高大盤曲。限：隔開。戰國策秦策：「（秦）南有巫山黔中之限，東有崤函之固。」蠻貊（mò 陌）：古稱南方少數民族爲蠻，北方少數民族爲貊。〔一三〕星當二句：謂劍門處於西南偏僻的蜀地，上應觜、參二星宿的分野。觜參（zī shēn 姿身）：星名。均爲二十八宿之一。觜爲西方白虎七宿第六宿，參爲末宿。漢書天文志：「觜、觿、參，益州。」分：分野。古天文學把星辰位置和地上各區域相對應，即所謂「分野」説。〔一四〕陡覺句：頓覺景色與内地殊异。陡：突然。烟景：指劍門内的景物。〔一五〕杳將句：謂劍門遠將蜀地與中原隔開。杳（yǎo 咬）：遥遠。華夏：古稱中國爲華夏，此指中原地區。〔一六〕劉氏：三國時蜀後主劉禪，字阿斗，繼位後寵任宦官，朝政腐朽，被魏所滅。〔一七〕公孫：公孫述。東漢初扶風茂陵（今陝西興平東北）人。字子陽。新莽時爲導江卒正（蜀郡太守）。後起兵，據益州稱帝，號成家（取起於成都意）。被漢所滅。敗績：猶失敗。〔一八〕始知二句：謂才知不修德政，雖據天險，亦是徒然。晉張載劍閣銘四：「興實由德，險亦難恃。自古及今，天命不易。憑阻作昏，鮮不敗績。公孫既没，劉氏銜璧。」以上二十四句寫劍門形勢地位并感史述懷。〔一九〕相公二句：謂杜鴻漸統帥大軍入蜀，戰亂將被平息。相公：指杜鴻漸。總師旅：統帥軍隊。罷金革：指平定戰亂。金革：兵器和甲胄。

此指戰事。　〔二〇〕杜母：　漢杜詩。後漢書杜詩傳：　杜詩字君公，河内汲（今河南汲縣）人。「……（建武）七年，遷南陽太守。性節儉而政治清平，以誅暴立威，善於計略，省愛民役，造作水排，鑄爲農器，用力少，見功多，百姓便之。又修治陂池，廣拓土田，郡内比室殷足。時人方於召信臣，故南陽爲之語曰：『前有召父，後有杜母。』」此借指杜鴻漸。惜：　愛戴。　〔二一〕暫回二句：　謂杜平亂治蜀，無須化很大力氣。暫回：　暫用。丹青慮：　美妙的策略。揚雄法言卷十三君子：「或問聖人之言，炳若丹青。」少：　稍微。開濟策：　開創大業、經世濟民之策。以上六句歌頌杜鴻漸。　〔二二〕二友二句：　謂杜亞、楊炎二人由尚書郎中轉爲杜鴻漸幕府判官。華省：　畫省。漢官儀：「尚書省中皆以胡粉塗壁，紫青界之，畫古列士」，故稱。　〔二三〕良籌二句：　謂二人在軍事上才干超群，智謀精良，是杜的得力輔佐。良籌：　良計。佐戎律：　輔佐軍事。碩畫：　遠大的謀劃。

〔二四〕高文二句：　謂二人在文學上才華出衆，造詣精深，對深奥的學問窮究其理。高文：　高超精妙的詩文。出詩騷：　出自詩經和離騷。奥學：　深奥的學問。討賾（zé 責）：　探討精微的道理。以上六句贊美杜、楊二郎中。

〔二五〕聖朝：　當朝。外户：　指割據者。　〔二六〕寰宇：　猶天下。被德澤：　蒙受皇帝的恩澤。　〔二七〕四海二句：　謂國家統一，劍門徒然險峻，并没有什麽作用。以上四句抒懷并頌國家統一。

先主武侯廟〔一〕

先主與武侯，相逢雲雷際〔二〕。感通君臣分〔三〕，義激魚水契〔四〕。遺廟空蕭然，英靈貫千歲〔五〕。

【注釋】

〔一〕大曆二年（七六七）在成都作。先主：即劉備。三國志蜀書先主傳：先主諱備，字玄德，涿郡涿縣（今河北涿縣）人。幼貧，販履織席爲業。靈帝末起兵。後進兵荆州，旋取益州、漢中，章武元年（二二一）稱帝，都成都。國號漢。次年兵敗於吴，病卒。武侯：即諸葛亮。諸葛亮傳：諸葛亮，字孔明，琅邪陽都（今山東沂水縣南）人。早年避難荆州，躬耕隴畝，自比管仲、樂毅。劉備欲辟爲謀士，凡三往乃出。佐備聯吴拒曹，西取益州，建立蜀漢。備稱帝，拜爲丞相。備卒，受遺詔輔劉禪。前後六次出師北伐曹魏，卒於軍中，謚忠武侯。太平寰宇記卷七十二益州華陽縣：「諸葛武侯祠在先主廟西。」今名武侯祠，在今成都市南門外。〔二〕雲雷際：喻風雲變幻、動蕩不安的社會局勢。〔三〕感通句：謂二人意志見解相通，精神一致，於是確立了君臣關係。分：職分。諸葛亮出師表：「臣本布衣……先帝不以臣卑鄙，猥自枉屈，三顧臣於草廬之中，咨臣以當世之事。由是感激，遂許先帝以驅馳。」〔四〕義激句：謂二人激於義氣，情同魚水。魚水契：魚水般的契合。三國志蜀書諸葛亮傳：「於是（先主）與亮情好日密，關羽、張飛等不悦。先主解之曰：『孤之有孔明，猶魚之有水也。』」〔五〕遺廟二句：謂劉備與諸葛亮祠廟雖蕭條冷落，但二人的英靈却永垂千秋。英靈：對死者的美稱。

司馬相如琴臺〔一〕

相如琴臺古，人去臺亦空。臺上寒蕭條，至今多悲風。荒臺漢時月，色與舊時同〔二〕。

【注釋】

〔一〕居成都期間作。司馬相如：漢書司馬相如傳：「司馬相如，蜀郡成都（今四川成都市）人，字長卿。以貲爲郎，景帝時爲武騎常侍。後事梁孝王。歸蜀，以琴心挑卓文君夜奔成都。作子虛賦，由人薦於武帝，作上林賦，任爲郎。通西南夷有功，拜孝文園令。晚年以病免官，家居而卒。

〔二〕臺上四句：太平寰宇記卷七十二益州：「相如宅在州西四里，……又有琴臺在焉，今爲金花寺。」在今四川成都市。謂琴臺遺迹荒凉蕭條，唯有月色依舊。慨嘆人事俱非。

江上阻風雨〔一〕

江上風欲來，泊舟未能發〔二〕。氣昏雨已過〔三〕，突兀山復出〔四〕。積浪成高丘，盤渦爲嵌窟〔五〕。雲低岸花掩〔六〕，水漲灘草没。老樹蛇蜕皮，崩崖龍退骨〔七〕。平生抱忠信，艱難殊可忽〔八〕。

【注釋】

〔一〕大曆二年夏赴嘉州途中作。江：即今岷江。

〔二〕泊舟：停船。

〔三〕氣昏：雲氣昏暗。

〔四〕突兀：高峻貌。〔五〕積浪二句：謂大雨過後，江水驟漲，浪如高丘，急流漩渦如深陷的洞窟。盤渦：漩渦。嵌窟：深陷的洞窟。〔六〕雲低句：謂雨後雲氣低沉，遮没了江岸的野花。〔七〕老樹二句：謂古樹經雨，斑駁鱗次，好像蛇退下的皮；山崖崩頽，好像龍的骨架。崩崖：頽崖。〔八〕平生二句：謂己平生以忠信爲懷，眼前這點風雨完全算不了什麽。殊可忽：真可不顧。

初至犍爲作〔一〕

山色軒檻内，灘聲枕席間〔二〕。草生公府静，花落訟庭閑〔三〕。雲雨連三峽〔四〕，風塵接百蠻〔五〕。到來能幾日〔六〕，不覺鬢毛斑〔七〕。

【注釋】

〔一〕至嘉州作。犍爲：即嘉州。見前赴犍爲經龍閣道注〔一〕。〔二〕山色二句：謂所居之處近見青衣山，下臨岷江，灘聲在耳。軒檻：窗前欄杆。灘聲：水聲。〔三〕公府：指嘉州刺史官署。訟庭：猶言公堂。

〔四〕三峽：即今瞿塘峽、巫峽、西陵峽，在四川奉節至湖北宜昌間長江兩岸。自嘉州沿江而東，可直至三峽。

〔五〕風塵：風煙塵土。百蠻：泛指西南少數民族地區。〔六〕能幾日：才幾天。意謂没有多少日子。

〔七〕鬢毛斑：鬢髮花白。

登嘉州淩雲寺作〔一〕

寺出飛鳥外，青峯戴朱樓〔二〕。搏壁躋半空〔三〕，喜得登上頭。始知宇宙闊，下看三江流〔四〕。天晴見峨眉，如向波上浮〔五〕。迥曠煙景豁〔六〕，陰森棱杻稠〔七〕。願割區中緣，永從塵外游〔八〕。迴風吹虎穴〔九〕，片雨當龍湫〔一〇〕。僧房雲濛濛〔一一〕，夏月寒颼颼〔一二〕。回合俯近郭，寥落見遠舟〔一三〕。勝概無端倪，天宫可淹留〔一四〕。一官詎足道，欲去令人愁〔一五〕。

【注釋】

〔一〕居嘉州期間作。淩雲寺：宋祝穆方輿勝覽卷五十二嘉定府寺觀：「淩雲寺，在府之南山。唐開元中，僧海通於瀆江、沫水、濛水三江之合，悍流怒浪之濱，鑿山爲彌勒大像，高逾三百六十尺，建七層閣以覆之，至韋皐時積十九年而工始備。皐有大像記……。天下山水之勝在蜀，蜀之勝曰嘉州，州之勝在淩雲寺，寺之南山，又其勝也。」

〔二〕寺出二句：謂淩雲寺建在高峻的山峯上，連鳥也難於飛越。出：超過。

〔三〕搏壁：攀援崖壁。躋：登。

〔四〕三江：即今泯江、青衣江、大渡河。嘉州地處三江匯流處。

〔五〕天晴二句：謂天晴可以望見峨眉山，如在浩瀚的水波上浮動。峨眉：峨眉山，在嘉州西六十里。

〔六〕迥曠句：謂登寺遠望，煙水渺茫，四下空闊曠遠。迥：遠。煙景：佳麗的景色。豁：開闊。〔七〕陰森：幽暗貌。椶枏（nán 南）：椶櫚樹和楠樹。枏：同楠。〔八〕願割二句：謂願脱離塵俗，永遠過世外生活。割：舍，離。區中緣：塵世俗緣。塵外游：指出家隱居。〔九〕迴風：旋風。〔一〇〕片雨：夏日的陣雨。龍湫（jiū 鳩）：龍潭。〔一一〕濛濛：雲霧迷蒙貌。〔一二〕颼颼（sōu 搜）：風聲。〔一三〕回合二句：謂在寺上近可俯視曲折連屬的嘉州城郭，遠可眺望江上稀疏的小舟。回合：回環綴連。郭：城郭。寥落：牢落，稀疏。〔一四〕勝概二句：謂登寺所見美不勝收，令人留連。勝概：美景。無端倪：無邊際。天宫：佛家語，指佛所居之净土。此指凌雲寺。淹留：久留。〔一五〕一官二句：謂一官半職本不足論，但想要去職却又不能。詎足道：豈值一説。去：去官，辭職。

峨眉東脚臨江聽猿懷二室舊廬〔一〕

峨眉煙翠新，昨夜秋雨洗〔二〕。分明峯頭樹，倒插秋江底〔三〕。久别二室間〔四〕，圖他五斗米〔五〕。哀猿不可聽，北客欲流涕〔六〕。

【注釋】

〔一〕居嘉州期間作。峨眉東脚：峨眉山東麓。二室舊廬：指詩人早年隱居的嵩山太室、少室故居。元和郡縣志卷六河南道登封縣：「嵩高山，在縣北八里，亦名方外山。又云東曰太室，西曰少室，嵩高總名，即中嶽也。」

〔二〕峨眉二句：謂秋雨過後，峨眉山色葱蘢，新翠如洗。〔三〕分明二句：謂秋江澄澈，山樹倒映水中，清晰可見。〔四〕久别：岑參感舊賦：「十五隱於嵩陽。」至此時已三十餘年。〔五〕五斗米：微薄的俸禄。語出晉書陶潛傳。潛嘗爲彭澤令，不樂拜迎，終不肯爲五斗米折腰，棄官而去。〔六〕哀猿二句：謂聽到山猿凄哀的叫聲，使人頓生思鄉之情。哀猿：山猿凄哀的啼叫。北客：作者自謂。水經江水注：「巴東三峽巫峽長，猿鳴三聲淚沾裳。」此暗用其意。

秋夕聽羅山人彈三峽流泉〔一〕

皤皤岷山老〔二〕，抱琴鬢蒼然〔三〕。衫袖拂玉徽〔四〕，爲彈三峽泉〔五〕。此曲彈未半，高堂如空山〔六〕。石林何颼飀，忽在窗户間〔七〕。繞指弄嗚咽，青絲激潺湲〔八〕。演漾怨楚雲，虚徐韻秋煙〔九〕。疑兼陽臺雨，似雜巫山猿〔一〇〕。幽引鬼神聽〔一一〕，净令耳目便〔一二〕。楚客腸欲斷〔一三〕，湘妃泪斑斑〔一四〕。誰裁青桐枝〔一五〕，縆以朱絲弦〔一六〕。能含古人曲，遞與今人傳〔一七〕。知音難再逢〔一八〕，惜君方老年〔一九〕。曲終月已落，惆悵東齋眠〔二〇〕。

【注釋】

〔一〕居嘉州期間作。羅山人：未詳。山人：隱士。三峽流泉：古琴曲名。樂府詩集卷六十琴曲歌辭三峽流泉歌：「琴集曰：『三峽流泉，晉阮咸所作也。』」〔二〕皤（pó 婆）皤：白，此指白髮。岷山老：隱居岷山的老者，指羅山人。〔三〕鬢蒼然：兩鬢灰白。〔四〕玉徽：鑲在琴面外側上的十三個圓形泛音音位標記。唐國史補卷下：「蜀中雷氏斲琴，常自品第。第一者以玉徽，次者以瑟瑟徽，又次者以金徽，又次者螺蚌之徽。」〔五〕三峽泉：即三峽流泉曲。〔六〕此曲二句：謂三峽流泉曲彈奏不久，美妙的琴聲好像把人帶入空山之中。〔七〕石林二句：言窗前好像響起山林中颯颯的風聲。〔八〕繞指：運指。弄：彈。嗚咽：指琴聲低沉幽咽。青絲：琴弦。激：激起。潺湲：水聲。〔九〕演漾二句：言琴聲摇曳飄颻，好像含怨情的楚雲；又舒徐輕清，似帶韻致的秋煙。演漾：形容琴聲飛揚。虚徐：形容琴聲舒緩輕淡。〔一〇〕疑兼二句：謂琴聲使人彷彿聽到陽臺雨聲和巫山猿啼。陽臺：山名，在今四川巫山縣境。二句扣題三峽。〔一一〕幽引句：言琴聲之幽吸引鬼神傾聽。〔一二〕净令句：言琴聲之純，使人耳目順適。净：指琴聲純净。便（pián 骿）：安適貌。〔一三〕楚客：指屈原。原爲楚懷王左徒，頃襄王時，遭誣而被放逐，流浪沅湘一帶。楚亡，自沉汨羅江而死。見史記屈原列傳。腸欲斷：形容琴聲極悲。〔一四〕湘妃：傳説帝舜二妃娥皇、女英。舜南行死於蒼梧之野，二妃追踪而至，在洞庭湖邊聞此噩訊，南望慟哭，泪灑竹上，斑斑如泪痕。後二妃自投湘水而死，爲湘水之神。以上十四句描寫琴聲凄楚動人。〔一五〕裁：砍伐裁製。青桐：即梧桐。古琴以梧桐木製者爲最佳。詩鄘風定之方中：「椅桐梓漆，爰伐琴瑟。」朱熹集傳：「桐，梧桐也。……四木皆琴瑟之材也。」〔一六〕絙（gēng 庚）：同緪，張列。楚辭九歌東君：「緪瑟兮交鼓。」王逸注：「緪，急張弦也。……緪，一作絙。」朱絲弦：紅色絲弦。〔一七〕能含二句：謂古曲靠琴而得以相傳至今。含：猶存。古人曲：古曲，即三峽流泉曲。〔一八〕知音二句：謂羅山人年歲已老，慨嘆知音難以再遇。列子湯問：伯牙善鼓琴，鍾子期善聽。伯牙鼓琴，志在高山，鍾子期曰：「善哉，峨峨兮若泰山。」志在流水，鍾子期曰：「善哉，洋洋兮若江河。」鍾子期死，伯牙不復鼓琴。後人多用此指知音難遇。

〔一九〕君：指羅山人。方：正。〔二〇〕曲終二句：謂曲終月落，令己入眠猶有惆悵之情。以上四句寫聽琴所感。

郡齋平望江山〔一〕

水路東連楚〔二〕，人煙北接巴〔三〕。山光圍一郡，江月照千家〔四〕。庭樹純栽橘〔五〕，園畦半種茶。夢魂知憶處，無夜不京華〔六〕。

【注釋】

〔一〕居嘉州期間作。郡齋：州郡公府。平望：猶遠望。〔二〕水路句：從嘉州乘船東下，可直抵楚地，故云。楚：指今湖北一帶。〔三〕人煙句：謂嘉州可北達巴境。巴：舊唐書地理志山南西道有巴州，在今四川巴中縣。此泛指川北地區。〔四〕山光二句：謂嘉州四周皆山，城下臨江，景色優美。郡：指嘉州。〔五〕庭：庭院。〔六〕夢魂二句：謂己身在嘉州，而夜夜夢中思念長安。京華：指京城長安。

巴南舟中夜市〔一〕

渡口欲黄昏，歸人争渡喧。近鐘清野寺，遠火點江村〔二〕。見雁思鄉信，聞猿積淚痕〔三〕。孤舟萬里外，秋月不堪論〔四〕。

【注釋】

〔一〕大曆三年（七六八）秋東歸途中作。巴南：指今四川南部一帶。夜市：夜間集市。底本題下注：「一作夜書事。」　〔二〕近鐘二句：謂近處寺中傳出清越的鐘聲，遠處江邊的村落看到點點燈火。點：底本注：「一作照。」　〔三〕聞猿句：謂江猿啼聲凄楚，催人淚下。　〔四〕孤舟二句：言秋夜孤舟，萬里遠行，對月傷懷，悲愁難言。不堪論：難以訴説。外：底本注：「一作夜。」

阻戎瀘間群盗

戊申歲，余罷官東歸。屬斷江路，時淹泊戎州作。〔一〕

南州林莽深，亡命聚其間〔二〕。殺人無昏曉〔三〕，尸積填江灣。餓虎銜髑髏，饑烏啄心肝〔四〕。腥裛灘草死，血流江水殷〔五〕。夜雨風蕭蕭〔六〕，鬼哭連楚山〔七〕。三江行人絶，萬里無征船〔八〕。唯有白鳥飛〔九〕，空見秋月圓。罷官自南蜀〔一〇〕，假道來兹川〔一一〕。瞻望陽臺雲〔一二〕，惆悵不敢前〔一三〕。帝鄉北近日〔一四〕，瀘口南連蠻〔一五〕。何當遇長房，縮地到京闕〔一六〕。願得隨琴高，騎魚向雲煙〔一七〕。明主每憂人，節使恒在邊〔一八〕。兵革方禦寇，爾惡胡不悛〔一九〕。吾竊悲爾徒，此生安得全〔二〇〕。

【注釋】

〔一〕大曆三年（七六八）罷官嘉州刺史東歸途中作。阻：阻滯，道路不通而止行。戎瀘：戎州、瀘州。舊唐書地理志：劍南道有戎州，在今四川宜賓市。岷江、金沙江于此匯合。瀘州：劍南道有瀘州，在今四川瀘州市。沱江至此與長江合流。群盜：指楊子琳等叛軍。資治通鑑卷二二四：大曆三年四月「壬寅，西川節度使崔旰入朝。……以弟寬爲留後，瀘州刺史楊子琳帥精騎數千乘虚突入成都。……六月，崔寬與楊子琳戰，數不利。秋七月崔寧（即旰）妾任氏出家財數十萬，募兵得數千人，帥以擊子琳，破之，子琳走。」又四年二月，「楊子琳既敗還瀘州，招聚亡命，得數千人，沿江東下，聲言入朝。」詩即指三年楊子琳敗逃後聚衆爲盜事。戊申歲：即大曆三年（七六八）。罷官東歸：指罷任嘉州刺史後欲東歸家鄉。屬斷江路：正遇長江水路不通。屬：正值，恰好。淹泊：滯留。〔二〕南州二句：謂楊子琳部亡命之徒哨聚於戎、瀘間的深山密林。南州：指戎州、瀘州。亡命：指楊子琳叛軍。〔三〕無昏曉：不分晝夜。〔四〕銜髑髏：叼着死人頭骨。饑烏：饑餓的烏鴉。〔五〕腥裛二句：謂積尸腥臭難聞，江灘上的野草也因之枯死；血流遍野，江水也變成了紅色。裛（yè 夜）：沾染。殷（yān 烟）：黑紅色。〔六〕蕭蕭：風聲。〔七〕鬼哭句：言戰亂中被殺者甚多。楚山：泛指今四川東部長江沿岸山脉。〔八〕三江二句： 言因戰亂，行人斷絶，交通阻塞。三江： 指今四川境内的岷江、沱江、涪江。征船： 行舟。

〔九〕白鳥： 鷗鷺之類的白色水禽。以上十四句寫戰亂給人民帶來的灾難。

〔一〇〕南蜀： 指嘉州。以其地處蜀南，故云。

〔一一〕假道： 借路。左傳僖公二年： 「晉荀息請以屈産之乘，與垂棘之璧，假道於虞以伐虢。」注： 「自晉適虢，途出於虞，故借道。」兹川： 指戎、瀘間的水路。

〔一二〕陽臺： 太平寰宇記卷一四八夔州巫山縣： 「巫山，盛弘之荆州記云： 沿峽二十里有新崩灘，至巫峽，因山名也，首尾一百六十里。……陽雲臺高一百二十丈，南枕長江，楚宋玉賦云『遊陽雲之臺，望高唐之觀』，即此也。」在今四川巫山縣巫峽上。

〔一三〕惆悵句： 指因羣盗出没，不敢前行。

〔一四〕帝鄉句： 謂長安處在遥遠的北方。帝鄉： 指京城長安。北近日： 形容非常遥遠。

〔一五〕瀘口句： 言戎、瀘地處南方少數民族地區。蠻： 古代對南方部族的稱呼。周禮夏官職方氏： 「四夷、八蠻、七閩、九貉。」

〔一六〕何當二句： 言哪能遇到有縮地神術的費長房，可越過羣盗聚集的戎瀘，回到長安。長房： 東漢有仙術的費長房。晉葛洪神仙傳卷五「壺公」： 「房有神術，能縮地脉，千里存在目前宛然，放之復舒如舊也。」京闕： 此指長安。

〔一七〕願得二句： 謂願己像琴高一樣，乘鯉魚飛向天空，越過此地。詩人在此表現出急欲回歸的迫切心情。琴高： 傳説戰國趙人。會鼓琴，曾爲宋康王舍人，學修煉長生不老法術，曾在冀州涿城間漫遊。後於涿水中取龍子，并與諸弟子約定時日返回。至時，琴高果然乘赤鯉魚飛騰而出，留居一月，又復入水。事見法苑珠林卷四十一「潛遁」引搜神記、劉向列仙傳。向雲煙： 意謂從天空飛過。雲煙： 雲靄煙霧，此指天空。以上十句寫東歸受阻及急於歸鄉之情。

〔一八〕明主二句： 謂皇帝聖明，常爲百姓安危擔憂，派節度使鎮守邊境。明主： 指唐代宗李豫。人： 民，百姓。節使： 節度使。恒： 常。唐四境皆有節度使駐守。

〔一九〕兵革二句： 言朝廷設置軍隊，正是爲了防禦寇盗，而你們這些惡徒爲何不思悔改、停止作亂？亦諷邊鎮無能。兵革： 兵器和鎧甲，此指軍隊。爾惡： 指楊子琳部衆的惡行。悛： 悔改。

〔二〇〕吾竊二句： 言己暗爲叛軍悲哀，其身將難以自全。意謂其必將滅亡。以上六句寫亂寇必定滅亡。

客舍悲秋有懷兩省舊游呈幕中諸公〔一〕

三度爲郎便白頭〔二〕，一從出守五經秋〔三〕。莫言聖主長不用，其那蒼生應未休〔四〕。人間歲月如流水，客舍秋風今又起〔五〕。不知心事向誰論，江上鳴蟬空滿耳〔六〕。

【注釋】

〔一〕大曆四年（七六九）秋離任後寓居成都客舍作。兩省：指門下省、中書省。舊遊：故友。幕口：當指成都節度使幕府。〔二〕三度爲郎：岑參自廣德元年（七六三）起，在朝中曾任右補闕、轉起居舍人；又任禮部祠部員外郎、吏部考功員外郎、工部虞部郎中、屯田郎中、兵部庫部郎中；入杜鴻漸幕任職方郎中兼侍御史。三度：猶多次。白頭：岑參入杜鴻漸幕約在大曆元年，時已五十餘歲。〔三〕一從句：謂自永泰元年（七六五）出任嘉州刺史，至大曆四年秋作此詩時，已歷時五年。〔四〕長不用：永不被重用。其那：怎奈。蒼生：百姓。休：休養安息。〔五〕人間二句：感嘆歲月如流，寓居異鄉，又見秋風。〔六〕不知二句：謂心事重重，無人傾訴，徒聞江上蟬鳴，使人煩厭。

寄韓樽〔一〕

夫子素多疾〔二〕，別來未得書。北庭苦寒地〔三〕，體内今何如？

【注釋】

〔一〕韓樽：生平未詳。岑又有偃師東與韓樽同詣景雲暉上人即事、喜韓樽相過詩，知韓與詩人交誼甚厚。

〔二〕夫子：指韓樽。〔三〕北庭句：蓋韓樽時在北庭。劉永濟唐人絶句精華評云：「此詩明白如話，蓋以詩代書柬也。然二十字中，友朋相念之情深矣。」